倪胜利　李虹汛　编著

国学经典精要

西南大学出版社
国家一级出版社　全国百佳图书出版单位

图书在版编目（CIP）数据

国学经典精要 / 倪胜利, 李虹汛编著. -- 重庆：西南大学出版社, 2024.1
ISBN 978-7-5697-2101-0

Ⅰ.①国… Ⅱ.①倪… ②李… Ⅲ.①儒家-哲学思想-研究②道家-哲学思想-研究 Ⅳ.①B222.05 ②B223.05

中国国家版本馆CIP数据核字(2023)第234564号

国学经典精要

GUOXUE JINGDIAN JINGYAO

倪胜利　李虹汛　编著

责任编辑：李浩强
责任校对：郑先俐
装帧设计：殳十堂_未　氓
排　　版：瞿　勤
出版发行：西南大学出版社（原西南师范大学出版社）
　　　　　地址：重庆市北碚区天生路2号
　　　　　邮编：400715　市场营销部电话：023-68868624
经　　销：新华书店
印　　刷：重庆新荟雅科技有限公司
成品尺寸：185mm×260mm
印　　张：21.75
字　　数：450千字
版　　次：2024年1月 第1版
印　　次：2024年1月 第1次印刷
书　　号：ISBN 978-7-5697-2101-0
定　　价：58.00元

若有印装质量问题，请联系出版社调换
版权所有，翻印必究

前 言

国学经典是中华民族的精神家园,是中华儿女在世界民族之林据以立足的文化之根。它浓缩了祖先智慧的精华,也是中华文明演进的动力之源。《易经·系辞上传》曰"鼓天下之动者存乎辞",言辞之所以能鼓天下之动,盖因"文以载道"也。当今中国社会的主流话语与核心价值理念,很多为国学经典所孕育、为优秀传统文化所涵养,并经历了中华文明几千年历史的检验。国学经典与社会主义核心价值观有着"源"和"流"的关系。北宋理学家张载有句经典名言:"为天地立心,为生民立命,为往圣继绝学,为万世开太平。"这句话中的"往圣",当指那些为中华文明进程做出伟大贡献、留下不朽经典的文化巨人。"继往开来"的优秀传统,确保了中华民族的有序发展,成就了中华民族绵延数千年的盛德大业。当代中国有家国情怀的精英志士,正在把经典引用于当下,让它回答现实提出的问题,为治国理政提供文化资源和智慧资源,为处理当代国际问题提供中国方案。如《礼记·中庸》提出"万物并育而不相害,道并行而不相悖",这是当代中国提出构建人类命运共同体的思想基础;老子说"治大国,若烹小鲜","以道莅天下",是治国理政的法宝。人与社会是不同层次的系统,具有主体性和能动性,为系统留下自主发展的空间和自由,是经典名句蕴含的深刻哲理。大至国际关系的处理,小至日常管理,都要遵循这个普遍规律。发展力说到底是文化力,文化的复兴,实质是民族精神命脉的重振。正在崛起的中国,再度面临巨大的历史性飞跃,重返经典、重塑经典、再创经典,关乎文化自信、道路自信和民族的未来发展。立国之本,就在文化之根。

立人之本,在于人内心世界的不断丰富和人的本质的全面展开,其实质是人文精神的建构。而人文渊薮,也在国学经典。人文相对于天文而言,人文来自天文。《易经·彖上传》曰:"刚柔交错,天文也;文明以止,人文也。观乎天文,以察时变;观乎人文,以化成天下。"人与天地系统之关系,构成了人文的终极关怀。准确把握人在天地时空中的位置,追求和谐自然的生存方式,通过修身养性,达到"和顺于道德,而理于义,穷理尽性,以至于命"(《易经·说卦传》)的"天人合一"境界,是国学经典着力阐释的为人处世的根本宗旨。今天,我们讲求以人的身心和谐发展为起始点的建构,最终达到人与人、人与社会、人与自然的和谐和可持续发展。可见,亘古及今,人文的终极关怀,始终是生命、生存与世界的意义关联。可以说，国学经典为人们提高人文素养，丰富内心世界，理解生存的价值和意义，把握人生命运，提供了充分的、优质的、高品位的精神营养和文化资源。

当今时代知识更新速度加快，职业更替日趋频繁。随着新技术革命的爆发式进行，很多传统的职业领域将在不久的将来彻底消失。机器和人工智能正在以锐不可当的力量改变着人类业已建立的秩序结构。当今的人类不得不思考，究竟还有什么东西是机器永远也学不会的？人类最后的领地在哪里？于是，我们将眼光转向那些不遵循数字逻辑与算法的领域。未来有可能在很多方面产生取代人的机器和人工智能，尽管有难以估量的能量，使未来充满极大的不确定性，但却难以具备"完整的人"（马克思语）所具有的丰富性和全面性。人类在漫长的历史文化进程中发展起来的精神品质、心理素质、伦理道德以及思维和感知的系统，还有"文化塑造的身体"，如"能听音乐的耳朵""能感受形式美的眼睛"等人类生命本质得以实现的各种社会化器官，对人类有机体之外的智能机器来说，要取代这一切无疑有着难以逾越的障碍。人类那些历史地形成的、作为文化过程之结果的社会化的器官，从其形态发生到稳定结构的形成，汇聚了令人难以想象的高度复杂性和随机性，且有无限遥远的历史和文化深度。人之所以为人，最宝贵的品质，机器无法取代，人类必须珍惜，不仅不能丢弃，更须加倍滋养，确保其永恒的生命力。在"天文"与"人文"交错的起始点上，有人类精神归宿的家园。重返经典，复兴文化，提升人的本质，旨在寻求转型时代人类精神的进路。

国学经典中，既有立国之本，也有立人之本。《孟子·尽心上》曰："穷则独善其身，达则兼济天下。"关于人的学问理当成为学子成才、成人之必修课程。然而，这个在以往时代被视为"大学之道"主要内容的国学经典，在当今的大学教育中却被边缘化了。为适应市场需求而设置的分科课程，因是教人从事专业化劳作的实际本领而成为热门。而关于做人的学问，因丝毫不能带来现实的功利，似乎显得空虚、无用。即使是人文学科，也强调与市场对接的专业性，而具有通识意义的国学经典，却没有与之对接的职业岗位。事实上，当今大多数用人部门选聘人才，普遍开始关注人文素养和内心境界，而这些都是学科课程里面不教授的东西。先哲是怎样看"有用"和"无用"的？老子说："有之以为利，无之以为用。"正如房屋，如果没有空间，怎能有用？精神虽然虚空，却以其特有的方式致用，看似"无用"实则有"大用"。从更深广的意义上来看，国学经典所负载的核心内容，关乎人的本质的全面展开、关乎生命价值的实现、关乎内心世界的丰富、关乎生存意义和质量的精神建构，是"人学"，是人之所以为人的根本所在。"人学"并不直接为未来的专业化劳作提供技术层面的支撑，但对人生却有树根立本的意义。无论从事什么工作，做人都是最基本的。孔子说："君子不器。"何谓"器"？"器"就是器具，是工具性的存在物。孔子还说过："君子之德风，小人之德草。""君子务本，本立而道生。"人的本质并非从事专业化劳作的工具,做人的根本道理,就在于以通达的知识作为安身立命之本,具有"风"的德行,周流六虚、遍行八荒而不受捆绑和限制,这是大写的"人",也是自由的人。相比之下,器具"小人"(孔子所说的"小人"指那种只能干粗鄙之活的人),私欲纠缠、利益羁绊、视野狭窄、否闭不通,只能做劳作的工具,无以谈人性的解放。有自主价值的人选择人生,失去自主价值的人处于被决定的位置。无论是儒家经典还是道家经典,都倡导以崇高的精神境界体验人生。老子道德风范:"被褐而怀玉。"儒家浩然正气:"富贵不能淫,贫贱不能移,威武不能屈。"圣贤先哲皆因其内心世界的丰富,使生命的价值和意义得以升华,达到"高山仰止,景行行止"的崇高境界。学习经典可以使人摆脱平庸,站在文化的制高点反观人生,从而使人生的境界得以提升。

学习国学经典的现实意义和未来价值远不止这些,更多的价值和意义还有待我们进一步挖掘和发现。经典是活的生命,通过考察历史可知,经典总会被重新解释并根据时代精神加以阐发。因此,中华民族历经数千年熔铸的经典,内容涉及天地人文各个方面,卷帙浩繁。国学经典犹如根深叶茂的大树,其根须可追溯到华夏文明肇发之前的漫漫长夜,其树干则随着时代变迁伸展出丰富的细枝末节。"根之茂者其实遂,膏之沃者其光晔。"(唐·韩愈《答李翊书》)正由于其立根于天地系统,有深厚的底蕴,才会结出丰硕的果实。然而,学习经典不可能整体地、全盘地、原封不动地照抄照搬,要寻找其根本精神所在,并须结合自己所处时代的现实问题,密切联系自身当下的生命体验和生存实际,以时代精神和前沿思想与经典对话,即所谓"六经注我,我注六经"。这本旨在提高人文素养的通识读本,在有限的篇幅内不可能面面俱到,当以"精""要"为原则,选取那些对后续文明的演进具有起始点意义、有原创性的系统而完善的思想体系、发挥着中华民族精神支柱作用并以书写文本形式存在的"元典"。

在中华民族历史上最早具有经典身份的无疑是"六经",且经孔子之手编订的"六经",集此前中华文明之大成,有"金声玉振"之功。其中,《易经》又被后人视为"群经之首""经典中的经典"。孔子晚年致力于对《易经》的哲学阐释,对推动中华文化从巫性向理性的转型做出了巨大的贡献。《易传》集中体现了孔子的道德哲学。老子的《道德经》,还有后世儒家在"六经"基础上加以阐发和完善的"四书五经",都是具有"元典"意义的经典文献。儒道同源,共同孕育了灿烂辉煌的中华文化,塑造了民族精神,奠定了中国理性的思想基础,引导了中华文明的演进路径,并在当今时代,以更为宽广的开放胸怀拥抱世界文化。基于上述考虑,本书主要选取了儒家和道家具有"元典"意义的经典文献,分三部分呈现。第一编"中华文明之光(《易经》)",谈《易经》成书及其结构、《易传》的价值和意义、读《易》常识以及《易传》原文及先儒解释。第二编"道法自然的不言之教(《道德经》)",论《道德经》核心思想、当代价值和意义,以及《道德经》原文和注释。第三编"人文渊薮（儒家经典）"，主要将儒家经典中的"四书"开篇、"六经"之教和儒家道德精神择要选编。选编内容和注释参考了多种文本，注释一般采用权威解释或古人解释，并尽可能从简，不做烦琐的考证，也不在细节上纠缠。《道德经》自古以来有多种传世版本，有些说法存在很大差异。这里以通行本为主，意义含混、语义不通之处，则比较各家说法，在尊重元典的基础上，采纳意义最佳的表述，并在注释中说明。有些章节中的"释义"部分，综合了前人解释和当代新观点，以疏通经典、挖掘现代意义为要旨。所有参考的文本都在文后列出。有必要指出的是，即使古人和权威的解释，也只是用作参考，仍有重新理解和解释的必要，并且事实上，经典文本总是存在着重新解释的巨大空间。应对照多种文本并充分利用网络资源，鼓励在尊重元典基础上的创造性理解和新的意义阐释。

国学经典博大精深，限于编者自身的浅薄功底和平庸识见，所知不过九牛一毛，实难窥其全貌、探其端底，难免贻笑大方。诚恳欢迎有识者批评指正。这里仅对所有参考文本的作者致以崇高的敬意和深深的谢意。

倪胜利
2018年12月18日

目录

绪论　让经典焕发时代精神

一、经典的含义　　　　　　　　　　1
二、经典是活的生命　　　　　　　　4
三、重塑经典　　　　　　　　　　　6
四、经典的生境　　　　　　　　　　9

第一编　中华文明之光(《易经》)

第一章　《易经》概说　　　　　　　16
第二章　《彖传》　　　　　　　　　42
第三章　《象传》　　　　　　　　　80
第四章　《系辞传》　　　　　　　　132
第五章　《文言传》《说卦传》《序卦传》《杂卦传》　154

第二编　道法自然的不言之教（《道德经》）

第六章　《道德经》概说　　　　　　　　　　176
第七章　上篇《道经》　　　　　　　　　　　190
第八章　下篇《德经》　　　　　　　　　　　211

第三编　人文渊薮（儒家经典）

第九章　"四书"开篇要义　　　　　　　　　239
第十章　"六经"之教　　　　　　　　　　　249
第十一章　儒家道德精神　　　　　　　　　300

绪论

让经典焕发时代精神

精神家园是文化生命之根所由生发的地方,是人的心灵不断回归和安顿的场所,是起点,也是归宿。苏轼诗云:"此心安处是吾乡。"老子说:

夫物芸芸,各复归其根。归根曰静,静曰复命。复命曰常,知常曰明。不知常,妄作凶。

失去精神家园便无以归根,从而走向漂泊游荡的不归之路。精神家园要保持生命力,需要用文化的活水之源来浇灌,要用时代精华来涵养、滋润。重返经典,与经典对话,既是向着根的回归,也是让经典活在当下的必要途径。

一、经典的含义

对"经典"的认定,因解释者的时空条件、文化差异及语境限制而有不同的说法。当然,见仁见智,各有道理。儒家把"四书五经"奉为经典,道家尊《老子》《庄子》为经典,墨家视《墨子》为经典,法家把《管子》《韩非子》等看作经典,兵家以《孙子兵法》为经典,中医将《黄帝内经》作为经典,茶道将唐代陆羽的《茶经》当作经典。当然,还有很多,不胜枚举。文学、艺术、建筑等人类生活的各个方面,其光辉起点和令人仰止的发展顶峰,都有大量经典流传后世。这些典籍因其原创性及其与后世文明的连续性和文化制高点的价值意义,可当之无愧地被称为"不朽的经典",以至于当今时代,相关专业领域仍把这些文本看作弥足珍贵的思想与智慧的宝藏,视为开创事业取之不尽的灵感源泉。

关于"经典"一词的含义,古今说法大致相同。班固《白虎通》说:"经,常也。有五常之道,故曰五经。《乐》仁,《书》义,《礼》礼,《易》智,《诗》信也。"[1]刘熙《释名》曰:"经,径也,常典也,如径路无所不通,可常用也。"[2]近人王国维说:"经者,常也,谓可为后世常法者也。"[3]熊十力《读经示要》开宗明义地说:"经者常道也。夫常道者,包天地,通古今,无时而不然也。无地而可易也。以其恒常,不可变改,故曰常道。夫此之所宗,而彼无是理,则非常道。经之道不如是也。古之传说,而今可遮拨(排斥、反对之意),则非常道。经之道不如是也。戴东原曰:'经之至者道也。'此语却是。"[4]所谓"常"即"不变"之意,"经"是常道、常法。这一意义在于指出经中包含了某些永恒、普遍的核心价值,有超越时空的意义。当然也得知道,所有获得了永恒意义的存在者,也都必有与时俱变的另一面。《易经·文言传》说:"天地变化,草木蕃。"草木于"一岁一枯荣"的周期性变化中存留着永恒的基因。经典之谓"常道",正是具备了"生生之德"才有了永恒意义。

在中华文化系统中具有"文化之根"意义的经典,首推"六经":《诗》《书》《礼》《乐》《易》《春秋》。经孔子整理编订的、体现了"常理""常道"的"六经",还有历代大儒在此基础上加以阐发和完善的"四书",总称"四书五经"(因《乐》亡佚,故称"五经"),具有国人公认的神圣性和权威性,是两千多年来中国历代王朝治国理政、教化万民的"国家学说",也是当今时代涵养社会主义核心价值观的思想文化源泉。儒家经典在国学经典中的突出地位和重要性是毋庸置疑的。而道家创始人老子思想的原创性、哲理性、深刻性、永恒性在区区五千言的《道德经》中得到完美的体现,其"元典"意义丝毫不逊于儒家学说。孔子问道于老子,堪称中国思想史上具有关键意义的重要事件,揭示了孔老儒道同出一脉的渊源关系。两者能够和谐地处于中华文化的统一体中,甚至能以更为宽广的胸怀容纳外来文化,足以体现其道统的博大精深和文化底蕴的深厚。至于说到老子思想对当今世界的影响,则更令世人瞩目,甚至比儒家经典有过之而无不及(详见第六章)。从中华文明演进的总体历史进程来看,儒道"元典"奠定了中华理性思维的基石,支撑了中华民族的精神脊梁,塑造了民族文化心理和人格品质,引导了华夏文明演进的路径。先秦时代诸子百家留下的各种传世文本,无疑也在不朽的经典之列,但总体来看,其对华夏民族后续文明的影响在深度和广度上不及前者。因此,在我们有限的篇幅和特定的语境中探讨的经典,主要指具有"元典"意义的儒家和道家经典。

中华"元典"的前端,可追溯至没有文字、没有纪年的洪荒时代。口头流传的故事、古

---

[1] 陈立:《白虎通疏证》,吴则虞点校,中华书局,1994年,第447页。
[2] 曹之:《中国古籍编撰史》,武汉大学出版社,2006年,第343页。
[3] 姚淦铭、王燕编:《王国维文集》第4卷,中国文史出版社,1997年,第88页。
[4] 熊十力:《读经示要》,上海书店出版社,2009年,第11页。

歌、古诗等就是"元典"据以产生的历史文化存在。《尚书》《春秋》《左传》都提到《三坟》、《五典》《八索》《九丘》"，在古人的词汇中，"坟"是比"典"更早的文化遗存。何谓"坟"？《礼记·檀弓》曰："古也，墓而不坟。"古人将"土之高者"谓之坟。《易经·系辞下传》曰：

> 古之葬者，厚衣之以薪，葬之中野，不封不树，丧期无数。

逝者有大坟，当非寻常之人。孔安国《尚书序》中说伏羲、神农、黄帝之书，谓之《三坟》，言大道也。[①]"坟"的文化记忆功能固然不能以来自古代典籍的寥寥数语为充分依据，然而，这也的确能使人联想到关于"三皇五帝"的传说。之于"典"，它原指置于架子上的简册。《说文解字》："典，五帝之书也，从册在丌上，尊阁之也。""丌"是供奉贵重物品的几案，尊之于"丌"上的册，自然是尊贵、重要的书。传说中的"三皇五帝"之时当然不会有"书"供于几案之上，《五典》不过是传说中的"五帝"之"常道"而已。"炎皞遗事""唐虞文章"等虽有道统上的"原初"意义，然而尚不能称为"元典"。

春秋战国是中华文明由巫性文化向理性文化转型的时期，是中华思维发生根本性转变的时期，是中华文化全面兴起、高度繁荣、趋于定型的阶段，也是所谓世界文明的"轴心时代"。各大文明在大致相当的时期，从原始宗教与神话之中脱胎而化生出作为人类智慧之结晶的哲学。这是人类思想史上最辉煌的时期，中国出现了孔子和老子这样的思想家，印度出现了最早的哲学文献《奥义书》和包含着丰富哲学思想的佛教典籍，希腊出现了一大批对后世产生了深远影响的杰出哲学家。其深远意义如雅斯贝斯所说："人类一直靠轴心期所产生、思考和创造的一切而生存。每一次新的飞跃都回顾这一时期，并被它重燃火焰……轴心期潜力的苏醒和对轴心期潜力的回忆，或曰复兴，总是提供了精神动力。"[②]在中国，这一时期涌现出了作为中国优秀传统文化的核心组成部分的中华元典，它决定着中华文化的根本性质和基本走向，成为延续数千年的中华文明生生不息的动力之源，也是中华民族在每一重大历史变革之际必然回归的精神家园。一般说来，春秋战国时期诸子学说都具有经典意义，然而，只有那些对后续文明的演进具有起始点意义、有原创性的系统完善的思想体系、发挥着中华民族精神支柱作用并以书写的文本形式存在的典籍方可称为"元典"。在此意义上，"六经"、《道德经》、《论语》等无疑是公认的中华元典，而"六经"中的《易经》，则堪称"群经之首"。

---

① 黄怀信：《尚书注训》，齐鲁书社，2009年，第1页。本书后文引用《尚书》中的原文皆以此版本为准，行文中只指出篇章名，不再重复作注。
② 卡尔·雅斯贝斯：《历史的起源与目标》，魏楚雄、俞新天译，华夏出版社，1989年，第14页。

二、经典是活的生命

考察人类文明演进的历史，须认识到，经典的崇高地位并不是与生俱来的。今人奉为经典的很多传世文本，当初并不具有神圣的意义。《尚书》不过是周代史官辑录的古代史料汇编，大多为有关先王的传说；《春秋》不过是鲁国的编年史，被王安石称为"断烂朝报"，即"流水账"；《诗经》则是周代"行人"和"遒人"等文化官员征集的各地诗歌的选本；而《易经》的卦爻辞，大部分来自古歌。源自民间的传说、故事、古歌等保存了大量社会史、思想史的原始材料，内容丰富，蕴涵深厚，珍藏着先民跨入文明门槛前所积淀的宝贵精神财富。其中既保有氏族制时代原始民族及原始思维的遗存，又揭示着初级文明时代的社会风俗、历史事件、典章制度与观念形态。之后，在特定的历史条件下，这些抽象的与具象的精神财富逐渐得到社会的崇奉，并通过不断的多角度的诠释，其意义被发掘和阐扬，以至达到出神入化的境地。元典因其内在精神的超越性和历代解释者的不断"重构"，而具有了"历时愈久却光辉愈显"的不朽性。[1]追溯这些文本的源头，皆非出自圣贤之手，其出身之平凡及后来成书之伟大，恰恰印证了其作为中华民族共塑和文化共创的历史意义。

从世界文明演进的历程来看，每次重大的文化转型，在实现历史性飞跃之时，都有向着起始点的回归。"回归"不等于"复旧"，不是返回到原点重复旧的主题，而是站在时代精神的高度观照起始点，是在起点与归宿之间建立互动的关联性。龚自珍说："万物之数括于三：初异中，中异终，终不异初。""万物一而立，再而反，三而如初。"[2]这与"原始反终"（《易经·系辞上传》）、"无往不复"（《易经·泰·九三》）、"夫物芸芸，各复归其根"（《老子》第十六章）等经典名句所表达的思想是一致的，它揭示了文化发展的超循环规律。事物发展的三段论是一个普遍的存在。系统发展至第三阶段，往往会在更高的层次上重现起点的某些特征，但它不是简单地重复原点，而是以包含着整个过程的全部丰富性观照起始点。正如恩格斯所说，否定之否定所显示的事物自身发展的辩证运动"重新达到了原来的出发点，但这是在更高阶段上达到的"[3]。否定之否定揭示出事物的发展呈现周期性变化、螺旋式上升或波浪式前进，循环往复，以至无穷。这是一个极广泛的、起重要作用的自然、历史和思维的发展规律。回归其根，方能不离其道。老子说"执古之道，以御今之有"（《道德经》第十四章），儒家经典中多有"稽古""重华""缉熙""袭迹""继往"等词语，表达的是遵循先哲开辟的文明道路前行的文脉和道统。中华文明绵延数千年，展现出比世界上其他文明都更为突出的可持续发展品性。有一个源远流长的文化之根，有一个可以

---

[1] 冯天瑜：《中华元典精神》，武汉大学出版社，2006年，导论第8页。
[2] 龚自珍：《龚自珍全集》，王佩诤校，上海古籍出版社，1999年，第16页。
[3]《马克思恩格斯全集》第20卷，人民出版社，1971年，第673页。

不断回归的精神家园,是中华文化生命力强盛的根本所在。

经典以语言为载体,文以载道。西方哲学家海德格尔说"语言是存在之家"①,语言从存在中涌现,又在存在中生发,在应用中发展。那些无声的语言符号看上去并没有生命,但在运用中它活起来了,仿佛有生命注入其中。确如西方哲学家所言,在生活与思想的溪流之中,文字有了意义。以语言符号为载体存在的经典,其价值不单由文本自身的性状决定,还得经由阅读者的理解和重铸方能实现。历代阅读者、解释者的反复参与,无疑会使经典产生"信息增值",当然,也会有减值甚至价值的重构。所以经典常释常新,在不断地更新和再生中获得不朽与永恒。董仲舒《春秋繁露·精华》篇中提出的"《诗》无达诂,《易》无达占,《春秋》无达辞",也正是此意。经典之作,必是天地人文精华之荟萃,语言精妙,意蕴深远。《易经·系辞上传》曰:"鼓天下之动者存乎辞。""辞"为"䌁辞",它来自古歌,是先民生产生活经验和智慧的积累,既为经典的原始文本,必有其不可磨灭的价值。"辞"之所以能"鼓天下之动",盖因其为"道之文"也。揭示了天地系统运作法则的经典之作,从根本上说,来自先民和先哲对天地系统运作之道的参悟,凝聚了生存的全部价值和意义,为人在天地时空中的合适定位和适应性生存,确立了精神坐标和行为规范。

经典之所以为经典,就在于它是活的文化生命。生命是绵延的,是一个向着未来时空全方位开放的系统。活的生命有自我更新的机制,有不断再生的生命动力。仿佛根深叶茂的大树,有一种不断流动的活质在根茎与末梢之间循环往复,进行着能量和信息的交换。时代变迁,为经典带来盛衰之变数,也成为滋养经典的活水之源。经典作为文化生命之参天大树,其边缘系统就是那一岁一枯荣的细枝末节。随着时空的变化,腐朽的枯枝和败絮不断脱落,时代精神和文化新质不断被吸纳,并内化为自我更新和再生的动力和能源。"观乎天文,以察时变;观乎人文,以化成天下"(《易经·系辞上传》),乃是经典之形态发生的起始点。因此可以说,经典植根于天地之道,故而与天地并生。"并生"在这里是指与时俱变,随时而化。当今,在世界范围内,能够称得上经典的,必然经历了几千年人类实践的检验。在人类文明演进的历程中,时而被推上高峰,时而被打入低谷,但它始终存在着。经磨历劫、颠扑不破方显经典本色。从世界范围的文化史来看,经典总是以代代相传的可延续形态展现于各个时代,且总是带有新时代的特征。如果一种文本曾在历史上存在过,而后来却失传了,未对后续的文明发生过实际的影响,那就称不上经典。经典一直活着,每个时代都能见到它的身影;经典不朽而鲜活,每个时代都能发现它新的价值。

---

① 转引自赵敦华:《现代西方哲学新编》,北京大学出版社,2001年,第113页。

三、重塑经典

经典是一个文化系统核心理念和价值观的体现,也是民族精神的脊梁和活的思想源头。人们能从经典文本中读出不同时代的新意义,这就是重构和重塑的作用。用科学思维武装起来的今人喜欢谈"解构"与"重构"。"解构"就是"还原","重构"就是"再造"。将物质分解为构成它的基本要素,然后再按照人的意志将其重新组合,这是几百年来人类科学领域的主题。当今时代,"硅"材料的运用创造了"硅时代",使地球开始变成一个村庄;而今人类所面临的,是即将到来的"石墨烯"时代,一切将从更为微观的层面进行联结,在更基本的层次上重新组合,世界会变得更为致密和狭小。"基因重组"也将以人工技术改造自然生命,从而带来生物领域的颠覆性变化。文化经典能否被分解到"文化基因"的层次?进而,按照当今时代的价值理念,重构人文精神世界?当然不能简单依照自然科学规律来构造人文世界,然而有一点是肯定的:整体地、全盘地、原封不动地接受和传承经典,显然是不合时宜的。西方思想常常表现为以系统、全面、自洽、完满的形式呈现的理论体系,如康德、黑格尔的哲学,都是严密的范畴演绎和概念推论,阅读时须步步联结、环环相扣,不得跳跃。构建一个理论体系需要庞大的支撑结构,一旦建构成理论大厦,它就成为一个自洽的和自我封闭的系统。理论的更新常常体现为将一个旧的体系的彻底推翻,并在此基础上进行另一体系的构建。黑格尔的庞大哲学体系被彻底打碎,马克思只取了其作为"合理内核"的辩证法,对费尔巴哈哲学,则是只取了其唯物主义的基本内核。中国国学经典中深刻的思想,多以精辟的名句形式表述,大多是语录体,多用象思维和隐喻,不遵循A=A的逻辑确定性地言说事物,因而具有开放、通达、自由、包容等特点,既富有科学探求的精神,也充满了诗性的智慧。中国经典表达方式最大的好处就是容易将其从后世附加其上的糟粕中剥离开来,为各种形式的新组合提供了极大的可能性,从而为发展留下了巨大的空间和自由。它向未来开放,可以按照时代的需要用作思想与理论重构的材料,犹如文化基因的重组。

老子《道德经》中有挖掘不尽的思想宝藏,历代先贤的阐释也未必尽得真谛,甚至有误读。从历史来看,经典一直在不断地被重新理解、重新解释,这在实质上也是重塑。历史进程、思想变迁、文化转型等都会被附加在经典的意义阐释之中。人文精神的重构,按照哈贝马斯(Jürgen Habermas)的理念,"意味着以一种与古人之真实意图相应的方式——如果我们对于这些意图的理解是正确的话——对其思想加以重新整合,而取代复述他们那些相当庞杂不清的立论;并且要根据我们今日所面临的伦理学问题而加以充分利用"[①]。古人的真实意图,遭遇后人有意无意的曲解、误读或无视,不足为怪。然而我们

---

① 罗哲海:《轴心时期的儒家伦理》,陈咏明、瞿德瑜译,大象出版社,2009年,第7页。

今天重读经典,能从中挖掘出前人未曾注意到的重要价值或被有意无意舍弃的信息,亦属当然且更有必要。

举个例子。田野调查是现代人类学研究的一种最基本的方法和手段。它一直被视为西方学者的伟大发明创造,其源头可追溯至美国"文化历史学派"的创始人博厄斯(Franz Boas)。为了证实不同民族的文化都有各自的发生、发展、变化过程的理论,他用田野方法展开了对北美印第安人文化的深入研究。在他之后田野工作的传统被一代又一代的人类学家继承下来,并加以发展完善。当代中国的人类学研究的主要方法就是从西方学来的。而事实上,孔子早在两千多年前就采用了这种方法搜集原始资料(后文"'六经'之教"有关章节有详述)。《礼记·礼运》如此记载孔子的话:

我欲观夏道,是故之杞,而不足征也。吾得《夏时》焉。我欲观殷道,是故之宋,而不足征也。吾得《坤乾》焉。《坤乾》之义,《夏时》之等,吾以是观之。

孔子深入民间实地考察,得到了夏历和宋国有关原始祭礼的一手资料,从而作出"夫礼之初,始诸饮食"的结论。诸如"燔黍捭豚,污尊而抔饮,蒉桴而土鼓""死者北首,生者南乡(向)"等有关先民生活的鲜活而珍贵的历史资料,得以在经典文本中记载并流传至今。然而可惜的是,后世的儒家只一味尊奉圣人的结论,忽略了先哲发现真理的过程和以实证材料为立论依据的方法。今天我们也批判科学教育中那些只注重结论而忽略科学发现的过程和方法的做法,欲从科学精神、科学方法的培养入手来推动科学事业的发展。重返经典,定能发现人类精神文明建构的精微奥妙之处和基本理路。

再如,今天为师者的口头禅"不言之教",原出自老子《道德经》第四十三章:

不言之教,无为之益,天下希及之。

"不言之教"按今人通俗理解就是"以身作则""率先垂范",或不以空洞的说教而以实际行动来教育人。如此理解的"不言之教",怎会"天下希及之"？这是谁都可以做到的事情,只看他做不做而已。老子绝非在这样的意义上使用"不言之教"一语。老子话语中的"不言之教"乃指天地之教,因为"天地不言"却蕴含大道,然而只有极少数人能悟出其中的"不言之教"(详见本书第十章"六经"之教)。《系辞下传》曰:

古者包牺氏之王天下也,仰则观象于天,俯则观法于地,观鸟兽之文与地之宜,近取诸身,远取诸物,于是始作八卦,以通神明之德,以类万物之情。①

远古时期,能悟出天地系统"不言之教"者,被儒家视为"圣人"。经典中的重要信息在历史的长河中被冲洗而淡化,遭遇庸俗化和通俗化的退变,这也是自然而然的。当然,这并不是说大众日常用语中的"不言之教",用于强调示范的教育作用是不对的,而在于指出,一些经典话语中的深刻真理不应被消解和遗忘。

老子经典中有很多意蕴深刻的思想与当代科学前沿方法论相通,例如:

治大国,若烹小鲜;
人之道则不然,损不足以奉有余;
为道日损;
有物混成;
长而不宰。

这些经典名句所蕴含的真理,以及老子"无A而B"(或"不A而B")的思维范式,与自组织理论、耗散结构理论、混沌理论等都有对话的共同思想基础。虽表达方式和语言不同,却有异曲同工之妙。当代科学管理的原理中最重要的一点,就是给子系统留下自主发展的空间,不予以过多的控制和外部的干预,这是成就事物的根本法则。老子早在两千多年前就以精辟的话语表达了这一思想(详见第六章)。儒家经典也与马克思主义经典有共通之处。马克思主义作为西方话语,为中国思想界的精英所接受并用来指导中国社会实践,取得了举世瞩目的卓越成效。在世界上创造了经济腾飞奇迹的中国,至今仍以坚定的自信沿着这条道路前行。然而,值得深思的是,在世界范围内,也只有中国思想文化与马克思主义最亲近,这里面是有着深刻的思想渊源的。中国儒家的理想社会是大同世界,"圣人之叹"成为后世儒家思想的终极关怀:

大道之行也,天下为公,选贤与能,讲信修睦。故人不独亲其亲,不独子其子。使老有所终,壮有所用,幼有所长,矜寡孤独废疾者,皆有所养。男有分,女有归。货恶其弃于地也,不必藏于己;力恶其不出于身也,不必为己。是故谋闭而不兴,盗窃乱贼而不作,故外户而不闭,是谓大同。(《礼记·礼运》)

---

① 李光地:《周易折中》,李一忻点校,九州出版社,2002年,第848页。后文出自同一版本的引文不再重复作注,只在行文中列出篇章名。

中国社会的精英不热衷于西方资本主义道路,而选择了马克思主义,从根本上讲,与数千年文化孕育的价值观有着内在的联系。中国特色社会主义道路,既是马克思主义本土化的产物,也是中华文化、中国精神的时代精华。重回经典,从经典中挖掘这些思想资源和精神基元,能让经典重新焕发出时代光辉,也更能增添中华民族的文化自信。

中国古代经典与当代世界的前沿思想如此高度一致,充分体现了其所揭示的真理之深刻性。不同话语体系中的思想能够达到一致,必得达到对宇宙和自然根本法则的深刻认识层面。西方谚语"条条道路通罗马",东方箴言"原始反终",细细想来道理相通。最高的真理,起点与归宿,都指向终极关怀。真正深刻的真理,全世界都是相通的。不同的话语体系,是可以相互印证的。新文化运动以来,中国知识界习惯了以西方话语取代中国话语,迄今为止,西方话语依然在大多数学术领域中占据霸权地位。理论资源上依赖西方,导致我们处在被动地接受西方思想的地位,从而越来越缺乏理论上的创新能力。理论创新能力的缺乏从根源上来讲,与隔断文化之根有关。文化自信来自文化自觉。知识主体意识的觉醒和中国话语体系的重构,将使知识增长的方式发生根本性的转变,对激活文化内生力、确立文化自信、弘扬文化精神、发挥文化力量有重要的现实意义和深远的历史意义。弘扬精神文化,从重塑经典开始。

构建中国话语体系不是自说自话,它意味着要有更为开放的胸怀和更具包容性的知识观,以时代精神和前沿思想为武器,去挖掘和重新发现那深藏于中华元典之中的崇高道德精神和智慧资源。让古典与现代对话,让东方与西方对话,通过思想碰撞使真理涌现出来。

四、经典的生境

经典的原意不能被曲解,经典的深意不能被消解,这是最基本的原则。再就是,经典不是无生命的僵死教条,文本所负载的思想一直在不断变动的时空环境和时代语境中活着,它也一定会活在当下。要活着,就得有生境,就得吐故纳新,因此变化和发展是必然的。这看上去似乎有点矛盾,其实,两者有着内在的统一性。对经典不能有曲解和消解式的改变,但要求其内在生命力顺应时代变迁、合乎自然规律的变化和发展。宋代陆九渊有句名言:"六经注我,我注六经!"它精辟地指出了阅读经典的本质规律和特点。

人们通常认为,"六经注我",是以"六经"的话语来表述我无法以自己的语言表述的思想。正如一位禅师所说:"曾见郭象注《庄子》,识者云:却是《庄子》注郭象。"(《大慧普觉禅师语录》卷二十二)《庄子》在前,反倒来注后者,这等于说,郭象以《庄子》来言说自己的思想,似乎更多的是在发挥自己的思想,是让古人来为自己说话。而"我注六经"则被认为更忠于元典,是阅读者尽可能去理解经典的本义,力求追寻经典的原初意义。乍看起来,两者之间似乎是"二择一"的对立关系,实质上,这是一个统一过程的两个方面。一种很有见地的观点,将"六经注我"视为"我注六经"的更高级阶段,第一阶段通过"我注六经"将"我"的生命感受与经义融为一体,从而实现了由"小我"到"大我"的转变,"我"已不再是原先的"小我",而是通过解读经典提升了的"大我"。于是,随之就进入第二阶段,将这升华的"大我"领到我们自己时代的语境中去,这就是"六经注我"。这可称为"同化",即把经义同化到我们的时代,也就是说,让经典的作者和我们一起来回答我们时代的问题。不仅是国学经典,也不仅是哲学经典,中西方都有人文艺术各个领域的经典不断被引领到当下,如贝多芬、莫扎特等音乐大师两百多年前创作的音乐,当今仍在世界各国的音乐大厅回响。[1]伟大的音乐家毕其一生探索真理,他们以神妙的音乐语言表达崇高的精神和人类的价值追求,将他们的思想和情感注入音乐,创造了跨越国界、民族、文化,具有永恒意义的不朽经典。而后世的音乐家和指挥家,也在不断把经典引入他们所处的时代,以他们对经典的创造性理解,重塑和再创经典,使经典焕发出时代的生命力。

清代史学家和思想家章学诚在其《文史通义》中说:"道备于六经,义蕴之匿于前者,章句训诂足以发明之,事变之出于后者,六经不能言。"[2]于是,阅读经典就要做到:"贵约六经之旨,而随时撰述,以究大道也。"这里有两层意思:第一,"道备于六经",是说"六经"已经蕴含了完备的天下道理,要寻找"道",就要到"六经"中去领会,也就是对经文的解释。第二,"随时撰述",是说时空变化、历史演进、文化发展,新事物不断出现,"六经"不能言说,得靠我们自己来阐释。拿"六经"之旨来讨论当下问题,便是"随时撰述,以究大道也"。他还有一句常被引用的名言:"六经皆史也。古人不著书,古人未尝离事而言理。"[3]"六经"是一部历史,它以史事言说道理,以文本形式记载了先民生存的实际及其生存体验中参悟的天地之道。[4]"六经"所蕴含的"道"之所以完备,与其历史之久远、积累之丰富有着必然的联系。

如前所述,经典是文化生命,它与有机生命一样,需要生境的存在作为它遗传、复制、变异和再生的条件。生境是一个来自生物学的概念,用来指生物居所的特定区间,以及在一个栖息地内有机体占据的特殊空间。这个词语的引申意义可以用来泛指物种能够生存的环境范围。"能够"在这里有特殊的意义,环境是一个中性词,可能利于生物的生存,也可能不利于其生存。而"生境"则不然。《大学》中引用了《诗经》中的名句"缗蛮黄

---

[1] 王德峰:《两种阅读:"我注六经"或"六经注我"?》,《社会科学报》2017年07月27日。
[2] 章学诚:《文史通义》,上海古籍出版社,2008年,第41页。
[3] 章学诚:《文史通义》,上海古籍出版社,2008年,第1页。
[4] 王德峰:《两种阅读:"我注六经"或"六经注我"?》,《社会科学报》2017年07月27日。

鸟,止于丘隅""邦畿千里,惟民所止",其寓意十分深刻。物种所"止"之处,便是生境。根据其生物学上的本义,"生境"之意可作进一步拓展:能引起环境复制自身的文化基因被看作复制子(replicator),而能够引起自己被复制的所有可能的环境的集合(其中包括了精神的、制度的、习俗的、生活方式等),就是文化生命的生境。[1]一种生命一旦创生,一定要寻找一个寄居的地方,那就是它的生境或生态位。文化生命也需要寻求载体,游戏、葬礼、岩画、古建筑、远古的土陶、青铜器等,都是文化生命寄居的躯壳,或可说,符号就是文化生命的居所,文化生命就寓于符号之中。经典音乐作品的生命是怎么得到滋养的?一支奏鸣曲的乐谱像一个没有生气的DNA,如果没有听众和演奏者在场,它就只是一个没有生命的标记;若要让它恢复其存在,就必须由音乐家来读它;若要让它恢复其全部的存在,就必须在观众面前演奏它。因此,每一次阅读,每一次演奏,每一次倾听,都是一次复制和再生。经典也是这样存活的——从复制到再生。法国思想家埃德加·莫兰说:"某些作品因人们的疏远和遗忘而死亡,就像那些已经废弃了的仪式中的神一样。"[2]费孝通说:"文化巍然独立,自生自灭,芸芸众生,不过为文化之扮演者。"[3]这无疑等于说,芸芸众生就是文化生命的生境。经典活在当代人的精神世界中,这意味着经典是人们的精神家园,而当代众生的内心世界,也是经典存在和发展的生境。

种下文化的种子,它就会在合适的外部条件和环境作用下,在心灵的土壤上生根、发芽、开花、结果。经典名句可作为种子语言或根语言,植入人们的心灵。不一定要刻意追求理解基础上的接受,思想之初的混沌是必然的也是正常的。初读经典,不理解不要紧,其意义会在日后的生存体验中,在合适的情景、合适的场合、合适的话语氛围、合适的上下文之中,突然被激活,焕发出生命的活力。英文中有个很有深意的词"context",前缀"con"(表示环境与关系)与"text"(文本)组合起来,译为"上下文",也理解为"语境"。"text"的意义只能在关系之中呈现。以短句形式存在的中国经典,常会在特定的语境中突然焕发奇异光彩。久思不得其解的意义,会在不经意之中豁然明朗。使经典与我们的生存现实发生意义关联,也就是先贤所说的"我注六经"。但在我们看来,在这之前,也得有一个将"六经"注入"我"生命的逻辑起点,这个"注入"实质上就是"植入",是将具有基因意义的经典名句,不附加任何信息,作为根语言或种子语言接受下来。经典的价值、意义注入"我"的生命,从而使"我"得到经典的滋润和养育,这是"六经注我"的另一种意义阐释。

很多人习惯地以为,只有理解了才能接受,靠死记硬背而不追求理解是愚蠢的。这对接受其他思想来说,或许是有道理的,但对经典却不然。事实上,若要追问"理解",会

---

[1] 倪胜利:《教育文化论纲》,重庆大学出版社,2011年,第43页。
[2] 埃德加·莫兰:《方法:思想观念——生境、生命、习性与组织》,秦海鹰译,北京大学出版社,2002年,第135页。
[3] 马林诺夫斯基:《文化论》,费孝通等译,中国民间文艺出版社,1987年,译序第3页。

发现这个"理解"值得质疑。因为"理解"总意味着带着"前见"去阅读和阐释,以此来解读经典,就会先入为主地掺杂我们从别人那儿接受来的意见和观点,必然会影响我们对经典本真意义的解悟。我们平时说话,说的是谁的话?我们的思想,那又是谁的思想?我们从来没有想到过,思想和观念会借助我们的嘴巴来述说它自己。当今一些前沿的思想家已经开始用另一种视角来看待我们的思想和语言:"必须把来自我们大脑的观念、思想、神话、神看作是一些'存在物',即一些具有自组织和自繁殖能力的客观存在,它们遵循一些我们所不了解的原则,依靠着同我们相依共生、相互寄生和相互利用的关系而存活。"[1]这也就等于说,思想和观念的系统,与我们的有机生命构成了一个按照某种法则相互关联的生态系统。联结的法则,只有在我们的生命体验中才能获知。如此来看,让经历过几千年历史检验的经典话语占有我们的心灵和大脑,使其成为我们构建生存世界的根语言,远比储存那些浅薄知识重要得多。

经典之所以为经典,就在于其奥义之深邃和旨意之邈远。寻常之人片刻之功就能明白的道理,零碎而浅显的生活知识和经验,不是经典所关涉的"大道"。"大道"就是老子所谓的"玄德","玄德深矣,远矣,与物反矣"(《道德经》第六十五章)。玄奥的道理与日常之事理大相径庭。经典表达的是古代先哲的深刻思想,理解它,需要时间,需要体验,需要生存实践。负载着经典奥义的种子语言入住我们的心灵,在我们的心灵中扎下根,就会在我们的生存实践中发挥它神奇的功能,也犹如思想的酵母在生命体验中发酵。中国千百年来以"诵经"的方式做启蒙教育,从而使经典得以代代相传,并能以强大的生命力自我更新,在不断变化的时空环境中获得永恒的存在。这是中华民族独特而珍贵的经验。《易经·象上传》曰:"蒙以养正,圣功也。"何谓"圣功"?就是说,起始点立正了,就能成就"不为而成"的圣人之功。"君子务本,本立而道生。"根基歪了,日后再去纠正就难了。如此来看,"我注六经"与"六经注我",实质上是双向互动、循环互补的,两者密不可分地交织、纠缠在一起。读经是一个活在当下的人去读古人的思想,理解就意味着融通和共识。古人的思想成为经典,自有其思想的深度和广度,其蕴涵之"广大"和"精微"远远超出寻常人的见识。阅读古人的思想是一种对话,是思想的交流与碰撞,是古今文化的碰撞。只有具备了深刻性和永恒真理性的思想,才经得起碰撞而存活下来。经典负载的思想借助"我"的理解而获得复制和再生的生境,"我"的思想借助经典而得以提升。因此,"我注六经,六经注我"是密不可分的有机统一体。读经典与不读经典,最大的不同在于,前者让我们提升到思想的高度,从文化的制高点审视我们得以扩展的视域,也从崇高的精神境界观照我们的生命体验和生存实践,从而使自己超越平庸,进入一个生命的新境界;而后者,则使我们永远停留于浅薄的思想、散乱的言语、迷雾的遮蔽、狭窄的视域之中。

---

[1] 埃德加·莫兰:《方法:思想观念——生境、生命、习性与组织》,秦海鹰译,北京大学出版社,2002年,第117页。

经典的意义,不仅在于其历史价值,更重要的是它的现实意义。探讨其历史价值,就要尊重元典,从原生语境去考察它的意义。发现其现代价值,就要把经典放在现代语境中解读。两者之间有着内在的关联性和统一性,经典只有活在当下,才能使其全部价值得以实现。当代中国政治生态的稳定、经济文化的繁荣、民生事业的发展、和谐社会的建构,为经典的新生提供了资源丰富的生境,甚至整个世界都对中国传统文化张开了热情的臂膀。重塑经典,再创经典,迎来了历史上从未有过的机遇。把经典引入当下,让经典进入我们的生命,走进我们的现实生活,充分挖掘其精神文化资源,为解决时代问题和世界性问题提供中国智慧和解决方案,从而使经典焕发出时代的光辉和生命力,成为继往开来的新一代重要的历史使命。

第一编 中华文明之光（《易经》）

"在那包藏着最古老的古董的漆黑之夜，在离（开）我们如此遥远的地方，闪耀着永恒的、永不衰竭的真理之光。"[①]这句话来自维柯《新科学》，普里戈金在《从混沌到有序——人与自然的新对话》一书中引用了它，意在揭示从混沌到有序是从自然到人类社会普遍存在的原理。

漆黑之夜是人类的蒙昧时代，从野蛮到文明，从混沌到有序，初始点上的真理之光，具有永恒的价值和意义。那是起点，也是归宿。洪荒时代，华夏文明始祖"观天文以极变，察人文以成化"（《文心雕龙·原道》），"近取诸身，远取诸物，于是始作八卦，以通神明之德，以类万物之情"《易经·系辞下传》，开创了符号化思维的新纪元，引领了数千年文明演进路径。那最初的、朦胧的理性之光，透射在华夏大地之上，驱赶着黑暗与蒙昧，正所谓"'见龙在田'，天下文明"（《易经·文言传》）。

---

① 转引自伊·普里戈金、伊·斯唐热：《从混沌到有序——人与自然的新对话》，曾庆宏、沈小峰译，上海译文出版社，1987年，第36页。

第一章 《易经》概说

《易经》被视为中华元典,是"群经之首""经典中的经典"。孔子晚年读《易》,"韦编三绝",成为人尽皆知的千古佳话。孔子到了晚年才深刻认识到《易经》的价值,他说:"加我数年,五十以学《易》,可以无大过矣。"(《论语·述而》)实质上,孔子已经远远地超越了占卜易学。《易经》中的哲学原理,正是经由孔子之手而得以透彻地阐发。《易传》的形成,实现了由占卜易学向哲理易学的转向,推动了中国社会由巫性文化向理性文化的转型。

一、道统

关于《易经》成书,儒家按照逻辑思路梳理出一个道统,从伏羲创八卦开始,经文王"重《易》六爻",孔子作《彖传》上下、《象传》上下、《系辞传》上下、《文言传》、《说卦传》、《序卦传》、《杂卦传》十篇。"人更三圣,世历三古"(《汉书·艺文志》),所谓"三圣",指伏羲、文王、孔子;所谓"三古",指上古、中古、下古,分别对应"三圣"所处时代。"圣人作《易》"之说为历代读书人深信不疑。然而,尽管这一套符合逻辑的说法看上去自洽、圆满、完美、透彻,但它并不等于真实的历史。也就是说,《易经》之成书,不是一人一时之作,它是在漫长的时期里,中华民族生存智慧和生活经验凝结的硕果,是中华文明的结晶。近现代以来,随着学术研究的科学化发展和考古新发现,"圣人作《易》"之说被颠覆和质疑。今天稍有历史与哲学常识的人,当知"英雄创造历史"的片面性。尽管如此,儒家对"道统"的梳理,仍具有重要的思想意义。它孕育了中国的形而上学,形塑了中国人的思维方式,使中国思想的理性特色在世界上独树一帜。对此,当代法国著名汉学家汪德迈(Léon Vandermeersch)在其新著《中国思想的两种理性:占卜与表意》一书中有科学的评价(后文有论述)。

关于易学研究的不同观点之间的纷争这里没有必要详细阐述,有一点则是十分必要的,也是我们走近《易经》的必由之路,那就是了解儒家对《易经》形态发生之"原道"的阐释。借"圣人"之名阐述《易》理,揭示"道沿圣以垂文,圣因文而明道"(《文心雕龙·原道》)的历史脉络,是整个儒家道统的核心命题。关于《原道》有两个版本值得说明,唐代韩愈的《原道》,开篇曰:"博爱之谓仁,行而宜之之谓义,由是而之焉之谓道,足乎己而无待于外之谓德。"显然,这是谈仁义道德的"原道"。另一篇刘勰的《文心雕龙·原道》,是对儒家道统的一个富有文采的阐述,试图将天文与人文统一于"原道"之中。其中,与《易经》成书有关的所有经典传说几乎都提到了,包括"河图""洛书""乾坤""阴阳""仰观俯察""炎皞遗事""唐虞文章"等。通过刘勰的《文心雕龙·原道》进入《易经》,可使我们对《易经》成书的逻辑理路有一个整体的认识和了解。

对刘勰的《文心雕龙·原道》,名家也有不同的看法。例如,鲁迅在他的《汉文学史纲要》一书中曾这样写道:"梁之刘勰,至谓'人文之元,肇自太极',三才所显,并由道妙,'形立则章成矣,声发则文生矣',故凡虎斑霞绮,林籁泉韵,俱为文章。其说汗漫,不可审理。"①似在批评刘勰漫无边际、不可确言的夸张说法。鲁迅的批评自然不无道理,这里无意评说。然而鲁迅对刘勰总的评价是很高的,将他与亚里士多德并举。鲁迅在《集外集拾遗补编·题记一篇》中说:"篇章既富,评骘遂生,东则有刘彦和之《文心》,西则有亚理士多德之《诗学》,解析神质,包举洪纤,开源发流,为世楷式。"②鲁迅在新文化运动中的立场是众所周知的,他犀利地抨击"吃人的礼教",对儒家的"道统"予以彻底的批判,其对新文化的推进功不可没。也正是一大批新文化运动的思想先锋对腐朽没落的封建统治思想进行的文化批判,才使传统文化得以去除自身的糟粕,在汲取新文化滋养、融入时代精神的基础上,再度焕发出生命的活力。价值观的冲突和论战,自有历史给予评说。没有什么理论是绝对正确的,所有重大的文化命题都需要全面地看、历史地看。老子说"反者道之动也",正是由于文化系统内部的矛盾与冲突,推动了文化的发展。

我们也须在更深的层次上审视刘勰的《文心雕龙·原道》。站在当代思想的高度,回观起始点的命题,往往会惊异地发现一种向着原点的回归。一些前沿的新思想,与有关天人关系的古老命题也有共通之处。当代格式塔心理学、美学代表人物鲁道夫·阿恩海姆(Rudolf Arnheim)指出:"我们必须认识到,那推动我们自己的情感活动起来的力,与那些作用于整个宇宙的普遍性的力,实际上是同一种力。只有这样去看问题,我们才能意识到自身在整个宇宙中所处的地位,以及这个宇宙整体的内在统一。"③这种表述大自然中"万物相连"的理论,无论在古希腊还是古代中国,都能找到思想的源头。比起"林籁结响,调如竽瑟"之说更为"汗漫"的,似乎是"河图""洛书""玉版金镂之实,丹文绿牒之华"之类的说法。"汗漫"含有混沌与不确定之意,真实的世界本质上就是混沌的和不确定的,恰如老子所说:"道之为物,惟恍惟惚。惚兮恍兮,其中有象;恍兮惚兮,其中有物。"(《道德经》第二十一章)传说中帝尧琢磨从河里捡起来的石头上的纹路,难不成构成石头纹路之法则与构成人心的法则同出一源?实质上正是这样的逻辑主导了中华文明演进的路径。文明伊始,古代先哲仰观天象之形成,俯察大地之势成,探索四时之变化与万物形态

---

① 鲁迅:《汉文学史纲要》,北京联合出版公司,2014年,第3页。
② 鲁迅:《集外集拾遗补编》,载《鲁迅全集》第八卷,人民文学出版社,2005年,第370页。
③ 鲁道夫·阿恩海姆:《艺术与视知觉》,滕守尧、朱疆源译,四川人民出版社,1998年,第620页。

发生之意义关联,这固然与近现代以来西方科学所奉行的决定论范式和精确地言说事物的逻辑有所不同,但先哲亹亹不舍地"探赜索隐,钩深致远"(《易经·系辞上传》)的典故,无疑在最深刻的层次上体现着科学精神。《文心雕龙·原道》曰:"形立则章成矣,声发则文生矣。"自然事物之章法,与人心之章法,皆源于宇宙的根本法则。天地不言,日月运转,大化流行,生生不息。从中悟出的道理,即为"不言之教"。遵循天地之道,化成人文的世界,谓"天人合德",这是儒家阐释的"原道"之意义所在。

《文心雕龙·原道》不足千字,但内容博大精深,穿越时空,阐述文脉,梳理道统,引经据典,追踪溯源,理路畅达,文采斐然。特附全文如下(文中用典之处注明了出处),仅为解读《易经》提供一种思路。

《文心雕龙·原道》①

文之为德也大矣;与天地并生者何哉?夫玄黄色杂【《易经·文言传》:"夫玄黄者,天地之杂也,天玄而地黄。"】,方圆体分,日月叠璧,以垂丽天之象;山川焕绮,以铺理地之形。此盖道之文也。仰观吐曜,俯察含章【《易经·系辞下传》:"古者包牺氏之王天下也,仰则观象于天,俯则观法于地。"《易经·坤卦》六三:"含章可贞。"】,高卑定位,故两仪既生矣【《易经·系辞上传》:"天尊地卑,乾坤定矣。"《易经·系辞上传》:"是故《易》有太极,是生两仪。"】。惟人参之,性灵所钟,是谓三才【《易经·说卦传》:"是以立天之道曰阴与阳,立地之道曰柔与刚,立人之道曰仁与义。兼三才而两之。"是谓"三才之道"。《中庸章句》:"与天地参,谓与天地并立为三也。"】。为五行之秀,实天地之心【《礼记·礼运》:"故人者,天地之心也,五行之端也。"】。心生而言立,言立而文明,自然之道也。傍及万品,动植皆文:龙凤以藻绘呈瑞,虎豹以炳蔚凝姿;云霞雕色,有逾画工之妙;草木贲华,无待锦匠之奇。夫岂外饰,盖自然耳。至于林籁结响,调如竽瑟;泉石激韵,和若球锽。故形立则章成矣,声发则文生矣。夫以无识之物,郁然有彩;有心之器,其无文欤?

人文之元,肇自太极,幽赞神明【《易传·说卦传》:"昔者圣人之作易也,幽赞于神明而生蓍。"】,《易·象》惟先【《易经·系辞上传》:"圣人有以见天下之赜,而拟诸其形容,象其物宜,是故谓之象。"】。庖牺画其始,仲尼翼其终,而乾坤两位,独制《文言》。言之文也,天地之心哉!【《易经·复卦》象曰:"复,其见天地之心乎!"】若乃《河图》孕乎八卦,《洛书》韫乎九畴【《易经·系辞上传》:"河出图,洛出书,圣人则之。"】,玉版金镂之实【东晋王嘉《拾遗记》说,尧在水边得到玉版,上有天地图形。镂:雕刻。】,丹文绿牒之华【传说黄帝时黄河出图,洛水出书,是"赤文绿字"。牒:竹简。】,谁其尸之?亦神理而已。自鸟迹代绳,文字始炳【《易经·系辞下传》:"上古结绳而治,后世圣人易之以书契,百官以治,万民以察,

---

① 刘勰:《文心雕龙》,郭晋稀注译,岳麓书社,2004年,第2—8页。

盖取诸《夬》。"许慎《说文解字·序》:"黄帝之史仓颉,见鸟兽蹄迒之迹,知分理之可相别异也,初造书契。'百工以乂,万品以察,盖取诸夬';'夬,扬于王庭'。言文者宣教明化于王者朝廷,君子所以施禄及下,居德则忌也。"】;炎皞遗事,纪在《三坟》【炎、皞指炎帝神农,太皞伏牺。《尚书序》:"伏牺、神农、黄帝之书,谓之《三坟》,言大道也。少昊、颛顼、高辛、唐、虞之书,谓之《五典》,言常道也。""八卦之说,谓之《八索》,求其义也。九州之志,谓之《九丘》。""《春秋左氏传》曰:'楚左史倚相能读《三坟》、《五典》、《八索》、《九丘》。'即谓上世帝王遗书也。"】,而年世渺邈,声采靡追。唐、虞文章,则焕乎始盛。元首载歌【元首,指舜。歌,传为舜所作之歌。《尚书·益稷》:"庶尹允谐,帝庸作歌。曰:'敕天之命,惟时惟几。'乃歌曰:'股肱喜哉!元首起哉!百工熙哉!'"】,既发吟咏之志;益稷陈谟【伯益和后稷为舜的二臣】,亦垂敷奏之风。夏后氏兴【禹即天子位,国号夏后】,业峻鸿绩;九序惟歌【《尚书·虞书·大禹谟》:"禹曰:'于!帝念哉!德惟善政,政在养民。水、火、金、木、土、谷,惟修;正德、利用、厚生,惟和。九功惟叙,九叙惟歌。戒之用休,董之用威,劝之以九歌俾勿坏。'"是说为政在于养民,养民当修治水、火、金、木、土、谷六府。正身之德,利民之用,厚民之生,此三事惟当谐和之。"修和"六府三事,九者皆就有功,九功惟使皆有次叙,九事次叙惟使皆可歌乐,此乃德之所致。有休则戒之以勿休,有罪则督之以威刑,以九歌劝进不要坏了规矩。】,勋德弥缛。逮及商、周,文胜其质;《雅》《颂》所被,英华日新。文王患忧,《繇辞》炳曜【《系辞下传》:"《易》之兴也,其当殷之末世、周之盛德邪?当文王与纣之事邪?""繇辞"指《易经》中的《卦辞》和《爻辞》,相传是周文王被囚于羑里时所作。】,符采复隐,精义坚深。重以公旦多材【周公,姬姓,名旦】,振其徽烈,剬《诗》缉《颂》,斧藻群言。至夫子继圣,独秀前哲;熔钧六经,必金声而玉振【《孟子·万章下》:"孔子之谓集大成。集大成也者,金声而玉振之也。金声也者,始条理也;玉振之也者,终条理也。始条理者,智之事也;终条理者,圣之事也。"】;雕琢情性,组织辞令,木铎起而千里应【木铎:木舌的铜铃。古代天子发布政令时摇它以召集听众。《论语·八佾》:"天下之无道也久矣,天将以夫子为木铎。"】,席珍流而万世响【《礼记·儒行》:"哀公命席。孔子侍曰:'儒有席上之珍以待聘,夙夜强学以待问,怀忠信以待举,力行以待取,其自立有如此者。'"】,写天地之辉光,晓生民之耳目矣。

爰自风姓【伏羲风姓】,暨于孔氏,玄圣创典,素王述训【玄圣指伏羲,素王指孔子】;莫不原道心以敷章,研神理而设教,取象乎河洛,问数乎蓍龟,观天文以极变,察人文以成化【《易经·彖上传》:"观乎天文,以察时变;观乎人文,以化成天下。"】;然后能经纬区宇,弥纶彝宪,发辉事业,彪炳辞义。故知道沿圣以垂文,圣因文而明道,旁通而无滞,日用而不匮。《易》曰:"鼓天下之动者存乎辞"【见《易经·系辞上传》,辞指卦爻辞】辞之所以能鼓天下者,乃道之文也。

赞曰：道心惟微【《尚书·大禹谟》："人心惟危，道心惟微，惟精惟一，允执厥中。"这是儒家推崇备至的"十六字心传"。】，神理设教。光采玄圣，炳耀仁孝。龙图献体，龟书呈貌【龙图、龟书指河图洛书。】。天文斯观，民胥以效。

《文心雕龙·原道》对儒家道统所做的梳理，虽然有文辞上的夸张，但不能不说是对儒家思想之原道的合乎逻辑的表述，没有这个原道，儒家整个理论体系就成了无源之水、无根之木。另外，我们也须明白，《易经》的成书并非由圣人一手造就，它是从中华民族跨越几千年的巨大历史文化中涌现出来的。在那遥远的没有文字的时代，文明的成果靠一代一代的口头传递得以流传。是什么获得了永恒的存在？这是一个有历史深度的话题。有文字记载以来，我们记住了一些已经发生过的事情，那是记录历史的人想让后人知道的东西。然而在没有文字的先民时代，一些已经发生过的事情永久地留在了集体的记忆之中，没有文字，也没有"史"来记载那些事情，但是它们竟然能够流传下来并获得跨越时空的存在，它们获得了永久存在的力量，远远地超越了圣人之力，它不以人的意志为转移，圣人所做的，也不过是将那巨大的文化存在进行了提炼而已。《文心雕龙·原道》提到的许多经典传说，成为中华民族的永久记忆，这本身就是一个值得深入思考的重要文化命题。

二、《易经》与《易传》

《易经》分为"经"和"传"两部分，一般认为，经是占卜之书，主要包括六十四卦和三百八十四爻，卦和爻各有说明（卦辞、爻辞），作为占卜之用。而传则是对经所进行的哲学意义的阐释，包含解释卦辞、爻辞、卦序、义理等的七种文辞共十篇，统称"十翼"，相传为孔子所撰，但近人多有质疑，故不可全信。《易》《周易》《易经》《易传》等名称的含义既有交叉，也各有不可混淆的特定意义。孔子话语中多处使用的《易》和《周易》，指的都是《易传》产生之前的《易经》，现今通行的《易经》是经传合一的版本。

中国古代占卜，通常采用"卜"与"筮"两种形式。

龟为卜，策为筮。卜筮者，先圣王之所以使民信时日，敬鬼神，畏法令也。所以使民决嫌疑，定犹与也。（《礼记·曲礼上》）

卜筮的目的是征求天意，预测未来，决定人事，趋吉避凶。卜、筮本身体现着对天意的敬畏、遵从和呼唤。占卜虽带有"巫"性文化的特征，但占卜并不等于巫术。巫术常带有个性色彩，而中国古代的占卜学是王官之学。更重要的是，中国古代的占卜是理性思维的开端，它与中华文明的后续发展有着渊源关系。前文提到的法国著名汉学家汪德迈在其多年研究的基础上,对中国古代的占卜提出如下观点:"在这些由记录在甲骨上的占卜方程式所组成的大量资料里,发展出一种思辨,其在中国文化上所居的位置与神学在西方文化所居的位置相似,我称之为'占卜学',以与神学对应。创造出中国文字表形文字作为骨占与龟占之工具,标志的就是这一思辨的先兆。很清楚,龟骨刻文不来自口语,作为工具的表形文字是一种接近科学的发明,它当然以发明者即卜人所用的自然语言为基础,但其构成,与其说是为了交流,不如说是为了究竟占卜。……占卜学不是去神神奇奇地挖掘自然与被认定是操纵自然的超自然之间的契合,而是理性地研究自然现象之间的契合。它从卜相之间的关联入手,借结构性形态——逻辑之光,就现象本身之间的类式继续推进这一已经开始的思辨。如果科学——或更确切地说占卜性类科学,是从龟卜学所提供的想象结构模式开始的话,那它在这一过程中,尽力依照其根基即占卜理性去修正荒谬之处。就在神卜与科学思想形成的过程中,殷代极为完善的龟卜学导向了占卜公式表意字的创造。"他还指出:"存在一种持续的演变,从原始占卜开始向'甲骨占卜'的转变,经占卜几何符号的成型到八卦数字,进而简约到中国思想的圣经——《易经》的八卦母体所形成的阴阳几何。作为中国甲骨卜学高度精密化成果的表意文字,其创造就在这一演变的进程中,并反过来成为思辨的工具,占卜借此而变为以《易经》为其理论基础的宇宙而上。"①在汪德迈看来,中国古代的占卜,不同于世界上任何其他古老民族的占卜,很多民族古老的巫术文化最终是走向神秘主义,而在中国,它发展出了在世界民族之林独树一帜的中国理性。

中国古代占卜学的思想核心是关联性,先民早就注意到一事物与他事物之间的因果联系,并在没有文字的时代,以特有的方式凝结为普遍经验。例如,《易经·坤卦》六三"含章可贞","可贞"就是可以占卜,而占卜就是预料。什么事情可以预料?唯有含有章法(即规律)的事情才可以预料。还有诸如"履霜,坚冰至""复,其见天地之心乎"等,是对充满了理性与智慧的生存知识和生活经验的总结。汪德迈指出:"相关性在中国思想中,用康德的话语说,作为由'知性'而致的经验组合的基本范畴之一,与因果律在西方思想中起的作用相同;所谓'易'在中国思想中的作用是'本质'在西方思想中的作用。至于'经验的第三类比',中国知性无疑与西方的知性一样,从中得出同时发生的万象具有同时性原则,但这一同时性具有相关性,被万象相互感应激活,时刻使万物保持在可以说是同一类道上,而并非是时间上的因果律联系。这就是占卜理性取代神学理性的超验性之果。""相关性理性得以孕育中国的科学思想。"②他还有这样的思考:在中国即时性的"感应"观

---

① "宇宙而上"是相对于"形而上"的一种说法,在汪德迈看来,"形而上学"已不足以表达他所意识到的中国理性,"道"是超越了一切有形事物之上的东西,在天地形成之前,就有"道"的存在。——编者注。汪德迈:《中国思想的两种理性:占卜与表意》,金丝燕译,北京大学出版社,2017年,第2、3、8页。
② 汪德迈:《中国思想的两种理性:占卜与表意》,金丝燕译,北京大学出版社,2017年,第81、83页。

与爱因斯坦的时空相合概念之间是否具有同质性？所以中国古代的占卜之学，从一开始就将其根本依据建立于理性的、逻辑的思考之上，见微知著、以小见大，立八卦之象"以通神明之德，以类万物之情"所依据的就是这个道理。这里所说的"神明"，不是指超自然的上帝，而是宇宙自然本身。从相互关联的、有规律的事物出发，以类比和关联性思想推及万事万物，这种形而上学的思想在中国古代占卜学伊始就得以体现，而一旦开始从理性出发，就没有给"神"留下太大的空间，超自然的"神"就被排挤出人文世界。《易经·系辞上传》曰：

> 探赜索隐，钩深致远，以定天下吉凶。成天下之亹亹者，莫大乎蓍龟。

其所体现的就是这种思维方式。中国没有发展出像西方那样的宗教，却从巫性文化转向了理性文化，就在于这种占卜的理性基础与西方的神学思想有着根本的不同。众所周知，《论语》有句名言："子不语怪力乱神。"它体现了孔子的一贯思想。孔子正是那个推动中国文化由巫性文化向理性文化转型的文化巨人。

用于占卜的八卦，始于没有文字，也没有数学概念的蛮荒之世，是先民命运关怀的产物。先民在告别了原始蒙昧之后，开始有了对命运的觉悟，这体现在对某物某事之后果的计较和思虑等方面，以及对吉凶福祸的后果之忧。在生产力水平和认识能力都相当低下的先民时期，人们知识甚少，对未来不确定之事的把握能力是非常有限的。要在变幻莫测的世界中趋吉避凶，先民进行了各种各样的探索，其中不乏祝巫式的顶礼膜拜，祈求神秘力量的庇佑，以获得趋福弭灾的启示和力量。然而，这不过是"向之而未也，好之而非也"（帛书《要》）。

《易经》六十四卦的卦辞和爻辞，体现着先民生存智慧和知识经验的积累，譬如"无平不陂；无往不复"（《易经·泰·九三》）、"履霜，坚冰至"（《易经·坤卦·初六》）、"三人行则损一人；一人行则得其友"（《易经·损卦·六三》）等。经文中还充满了元亨利贞、吉凶悔吝之类的命运判词。命运判词、历史故事和民间歌谣进入《易经》的文本，形成了独特的"卦爻辞"（古时称为"繇"）语句体系，其语义的内涵已有所变化，每个语句脱离了历史故事和民间歌谣的原生背景，与命运判词互相夹杂，对应于卦爻画图形，变成了卦爻画的所指，变成了神灵的意旨，而曾为故事、歌谣的往事渐被淡忘。所以说，尽管占卜的意义可以从中国理性思维之起点来认识，具有一定的科学价值和思想价值，但其巫性文化的特征也是显而易见的。

占卜易学属于巫性文化的产物，它经历了从石器时代至《易传》形成的漫长历史，是中国上古时期的主流文化。《易传》的形成也经历了一个相当长的历史时期，大约从西周中期之后直到春秋战国之交，《易传》诸篇不是同一时代的产物，前后相距数百年，有些篇目(如《易经·说卦传》)经数百年的积淀,方呈传世的面目。"《易传》的发生是《周易》解释中的理性成长和巫性消亡的过程,其理性因素表现为取象、义理、卦位和卦序四大线索,它们的结晶和交织,即是《易传》诸篇,其总体的历史效果,则是建构了中国特色的理论思维方式'象思维',确立了中国形而上学的母题,'一阴一阳之谓道'。"①远古有"三易"之说,《周礼·春官宗伯·大卜》云:"大卜:……掌三易之法,一曰《连山》,二曰《归藏》,三曰《周易》。"②"连山""归藏"都已消逝于历史的长河之中,唯有《周易》流传下来,这与《易传》对《易经》的解释转向有着必然的关联。到春秋战国之交,《易传》的七种十篇大体形成,从而使经、传合一成为可能。新的《周易》文本已经不再仅仅适合占筮所需,而是突显出其张扬道德哲学的本质意义。易学以哲理面目登上中国思想舞台,这种由占筮到哲理的范式转型,推动了诸子百家的竞相争鸣。在各家的学说之中,都不乏对《易经》新文本之哲理的援引和评说。"善为易者不占""《易》以道阴阳"等,皆是这种历史条件下的产物。"与之同时,占筮易学则为新起的'士'阶层所不齿,丧失了主流文化的地位,它不再主导易学,沦落为流俗街巷村寨的亚文化。""从《易经》到《易传》,是巫性文化到理性文化的伟大转变。这个转变,是在华夏诸族整合为统一的中华民族过程中实现的,从而新生的哲理易学具有民族整合统一的品格,因为它要面临和处理这个过程所遇到的问题。""这是一个理性原则的锻造过程。当它基本完成以后,理性规范被确立为社会的普遍原则,中国的文化面貌和价值关怀皆为之一新。"③

三、从卜筮到哲理

如前所述,视卜筮之《易》为蒙昧、迷信的产物,将卜筮与哲理截然分开,既不符合逻辑也不符合历史。今天人们已经对那种简单化的思维方式难以苟同,"曾经深刻的洞见如今不过成了一种彬彬有礼的偏见"④。将卜筮视为非科学的、精致地虚构的巫术,是一套自欺欺人的把戏,就是那种曾经的"洞见"。事实上卜筮是巫史时代理性的卓越成就,是人类文明积累与智慧增长所经历的重要途径。龟卜和占筮有赖于知识经验的参与,《易经》的卦爻辞中有很大一部分就来自古歌,其中不乏在漫长的生存斗争和生活过程中凝聚的知识、经验和感受。卜筮活动,赋予这些知识、经验相互联结、相互作用和阐释的特殊形式。卜筮作为先民时代一种巨大的历史文化存在,与后续的文明演进有着内在的

---

① 吴前衡:《〈传〉前易学》,湖北人民出版社,2008年,第8、9页。
② 陈戍国点校:《周礼·仪礼·礼记》,岳麓书社,1989年,第66页。
③ 吴前衡:《〈传〉前易学》,湖北人民出版社,2008年,第9、10、11页。
④ 欧文·白璧德:《文学与美国的大学》,张沛、张源译,北京大学出版社,2004年,第15页。

关联性。这里有一个值得深思的问题：既是卜筮，必有一个应验的问题，不验之占必然存在，为什么在漫长的历史时期，卜筮的占验失败，并未导致人们对它信赖的丧失，它反而日益强化，并发展出一整套非常完善的筮法？这是一个极有历史深度的话题。已经发生过的事情，都是"史"。什么应当被忘记，什么应当被记住？人们究竟记住了什么？为什么？

中国古代卜筮的情形，我们可以从一些典籍记载中获得一些印象，如《左传·庄公二十二年》懿氏之妻卜，得繇：

凤皇于飞，和鸣锵锵，有妫之后，将育于姜。五世其昌，并于正卿。八世之后，莫之与京。

又如《左传·襄公十年》卫孙林父卜，得繇：

兆如山陵，有夫出征，而丧其雄。

又《左传·哀公十七年》卫庄公之卜，得繇：

如鱼赪尾，衡流而方羊。裔焉大国，灭之将亡。阖门塞窦，乃自后逾。

卜筮之后循例要由占人对应验与否进行记录、整理和统计，如《周礼·春官宗伯·占人》所记载：

凡卜筮，既事，则系币以比其命。岁终，则计其占之中否。[1]

卜筮的结果可想而知，一定存在大量不验之占。然而，记录和统计之目的不在于以不验之占对卜筮本身提出怀疑，恰恰相反，而是通过技术手段进行适当调整，增强筮占的可信度。卜筮盛行，不能简单视为先民的愚昧和无知。因遵循了某种德行原则的指导而导致了预期结果的事例通常会成为集体的记忆，很多这样的事例的原始积累，最终发展为道德哲学原则，这是一种历史的必然。历史就是这样，"为什么总是有而不是无"[2]？因为只有那些有意义的事情才被记忆。这可用《易传》的话语来解释："成性存存，道义之

---

[1] 陈戍国点校：《周礼·仪礼·礼记》，岳麓书社，1989年，第67页。
[2] "也许最根本的是，为什么总是有而不是无？"参见米歇尔·沃德罗普：《复杂：诞生于秩序与混沌边缘的科学》，陈玲译，生活·读书·新知三联书店1997年版，第3页。

门。"《史记·龟策列传》云:"自古圣王将建国受命,兴动事业,何尝不宝卜筮以助善。……王者决定诸疑,参以卜筮,断以蓍龟,不易之道也。"卜筮积累了人类经验,是留住善的可靠手段,是使道德和善永驻人间的有效途径。孔子正是由于深刻地意识到卜筮之《易》的重大文化价值和深远的历史意义,才有了晚年那些对《易经》奥义的深入挖掘和精辟的哲学阐释,从而也才有卜筮之《易》与后续文明的历史连续性。

《易经》非一人一时之作,"人更三圣,世历三古"之说固不足为据,然而也不能完全否认文化巨人对《易经》这部不朽的经典所做的历史性贡献。说"孔子序十翼""全部《易传》皆孔子所作"是不符合历史事实的,然而说"《易传》非孔子作"的命题也是不能成立的。孔子的关键性作用和伟大的历史贡献是有充分的证据的,帛书《要》就是重要的依据。

孔子晚年思想发生了重大变化,其最重要的思想体现在对《易经》所做的哲学阐释。孔子早年讲求理性,视占筮为迷信愚昧,持"不占而已矣"的态度。这对孔门弟子产生了很大的影响,从而在孔门弟子中形成了理性思考而远离卜筮的学风。因此,当弟子们看到孔子"老而好《易》,居则在席,行则在囊"时,就很难理解。晚年侍奉在侧的学生子贡,目睹了孔子早年至晚年的思想变化,感到很疑惑,于是向老师发问:

夫子它日教此弟子曰:"德行亡者,神灵之趋;知谋远者,卜筮之蘩。"赐以此为然矣。以此言取之,赐勉行之为也。夫子何以老而好之乎?①

子贡疑惑的是,老师以前教诲学生,说的是德行缺失者才趋近神灵,求其庇佑;智谋不足者才乞灵于卜筮,希冀得到指引。为何老师到老了反而又对之感兴趣起来?孔子回答说:

君子言以矩方也。前羊而至者,弗羊而巧也。察其要者,不诡亓辞。《尚书》多疏矣,《周易》未失也,且又古之遗言焉。予非安亓用也。②

这是说,君子之言是行为规范,前说详尽而透彻,不是弄巧。要点是德行原则不能改变。《尚书》多有阙如,唯《周易》保存下来,记有"古之遗言",为此而反复研读,不是为了卜筮之用,而是为了理解"古之遗言"。《易经·系辞上传》:"君子居则观其象而玩其辞,动则观其变而玩其占。"其所体现的也是与"乐其辞"同样的思想。孔子的回答体现出其思想较早年更加成熟和完善。他并没有改变一贯坚持的反对迷信、追求理性的立场,只是不

---

① 刘彬:《帛书〈要〉篇校释》,光明日报出版社,2009年,第15页。
② 刘彬:《帛书〈要〉篇校释》,光明日报出版社,2009年,第15、16页。

再采取简单的批判的方式和持一概否定的态度,而是从中发掘出了更为重要的价值和意义。但子贡尚未达到这样的思想境界,故而难以领会其中真谛。他和其他孔门先期弟子只知恪守"不占而已矣"的师训,不与神灵卜筮为伍,不言怪力乱神,生怕沾染了不良风气,思想上长存警惕,注意划清界限。显然子贡是把《周易》看作卜筮之书,只能作占筮之用。故而,他把老师的行为视为受到卜筮的污染,所以他又搬出了老师过去的教导,有些激动地问了一些问题,还带有质问的语气。孔子的回答由于帛书《要》缺文太多,意思不能详尽,但有几点很明确,他首先指出子贡认识有误,其次说明《周易》有教化作用,使刚人知柔,柔人知刚,愚人不妄为,渐人去诈伪。最后指出《周易》的历史意义,说周文王有仁德,为不得志而思虑,因纣王无道而兴起,肩负忧患,隐讳而避免祸害,将道德精神注入《周易》,《周易》因此兴盛起来。《系辞下传》有句话表述的也正是这个意思:"《易》之兴也,其当殷之末世、周之盛德邪?当文王与纣之事邪?"子贡对孔子的解释仍有疑惑,他最后不再绕圈子,直接问孔子是否也相信卜筮那一套。这个问题很尖锐,对这个问题的回答,体现了孔子对待《周易》的根本立场,它也是我们理解中国古代文化大转型的珍贵而难得的资料。帛书《要》中这段话全录如下:

子赣曰:"夫子亦信亓筮乎?"子曰:"吾百占而七十当。唯周梁山之占也,亦必从亓多者而已矣。"子曰:"《易》我后亓祝卜矣,我观亓德义耳也。幽赞而达乎数,明数而达乎德,又仁[守]者而义行之耳。赞而不达于数,则亓为之巫。数而不达于德,则亓为之史。史巫之筮,乡之而未也,好之而非也。后世之士疑丘者,或以《易》乎?吾求亓德而已。吾与史巫同涂而殊归者也。君子德行焉求福,故祭祀而寡也;仁义焉求吉,故卜筮而希也。祝巫卜筮亓后乎?"[①]

这段话十分精彩,意义也非常深刻。主要有以下几点:其一,孔子对自己的占筮实践并不讳言。按他自己的说法有百分之七十的准确性。虽然"周梁山之占"一语难以考证,但"从其多者"应是讲概率。孔子不避讳言占筮,但他与史巫之占有不同的目的,按照孔子的说法是"同涂而殊归者也"。他通过占筮要观察的是"德义"的变化,从《周易》的解释中体悟做人、做事的道理。其二,孔子区分了三种《易》,有巫之《易》,暗合神明但达不到筮法水平;有史之《易》,达到筮法及数术水平但达不到德的层次;有德之《易》,不用占筮而观其德行,所谓"观其象而玩其辞""观其变而玩其占"是也。其三,"史巫"的占筮,空想而不能实现,愿想美好却难以达到。而君子是靠德行以求福,仁义以求吉,所以"祭祀而

---

① 刘彬:《帛书〈要〉篇校释》,光明日报出版社,2009年,第16页。

寡""卜筮而希"。其四,孔子易学的品质,突出体现于德行价值,弘扬义理解释,所谓"和顺于道德而理于义,穷理尽性以至于命"(《易经·说卦传》),表达的正是这个意思。其五,孔子说后世之士对他的疑虑或由《易》而起,这正好能说明《易》之由占筮向哲理的历史性转型,是经由孔子之手而得以实现的。

孔子在这里表达的疑虑,与《孟子·滕文公下》的一段话所表达的意思颇有相似之处:

世衰道微,邪说暴行有作,臣弑君者有之,子弑其父者有之。孔子惧,作《春秋》。《春秋》,天子之事也。是故孔子曰:"知我者其惟《春秋》乎!罪我者其惟《春秋》乎!"[1]

孔子重新解释《春秋》,与孔子解释《周易》,都是具有历史意义的文化事件,而事实上,"六经"的重新修订,是孔子为中国文化的转型做出的巨大贡献。帛书《要》中的这段话,明确表达了孔子对《周易》的解释同传统解释的重大区别,它从根本上改变了《周易》文本的存在性质。

总之,孔子是从根本上超越了"祝巫卜筮",巫性文化和理性文化的本质差异在这里得到充分体现。占筮易学对吉凶福祸的命运关怀及其对命运之神的寄托与依赖,到了孔子这里,发展成为通过德行与仁义来把握自身的命运。由占筮走向哲理,彻底摆脱了宿命论,体现了一种从必然王国走向自由王国的主体性意志。从孔子"德行焉求福""仁义焉求吉"等话语中,可以感觉到道德哲学塑造未来的力量。遵道而行,就能把命运掌握在自己手中,施行仁义,就能带来吉祥。如《易经·系辞上传》所言:

天之所助者,顺也;人之所助者,信也。履信思乎顺,又以尚贤也。是以自天佑之,吉无不利也。

《易传》各篇所阐释的核心理念就是基于孔子的这种道德哲学。帛书《要》是理解孔子易学思想主旨的可靠依据。

四、《易》以道阴阳

帛书《衷》开端即云:

子曰:易之义評(呼)阴与阳,六画而成章。曲句(勾)焉柔,正直焉刚。六刚无柔,是

---
[1] 朱熹注,王浩整理:《四书集注》,凤凰出版社,2008年,第259页。

胃(谓)大(太)阳,此天之义也……六柔无刚,是谓太阴,此地之义也。天地相衔(率),气味相取,阴阳流刑(形),刚柔成涅(呈)。①

以"阴阳"概念来解释《周易》是孔子的首创。《庄子·天下》曰:"《易》以道阴阳。"《易经·系辞上传》曰:"一阴一阳之谓道。"阴阳的概念在《易传》形成之前的易学中并不存在,它是在《易传》发生的过程中培育和涌现出来的思想,是对"吉凶"观的超越与升华。阴阳概念在中国传统文化中发挥着纲领作用,称为"阴阳之道"。王夫之《张子正蒙注》:"而阴阳一太极之实体,唯其富有充满于虚空,故变化日新,而六十四卦之吉凶大业生焉。阴阳之消长隐见不可测,而天地人物屈伸往来之故尽于此。知此者,尽《易》之蕴矣。"②确如所言,天地人及万物变易之道,是以阴阳为轴心运转的。《易传》的解释,也是以"阴阳"为总纲的。象数和义理的深层结构,都是以阴阳之道为支撑的。

"阴阳之道""阴阳平衡""阴阳和谐",这些话语所蕴含的,是具有本体论的、形而上学意义的终极原理。《易经·系辞上传》:"形而上者谓之道,形而下者谓之器。"中国的形而上学是关于"道"的学问。黑格尔说:"一个有文化的民族竟没有形而上学——就象一座庙,其他各方面都装饰得富丽堂皇,却没有至圣的神那样。"③形而上学是一个民族的精神支柱,是思想之魂,它最集中地反映了民族的精神文化气质。没有这个精神支柱,就只能拜倒在神灵面前,祈求上苍的庇佑,听从命运的摆布。上帝是无知的避难所,匍匐在神灵脚下,人只能成为视野狭窄、目光短浅的奴仆。形而上学之发生,就是最初朦胧的理性之光。只有当人的思维能力发展到一定水平,符号化程度到达一定程度,才能为形而上学的发生提供思想基础。从《易经》到《易传》的解释学转型,正体现了中国形而上学形态发生的根本特征。一旦有了形而上学,人便不再匍匐在神灵脚下,仿佛有了精神脊梁的支撑,便从地上站立起来,视野开阔起来,对世界的认识日益深化,天地万物被纳入一个相互关联的意义之网,从而使人借助知识的力量和认识了的必然性,将命运掌握在自己手中。

西方哲学话语体系中的"形而上学",常被理解为"用静止、孤立、片面的观点去看问题",但中国的形而上学恰恰相反,是用相互联系、相互作用的观点看问题,与西方的形而上学没有任何关系。老子说:"万物负阴而抱阳,冲气以为和。"中国的形而上学是以阴阳互动来解释事物的发展和变化的,阴阳概念表达的是对偶两分的事物不仅对立、对抗,还彼此交织、渗透、纠缠、消长,任何一面都不是孤立的、静止的、封闭的,阴中有阳,阳中有

---

① 廖名春:《帛书〈周易〉论集》,上海古籍出版社,2008年,第178—183页。
② 王夫之:《张子正蒙注》,中华书局,1975年,第9页。
③ 黑格尔:《逻辑学》上卷,杨一之译,商务印书馆,1966年,第1页。

阴;你中有我,我中有你。两者一方面没有严格分明的界限,另一方面又有可分辨的大势。有无相生,难易相成,正是阴阳之道的精髓所在。中国的形而上学从本质上拒绝静止地、孤立地、片面地看问题。西方传统的形而上学,与黑格尔的辩证法相对立,其表现形式为"a=a",遵循的是"同一律"。如恩格斯所说:"旧形而上学意义下的同一律是旧世界观的基本原则:a=a。"[1]黑格尔的伟大功绩在于他认为"a=a"是相对的、暂时的、过渡的、有条件的,而两者不相等则是绝对的、永恒的和无条件的。实质上,黑格尔的辩证法与形而上学的对立,也是新形而上学与旧形而上学的对立。它讲求"对立面的统一"。但是,中国的形而上学强调的是对偶双方共存、共生的耦合关系,如天地、日月、刚柔、动静、内外、得失、幽明等对偶两分的事物,都是比"对立"更具普遍性的"对偶"关系。相比之下,"对立面的统一"不过是一种特殊的形式而已。

"一阴一阳之谓道"是中国形而上学的母题,其在《易经》中的符号化表达就是"—/--"六联体,六十四卦中的每一卦都由六个爻构成,"—"为"阳爻","--"为"阴爻"。将具有普遍的、存在论意义的对偶两分现象以这种简易的符号来表达,属于《易》之三义(变易、不易、简易)中的一个要义,即"简易"。"易则易知,简则易从"(《易经·系辞上传》),正因为其简,能揭示所有存在者的存在形式,从而也就有了涵盖万物的高度抽象性,即形而上学意义。也就是说,一切存在者的存在都可抽象为"一阴一阳之谓道"的命题,都可表达为"—/--"的形式。关于阴阳交合、对偶两分、此消彼长、交互作用的经典表述在《易传》文本中处处可见,如

> 天地氤氲,万物化醇;男女构精,万物化生。(《易经·系辞下传》)。
> 天地交而万物通也,上下交而其志同也。(《易经·彖传·泰》)
> 天地感,而万物化生,圣人感人心,而天下和平。(《易经·彖上传》)
> 天地不交,而万物不兴。(《易经·彖下传》)
> 日往则月来,月往则日来,日月相推,而明生焉。寒往则暑来,暑往则寒来,寒暑相推,而岁成焉。往者,屈也,来者,信也,屈信相感,而利生焉。(《易经·系辞下传》)

阴阳、天地、日月、男女、刚柔、寒暑、爱恶、上下、内外、屈伸、往来、远近等对偶两分相互作用普遍存在于一切事物之中。天地不交,万物不生;阴阳失衡,诸事不顺。当易学为"—/--"的符号所贯通,"一阴一阳之谓道"成为《易经》的精神脊梁,卜筮之《易》便结束了它的历史使命,理性文化由此崛起。

---

[1]《马克思恩格斯全集》第二十卷,人民出版社,1971年,第557页。

五、读《易》常识

读《易》需要了解的基本知识很多，这里择要列举几点。

(一)卦的构成

《易经》六十四卦每卦都由卦画、卦名、卦辞、爻辞几个部分构成。

1.卦画

卦画即卦的符号，为"—/--"六联体，由八卦符号两两相重而构成。古人称八卦为"经卦"，由三个"—/--"符号构成。六十四卦为"别卦"。六十四卦由八经卦重叠而成。在上者称上卦(又称外卦)，在下者称下卦(又称内卦)。卦画能体现事物的上下、远近、内外、往来、前后等对偶关系。《易经》文本中一般在卦画后注有文字表述，如"乾(乾为天，乾上乾下)""屯(水雷屯，坎上震下)"，泰卦上卦为坤，下卦为乾，为坤上乾下，读作"地天泰"。

2.卦名

卦名就是一卦的名称，是对爻辞的高度概括，体现特定的意义。其意义约有几种说法：一为取象说，认为易卦来源于对物象的观察，因而以某种物象之名命名，如乾卦之象为天，乾本义为天，坤卦之象为地，坤本义为地，故名。二为取义说，认为卦象代表事物之理，取其义理为卦名，如乾皆为阳爻，主刚健，乾有刚健之义，故名。三为筮辞说。近人高亨认为先有六十四卦的爻辞，后从爻辞中取出某一字或两字，作为该卦之名，如乾卦，取名于九三爻辞中的"乾"字。四是占事说，认为卦名同所占问的事件，即与卦爻辞的内容有关。对卦名的解释，古今也有不同。或从爻位解释，或从取象解释，或从卦义解释，或从卦德解释，或从卦位解释，或从卦序解释，或从哲理引申。

3.卦辞

卦辞是对一卦六爻总的说明，附在卦名后，例如：

乾：元，亨，利，贞。
坤：元，亨。利牝马之贞，君子有攸往，先迷后得主，利。西南得朋，东北丧朋。安贞吉。

卦辞一般被认为是卜筮者的记录，与甲骨文辞同类。其内容涉及自然现象、历史人物事件、行为得失、吉凶断语等。按李镜池的说法或分为象占之辞、叙事之辞、占兆之辞三类。[①]

[①] 李镜池：《周易筮辞续考》，载《周易探源》，中华书局，1978年。

4.爻辞

六十四卦每卦六爻,每一爻都有一个相应的意义表述,即为爻辞。爻辞是组成各卦内容的主要部分。其体例内容、取材范围与卦辞相类。《周易》六十四卦共有三百八十六条爻辞(乾、坤两卦各多一用爻),每爻先列爻题,后为爻辞。爻题皆为两字,一个表爻的性质,另一个表爻的次序、位置。"—"为"阳爻","--"为"阴爻"("阴阳"爻的称谓是在《易传》形成之后才有的,此前易学无"阴阳"之说,前文已有交代)。

(二)爻的意义

《易经·系辞传》曰:

爻也者,效天下之动者也。
爻也者,效此者也。
爻象动乎内,吉凶见乎外。
六爻之动,三极之道也。

由此可见,爻之意义非同一般。爻的意义主要有以下几点:

其一,一卦六爻的顺序是由下往上排的,阳爻称"九",阴爻称"六"。初爻、三爻、五爻称为阳位(因1、3、5为奇数);二爻、四爻、六爻(上爻)称为阴位(因2、4、6为偶数)。上面两爻称为"天"(其中五爻为阳,六爻为阴);中间两爻称为"人"(其中三爻为仁,四爻为义);下面两爻称为"地"(其中初爻为刚,二爻为柔)。是为"天地人"三才。

其二,爻的顺序与事物展开的顺序相一致,可以是过程的依次展开,也可以是内容上的层次递进,还可以对应人的身份等级。例如,初爻代表事物开始;二爻代表事物崭露头角;三爻代表事物有成;四爻代表事物进入更高层次;五爻代表事物成功;上爻代表事物终极。较为典型的如乾卦。有的卦中也以爻位代表人身体的不同部位,如初爻代表脚趾,二爻代表小腿,三爻代表腰,四爻代表上身,五爻代表脸,上爻代表头。此种情况以咸卦和艮卦较为典型。例如,艮卦爻辞,初六:艮其趾;六二:艮其腓(小腿肚子);九三:艮其限(腰);六四:艮其身;六五:艮其辅(面颊);上九:敦艮(敦,头)。与身份等级相对应,一般是初爻在下,代表民;二爻居中,代表君子、卿大夫;三爻在二爻之上,代表诸侯;四爻近五,为近臣;五爻在上居中,为天子;上爻在最上,为宗庙。

其三,爻位体现不同的性质,《易经·系辞下传》曰:

六爻相杂,唯其时物也。其初难知,其上易知,本末也。初辞拟之,卒成之终。若夫杂物撰德,辨是与非,则非其中爻不备。

二与四同功而异位,其善不同,二多誉,四多惧,近也。柔之为道,不利远者,其要无咎,其用柔中也。三与五,同功而异位,三多凶,五多功,贵贱之等也。其柔危,其刚胜邪?

二爻、五爻居中,以表示行中道(即不偏不倚,无过无不及),故多荣誉,多有功绩,多为吉利。三爻居内卦之上,越过中位(即二爻),故多凶险。四爻近五爻,五爻为至尊之位,伴君如伴虎,故多有恐惧。初爻用来表示事情初始之谋划,上爻以示终结之状。

总体来说,爻位有其一,天位、地位、人位;其二,上位、中位、下位;其三,阳位、阴位;其四,同位(指的是上下卦各有自己的上中下,两两对应为同位,如二爻与五爻同位,余类推);其五,贵贱之位(虞翻有"乾高贵五,坤卑贱二"之说,见《周易集解》)。

(三)象思维

象思维是《易传》阐释《周易》的主要思维范式。仔细研读《周易》卦爻辞,可见其中蕴含明确的象意识,但卦爻辞中并未出现"象"字,象思维尚未完善成形。条理化、系统化地运用象思维来阐释《周易》,是在《易传》中完成的。宋人林光世《水村易镜·自序》云:"古之君子,天地、日月、星辰、阴阳造化、鸟兽草木无所不知,不必读卦辞、爻辞,眼前皆自然之《易》也。世道衰微,《易》象几废,孔圣惧焉,于是作《大象》、《小象》,又作《系辞》,……令天下后世皆知此象自仰观俯察而得也。"[1] "象"在《易传》中出现的频率很高:《系辞传》出现三十九次,《彖传》出现三次。《象传》中除去作指称的"象曰",其余的"象"用法分为三类:

其一,"象"为卦象,例如:

顺而止之,观象也。(《易经·彖上传·剥》)
圣人设卦观象系辞焉。(《易经·系辞上传》)
八卦成列,象在其中矣。(《易经·系辞下传》)。

其二,"象"为物象,是卦所象征的万事万物之象(事象、物象),例如:

有飞鸟之象焉。(《易经·彖下传·小过》)
在天成象,在地成形。(《易经·系辞上传》)
天垂象,见吉凶,圣人象之。(《易经·系辞上传》)

---
[1] 转引自黄寿祺、张善文:《周易译注》,上海古籍出版社,1989年,前言第5页。

其三,"象"为"取象"、象征,例如:

鼎,象也。(《易经·彖下传·鼎》)
象事知器,占事知来。(《易经·系辞下传》)

三种"象"有机结合,内在关联。"卦象"是核心,"取象"是方法,"事象""物象"是"卦象"所象征的对象。①《易经·系辞上传》曰:

是故夫象,圣人有以见天下之赜,而拟诸其形容,象其物宜,是故谓之象。圣人有以见天下之动,而观其会通,以行其典礼。系辞焉以断其吉凶,是故谓之爻。极天下之赜者存乎卦,鼓天下之动者存乎辞,化而裁之存乎变,推而行之存乎通,神而明之存乎其人,默而成之,不言而信,存乎德行。

《易传》把象数解释为一套由阴阳规律支配的符号系统,象征着天道人事的变化。这套符号系统是可以操作的,由蓍以生爻,由爻以成卦。通过"叁伍以变""错综其数"的操作程序而形成的象数,穷尽了天下极为复杂的变化,所以称为"天下之至变"。变中自有不变,变的是现象,不变的是规律。当阴阳规律凝结为卦的象数结构,就形成了卦所特有的性质与功能。因此,《周易》的义理无形可见,是形而上;象数体系有形有器,是形而下,象数是义理的形式,义理是象数的内容。《易传》在论述象数时,总是联系到义理;在阐发义理时,总是借助于象数。②不过,象与器也是有区别的。《易经·系辞上传》曰:"见乃谓之象,形乃谓之器。"象作为一种对卦爻辞的阐释,并不完全是有实存的形体的,它存在于形而上的"易道"与形而下的"器"之间,上通于"道"而下连于"器",因此有"观象制器"之说(参见《易经·系辞下传》第二章)。

《易传》以象思维钩织了一个奇异的感性时空体系,如《易经·系辞上传》所云:

圣人立象以尽意,设卦以尽情伪,系辞焉以尽其言。
君子居则观其象而玩其辞,动则观其变而玩其占,是以自天佑之,吉无不利。

象思维的奥妙,是《易传》中最值得玩味的一个方面,同时,它也是进入《易经》最基本的常识和必由之径。

---

① 张其成:《象数范畴论》,《周易研究》1998年第4期。
② 余敦康:《易学今昔》,新华出版社,1993年,第62—64页。

(四)卦爻辞的解释

《周易》卦爻辞一般分为两部分：一部分是取象，说明事理；另一部分是断语。但也不尽然，有时没有取象部分，直接下断语，如《易经·象上传·恒》：

九二：悔亡。

或者没有断语，如《易经·象上传》：

九二：舆说輹。(车子与车轴脱节，指车子坏了)

也有的断语很长，如《易经·坤》：

利牝马之贞。

所谓取象，就是叙述一件事，或描述某一自然现象，以此说明一个道理。所谓断语，就是下结论，多用吉、凶、悔、吝等辞。《周易》卦爻辞之所以要由两部分组成，就是为了占问。在占问时，遇到某一卦或某一卦中的某一爻，先看卦爻辞取象部分，表示占问者的处境，然后看判断结果。例如，《易经·大过》：

九二：枯杨生稊，老夫得其女妻，无不利。

此爻前半部分描述自然现象：一棵枯萎的树发了芽。又以这自然现象比喻人事，即老翁得到一个小妾，后面断语是"无不利"，即没有什么不利的。这里用了一个反常的自然现象和社会现象作为比喻，说明占问人若遇到此爻，虽会出现反常的现象，但一切都很顺利，没有麻烦。这是《周易》的占筮解释。

《易经·系辞上传》中孔子的解释，与占筮解释的根本区别在于前者断言吉凶，后者揭示德义。例如：

初六，"藉用白茅，无咎。"子曰："苟错诸地而可矣。藉之用茅，何咎之有？慎之至也。夫茅之为物薄，而用可重也，慎斯术以往，其无所失矣。""劳谦君子有终，吉。"子曰："劳而不伐，有功而不德，厚之至也，语以其功下人者也。德言盛，礼言恭，谦也者，致恭以存其位者也。"

《易传》对卦爻辞的解释主要为《彖传》和《象传》。

1.《彖传》解释的主要方法

(1)以八卦之象释卦辞

八卦之象：

乾为天、坤为地、震为雷、巽为风、艮为山、兑为泽、坎为水、离为火。(《易经·说卦传》)

以八卦之象解释卦名卦辞，如《易经·彖上传·泰》，即《彖上传》释《泰》曰：

天地交而万物通也，上下交而其志同也。

所谓天地交，是指泰卦上坤下乾，坤为地，乾为天，天本在上，而今在下，地本在下，而今在上，以示天阳之气下降，入地气之中，地阴之气上升而入天气之中，二气交感，故有"天地交"之义。由于阴阳二气交感，万物生生不已，故为通达，即是"万物通"。

(2)取义理释卦辞

八卦皆含有义理，如《易经·说卦传》曰：

乾，健也；坤，顺也；震，动也；巽，入也；坎，陷也；离，丽也；艮，止也；兑，说也。

《易经·彖上传》以八卦所含义理释卦辞，如《易经·彖上传·讼》，即《彖上传》释《讼》曰：

上刚下险，险而健，讼。

所谓上刚下险，是指《讼》卦上乾下坎，乾为刚在上，坎为险在下，故有"上刚下险"。所谓险而健，是指《讼》内卦坎为陷，有险之意，外卦乾为刚，刚即健，故称"险而健"。因此卦乾阳刚健在上，坎水阴险在下，上下争讼，故为讼卦。

(3)取爻位说释卦辞

所谓爻位说，是指爻所处的位置。如果阳爻处在一(初)、三、五爻的位置上，阴爻处在二、四、六(上)爻的位置上，称为"得位"，又叫"得正""当正""当位""位正"等。一般表示为吉、好、正确、应该、正当、合理之类的意义。如果一(初)、三、五爻的位置上都是阳爻,那么处在初爻位置上不如处在三爻的位置上好,处在三爻的位置上不如处在五爻的位置上好,即阳爻越靠近五爻越好。可是,如果是阴爻,其概念就反过来了,从上到下,六(上)、四、二爻,距离二爻的位置越近越好。《易经·系辞下传》曰:

柔之为道,不利远者。

"中位"是指,在六个爻中的一个爻,不管是阳爻还是阴爻,只要处在下卦的中间位置或上卦的中间位置,就叫作"得中""处中""中位"等。《彖传》以爻位说释卦辞,如以中位说释之:《易经·彖上传》:

"初筮告",以刚中也。

所谓"以刚中",是释"初筮告",蒙卦有九二爻为阳爻,并居内卦中位,故称"刚中";以得位、应位释之者,例如《易经·彖上传》:

柔得位而上下应之。(小畜一阴五阳,六四爻以阴居阴位,故称"柔得位",五阳爻分居六四上下,故称"上下应"。)

(4)以卦变释卦辞

卦变,是指由于阴阳爻的变动,而使一卦变成另一卦,它反映了卦与卦之间存在着一种相互转化的关系。《易经·彖传》运用这种卦与卦之间的关系注释卦辞,如《易经·彖下传》曰:

损下益上,其道上行。

所谓损下益上,是指《易经·彖下传》来自《泰》卦,即泰九三爻与上六爻交换位置而成,从上下卦看,是减损泰卦下体一阳爻而增益到其上体来。其道上行,是说减损下一阳而增加到上,阳通行在上。而《益·彖》所说"损上益下"与《易经·彖下传》相反,它是指《益》来自《否》,是减损《否》上一阳爻而增益到下,即《否》九四爻与初六爻互易而成。

2.《象传》解释的主要方法

《周易》中的象是指卦象和爻象,皆取法自然之象。《易经·系辞传》从多角度阐释"象"的意义:

是故《易》者,象也。象也者,像也。
象者,言乎象者也。
立象以尽意,设卦以尽情伪。
八卦成列,象在其中矣!

象有多重意义,有"八卦之象""六画之象""像形之象""爻位之象""反对之象""方位之象""互体之象"等。每卦有卦象,也有爻象。释卦象的称"大象",释爻象的称"小象"。

(1)大象释卦

先用八卦之象解释卦,然后比拟人事,说明根据此卦象当如何去行动,如《易经·比·象》:

地上有水,比,先王以建万国,亲诸侯。

《比》卦上坎下坤,坎为水,坤为地,坎在坤上,谓地上有水。水性下,水行地上,没有间隙,有亲比之义,故此卦为《比》。比:亲比。先王效法此卦象当建立诸侯国,并以仁爱的态度去对待诸侯。从卦画看,《比》卦九五居上中为王,上下全为阴爻,故称万国、诸侯。

(2)小象释爻

1)取爻位说

如释《屯》六二曰:

六二之难,乘刚也。

这是说,《屯》六二有"难"之文辞,是在于:《屯》六二之阴乘凌初九之阳刚。又如释《否》九五爻辞:

"大人"之吉,位正当也。

这就是说,《否》九五有"大人吉"之辞,在于此爻是以阳爻而居阳位,且居外卦之中位,即所谓"位正当"。

2)义理释爻辞

如《恒》六五云:

贞,妇人吉,夫子凶。

《易经·象传》解释说:

妇人贞吉,从一而终也;夫子制义,从妇凶也。

这是说妇道人家守正则有吉。所谓守正就是妇人在婚姻方面从一夫而终,即一辈子只能嫁一夫,夫死不能再嫁,只有这样,才能有吉祥,而作为男子有绝对的权利只宜妇人从他,若他从妇人则有凶。《象传》在这里很显然是以儒家的伦理道德来注释爻辞,这是《恒》辞中所没有的,《恒》六五爻辞是说,占问遇此爻,妇人则有吉,而男人则有凶。

3. 爻辞意义展开

如《屯》六三曰:

即鹿无虞。

《易经·象上传》释之曰:

"即鹿无虞",以从禽也。

这是说,在没有虞人作向导的前提下去追鹿,只能被动地跟着鹿跑。"禽"是用以释鹿的。又如《需》九二曰:

小有言,终吉。

《易经·象上传》释曰:

虽"小有言",以终吉也。

《易经·象上传》在这里只加了几个连贯词,就把爻辞的意思明确地表达出来了。

(五)承、乘、比、应

承、乘、比、应指的是卦象内部爻与爻之间的关系,用以体现事物之间相互作用的四种方式。

所谓"承",是指承上,即与在上之爻有承续关系。一般指阴爻上承阳爻,象征柔弱者顺承刚强者,或贤臣辅佐明君之意。如《旅》卦,卦中阴爻六五在阳爻上九之下,六五爻承上九爻,古人称"五承上",所以《易经·彖下传》曰:

旅小亨,柔得中乎外,而顺乎刚。

又如《谦》卦,阴爻初六、六二都在阳爻九三之下,故初六、六二爻对九三爻来说,皆称"承",即初承三、二承三。故《易经·象传》曰:

劳谦君子,万民服也。

所谓"乘",指居高临下,有乘凌之意。凡上爻乘凌下爻谓之"乘",多指阴爻乘阳爻,称"乘刚",象征臣下欺辱君主,小人乘凌君子,其义多为不吉不善。但阳爻居阳爻之上则不言乘,而称据,认为此为理之所常,如《屯》卦,六二、上六爻辞皆曰"乘马班如",震初爻,坎五爻皆为马,六二乘初九,上六乘九五,故有"乘马"之说。古人谓"二乘初""上乘五"。所以《易经·象传》曰:

六二之难,乘刚也。

又如《易经·彖下传》:

扬于王庭,柔乘五刚也。
夬一阴五阳,阴为柔,阳为刚,此卦有一阴柔乘凌五刚之象,故柔乘五刚。

所谓"比",是指比邻,即亲近、比肩之意。相邻两爻若是有一种密切的关系,称为"比",如初爻与二爻、二爻与三爻、三爻与四爻、四爻与五爻、五爻与上爻,皆可称为"比"。相邻两爻,一爻为阴爻,一爻为阳爻,则善为"比"。以刚比刚,或以柔比柔,则无相求相得之情。如《比》卦,六四阴爻居阴位,得位,与九五爻有相"比"的关系,所以《易经·象传》曰:

外比于贤,以从上也。

而六三则承乘皆阴,上下"比"皆非其人,故有"比之匪人"之辞。又如《中孚》卦六三爻"得敌",三不当位,三四皆阴,失比,故称"得敌"。总之,凡阴阳相遇为朋友类,若阳遇阳,阴遇阴,则皆为敌。有"同性相斥,异性相吸"的规律。

所谓"应",指上下爻相呼应的关系。《易纬乾凿度》提到:"三画已下为地,四画已上为天","易气从下生",故"动于地之下,则应于天之下;动于地之中,则应于天之中;动于地之上,则应于天之上"。[①]就是说,在六爻卦中,初爻与四爻、二爻与五爻、三爻与上爻之间,有一种呼应和联动关系,故称为"应"。同"比"一样,"应"也强调阴阳相"应"。若以柔应柔或以刚应刚,则无相求相得之情,故无所"应"也,如《既济》卦,初九爻应六四爻,六二爻应九五爻,九三爻应上六爻,皆为阴阳相应。反之,在《艮》卦中,初六爻与六四爻,六二爻与六五爻,九三爻与上九爻,皆柔应柔,刚应刚,是为"无应"或"敌应",故《象》曰:

上下敌应,不相与也。

艮卦两山并峙,不相往来,故曰"敌应",此止之象也。一般的卦都是以刚柔两爻相应。但有时,也有卦中的一爻与数爻有呼应关系的状况,如《比》卦,彖曰:

上下应也。

九五为刚,其余五爻皆为柔,是上下五柔应一刚之象,象征四方诸侯对王臣服。

(六)吉凶断语

1.元、亨、利、贞

《周易》卦辞爻辞中元、亨、利、贞四字出现的频率很高,其对理解经文卦理有重要作用,因此百家注释很多。《易经·文言传》曰:

"元"者,善之长也;"亨"者,嘉之会也;"利"者,义之和也;"贞"者,事之干也。
元以仁人为本,亨以礼为宗,利以义为干,贞以固为质。
"元"有大、始、首之义,"元吉"犹大吉也;"元亨"犹云"大亨"也;"元夫"有元老之称、元侯之称、元女之称、大夫之称。

"亨"原意为进献,此意后以"享"字表示,意为享受。亨的引申意为通达、顺利。祭祀之礼有将美好事物汇集进献之意,合乎礼就会亨通。

"利"从刀从禾,以刀断禾,利与不利,关键在"宜"与"不宜"。合宜就有利(益),不宜就无利(益)。《中庸》:"义者,宜也。"《易经·文言传》以"义"说"利":"利物足以和义。""无

[①] 郑玄注,常秉义编:《易纬:解释易经》,新疆人民出版社,2000年,第8页。

不利"是所做之事无有不利;"无所利"是所做事情皆无利;"利某"或"不利某"指对某人或某事或某方向有利或不利。

"贞"为守持正道,坚定不移。孔颖达疏:"言君子能坚固贞正,令物得成,使事皆干济,此法天之贞也。"高亨注:"贞固,正而坚,即坚持正道。""贞"又有"占卜""预测"之意,如《坤》六三:"含章可贞。""可贞"是所占事可行;"贞吉"是所占事吉;"贞凶"是所占事凶;"贞厉"是所占事有危险;"利贞"是所占事有利。

2.吉、凶、悔、吝、厉、咎

"吉"者善也。凡事有善的结果为吉。善果者,福祥也。获得、增益、上升、进展为吉。"贞吉"即占吉,意为测得此卦吉;"元吉"则为大吉。

"凶",恶也,盖事有恶果为凶,故凶训恶,恶果者,祸殃也。损失、消亡、下陷、遇险、落难为凶。"贞凶"为筮得此卦则凶;"终凶"谓其事结果凶。

"悔"为后悔、困厄、忧虑之象。"有悔"谓有困境;"悔有悔"指困扰之事接踵而至;"无悔"谓无困厄;"悔亡"为困厄已过。

"吝",难也。谓其事难行,或遭艰难之事。"小吝"谓遭遇小艰难;"终吝"为最终之艰难;"贞吝"犹占吝,将遇艰难。

"厉"者,危也,即危险之意。"有厉"谓有危险;"贞厉"犹言占事危。

"咎"比"悔"重,比"凶"轻,是较轻和较小的灾患、困厄。"为咎"谓将成为灾患也;"匪咎"谓此非灾患;"何咎"谓不至于有灾患;"无咎"谓无灾患也。

《四库全书·经部易类小序》云:"《易》道广大,无所不包。"冠居"群经之首"的《易经》是中华民族的文化之根,是中华文明最初的理性之光。《易传》形成之前漫长历史时期的文化存在,凝结为精辟的语言表述,以"繇辞"形式载入了《易经》。史巫之筮只是将之视为命运的占断之辞,孔子则从中发现了其所负载的巨大文化价值,并以他非凡的智慧和深刻的洞见对《周易》做了哲学的阐释,促成了中国形而上学的形成,推动了中国文化由巫性文化向理性文化的转型,引导了中华民族后续的文明进程。正如朱熹所说:"天不生仲尼,万古长如夜。"(《朱子语类》卷九十三)正是在这个意义上,本书只选取《易经》的《易传》部分,包括《系辞传》《彖传》《象传》《文言传》《说卦传》《序卦传》《杂卦传》七篇,意在通过一种有意义的价值引导走近《易经》。只有按照《易传》求德义思想解读的《周易》,才真正具有经典的意义。这并不是无视《易传》形成之前占筮易学的价值和意义,恰恰相反,正是通过《易传》的解释,原先的"繇辞"才有了更为深远的文化意义。《易经·系辞上传》曰:"鼓天下之动者存乎辞。"卦辞和爻辞能"鼓天下之动",盖因其有"道之文"的意义,是"以文载道",揭示此道理的,正是《易传》。

第二章 《彖传》[①]

"彖者,言乎像者也。"[②]按照朱熹的说法,"象谓卦画,爻、象谓卦、爻辞"。"彖""彖辞"与《彖传》不能混淆。所谓"彖"或"彖辞"是指卦辞而言,所谓《彖传》是指《易传》中的内容而言,一般认为"文王系彖辞""周公系爻辞""孔子作《彖传》"。

孔子以《彖传》解释文王之意,先根据卦象、卦德、卦体来解释卦名,然后解释卦辞,以《彖传》中第一句之义为重。例如,屯卦"刚柔始交而难生",蒙卦"山下有险",都是第一义。解释卦辞则不一而论。有直接根据卦名而论其理的,有杂取卦象、卦德、卦体的。卦象,指的是阴阳爻组成的图像及其所代表的事物;卦德为设卦的意图或卦旨,提示或说明该卦的主题。卦体,是卦象所代表事物的名称及用处。孔子对卦德并没有进行综合解释,往往是仅取一意进行引申评述,"有但取一二者"加入了自己的思想观点。《彖传》分上、下两部分,为《易传》中的两篇,说明《易经》各卦之义,专门解释卦名、卦象、卦辞,而不涉及爻辞。唐孔颖达依据汉魏的注释,把"彖"训为"断",即判定一卦之义,认为"夫子所作彖辞,统论一卦之义,或说其卦之德,或说其卦之文,或说其卦之名",分为三类:以卦象象征万物释卦义,以义理、德行释卦义,以爻象在卦中所处地位释卦义。《彖传》的表达手法有几种:

其一是点题法,共有十九卦,分别为《需》《师》《比》《噬嗑》《剥》《大过》《坎》《离》《咸》《恒》《晋》《蹇》《夬》《姤》《萃》《鼎》《艮》《丰》《兑》。其特点是用一字一词点题评说卦名,如:

《师》:师,众也。
《离》:离,丽也。

有些随后加上注解,如:

《晋》:晋,进也,明出地上。
《姤》:姤,遇也,柔遇刚也。

[①] 第二章至第五章原文选自刘大钧、林忠军译注:《〈周易〉经传白话解》,上海古籍出版社,2006年。后文中出自同一版本的引文不再重复作注,只在行文中列出篇章名。
[②] 彖:《系辞》"彖者,材也"。"材"通"裁",有裁断义。裁断一卦之义的文辞叫彖辞。

其二是解题法,共有十三卦,分别是《蒙》《讼》《小畜》《同人》《大有》《豫》《随》《蛊》《观》《大壮》《解》《井》《革》。其特点是针对卦名进行解释,如:

《同人·彖》:同人,柔得位得中,而应乎乾,曰同人。
《豫·彖》:豫,刚应而志行,顺以动,豫。

这种解释,比较含蓄,也很抽象,在不理解卦义时,往往使人难得要领,如《同人》"柔得位而中",柔指的是什么,如何呼应乾?在《豫》中,"刚应"什么,何以"顺以动",都无法与经文之意结合起来。在诸书注解中,刚柔,都锁定在阴阳爻上,如《同人》"柔得位而中"解为"'柔得位',谓四为群阴以应,刚得众应也。'志行',谓阳志上行,动而上下顺从,其志得行也"。

其三为释义法,释义卦名的共三十二卦,除以上列出的点题的、解题的以外,余下的属于此类,如:

《坤》:至哉"坤元",万物资生,乃顺承天。坤厚载物,德合无疆。含弘光大,品物咸"亨"。

这段《彖》辞,是对具有《坤》之德的事物性质即作用的解释与评述。
《颐》:颐"贞吉",养正则吉也。
表达了孔子对《颐》卦的观点。
《彖》辞没有直接告诉人们卦体(卦名),而是采取四种手法,或取其义,或取其形,或取其用,或取其理,以此让人们判断。当位、中位、比应、承乘、时中等词语是用来表述事物之间时空位置关系的核心概念,这种相互关系决定着事物发展变化的性质与方向。

一、《彖上传》

《周易本义》曰:"彖",即文王所系之辞。"上"者,《经》之上篇。"传"者,孔子所以释《经》之辞也。后凡言《传》者放此。[1]

---

[1] 朱熹著,苏勇校注:《周易本义》,北京大学出版社,1992年,第88页。本书关于《周易本义》的引文皆以此版本为准,行文中指出篇章名,不再重复作注。

【原文】

大哉"乾元",万物资始,乃统天。[1]云行雨施,品物流形。[2]大明终始,六位时成,时乘六龙以御天。[3]乾道变化,各正性命,保合大和,乃"利贞"。[4]首出庶物,万国咸宁。[5]

【注释】

[1]此句为孔子阐释《乾》卦"元亨"之义的说辞。本义①:此专以天道明《乾》义,又析"元亨利贞"为四德,以发明之。而此一节首释"元"义也。"大哉",叹辞。"元",大也,始也。"乾元",天德之大始,故万物之主,皆资之以为始也。又为四德之首,而贯乎天德之始终,故曰"统天"。

[2]本义:此释《乾》之"亨"也。("云行雨施"言气之"亨"也,"品物流形"言形之亨也。)

[3]本义:"始",即元也。"终",谓贞也。不终则无始,不贞则无以为元也。此言圣人大明乾道之终始,则见卦之六位,各以时成,而乘此六阳以行天道,是乃圣人之"元亨"也。(大明终始:指《乾》卦初爻到上爻皆为阳,始终有日普照。终:谓上爻;始:谓初爻。六位:指六个爻位。时成:指每一爻皆有时,如位于初则"潜",位于五则"飞",位于上则"亢"等。六龙:指六个阳爻,以龙喻阳,《乾》为六阳,故称六龙。御:驾驭。圣人大明乾道之终始,则见卦之六位,各以时成,而乘此六阳以行天道,是乃圣人之"元亨"也。)

[4]本义:变者化之渐,化者变之成。物所受为性,天所赋为命。"大和",阴阳会合,冲和之气也。"各正"者,得于有生之初。"保合"者,全于已生之后,此言"乾道变化",无所不利,而万物各得其性命以自全,以释"利贞"之义也。(各正性命:指各守性命之正。"正"释为贞。性命:指本性。《荀子·正名》:"生之所以然者谓之性。"《礼记·本命》:"分于道谓之命,形于一谓之性,化于阴阳象形而发谓之生,化穷尽谓之死,故命者,性之终也。"

[5]首:始。庶:众。咸:都。本义:圣人在上,高出于物,犹乾道之变化也。"万国"各得其所而"咸宁",犹万物之"各正性命",而"保合大和"也。此言圣人之"利贞"也。盖尝统而论之,"元"之者物之始生,"亨"者物之畅茂,"利"则向于实也,"贞"则实之成也。实之既成,则其根蒂脱落,可复种而生矣。此四德之所以循环而无端也。然而四者之间,生气流行,初无间断,此"元"之所以包四德而统天也。其以圣人而言,则孔子之意,盖以此卦为圣人得天位,行天道,而致太平之占也。虽其文义有非文王之旧者,然读者各以其意求之,则并行而不悖也。《坤》卦放此。

---

① "本义"指朱熹的《周易本义》,清人李光地撰《周易折中》有言曰:"列《朱义》于前者,易之本义,朱子独得也。《程传》次之者,易之义理,程子为详也。"后文"本义""程传"所述皆转引自李光地纂,刘大钧整理:《周易折中》,巴蜀书社,2010年。

【原文】

至哉"坤元",万物资生,乃顺承天。[1]坤厚载物,德合无疆。含弘光大,品物咸"亨"。[2]"牝马"地类,行地无疆,柔顺利贞。君子攸行,[3]"先迷"失道,后顺得常。"西南得朋",乃与类行,"东北丧朋",乃终有庆。[4]"安贞"之吉,应地无疆。[5]

【注释】

[1]本义:此以地道明《坤》之义,而首言元也。"至",极也,比"大"义差缓。"始"者气之始,"生"者形之始。顺承天施,地之道也。

[2]本义:言"亨"也,"德合无疆",谓配乾也。(疆:指边际。含弘光大:此言坤动静之性。《易经·系辞传》:"夫坤,其静也翕,其动也辟,是以广生焉。"弘:大;光:广。)

[3]本义:言"利贞"也。"马",乾之象,而以为地类者,牝阴物,而马又行地之物也。"行地无疆",则顺而健矣。"柔顺利贞",《坤》之德也。君子攸行,人之所行,如《坤》之德也。所行如是,则其占如下文所云也。程传:资生之道,可谓大矣。《乾》既称"大",故《坤》称"至"。"至"义差缓,不若"大"之盛也,圣人于尊卑之辨,谨严如此。万物资《乾》以始,资《坤》以生,父母之道也。顺承天施,以成其功。《坤》之厚德,持载万物,合于乾之无疆也。以"含弘光大"四者形容《坤》道,犹《乾》之刚健中正纯粹也。"含",包容也。"弘",宽裕也。"光",昭明也。"大",博厚也。有此四者,故能成承天之功,品物咸得亨遂,取牝马为象者,以其柔顺而健,行地之类也。"行地无疆",谓健也。《乾》健《坤》顺,《坤》亦健乎?曰:非健何以配《乾》,未有《乾》行而《坤》止也。其动也刚,不害其为柔也。"柔顺"而"利贞",乃《坤》德。君子之所行也,君子之道,合坤德也。(牝马地类:指牝马属坤阴类。牝马:母马。马本为阳性,坤言牝马则属阴性,故称"地类"。坤为地,地类即坤类也。)

[4]本义:阳大阴小,阳得兼阴,阴不得兼阳。故《坤》之德,常减于《乾》之半也。"东北"虽"丧朋",然反之"西南",则"终有庆"矣。(失道:失去坤道。)

[5]本义:安而且贞,地之德也。程传:《乾》之用,阳之为也。《坤》之用,阴之为也。形而上曰天地之道,形而下曰阴阳之功。"先迷后得"以下,言阴道也。先唱则迷失阴道,后和则顺而得其常理。西南阴方,从其类"得朋"也。东北阳方,离其类"丧朋"也。离其类而从阳,则能成生物之功,终有吉庆也。"与类行"者本也,从于阳者用也。阴体柔躁,故从于阳,则能安贞而吉,应地道之无疆也。阴而不安贞,岂能应地之道,《象》有三"无疆",盖不同也。"德合无疆",天之不已也。"应地无疆",地之无穷也。"行地无疆",马之健行也。

【原文】

屯,刚柔始交而难生。[1]动乎险中,大亨贞。[2]雷雨之动满盈,天造草昧,宜"建侯"而不宁。[3]

【注释】

[1]本义:以二体释卦名义,"始交",谓震。"难生",谓坎。

[2]本义:以二体之德释卦辞,"动",震之为也。"险",坎之地也。自此以下,释"元亨利贞",乃用文王本意。

[3]本义:以二体之象释卦辞。"雷",震象。"雨",坎象。"天造",犹言天运。"草",杂乱。"昧",晦冥也。阴阳交而雷雨作,杂乱晦冥,塞乎两间。天下未定,名分未明。宜立君以统治,而未可遽谓安宁之时也。不取初九爻义者,取义多端,姑举其一也。程传:以云雷二象言之,则"刚柔始交"也。以坎震二体言之,"动乎险中"也。"刚柔始交",未能通畅则艰屯,故云"难生"。又"动于险中",为艰屯之义,所谓"大亨"而"贞"者,"雷雨之动满盈"也。阴阳始交,则艰屯未能通畅。及其和洽,则成雷雨满盈于天地之间,生物乃遂。《屯》有"大亨"之道也,所以能"大亨",由夫"贞"也。非贞固安能出《屯》,人之处《屯》,有致大亨之道,亦在夫贞固也。"天造草昧",上文言天地生物之义,此言时事。"天造",谓时运也。"草",草乱无伦序。"昧",冥昧不明。当此时运,所宜建立辅助,则可以济《屯》。虽建侯自辅,又当忧勤兢畏,不遑宁处,圣人之深戒也。

【原文】

蒙,山下有险,险而止,蒙。[1]蒙,亨。以亨行,时中也。"匪我求童蒙,童蒙求我",志应也。"初筮告",以刚中也。"再三渎,渎则不告",渎蒙也。蒙以养正,圣功也。[2]

【注释】

[1]本义:以卦象卦德释卦名,有两义。

[2]本义:以卦体释卦辞也。九二以可亨之道,发人之蒙,而又得其时之中,谓如下文所指之事,皆以亨行而当其可也。"志应"者,二刚明,五柔暗,故二不求五而五求二,其志自相应也。"以刚中"者,以刚而中,故能告而有节也。"渎",筮者二三,则问者固渎,而告者亦渎矣。"蒙以养正",乃作圣之功,所以释"利贞"之义也。(《蒙》卦下坎上艮。艮为山,坎为险。险而止。)程传:山下有险,内险不可处,外止莫能进,未知所为,故为昏蒙之义。"蒙亨",以亨行时中也。蒙之能亨,以亨道行也。所谓亨道,时中也。"时",谓得君之应。"中",谓处得其中。得中则时也。"匪我求童蒙,童蒙求我,志应也"。二以刚明之贤处于下,五以童蒙居上,非是二求与五,盖五之志应于二也。贤者在下,岂可自进以求于君,苟自求之,必无能信用之理。古之人,所以必待人君致敬尽礼而后往者,非欲自为尊大,盖其尊德乐道。不如是,不足与有为也。"初筮",谓诚一而来,求决其蒙,则当以刚中之道,告而开发之。"再三",烦数也。来筮之意烦数,不能诚一,则渎慢矣。不当告也,告之必不

能信受,徒为烦渎,故曰"渎蒙"也,求者告者皆烦渎矣。卦辞曰"利贞",《象》复伸其义,以明不止为戒于二,实养蒙之道也。未发之谓蒙,以纯一未发之蒙而养其正,乃作圣之功也。发而后禁,则扞格而难胜。养正于蒙,学之至善也。《蒙》之六爻,二阳为治蒙者,四阴皆处蒙者也。(《朱子语类》云:"蒙以养正圣功也。"养正之道,始于未发,当"童蒙"之时,当须以正道涵养其正性,如此方能成就圣人之功。)

【原文】

需,须也。险在前也,刚健而不陷,其义不困穷矣。[1]需,"有孚,光亨贞吉",位乎天位,以正中也。"利涉大川",往有功也。[2]

【注释】

[1]本义:以卦德释卦名义。程传:"需"之义,须也。以险在于前,未可遽进,故需待而行也。以《乾》之刚健,而能需待不轻动,故不陷于险,其义不至于困穷也。刚健之人,其动必躁,乃能需待而动,处之至善者也。故夫子赞之云"其义不困穷矣"。

[2]本义:以卦体及两象释卦辞。程传:五以刚实居中,为孚之象,而得其所需,亦为"有孚"之义。以乾刚而至诚,故其德光明而能亨通,得贞正而吉也。所以能然者,以居天位而得正中也。居天位,指五,以正中,兼二言,故云"正中"。既有孚而贞正,虽涉险阻,往则有功也。《需》道之至善也,以乾刚而能需,何所不利?

【原文】

讼,上刚下险,险而健,讼。[1]讼,"有孚,窒惕,中吉",刚来而得中也。"终凶",讼不可成也。"利见大人",尚中正也。"不利涉大川",入于渊也。[2]

【注释】

[1]本义:以卦德释卦名义。程传:《讼》之为卦,上刚下险,险而又健也。又为险健相接,内险外健,皆所以为《讼》也。若健而不险,不生讼也。险而不健,不能讼也,险而又健,是以《讼》也。

[2]本义:以卦变卦体卦象释卦辞。程传:《讼》之道固如是,又据卦才而言,九二以刚自外来而成《讼》,则二乃《讼》之主也。以刚处中,中实之象,故为"有孚",处《讼》之时,虽有孚信,亦必艰阻窒塞而有惕惧,不窒则不成讼矣。又居险陷之中,亦为窒塞惕惧之义。二以阳刚自外来而得中,为以刚来讼而不过之义,是以吉也。卦有更取成卦之由为义者,此是也。卦义不取成卦之由,则更不言所变之爻也。据卦辞,二乃善也。而爻中不见其

善,盖卦辞取其有孚得中而言,乃善也。爻则以自下讼上为义,所取不同也。讼非善事,不得已也。安可终极其事,极意于其事,则"凶"矣,故曰"不可成也"。"成",谓穷尽其事也。"讼"者,求辩其是非也。辩之当,乃中正也,故"利见大人"。以所尚者中正也,听者非其人,则或不得其中正也。中正大人,九五是也。与人讼者,必处其身于安平之地。若蹈危险,则陷其身矣。乃"入于深渊"也。卦中有中正险陷之象。

【原文】

师,众也。贞,正也。能以众正,可以王矣。[1]刚中而应,行险而顺,以此毒天下,而民从之,"吉"又何"咎"矣。[2]

【注释】

[1]本义:此以卦体释师贞之义。"以",谓能左右之也。一阳在下之中,而五阴皆为所以也。能以众正,则王者之师矣。程传:能使众人皆正,可以王天下矣。得众心服从而归正,王道止于是也。

[2]本义:又以卦体卦德释"丈人吉无咎"之义。"刚中",谓九二。"应",谓六五应之。"行险",谓行危道。"顺",谓顺人心。此非有老成之德者不能也。"毒",害也。师旅之兴,不无害于天下,然以其有是才德,是以民悦而从之也。 程传:(刚中而应)言二也。以刚处中,刚而得中道也。六五之君为正应,信任之专也。虽"行险"道,而以顺动,所谓义兵,王者之师也。上顺下险,"行险而顺也"。师旅之兴,不无伤财害人,毒害天下,然而民心从之者,以其义动也。古者东征西怨,民心从也。如是故"吉"而无咎,"吉",谓必克。"无咎"谓合义,"又何咎矣"。其义故"元咎"也。

【原文】

比,吉也;比,辅也,下顺从也。[1]"原筮,元永贞,无咎",以刚中也。"不宁方来",上下应也。"后夫凶",其道穷也。[2]

【注释】

[1]本义:(前三字疑衍文)以卦体释卦名义。程传:"比吉也",比者吉之道也。物相亲比,乃吉道也。"比辅也",释比之义,比者相亲辅也,下顺从也。解卦所以为比也。五以阳居尊位,群下顺从以亲辅之,所以为《比》也。(《比》下坤上坎,坤为地,坎为水,水在地上,不容有间,故为"辅"。下顺从:《比》卦下为坤,二三四互体也为坤,坤为顺而在下,故曰"下顺从"。)

[2]本义:亦以卦体释卦辞。"刚中",谓五。"上下",谓五阴。程传:推"原筮"决相比之道,得"元永贞"而后可以"无咎"。所谓"元永贞",如五是也。以阳刚居中正,尽比道之善者也。以阳刚当尊位为君德,"元"也。居中得正,能永而"贞"也。卦辞本泛言《比》道,《彖》言"元永贞"者,九五以刚处中正是也。人之生,不能保其安宁,方且来求附比。民不能自保,故戴君以求宁。君不能独立,故保民以为安。不宁而来比者,上下相应也。以圣人之公言之,固至诚求天下之比,以安民也。以后王之私言之,不求下民之附,则危亡至矣。故上下之志,必相应也。在卦言之,上下群阴比于五,五比其众,乃上下应也。众必相比,而后能遂其生。天地之间,未有不相亲比而能遂者也。若相从之志,不疾而后,则不能成比,虽夫亦凶矣。无所亲比,困屈以致凶,穷之道也。原筮:再筮。原:再一次。元永贞:开始永守正道。刚中:九五以阳刚居中。不宁方来:不安宁之事并行而来。方:俞樾云:"方,并也。"上下应:指上下五阴应九五。后夫凶:后来的人有凶。其道穷:上六居卦之上,又乘五阳,故曰"其道穷"。

【原文】

小畜,柔得位而上下应之,曰小畜。[1]健而巽,刚中而志行,乃"亨"。[2]"密云不雨",尚往也。"自我西郊",施未行也。[3]

【注释】

[1]本义:以卦体释卦名义,"柔得位",指六居四。"上下",谓五阳。程传:言成卦之义也。以阴居四,又处上位,"柔得位"也。上下五阳皆应之,为所畜也。以一阴而畜五阳,能系而不能固,是以为《小畜》也。彖解成卦之义,而加"曰"字者,皆重卦名文势当然,单名卦唯革有曰字,亦文势然也。

[2]本义:以卦德卦体而言,阳犹可亨也。程传:以卦才言也,内健而外巽,健而能巽也。二五居中,"刚中"也。阳性上进下复乾体,志在于行也。刚居中,为刚而得中,又为中刚,言畜阳则以柔巽,言能亨则由刚中。以成卦之义言,则为阴畜阳。以卦才言,则阳为刚中。才如是,故畜虽小而能亨也。

[3]本义:"尚往",言畜之未极其气犹上进也。程传:畜道不能成大,如"密云"而不成雨。阴阳交而和则相固而成雨,二气不和,阳尚往而上,故不成雨。盖自我阴方之气先倡,故不和而不能成雨,其功施未行也。《小畜》之不能成大,犹西郊之云不能成雨也。

【原文】

履,柔履刚也。[1]说而应乎乾,是以"履虎尾,不咥人",亨。[2]刚中正履帝位而不疚,光明也。[3]

【注释】

[1]本义:以二体释卦名义。(谓"二体",是说以兑体之柔,履乾体之刚。)

[2]本义:以卦德释彖辞。程传:兑以阴柔履藉乾之阳刚,柔履刚也。兑以说顺应乎乾刚而履藉之,下顺乎上,阴承乎阳,天下之正理也。所履如此,至顺至当。虽"履虎尾",亦不见伤害。以此履行,其"亨"可知。

[3]本义:又以卦体明之,指九五也。程传:九五以阳刚中正,尊"履帝位",苟无疚病,得履道之至善光明者也。"疚"谓疵病,夬履是也。"光明",德盛而辉光也。

【原文】

泰,"小往大来,吉,亨",则是天地交而万物通也;上下交而其志同也;内阳而外阴;内健而外顺;内君子而外小人。君子道长,小人道消也。

【注释】

此释《泰》卦卦名与卦辞之义。程传:"小往大来",阴往而阳来也。则是天地阴阳之气相交,而万物得遂其通泰也。在人则上下之情交通,而其志意同也。阳来居内,阴往居外,阳进而阴退也。乾健在内,坤顺在外,为"内健而外顺",君子之道也。君子在内,小人在外,是"君子道长,小人道消",所以为《泰》也。既取阴阳交和,又取"君子道长",阴阳交和,乃君子之道长也。

【原文】

"否之匪人,不利君子贞,大往小来",则是天地不交而万物不通也;上下不交而天下无邦也;内阴而外阳;内柔而外刚;内小人而外君子。小人道长,君子道消也。

【注释】

此释《否》卦卦名与卦辞之义。《否》卦下坤上乾,其卦辞与《泰》卦相反,故《彖传》之释亦相反。程传:夫天地之气不交,则万物无生成之理。上下之义不交,则天下无邦国之道。建邦国所以为治也,上施政以治民,民戴君而从命,上下相交,所以治安也。今"上下不交",是天下无邦国之道也。阴柔在内,阳刚在外,君子往居于外,小人来处于内,"小人道长,君子道消"之时也。

【原文】

同人,柔得位得中,而应乎乾,曰同人。[1]同人曰"同人于野,亨,利涉大川",乾行也。

文明以健,中正而应,"君子"正也。唯君子为能通天下之志。[2]

【注释】

[1]本义:以卦体释卦名义。"柔",谓六二,"乾",谓九五。程传:言成卦之义。"柔得位",谓二以阴居阴,得其正位也。五中正而二以中正应之,"得中而应乎乾"也。五刚健中正,而二以柔顺中正应之,各得其正,其德同也,故为《同人》。五,乾之主,故云"应乎乾"。象取天火之象,而《象》专以二言。

[2]本义:("同人曰"为衍文)以卦德卦体释卦辞,通天下之志,乃为大同。不然,则是私情之合而已,何以致"亨"而"利涉"哉!程传:至诚无私,可以蹈险难者,乾之行也。无私,天德也。又以二体言其义有文明之德而刚健,以中正之道相应,乃君子之正道也。天下之志万殊,理则一也。君子明理,故能通天下之志。圣人视亿兆之心犹一心者,通于理而已。文明则能烛理,故能明大同之义。刚健则能克己,故能尽大同之道。然后能"中正"合乎"乾行也"。

【原文】

大有,柔得尊位大中,而上下应之,曰大有。[1]其德刚健而文明,应乎天而时行,是以"元亨"。[2]

【注释】

[1]本义:以卦体释卦名义,"柔"谓六五,"上下"谓五阳。程传:言卦之所以为《大有》也。五以阴居君位,"柔得尊位"也。处中,得"大中"之道也。为诸阳所宗,"上下应之"也。夫居尊执柔,固众之所归也。而又有虚中文明大中之德,故上下同志应之,所以为《大有》也。

[2]本义:以卦德卦体释卦辞。应天,指六五也。程传:卦之德,内"刚健"而外"文明"。六五之君,应于乾之九二。五之性柔顺而明,能顺应乎二。二,乾之主也,是应乎乾也。顺应乾行,顺乎天时也,故曰"应乎天而时行"。其德如此,是以"元亨"也。("元"有大善之义,《大有》《蛊》《升》《鼎》皆有"元亨",但诸卦之"元"与乾不同。)程传:元之在乾,为元始之义,为"首出庶物"之义。它卦则不能有此义,为善为大而已,曰元之为大可矣。为善,何也? 曰:元者物之先也,物之先岂有不善者乎。事成而后有败,败非先成者也。兴而后有衰,衰故后于兴也。得而后有失,非得则何以有失也。至于善恶治乱是非,天下之事,莫不皆然。必善为先,故《文言》曰"元者,善之长也"。

【原文】

谦,"亨"。天道下济而光明,地道卑而上行。[1]天道亏盈而益谦,地道变盈而流谦,鬼神害盈而福谦,人道恶盈而好谦。谦尊而光,卑而不可逾,"君子"之"终"也。[2]

【注释】

[1]本义:言《谦》之必"亨"。程传:济当为际,此明《谦》而能"亨"之义。天之道,以其气下际,故能化育万物,其道光明。"下际",谓下交也。地之道,以其处卑,所以其气上行交于天,皆以卑降而"亨"也。

[2]本义:"变",谓倾坏。"流",谓聚而归之。人能谦,则其居尊者,其德愈光,其居卑者,人亦莫能过,此君子所以"有终"也。程传:以天行而言,盈者则亏,谦者则益,日月阴阳是也。以地势而言,盈满者倾变而反陷,卑下者流注而益增也。"鬼神",谓造化之迹。盈满者祸害之,谦损者福祐之。凡过而损,不足而益者,皆是也。人情疾恶于盈满,而好与于谦巽了。"谦"者,人之至德,故圣人详言,所以戒盈而劝谦也。谦为卑巽也,而其道尊大而光显。自处虽卑屈,而其德实高不可加尚,是"不可逾"也。君子至诚于谦,恒而不变,有终也,故尊光。

【原文】

豫,刚应而志行,顺以动,豫。[1]豫,顺以动,故天地如之,而况"建侯行师"乎?[2]天地以顺动,故日月不过,而四时不忒。圣人以顺动,则刑罚清而民服,豫之时义大矣哉。[3]

【注释】

[1]本义:以卦体卦德释卦名义。程传:"刚应",谓四为群阴以应,刚得众应也。"志行"谓阳志上行,动而上下顺从,其志得行也。"顺以动豫",震动而坤顺,为动而顺理,顺理而动,又为动而众顺,所以《豫》也。

[2]本义:以卦德释卦辞。程传:以"豫顺而动",则天地如之而弗违。况"建侯行师",岂有不顺乎?天地之道,万物之理,唯至顺而已。大人所以先天后天而不违者,亦顺乎理而已。

[3]本义:极言之而赞其大也。程传:复详言顺动之道。天地之运,以其顺动,所以日月之度不过差,四时之行不愆忒。圣人以顺动,故经正而民兴于善,刑罚清简而万民服也。既言《豫》顺之道矣,然其旨味渊永,言尽而意有余也。故复赞之云,《豫》之"时义大矣哉"!欲人研味其理,优柔涵泳而识之也。"时义",谓《豫》之时义。诸卦之时与义用大者,皆赞其"大矣哉"。《豫》以下十一卦是也,《豫》《遯》《姤》《旅》言时义,《坎》《睽》《蹇》言

时用,《颐》《大过》《解》《革》言时,各以其大者也。

【原文】

随,刚来而下柔,动而说,随。[1]大"亨贞无咎",而天下随时,[2]随时之义大矣哉。[3]

【注释】

[1]本义:以卦变卦德释卦名义。孔颖达曰:"'刚',谓震也。'柔',谓兑也。震处兑下,是'刚来''下柔'。震动而兑说。既能下人,动则喜悦,所以物皆随从也。"

[2]本义:王肃本"时"作"之",今当从之。释卦辞,言能如是,则天下之所从也。程传:卦所以为随,以"刚来而下柔,动而说"也。谓《乾》之上九,来居《坤》之下。《坤》之初六,往居《乾》之上。以阳刚来下于阴柔,是以上下下,以贵下贱,能如是,物之所说随也。又下动而上说,动而可说也,所以随也。如是则可"大亨"而得正,能大亨而得正,则为"无咎"。不能"亨",不得正,则非可随之道,岂能使天下随之乎?天下所随者时也,故云"天下随时"。

[3]本义:王肃本"时"字在"之"字下,今当从之。程传:君子之道,随时而动,从宜适变,"不可为典要"。非造道之深,知几能权者,不能与于此也,故赞之曰"随时之义大矣哉"!凡赞之者欲人知其义之大,玩而识之也。此赞《随》时之义大,与《豫》等诸卦不同,诸卦"时"与"义"是两事。

【原文】

蛊,刚上而柔下,巽而止,蛊。[1]"蛊,元亨",而天下治也。"利涉大川",往有事也。"先甲三日,后甲三日",终则有始,天行也。[2]

【注释】

[1]本义:以卦体卦变卦德释卦名义,盖如此则积弊而至于蛊矣。程传:以卦变及二体之义而言,"刚上而柔下",谓《乾》之初九,上而为上九。《坤》之上六,下而为初六也。阳刚,尊而在上者也,今往居于上。阴柔,卑而在下者也,今来居于下。男虽少而居上,女虽长而在下,尊卑得正,上下顺理,治蛊之道也。由刚之上,柔之下,变而为艮巽。艮,止也。巽,顺也。下巽而上止,止于巽顺也,以巽顺之道治蛊,是以"元亨"也。

[2]本义:释卦辞,治蛊至于"元亨",则乱而复治之象也。乱之终,治之始,天运然也。程传:治蛊之道,如卦之才,则"元亨"而天下治矣。夫治乱者,苟能使尊卑上下之义正,在下者巽顺,在上者能止齐安定之,事皆止于顺,则何蛊之不治也,其道大善而亨也,如此则

天下治矣。方天下坏乱之际,宜涉艰险以往而济之,是往有所事也。夫有始则必有终,既终则必有始,天之道也。圣人知终始之道,故能原始而究其所以然。要终而备其将然,"先甲""后甲"而为之虑,所以能治蛊而致"元亨"也。

【原文】

临,刚浸而长,[1]说而顺,刚中而应,[2]大"亨"以正,天之道也。[3]"至于八月有凶",消不久也。[4]

【注释】

[1]本义:以卦体释卦名。(《临》二阳爻居下,有上长趋势。)

[2]本义:又以卦德卦体言卦之善。(刚中:九二阳刚居中。)

[3]本义:当刚长之时,又有此善,故其占如此也。程传:浸,渐也。二阳长于下而渐进也。下兑,上坤,和说而顺也,刚得中道而有应助,是以能大亨而得正,合天之道,刚正而和顺,"天之道也"。化育之功所以不息者,刚正和顺而已。以此临人临事临天下,莫不大亨而得正也。兑为说,说乃和也,《夬·象》云"决而和"。

[4]本义:言虽天运之当然,然君子宜知所戒。程传:《临》二阳生,阳方渐盛之时,故圣人为之戒云:阳虽方长,然"至于八月",则消而凶矣。八月,谓阳生之八月。阳始生于《复》,自《复》至《遯》凡八月,自建子至建未也。二阴长而阳消矣,故云"消不久也"。在阴阳之气言之,则消长如循环,不可易也。以人事言之,则阳为君子,阴为小人,方君子道长之时。圣人为之诫,使知极则有凶之理而虞备之,常不至于满极,则无凶也。

【原文】

大观在上,顺而巽,中正以观天下,观。[1]"盥而不荐,有孚颙若",下观而化也。[2]观天之神道,而四时不忒。圣人以神道设教,而天下服矣。[3]

【注释】

[1]本义:以卦体卦德释卦名义。程传:五居尊位,以刚阳中正之德,为下所观,其德甚大,故曰"大观在上"。下坤而上巽,是能顺而巽也,五居中正,以巽顺中正之德,为观于天下也。

[2]本义:释卦辞。程传:为《观》之道,严敬如始盥之时,则下民至诚瞻仰而从化也。"不荐",谓不使诚意少散也。

[3]本义:极言《观》之道也。"四时不忒",天之所以为观也。神道设教,圣人之所以为

观也。程传：天道至神，故曰"神道"。观天之运行，四时无有差忒，则见其神妙。圣人见天道之神，体神道以设教，故天下莫不服也。夫天道至神，故运行四时，化育万物，无有差忒。至神之道，莫可名言。唯圣人默契，体其妙用，设为政教，故天下之人，涵泳其德而不知其功，鼓舞其化而莫测其用，自然仰观而戴服，故曰"以神道设教而天下服矣"。

【原文】

颐中有物，曰"噬嗑"。[1]噬嗑而"亨"，刚柔分，动而明，雷电合而章。柔得中而上行，虽不当位，"利用狱"也。[2]

【注释】

[1]本义：以卦体释卦名义。（颐，腮、颔；噬嗑，咀嚼、啮而合之。）

[2]本义：又以卦名卦体卦德二象卦变释卦辞。程传："颐中有物"，故为"噬嗑"。有物间于颐中则为害，噬而嗑之，则其害亡，乃亨通也，故云"噬嗑而亨"。"刚柔分，动而明，雷电合而章"，以卦才言也。刚爻与柔爻相间，刚柔分而不相杂，为明辨之象。明辨，察狱之本也。动而明，下震上离，其动而明也。"雷电合而章"，雷震而电耀，相须并见，"合而章"也。照与威并行，用狱之道也。能照则无所隐情，有威则莫敢不畏。上既以二象言其动而明，故复言威照并用之意。六五以柔居中，为用"柔得中"之义。"上行"，谓居尊位。"虽不当位"，谓以柔居五为不当。而"利"于"用狱"者，治狱之道。全刚则伤于严暴，过柔则失于宽纵。五为用狱之主，以柔处刚而得中，得用狱之宜也。以柔居刚为"利用狱"，以刚居柔为利否。曰刚柔，质也。居，用也。用柔非治狱之宜也。

【原文】

贲，"亨"，柔来而文刚，故亨；分刚上而文柔，故"小利有攸往"。（刚柔交错），天文也；[1]文明以止，人文也。[2]观乎天文，以察时变；观乎人文，以化成天下。[3]

【注释】

[1]本义：（前"亨"疑为衍文）以卦变释卦辞。刚柔之交，自然之象，故曰"天文"。先儒说"天文"上当有"刚柔交错"四字，理或然也。

[2]本义：又以卦德言之。止，谓各得其分。程传：卦为贲饰之象，以上下二体，刚柔交相为文饰也。下体本乾，柔来文其中而为离。上体本坤，刚往文其上而为艮。乃为山下有火，止于文明而成《贲》也。天下之事，无饰不行，故《贲》则能"亨"也。"柔来而文刚，故亨"，柔来文于刚，而成文明之象，文明所以为《贲》也。《贲》之道能致亨，实由饰而能亨

也。"分刚上而文柔,故小利有攸往",分乾之中爻,往文于艮之上也。事由饰而加盛,由饰而能行,"故小利有攸往"。夫往而能利者,以有本也。贲饰之道,非能增其实也,但加之文彩耳。事由文而显盛,故为"小利有攸往"。"亨"者亨通也,"往"者加进也。二卦之变,共成《贲》义。而《彖》分言上下各主一事者,盖离明足以致亨,文柔又能小进也。"天文也,文明以止人文也",此承上文言阴阳刚柔相文者,天之文也,止于文明者,人之文也。"止",谓处于文明也。质必有文,自然之理,理必有对待,生生之本也。有上则有下,有此则有彼,有质则有文。一不独立,二则为文,非知道者孰能识之。"天文",天之理也。"人文",人之道也。

[3]本义:极言《贲》道之大也。程传:"天文",谓日月星辰之错列,寒暑阴阳之代变。观其运行,以察四时之迁改也。"人文",人理之伦序,观人文以教化天下,天下成其礼俗,乃圣人用《贲》之道也。《贲》之象,取山下有火,又取卦变"柔来""文刚""刚上""文柔"。凡卦有以二体之义及二象而成者,如《屯》取"动乎险中"与云雷,《讼》取"上刚下险"与天水违行是也。有取一爻者,成卦之由也。"柔得位而上下应之曰《小畜》","柔得尊位大中而上下应之曰《大有》"是也。有取二体又取消长之义者,"雷在地中《复》","山附于地《剥》"是也。有取二象兼取二爻交变为义者,"风雷《益》"兼取损上益下,"山下有泽《损》"兼取损下益上是也。有既以二象成卦,复取爻之义者,《夬》之"刚决柔",《姤》之"柔遇刚"是也。有以用成卦者,"巽乎水而上水《井》","木上有火《鼎》"是也,《鼎》又以卦形为象。有以形为象者,"山下有雷《颐》","颐中有物曰《噬嗑》"是也。此成卦之义也,如刚上柔下,损上益下,谓刚居上,柔在下,损于上,益于下。据成卦而言,非谓就卦中升降也。如《讼》《无妄》云"刚来",岂自上体而来也。凡以柔居五者,皆云"柔进而上行",柔居下者也,乃居尊位,是进而上也,非谓自下体而上也。卦之变皆自乾坤,先儒不达,故谓《贲》本自《泰》卦,岂有乾坤重而为《泰》,又由《泰》而变之理。下离本乾,中爻变而成离,上艮本坤,上爻变而成艮。离在内,故云"柔来"。艮在上,故云"刚上"。非自下体而上也。乾坤变而为六子,八卦重而为六十四,皆由乾坤之变也。

【原文】

剥,剥也。柔变刚也。[1]"不利有攸往",小人长也。顺而止之,观象也。君子尚消息盈虚,天行也。[2]

【注释】

[1]本义:以卦体释卦名义。言柔进于阳,变刚为柔也。(剥:剥落。柔变刚:《剥》五阴上长剥落一阳。变:剥落,倾坏,如《彖传》释"谦""地道变盈而流谦"即是此义。)

[2]本义:以卦体卦德释卦辞。程传:"剥",剥也,谓剥落也。柔变刚也,柔长而刚变也。夏至一阴生,而渐长,一阴长则一阳消,至于建戌,则极而成《剥》,是阴柔变刚阳也。阴,小人之道,方长盛而剥消于阳,故君子不利有所往也。君子当《剥》之时,知不可有所往,顺时而止,乃能观《剥》之象也。卦有顺止之象,乃处《剥》之道,君子当观而体之。"君子尚消息盈虚天行也",君子存心消息盈虚之理而能顺之,乃合乎天行也。理有消衰,有息长,有盈满,有虚损,顺之则吉,逆之则凶。君子随时敦尚,所以事天也。

【原文】

复"亨",刚反,动而以顺行。[1]是以"出入无疾,朋来无咎"。[2]"反复其道,七日来复",天行也。[3]"利有攸往",刚长也。[4]复,其见天地之心乎![5]

【注释】

[1]本义:刚反则亨。(《复》卦一阳居五阴之下,象阳经阴剥落而复返于初。)

[2]本义:以卦德而言。(《复》卦下震为动,上坤为顺。)

[3]本义:阴阳消息,天运然也。(七日来复:夏至一阴生,冬至一阳生,阴阳消长规律凡历七月,曰"七日来复",此天之运行也。古人之"月"称为"日",有《诗·豳风》为证:一之日觱发,二之日栗烈。"一之日",周之正月也。"二之日",周之二月也。)

[4]本义:以卦体而言,既生则渐长矣。(刚长:《复》卦一阳居下有上长之势。)

[5]本义:积阴之下,一阳复生,天地生物之心,几于灭息,而至此乃复可见。在人则为静极而动,恶极而善,本心几息而复,见之端也。程子论之详矣,而邵子之诗亦曰:冬至子之半,天心无改移,一阳初动处,万物未生时,玄酒味方淡,大音声正希,此言如不信,更请问包羲。至哉言也,学者宜尽心焉。程传:"复亨",谓刚反而亨也。阳刚消极而来反,既来反,则渐长盛而亨通矣。动而以顺行,是以"出入无疾,朋来无咎",以卦才言其所以然也。下动而上顺,是动而以顺行也,阳刚反而顺动,是以得"出入无疾,朋来而无咎"也。朋之来亦顺动也,其道反复往来,迭消迭息,七日而来复者,天地之运行如是也。消长相因,天之理也,阳刚君子之道长,故"利有攸往"。一阳复于下,乃天地生物之心也,先儒皆以静为见天地之心,盖不知动之端乃天地之心也,非知道者孰能识之。

【原文】

无妄,刚自外来而为主于内,动而健,刚中而应。大"亨"以正,天之命也。"其匪正有眚,不利有攸往",无妄之往何之矣?天命不祐,行矣哉?

【注释】

本义：以卦变卦德卦体言卦之善如此，故其占当获"大亨"，而利于正，乃天命之当然也。其有不正，则不利有所往，欲何往哉？盖其逆天之命，而天不佑之，故不可以有行也。程传：谓初九也，坤初爻变而为震，刚自外而来也。震以初爻为生，成卦由之，故初为无妄之主。动以天为无妄，动而以天，动为主也。以刚变柔，为以正去妄之象，又刚正为主于内，无妄之义也。九居初，正也。下动而上健，是其动刚健也。刚健，无妄之体也。刚中而应，五以刚居中正，二复以中正相应，是顺理而不妄也。故其道大亨通而贞正，乃天之命也。"天命"，谓天道也。所谓无妄也。所谓"无妄"，正而已，小失于正，则为有过，乃妄也。所谓"匪正"，盖由有往，若无妄而不往，何由有匪正乎。"无妄"者，理之正也，更有往将何之矣，乃入于妄也。往则悖于天理，天道所不佑，可行乎哉。（其匪正有眚：若不守正道则有灾异。匪：非；眚：本指眼有病，此指灾。何之：何往。之：适、往。行矣哉：疑问句，指岂敢行？即不可以有行。）

【原文】

大畜，刚健笃实，辉光日新。[1]其德刚上而尚贤，能止健，大正也。[2]"不家食吉"，养贤也。[3]"利涉大川"，应乎天也。[4]

【注释】

[1]本义：以卦德释卦名义。程传：以卦之才德而言也。乾体刚健，艮体笃实，人之才"刚健笃实"，则所畜能大。充实而有"辉光"，畜之不已，则"其德""日新"也。

[2]本义：以卦变卦体释卦辞。程传："刚上"，阳居上也。阳刚居尊位之上，为"尚贤"之义。止居健上，为能"止健"之义。止乎健者，非大正则安能？以刚阳在上，与尊尚贤德，能止至健，皆"大正"之道也。

[3]本义：亦取"尚贤"之象。（不家食：不食于家，而是食禄于朝。养贤：与前"尚贤"义相同，均指《大畜》上为阳爻，有"尚贤""养贤"之义。）

[4]本义：亦以卦体而言。程传：《大畜》之人，所宜施其所畜，以济天下，故不食于家则吉，谓居天位享天禄也。国家养贤，贤者得行其道也。"利涉大川"，谓大有蕴畜之人，宜济天下之艰险也，《象》更发明卦才云，所谓能涉大川者，以"应乎天"也。六五，君也。下应乾之中爻，乃《大畜》之君。应乾而行也，所以能"应乎天"，无艰险之不可济，况其它乎？

【原文】

颐，"贞吉"，养正则吉也。"观颐"，观其所养也。"自求口实"，观其自养也。[1]天地养万物,圣人养贤以及万民。颐之时大矣哉。[2]

【注释】

[1]本义:释卦辞。程传:"贞吉",所养者正则吉也。"所养",谓所养之人,与养之之道。"自求口实",谓其自求养身之道,皆以正则吉也。(颐:本指两腮,此引申为养,《序卦传》:"颐,养也。"自求口实:自己求得食物,以充其口,此指自己谋生。自养:自己养活自己。)

[2]本义:极言养道而赞之。程传:圣人极言《颐》之道而赞其大。天地之道,则养育万物。养育万物之道,正而已矣。圣人作养贤才,与之共天位,使之食天禄,俾施泽于天下,养贤以及万民也。"养贤",所以养万民也。夫天地之中,品物之众,非养则不生。圣人裁成天地之道,辅相天地之宜,以养天下,至于鸟兽草木,皆有养之之政。其道配天地,故夫子推《颐》之道,赞天地与圣人之功,曰"颐之时大矣哉"!或云"义",或云"用",或止云"时",以其大者也。万物之生与养时为大,故云"时"。

【原文】

大过,大者过也。[1]"栋桡",本末弱也。[2]刚过而中,巽而说,行,"利有攸往",乃"亨"。[3]大过之时大矣哉。[4]

【注释】

[1]本义:以卦体释卦名义。程传:大者过,谓阳过也。在事为事之大者过,与其过之大。

[2]本义:复以卦体释卦辞。"本",谓初。"末",谓上。"弱",谓阴柔。程传:谓上下二阴衰弱,阳盛则阴衰,故为大者过。在《小过》则曰小者过,阴过也。

[3]本义:又以卦体卦德释卦辞。程传:言卦才之善也。刚虽过而二五皆得中,是处不失中道也。下巽上兑,是以巽顺和说之道而行也。在《大过》之时,以中道巽说而行,故"利有攸往",乃所以能"亨"也。

[4]本义:《大过》之时,非有大过人之材,不能济也,故叹其大。程传:《大过》之时,其事甚大,故赞之曰"大矣哉!"如立非常之大事,兴不世之大功,成绝俗之大德,皆大过之事也。

【原文】

习坎,重险也。[1]水流而不盈,行险而不失其信。[2]"维心亨",乃以刚中也。"行有尚",

往有功也。[3]天险,不可升也;地险,山川丘陵也。王公设险,以守其国。险之时用大矣哉。[4]

【注释】

[1]本义:释卦名义。(重险:《坎》上下皆坎,坎为险,故有两险相重之义。重:释"习"。)

[2]本义:以卦象释"有孚"之义,言内实而行有常也。程传:"习坎"者谓重险也。上下皆坎,两险相重也。初六云"坎陷",是坎中之坎,重险也。"水流而不盈",阳动于险中而未出于险,乃水性之流行,而未盈于坎,既盈则出乎坎矣。"行险而不失其信",阳刚中实,居险之中,行险而不失其信者也。坎中实,水就下,皆为信义,"有孚"也。

[3]本义:以刚在中,"心亨"之象。如是而往,必有功也。程传:维其心可以亨通者,乃以其刚中也。中实为"有孚"之象,至诚之道,何所不通。以刚中之道而行,则可以济险难而亨通也。以其刚中之才而往,则有功,故可嘉尚。若止而不行,则常在险中矣。坎以能行为功。

[4]本义:极言之而赞其大也。程传:高不可升者,天之险也。山川丘陵,地之险也。王公,君人者,观坎之象,知险之不可陵也。故设为城郭沟池之险,以守其国,保其民人。是有用险之时,其用甚大,故赞其"大矣哉!"山河城池,设险之大端也。若夫尊卑之辨,贵贱之分,明等威,异物采,凡所以杜绝陵僭限隔上下者,皆体险之用也。

【原文】

离,丽也,日月丽乎天,百谷草木丽乎土。重明以丽乎正,乃化成天下。[1]柔丽乎中正,故"亨"。是以"畜牝牛吉"也。[2]

【注释】

[1]本义:释卦名义。程传:"离",丽也,谓附丽也。如"日月则丽于天","百谷草木"则"丽于土",万物莫不各有所丽。天地之中,无无丽之物。在人当审其所丽,丽得其正,则能"亨"也。"重明以丽乎正",以卦才言也。上下皆离,重明也。五二皆处中正,"丽乎正"也。君臣上下,皆有明德而处中正,可以化天下成文明之俗也。

[2]本义:以卦体释卦辞。程传:二五以柔顺丽于中正,所以能"亨"。人能养其至顺以丽中正,则吉,故曰"畜牝牛吉也"。或曰:二则中正矣,五以阴居阳,得为正乎?曰:离主于所丽,五中正之位,六丽于正位,乃为正也。学者知时义而不失轻重,则可以言《易》矣。(畜牝牛吉:畜养母牛得吉。牝:母。)

二、《彖下传》

【原文】

咸,感也。[1]柔上而刚下,二气感应以相与,止而说,男下女,是以"亨,利贞,取女吉"也。[2]天地感,而万物化生;圣人感人心,而天下和平。观其所感,而天地万物之情可见矣。[3]

【注释】

[1]本义:释卦名义。(以"感"释"咸",感:感应。)

[2]本义:以卦体卦德卦象释卦辞。或以卦变言"柔上""刚下"之义,曰《咸》自《旅》来,柔上居六,刚下居五也,亦通。程传:"咸"之义感也,在卦则柔爻上而刚爻下,柔上变刚而成兑,刚下变柔而成艮。阴阳相交,为男女交感之义。又兑女在上,艮男居下,亦柔上刚下也。阴阳二气相感相应而和合,是"相与"也。止而说,止于说为坚笃之意。艮止于下,笃诚相下也。兑说于上,和说相应也。以男下女,和之至也。相感之道如此,是以能亨通而得正。"取女"如是则"吉"也。卦才如此,大率感道利于正也。

[3]本义:极言感通之理。程传:既言男女相感之义,复推极感道,以尽天地之理,圣人之用。天地二气交感,而化生万物,圣人至诚以感亿兆之心,而天下和平。天下之心所以和平,由圣人感之也。观天地交感化生万物之理,与圣人感人心致和平之道,则"天地万物之情可见矣"。感通之理,知道者默而观之可也。

【原文】

恒,久也。刚上而柔下,雷风相与,巽而动,刚柔皆应,恒。[1]恒"亨,无咎,利贞",久于其道也。天地之道恒久而不已也。[2]"利有攸往",终则有始也。[3]日月得天而能久照,四时变化而能久成,圣人久于其道而天下化成。观其所恒,而天地万物之情可见矣。[4]

【注释】

[1]本义:以卦体卦象卦德释卦名义。或以卦变言"刚上""柔下"之义,曰《恒》自《丰》来,刚上居二,柔下居初也,亦通。程传:"恒"者,长久之义也。卦才有此四者,成恒之义也。"刚上而柔下",谓乾之初上居于四,坤之初下居于初,刚爻上而柔爻下也。二爻易处则成震巽,震上巽下,亦"刚上而柔下"也。刚处上而柔居下,乃恒道也。"雷风相与",雷震则风发,二者相须,交助其势,故云"相与",乃其常也。"巽而动",下巽顺,上震动,为以巽而动。天地造化恒久不已者,顺动而已。"巽而动",常久之道也。动而不顺,岂能常也。

"刚柔皆应",一卦刚柔之爻皆相应。刚柔相应,理之常也。此四者《恒》之道也,卦所以为《恒》也。

[2]本义:恒固能"亨"且"无咎"矣。然必利于正,乃为久于其道,不正则久非其道矣。天地之道,所以常久,亦以正而已矣。程传:恒之道可致"亨"而无过咎,但所恒宜得其正,失正则非可恒之道也,故曰"久于其道"。"其道",可恒之正道也。"不恒其德",与恒于不正,皆不能亨而有咎也。天地之所以不已,盖有恒久之道,人能恒于可恒之道,则合天地之理也。

[3]本义:"久于其道",终也。"利有攸往",始也。动静相生,循环之理,然必静为主也。程传:天下之理,未有不动而能恒者也。动则终而复始,所以恒而不穷。凡天地所生之物,虽山岳之坚厚,未有能不变者也。故恒非一定之谓也,一定则不能恒矣。唯随时变易,乃常道也,故云"利有攸往"。明理之如是,惧人之泥于常也。

[4]本义:极言恒久之道。程传:此极言常理。"日月",阴阳之精气耳。唯其顺天之道,往来盈缩,故能久照而不已。"得天",顺天理也。"四时",阴阳之气耳。往来变化,生成万物,亦以得天,故常久不已。圣人以常久之道行之有常,而天下化之以成美俗也。"观其所恒",谓观日月之久照,四时之久成。圣人之道,所以能常久之理。观此,则"天地万物之情理可见矣"。天地常久之道,天下常久之理,非知道者孰能识之?

【原文】

遁,"亨",遁而亨也。刚当位而应,与时行也。[1]"小利贞",浸而长也。[2]遁之时义大矣哉。[3]

【注释】

[1]本义:以九五一爻释亨义。程传:小人道长之时,君子遁退,乃其道之亨也。君子遁藏,所以伸道也,此言处《遁》之道。自"刚当位而位"以下,则论时与卦才,尚有可为之理也。虽《遁》之时,君子处之,未有必遁之义。五以刚阳之德,处中正之位,又下与六二以中正相应。虽阴长之时,如卦之才,尚当随时消息。苟可以致其力,无不至诚自尽以扶持其道,未必于遁藏而不为,故曰"与时行也"。

[2]本义:以下二阴释"小利贞"。(《遁》二阴居四阳之下,有浸润而渐长之势。)

[3]本义:阴方浸长,处之为难,故其时义为尤大也。程传:当阴长之时,不可大贞,而尚"小利贞"者,盖阴长必以浸渐,未能遽盛,君子尚可小贞其道。所谓"小利贞",扶持使未遂亡也。《遁》者阴之始长,君子知微,故当深戒。而圣人之意未便遽已也,故有"与时行""小利贞"之教。圣贤之于天下,虽知道之将废,岂有坐视其乱而不救,必区区致力于

未极之间,强此之衰,艰彼之进,图其暂安,苟得为之,孔孟之所屑为也。王允、谢安之于汉晋是也。若有可变之道,可亨之理,更不假言也。此处遯时之道也,故圣人赞其"时义大矣哉!"或久或速其义皆大也。

【原文】

大壮,大者壮也。刚以动,故壮。[1]大壮"利贞",大者正也。正大,而天地之情可见矣。[2]

【注释】

[1]本义:释卦名义。以卦体言,则阳长过中,大者壮也。以卦德言,则乾刚震动,所以壮也。程传:所以名《大壮》者,谓大者壮也。阴为小,阳为大。阳长以盛,是大者壮也。下刚而上动,以乾之至刚而动,故为《大壮》。为大者壮,与壮之大也。

[2]本义:释"利贞"之义而极言之。程传:大者既壮,则利于贞正,正而大者道也。极正大之理,则"天地之情可见矣"。天地之道,常久而不已者,至大至正也。正大之理,学者默识心通可也。不云大正而云"正大",恐疑为一事也。

【原文】

晋,进也。[1]明出地上,顺而丽乎大明,柔进而上行。是以"康侯用锡马蕃庶,昼日三接"也。[2]

【注释】

[1]本义:释卦名义。

[2]本义:以卦象卦德卦变释卦辞。程传:"晋",进也,明进而盛也。明出于地,益进而盛,故为《晋》。所以不谓之进者,进谓前进,不能包明盛之义。明出地上,离在坤上也,坤丽于离,以顺丽于大明,顺德之臣,上附于大明之君也。"柔进而上行",凡卦离在上者,柔居君位,多云"柔进而上行",《噬嗑》《睽》《鼎》是也。六五以柔居君位,明而顺丽,为能待下宠遇亲密之义,是以为"康侯用锡马蕃庶,昼日三接"也。大明之君,安天下者也。诸侯能顺附天子之明德,是康民安国之侯也,故谓之"康侯"。是以享宠锡而见亲礼,昼日之间,三接见于天子也。不曰公卿而曰"侯",天子治于上者也,诸侯治于下者也。在下而顺附于大明之君。诸侯之象也。("康侯用锡马蕃庶":康侯得到王赏赐的马很多。高亨注:"康侯,周武王之弟,名封,故称康侯,或康叔。"锡:赐。蕃庶:繁育,此有众多之义。"昼日三接":一日之内受到三次接见。)

【原文】

明入地中，明夷。[1]内文明而外柔顺，以蒙大难，文王以之。[2]"利艰贞"，晦其明也，内难而能正其志，箕子以之。[3]

【注释】

[1]本义：以卦象释卦名。（明入地中而伤，故为明夷。夷：伤。）

[2]本义：以卦德释卦义。"蒙大难"，谓遭纣之乱而见囚也。程传：明入于地，其明灭也，故为《明夷》。内卦离，离者文明之象。外卦坤，坤者柔顺之象。为人内有文明之德，而外能柔顺也。昔者文王如是，故曰"文王以之"。当纣之昏暗，乃明夷之时，而文王内有文明之德，外柔顺以事纣，蒙犯大难。而内不失其明圣，而外足以远祸患，此文王所用之道也，故曰"文王以之"。

[3]本义：以六五一爻之义释卦辞，"内难"，谓为纣近亲，在其国内，如六五之近于上六也。程传：《明夷》之时，利于处艰厄而不失其贞正，谓能晦藏其明也。不晦其明，则被祸患。不守其正，则非贤明。箕子当纣之时，身处其国内，切近其难，故云"内难"。然箕子能藏晦其明，而自守其正志，箕子所用之道也，故曰"箕子以之"。

【原文】

家人，女正位乎内，男正位乎外。男女正，天地之大义也。[1]家人有严君焉，父母之谓也。[2]父父、子子、兄兄、弟弟、夫夫、妇妇，而家道正。正家而天下定矣。[3]

【注释】

[1]本义：以卦体九五六二释"利女贞"之义。程传：彖以卦才而言，阳居五，在外也，阴居二，处内也，男女各得其正位也。尊卑内外之道正，合天地阴阳之大义也。

[2]本义：亦谓二五。程传：《家人》之道，必有所尊严而君长者，谓父母也。虽一家之小，无尊严则孝敬衰，无君长则法度废。有严君而后家道正，家者国之则也。

[3]本义：上父，初子，五三夫，四二妇，五兄三弟。以卦画推之，又有此象。程传：父子兄弟夫妇各得其道，则家道正矣。推一家之道，可以及天下，故家正则"天下定矣"。

【原文】

睽，火动而上，泽动而下。二女同居，其志不同行。[1]说而丽乎明，柔进而上行，得中而应乎刚，是以"小事吉"。[2]天地睽而其事同也，男女睽而其志通也，万物睽而其事类也。睽之时用大矣哉！[3]

【注释】

[1]本义:以卦象释卦名义。程传:《彖》先释《睽》义,次言卦才,终言合睽之道,而赞其时用之大。火之性动而上,泽之性动而下,二物之性违异,故为《睽》义。中少二女虽同居,其志不同行,亦为《睽》义。女之少也,同处长则各适其归,其志异也。言睽者,本同也。本不同则非《睽》也。

[2]本义:以卦德卦变卦体释卦辞。程传:卦才如此,所以"小事吉"也。兑,说也;离,丽也,又为明。故为说顺而附丽于明。凡离在上而《彖》欲见柔居尊者,则曰"柔进而上行",《晋》《鼎》是也。方睽乖之时,六五以柔居尊位,有说顺丽明之善,又得中道而应刚,虽不能合天下之睽,成天下之大事,亦可以小济,是于"小事吉"也。五以明而应刚,不能致大吉,何也?曰:五阴柔,虽应二,而睽之时,相与之道未能深固。故二必"遇主于巷",五"噬肤",则无咎也。天下睽散之时,必君臣刚阳中正,至诚协力,而后能合也。

[3]本义:极言其理而赞之。程传:推物理之同,以明《睽》之时用,乃圣人合睽之道也。见同之为同者,世俗之知也。圣人则明物理之本同,所以能同天下而和合万类也。以天地男女万物明之,天高地下,其体睽也。然阳降阴升,相合而成化育之事则同也。男女异质,睽也,而相求之志则通也。生物万殊,睽也。然而得天地之和,禀阴阳之气,则相类也。物虽异而理本同,故天下之大,群生之众,睽散万殊,而圣人为能同之。处《睽》之时,合《睽》之用。其事至大,故云:"大矣哉!"

【原文】

蹇,难也,险在前也。见险而能止,知矣哉。[1]蹇,"利西南",往得中也。"不利东北",其道穷也。"利见大人",往有功也。当位"贞吉",以正邦也。蹇之时用大矣哉![2]

【注释】

[1]本义:以卦德释卦名义而赞其美。程传:"蹇",难也。蹇之为难,如乾之为健,若易之为难,则义有未足。《蹇》有险阻之义,《屯》亦难也,《困》亦难也。同为难而义则异。《屯》者,始难而未得通,《困》者,力之穷,《蹇》乃险阻艰难之义,各不同也。"险在前也",坎险在前,下止而不得进,故为《蹇》。见险而能止,以卦才言,处《蹇》之道也。上险而下止,"见险而能止"也。犯险而进,则有悔咎,故美其能止为知也。方蹇难之时,唯能止为善。故诸爻除五与二外,皆以往为失,来为得也。

[2]本义:以卦变卦体释卦辞,而赞其时用之大也。程传:《蹇》之时,利于处平易,西南坤方为顺易,东北艮方为险阻。九上居五而得中正之位,是往而得平易之地,故为利也。五居坎险之中,而谓之平易者,盖卦本坤,由五往而成坎,故但取往而得中,不取成坎

之义也。方《蹇》而又止危险之地，则蹇益甚矣，故"不利东北，其道穷也"，谓《蹇》之极也。蹇难之时，非圣贤不能济天下之蹇，故利于见大人也。大人当位，则成济蹇之功矣，往而有功也。能济天下之蹇者，唯大正之道。夫子又取卦才而言，《蹇》之诸爻，除初外，余皆当正位，故为贞正而吉也。初六虽以阴居阳，而处下，亦阴之正也。以如此正道正其邦，可以济于蹇矣。处《蹇》之时，济蹇之道，其用至大，故云："大矣哉！"天下之难，岂易平地。非圣贤不能，其用可谓大矣。顺时而处，量险而行，从平易之道，由至正之理，乃《蹇》之时用也。

【原文】

解，险以动，动而免乎险，解。[1]解，"利西南"，往得众也。"其来复吉"，乃得中也。"有攸往夙吉"，往有功也。[2]天地解而雷雨作。雷雨作，而百果草木皆甲坼，解之时大矣哉。[3]

【注释】

[1]本义：以卦德释卦名义。程传：坎险震动，"险以动"也，不险则非难，不动则不能出难。动而出于险外，是"免乎险难"也，故为《解》。

[2]本义：以卦变释卦辞。坤为众，得众，谓九四入坤体。"得中""有功"，皆指九二。程传：解难之道，利在广大平易，以宽易而往济解，则得众心之归也。不云无所往，省文尔。救乱除难，一时之事，未能成治道也。必待难解无所往，然后来复先王之治，乃得中道，谓合宜也。有所为，则"夙吉"也，早则往而有功，缓则恶滋而害深矣。

[3]本义：极言而赞其大也。程传：既明处《解》之道，复言天地之解，以见解时之大。天地之气，开散交感而和畅，则成雷雨。雷雨作而万物皆生发甲坼，天地之功，由解而成，故赞："解之时大矣哉！"王者法天道，行宽宥，施恩惠，养育兆民，至于昆虫草木，乃顺《解》之时，与天地合德也。

【原文】

损，损下益上，其道上行。[1]损而"有孚，元吉，无咎，可贞，利有攸往，曷之用，二簋可用享"。二簋应有时，损刚益柔有时，损益盈虚，与时偕行。[2]

【注释】

[1]本义：以卦体释卦名义。程传：损之所以为损者，以损于下而益于上也。取下以益上，故云"其道上行"。夫损上而益下则为《益》，损下而益上则为《损》，《损》基本以为高者，岂可谓之《益》乎？

[2]本义:此释卦辞。"时",谓当损之时。程传:谓损而以至诚,则有此"元吉"以下四者,损道之尽善也。夫子特释"曷之用二簋可用享",卦辞简直,谓当损去浮饰。曰何所用哉,二簋可以享也。厚本损末之谓也。夫子恐后人不达,遂以为文饰当尽去,故详言之。有本必有末,有实必有文,天下万事无不然者。无本不立,无文不行。父子主恩,必有严顺之体。君臣主敬,必有承接之仪。礼让存乎内,待威仪而后行。尊卑有其序,非物采则无别,文之与实,相须而不可缺也。乃天文之胜,末之流,远本丧实,乃当损之时也。故云曷所用哉。二簋足以荐其诚矣,谓当务实而损饰也。夫子恐人之泥言也,故复明之曰,二簋之质,用之当有时,非其所用而用之,不可也。谓文饰未过而损之,与损之至于过甚,则非也。损刚益柔有时,刚为过,柔为不足,损益皆损刚益柔也。必顺时而行,不当时而损益之,则非也。或损或益,或盈或虚,唯随时而已,过者损之,不足者益之,亏者盈之,实者虚之,"与时偕行"也。(曷:何。簋:盛食物的器皿。可用享:可以用于享祀鬼神。享:祭祀鬼神。二簋应有时:是说在祭品不足的情况下,只要有诚信,二簋至薄祭品亦合礼。二簋:比喻减损之道。)

【原文】

益,损上益下,民说无疆,自上下下,其道大光。[1]"利有攸往",中正有庆。"利涉大川",木道乃行。[2]益动而巽,日进无疆。天施地生,其益无方。凡益之道,与时偕行。[3]

【注释】

[1]本义:以卦体释卦名义。程传:以卦义与卦才言也。卦之为《益》,以其"损上益下"也。损于上而益下,则民说之。"无疆",为无穷极也。自上而降己以下下,其道之大光显也。阳下居初,阴上居四,为自上下下之义。

[2]本义:以卦体卦象释卦辞。程传:五以刚阳中正居尊位,二复以中正应之,是以中正之道益天下,天下受其福庆也。《益》之为道,于平常无事之际,其益犹小。当艰危险难,则所益至大,故"利涉大川"也。于济艰险,乃《益》道大行之时也。益误作木,或以为上巽下震,故云"木道",非也。

[3]本义:动巽,二卦之德。乾下施,坤上生,亦上文卦体之义,又以此极言赞益之大。程传:又以二体言,卦才下动而上巽,"动而巽"也。为《益》之道,其动巽顺于理,则其益日进,广大无有疆限也。动而不顺于理,岂能成大益也。以天地之功,言《益》道之大,圣人体之以益天下也。天道资始,地道生物,"天施地生",化育万物,"各正性命","其益"可谓"无方"矣。方,所也,有方所,则有限量。"无方",谓广大无穷极也。天地之益万物,岂有穷际乎?天地之益无穷者,理而已矣。圣人利益天下之道,应时顺理,与天地合,"与时偕行"也。

【原文】

夬,决也,刚决柔也。健而说,决而和。[1]"扬于王庭",柔乘五刚也。"孚号有厉",其危乃光也。"告自邑,不利即戎",所尚乃穷也。"利有攸往",刚长乃终也。[2]

【注释】

[1]本义:释卦名义而赞其德。程传:"夬"为决义,五阳决上之一阴也。"健而说,决而和",以二体言卦才也。下健而上说,是健而能说,决而能和,决之至善也。兑说为和。

[2]本义:此释卦辞。"柔乘五刚",以卦体言,谓以一小人加于众君子之上,是其罪也。"刚长乃终",谓一变即为纯《乾》。程传:柔虽消矣,然居五刚之上,犹为乘陵之象。阴而乘阳,非理之甚,君子势既足以去之,当显扬其罪于王朝大庭,使众知善恶也。尽诚信以命其众,而知有危惧,则君子之道,乃无虞而光大也。当先自治,不宜专尚刚武。"即戎",则所尚乃至穷极矣。《夬》之时所尚,谓刚武也。阳刚虽盛,长犹未终,尚有一阴,更当决去,则君子之道纯一而无害之者矣,乃刚长之终也。

【原文】

姤,遇也。柔遇刚也。[1]"勿用取女",不可与长也。[2]天地相遇,品物咸章也。[3]刚遇中正,天下大行也。[4]姤之时义大矣哉![5]

【注释】

[1]本义:释卦名。程传:"姤"之义遇也。卦之为《姤》,以柔遇刚也,一阴方生,始与阳相遇也。

[2]本义:释卦辞。程传:一阴既生,渐长而盛,阴盛则阳衰矣。"取女"者欲长久而成家也,此渐盛之阴,将消胜于阳,不可与之长久也。凡女子小人夷狄,势苟渐盛,何可与久也。故戒"勿用取"如是之"女"。

[3]本义:以卦体言。程传:阴始生于下,与阳相遇,"天地相遇"也。阴阳不相交遇,则万物不生,"天地相遇",则化育庶类。"品物咸章",万物章明也。

[4]本义:指九五。程传:以卦才言也,五与二皆以阳刚居中与正,以中正相遇也。君得刚中之臣,臣遇中正之君,君臣以刚阳遇中正,其道可以大行于天下矣。

[5]本义:几微之际,圣人所谨。程传:赞《姤》之时与《姤》之义至大也。天地不相遇,则万物不生。君臣不相遇,则政治不兴。圣贤不相遇,则道德不亨。事物不相遇,则功用不成。《姤》之"时"与"义"皆甚大也。

【原文】

萃,聚也。顺以说,刚中而应,故聚也。[1]"王假有庙",致孝享也。"利见大人,亨",聚以正也。"用大牲吉、利有攸往",顺天命也。[2]观其所聚,而天地万物之情可见矣。[3]

【注释】

[1]本义:以卦德卦体释卦名义。程传:"萃"之义聚也。"顺以说",以卦才言也。上说而下顺,为上以说道使民,而顺于人心。下说上之政令,而顺从于上。既上下顺说,又阳刚处中正之位,而下有应助,如此故所聚也。欲天下之萃,才非如是不能也。

[2]本义:释卦辞。程传:王者萃人心之道,至于建立宗庙,所以致其孝享之诚也。祭祀,人心之所自尽也,故萃天下之心者,无如孝享。王者萃天下之道,至于有庙,则其极也。《萃》之时,见大人则能亨,盖聚以正道也。"见大人",则其聚以正道,得其正则亨矣。萃不以正,其能亨乎?"用大牲",承上"有庙"之文,以享祀而言,凡事莫不如是。丰聚之时,交于物者当厚,称其宜也。物聚而力赡,乃可以有为,故"利有攸往",皆天理然也。故云"顺天命也"。

[3]本义:极言其理而赞之。程传:观萃之理,可以见天地万物之情也。天地之化育,万物之生成,凡有者皆聚也。有无动静终始之理,聚散而已,故观其所以聚,则"天地万物之情可见矣"。

【原文】

柔以时升,[1]巽而顺,刚中而应,是以大亨。[2]"用见大人勿恤",有庆也。"南征吉",志行也。[3]

【注释】

[1]本义:以卦变释卦名。(《升》与《萃》卦画相倒置。《萃》时坤在下,坤升上为《升》,坤为柔,故曰"柔以时升"。)

[2]本义:以卦德卦体释卦辞。程传:以二体言,柔升,谓坤上行也。巽既体卑而就下,坤乃顺时而上,升以时也,谓时当升也。柔既上而成《升》,则下巽而上顺,以巽顺之道升,可谓时矣。二以刚中之道应于五,五以中顺之德应于二,能巽而顺,其升以时,是以"元亨"也。《彖》文误作"大亨",解在《大有》卦。

[3]程传:凡《升》之道,必由大人。升于位则由王公,升于道则由圣贤。用巽顺刚中之道以见大人,必遂其升。"勿恤",不忧其不遂。遂其升,则己之福庆,而福庆及物也。"南",人之所向。"南征",谓前进也。前进则遂其升而得行其志,是以"吉"也。

【原文】

困,刚揜也。[1]险以说,困而不失其所,"亨",其唯君子乎!"贞大人吉",以刚中也。"有言不信",尚口乃穷也。[2]

【注释】

[1]本义:以卦体释卦名。程传:卦所以为困,以刚为柔所掩蔽也。陷于下而掩于上,所以困也,陷亦掩也。刚阳君子而为阴柔小人所掩蔽,君子之道困窒之时也。

[2]本义:以卦德卦体释卦辞。程传:以卦才言处《困》之道也,下险而上说,为处险而能说。虽在困穷艰险之中乐天安义,自得其说乐也。时虽困也,处不失义,则其道自亨,困而不失其所亨也。能如是者,"其唯君子乎"!若时当困而反亨,身虽亨,乃其道之困也。君子,大人通称。困而能贞,大人所以吉。盖其以刚中之道也,五与二是也。非刚中,刚遇困而失其正矣。当困而言,人所不信,欲以口免困,乃所以致穷也。以说处困,故有"尚口"之戒。(尚口乃穷:《困》上兑为口,但兑一阴居上,故曰"穷"。穷:穷尽。《礼记·檀弓》:"充充如有穷。"郑注:"事尽理曲为穷。")

【原文】

巽乎水而上水,井。井养而不穷也。[1]"改邑不改井",乃以刚中也,"汔至亦未繘井",未有功也。"羸其瓶",是以凶也。[2]

【注释】

[1]本义:以卦象释卦名义。(《井》卦下巽上坎,巽为木、为入,坎为水,故以木(桔槔)引瓶下水吸水而上。)

[2]本义:以卦体释卦辞。"无丧无得,往来井井"两句,意与"不改井"同,故不复出。"刚中",以二五而言。"未有功"而败其瓶,所以"凶"也。程传:巽入于水下而上其水者,《井》也。井之养于物,不有穷已,取之而不竭,德有常也。邑可改,井不可迁,亦其德之常也。二五之爻,刚中之德。其常乃如是,卦之才与义合也。虽使几至,既未为用,亦与"未繘井"同。井以济用为功,水出乃为用,未出则何功也。瓶所以上水而致用也,羸败其瓶,则不为用矣,是以"凶"也。(井:指水井,又为古时社会组织单位,八家为一井。改邑不改井:村邑变迁,井不会变动。刚中:《井》二五以阳居中。汔到亦未繘井:井干涸了,也不挖井。汔:水干涸。繘乃"矞"字之借,训为穿。未有功:指不修治井,不会发挥其功用。羸其瓶:毁坏了瓶。羸:毁缺;瓶:古代汲水器具。)

【原文】

革,水火相息,二女同居,其志不相得曰革。[1]"己日乃孚",革而信之。文明以说,大"亨"以正。革而当,其"悔"乃"亡"。[2]天地革而四时成,汤武革命,顺乎天而应乎人。革之时大矣哉![3]

【注释】

[1]本义:以卦象释卦名义,大略与《睽》相似。然以相违而为《睽》,相息而为《革》也。"息",灭息也,又为生息之义,灭息而后生息也。程传:泽火相灭息,又二女志不相得,故为《革》。"息"为止息,又为生息,物止而后有生,故为生义。《革》之"相息",谓止息也。

[2]本义:以卦德释卦辞。程传:事之变革,人心岂能便信,必终日而后孚。在上者于改为之际,当详告申令。至于"己日",使人信之,人心不信,虽强之行,不能成也。先王政令,人心始以为疑者有矣。然其久也必信,终不孚而成善治者,未之有也。"文明以说",以卦才言《革》之道也。离为文明,兑为说,文明则理无不尽,事无不察。说则人心和顺,革而能照察事理。和顺人心,可致大亨而得贞正。如是变革得其至当,故"悔""亡"也。天下之事,《革》之不得其道,则反致弊害,故《革》有悔之道。唯《革》之至当,则新旧之"悔"皆"亡"也。

[3]本义:极言而赞其大。程传:推《革》之道,极乎天地变易,时运终始也。天地阴阳推迁变易而成四时,万物于是生长成终,各得其宜,《革》而后四时成也。时运既终,必有革而新之者。王者之兴,受命于天,故易世谓之"革命"。汤武之王,上顺天命,下应人心,"顺乎天而应乎人"也。天道变改,世故迁易,《革》之至大也。故赞之曰"革之时大矣哉"!

【原文】

鼎,象也。以木巽火,亨饪也。圣人亨以享上帝,而大亨以养圣贤。[1]巽而耳目聪明,柔进而上行,得中而应乎刚,是以"元亨"。[2]

【注释】

[1]本义:以卦体二象释卦名义,因极其大而言之。享帝贵诚,用犊而已。养贤则饔飧牢礼,当极其盛,故曰"大亨"。程传:卦之为《鼎》,取鼎之象也。鼎之为器,法卦之象也。有象而后有器,卦复用器而为义也。"鼎",大器也,重宝也。故其制作形模,法象尤严。鼎之名正也,古人训方,方实正也。以形言,则耳对植于上,足分峙于下。周圆内外,高卑厚薄,莫不有法而至正。至正然后成安重之象,故鼎者法象之器,卦之为《鼎》,以其

象也。"以木巽火",以二体言鼎之用也。"以木巽火",以木从火,所以"亨饪"也。鼎之为器,生人所赖至切者也。极其用之大,则"圣人亨以享上帝","大亨以养圣贤"。"圣人",古之圣王,"大"言其广。(大亨:王夫之曰:"郊用特牛,享宾之礼,牛羊豕具焉,故曰大。")

[2]本义:以卦象卦变卦体释卦辞。程传:上既言鼎之用矣,复以卦才言。人能如卦之才,可以致"元亨"也。下体巽,为巽顺于理,离明而中虚于上,为"耳目聪明"之象。凡离在上者,皆云"柔进而上行"。柔在下之物,乃居尊位,"进而上行"也。以明居尊而得中道,"应乎刚",能用刚阳之道也。五居中,而又以柔而应刚,为得中道,其才如是,所以能"元亨"也。

【原文】

震,"亨,[1]震来虩虩",恐致福也。"笑言哑哑",后有则也。[2]"震惊百里",惊远而惧迩也。("不丧匕鬯",)出可以守宗庙社稷,以为祭主也。[3]

【注释】

[1]本义:震有亨道,不待言也。

[2]本义:"恐致福",恐惧以致福也,"则",法也。程传:《震》自有亨之义,非由卦才。"震来"而能恐惧,自修自慎,则可反致福吉也。"笑言哑哑",言自若也。由能恐惧,而后自处有法则也。"有则",则安而不惧矣,处《震》之道也。

[3]本义:程子以为"迩也"下脱"不丧匕鬯"四字,今从之。"出",谓继世而主祭也。或云:"出"即"鬯"字之误。程传:雷之震及于百里,远者惊,迩者惧,言其威远大也。《彖》文脱"不丧匕鬯"一句,卦辞云"不丧匕鬯",本谓诚敬之至,威惧不能使之自失。《彖》以长子宜如是,因承上文用长子之义通解之,谓其诚敬能"不丧匕鬯",则君出而可以守宗庙社稷为祭主也。长子如是,而后可以守世祀承国家也。(匕鬯:指盛在棘匙中的香酒。"匕鬯"帛书《易》作"鬯笏"。匕:匙,以棘木为柄,祭祀时主祭人用它从鼎中将烹好的牛羊肉盛入俎中,以供大典之用。鬯:一种用黑黍酒和郁金草合成的香酒,专供宗庙祭祀之用。)

【原文】

艮,止也。时止则止,时行则行,动静不失其时,其道光明。[1]艮其止,止其所也。上下敌应,不相与也。是以"不获其身,行其庭,不见其人,无咎"也。[2]

【注释】

[1]本义:此释卦名,《艮》之义则止也。然行止各有其时,故"时止而止",止也。"时行

而行",亦止也。艮体笃实,故又有光明之义,《大畜》于艮亦以"辉光"言之。程传:艮为止,止之道唯其时,行止动静不以时,则妄也。不失其时,则顺理而合义。在物为理,处物为义,动静合理义,不失其时也,乃"其道"之"光明"也。君子所贵乎时,仲尼行止久速是也。艮体笃实,有光明之义。

[2]本义:此释卦辞,《易》背为止,以明背即止也。背者,止之所。以卦体言,内外之卦,阴阳敌应而"不相与也"。不相与则内不见己,外不见人,而"无咎"矣。晁氏云:"艮其止",当依卦辞作"背"。程传:"艮其止",谓止之而止也。止之而能止者,由止得其所也。止而不得其所,则无可止之理。夫子曰:于止知其所止,谓当止之所也。夫有物必有则,父止于慈,子止于孝,君止于仁,臣止于敬。万物庶事,莫不各有其所,得其所则安,失其所则悖。圣人所以能使天下顺治,非能为物作则也。唯止之各于其所而已。"上下敌应",以卦才言也。上下二体以敌相应,无相与之义。阴阳相应,则情通而相与,乃以其敌故不相与也。不相与则相背,为"艮其背",止之义也。相背故"不获其身""不见其人",是以能止,能止则"无咎"也。(上下敌应:《艮》初四、二五、三上皆不相应。不相应即"敌应"。不相与:不相亲与。《艮》两艮各止其所,故不相与。与:犹亲。)

【原文】

渐之进也,"女归吉"也。[1]进得位,往有功也。进以正,可以正邦也。[2]其位刚得中也。[3]止而巽,动不穷也。[4]

【注释】

[1]本义:"之"字疑衍,或是"渐"字。程传:如渐之义而进,乃女归之吉也。谓正而有渐也,女归为大耳,它进亦然。

[2]本义:以卦变释"利贞"之意,盖此卦之变,自《涣》而来。九进居三,自《旅》而来,九进居五,皆为得位之正。程传:渐进之时,而阴阳各得正位,进而有功也。四复由上进而得正位,三离下而为上,遂得正位,亦为进得位之义。以正道而进,可以正邦国至于天下也。凡进于事,进于德,进于位,莫不皆当以正也。

[3]本义:以卦体言,谓九五。程传:上云"进得位往有功也",统言阴阳得位,是以进而有功。复云"其位刚得中也",所谓"位"者,五以刚阳中正得尊位也。诸爻之得正,亦可谓之得位矣。然未若五之得尊位,故特言之。

[4]本义:以卦德言,渐进之义。程传:内艮止,外巽顺,"止"为安静之象,"巽"为和顺之义。人之进也,若以欲心之动,则躁而不得其渐,故有困穷。在《渐》之义,内止静而外巽顺,故其进动不有困穷也。

【原文】

归妹,天地之大义也。天地不交,而万物不兴。归妹,人之终始也。[1]说以动,所以归妹也。[2]"征凶",位不当也。"无攸利",柔乘刚也。[3]

【注释】

[1]本义:释卦名义也。"归"者,女之终。生育者,人之始。程传:"一阴一阳之谓道",阴阳交感,男女配合,天地之常理也。《归妹》,女归于男也,故云"天地之大义也"。男在女上,阴从阳动,故为女归之象,天地不交,则万物何从而生?女之归男,乃生生相续之道。男女交而后有生息,有生息而后其终不穷。前者有终,而后者有始。相续不穷,是"人之终始也"。

[2]本义:又以卦德言之。

[3]本义:又以卦体释卦辞。男女之交,本皆正理。唯若此卦,则不得其正也。程传:以二体释《归妹》之义。男女相感说而动者,少女之事,故以"说而动",所归者妹也。所以征则凶者,以诸爻皆不当位也。所处皆不正,何动而不凶。大率以"说而动",安有不失正者,不唯位不当也。又有乘刚之过,三五皆乘刚,男女有尊卑之序,夫妇有唱随之礼,此常理也,如《恒》是也。苟不由常正之道,徇情肆欲,唯说是动,则夫妇渎乱,男牵欲而失其刚,妇狃说而忘其顺,如《归妹》之乘刚是也。所以凶,无所往而利也。夫阴阳之配合,男女之交媾,理之常也。然从欲而流放,不由义理,则淫邪无所不至,伤身败德,岂人理哉,《归妹》之所以"凶"也。

【原文】

丰,大也。明以动,故丰。[1]"王假之",尚大也。"勿忧,宜日中",宜照天下也。[2]日中则昃,月盈则食,天地盈虚,与时消息,而况于人乎,况于鬼神乎?[3]

【注释】

[1]本义:以卦德释卦名义。程传:"丰"者,盛大之义。离明而震动,明动相资而成丰大也。

[2]本义:释卦辞。程传:王者有四海之广,兆民之众,极天下之大也。故《丰》大之道,唯王者能致之。所有既大,其保之治之之道亦当大也,故王者之所尚至大也。所有既广,所治既众,当忧虑其不能周及。宜如日中之盛明,普照天下,无所不至,则可勿虑矣。如是,然后能保其丰大。保有丰大,岂小才小知之所能也。

[3]本义:此又发明卦辞外意,言不可过中也。程传:既言丰盛之至,复言其难常以为

诚也。日中盛极,则当昃昳。月既盈满,则有亏缺。天地之盈虚,尚与时消息,况人与鬼神乎!"盈虚",谓盛衰。"消息",谓进退。天地之运,亦随时进退也。"鬼神",谓造化之迹。于万物盛衰可见其消息也,于丰盛之时而为此诫,欲其守中不至过盛。处《丰》之道,岂易也哉!

【原文】

旅,"小亨",柔得中乎外而顺乎刚,止而丽乎明,是以"小亨,旅贞吉"也。[1]旅之时义大矣哉![2]

【注释】

[1]本义:以体卦卦德释卦辞。程传:六上居五,"柔得中乎外"也。丽乎上下之刚,"顺乎刚"也。下艮止,上离丽,"止而丽于明"也。柔顺而得在外之中,所止能丽于明,是以"小亨"。得《旅》之贞正而吉也。《旅》困之时,非阳刚中正有助于下,不能致大亨也。所谓得在外之中,中非一揆,《旅》有旅之中也。止丽于明,则不失时宜,然后得处《旅》之道。

[2]本义:《旅》之时为难处。程传:天下之事,当随时各适其宜。而《旅》为难处,故称其时义之大。

【原文】

重巽以申命。[1]刚巽乎中正而志行。柔皆顺乎刚,是以"小亨,利用攸往,利见大人"。[2]

【注释】

[1]本义:释卦义也,巽顺而入,必究乎下。命令之象,"重巽"故为"申命"也。程传:"重巽"者,上下皆巽也,上顺道以出命,下奉命而顺从,上下皆顺,"重巽"之象也。又重为重复之义,君子体重巽之义,以申复其命令。"申",重复也,丁宁之谓也。

[2]本义:以卦体释卦辞。"刚巽乎中正而志行",指九五。"柔",谓初四。程传:以卦才言也。阳刚居巽而得中正,巽顺于中正之道也。阳性上,其志在以中正之道上行也。又上下之柔,皆巽顺于刚。其才如是,虽内柔可以"小亨"也。巽顺之道,无往不能入,故"利有攸往"。巽顺虽善道,必知所从。能巽顺于阳刚中正之大人则为利,故"利见大人"也。如五二之阳刚中正,大人也。巽顺不于大人,未必不为过也。

【原文】

兑,说也。[1]刚中而柔外,说以"利贞",是以顺乎天而应乎人。说以先民,民忘其劳。说以犯难,民忘其死。说之大,民劝矣哉![2]

【注释】

[1]本义:释卦名义。

[2]本义:以卦体释卦辞而极言之。程传:兑之义说也。一阴居二阳之上,阴说于阳而为阳所说也。阳刚居中,中心诚实之象。柔爻在外,接物和柔之象。故为说而能贞也。"利贞",说之道宜正也。卦有刚中之德,能贞者也。说而能贞,是以上顺天理,下应人心,说道之至正至善者也。若夫违道以干百姓之誉者,苟说之道,违道不顺天,干誉非应人,苟取一时之说耳,非君子之正道。君子之道,其说于民,如天地之施,感于其心而说服无斁,故以之先民,则民心说随而忘其劳。率之以犯难,则民心说服于义而不恤其死。说道之大,民莫不知劝。劝,谓信之而勉力顺从。人君之道,以人心说服为本,故圣人赞其大。

【原文】

涣,"亨",刚来而不穷,柔得位乎外而上同。[1]"王假有庙",王乃在中也。[2]"利涉大川",乘木有功也。[3]

【注释】

[1]本义:以卦变释卦辞。程传:《涣》之能"亨"者,以卦才如是也。《涣》之成《涣》,由九来居二,六上居四也。刚阳之来,则不穷极于下,而处得其中。柔之往,则得正位于外,而上同于五之中。巽顺于五,乃上同也。四五君臣之位,当《涣》而比,其义相通。同五,乃从中也,当《涣》之时而守其中,则不至于离散,故能"亨"也。

[2]本义:"中",谓庙中。程传:"王假有庙"之义,在《萃》卦详矣,天下离散之时,王者收合人心,至于"有庙",乃是在其中也。在中,谓求得其中,摄其心之谓也。中者,心之象。"刚来而不穷","柔得位而上同",卦才之义,皆主于中也。王者拯涣之道,在得其中而已。孟子曰:得其民有道,得其心斯得民矣。亨帝立庙,民心所归从也。归人心之道无大于此,故云。至于"有庙",拯涣之道极于此也。

[3]程传:治《涣》之道,当济于险难。而卦有乘木济川之象。上巽木也,下坎水,大川也,利涉险以济涣也。木在水上,乘木之象。乘木所以涉川也,涉则有济涣之功,卦有是义有是象也。

【原文】

节,"亨",刚柔分而刚得中。[1]"苦节不可贞",其道穷也。[2]说以行险,当位以节,中正以通。[3]天地节,而四时成。节以制度,不伤财,不害民。[4]

【注释】

[1]本义:以卦体释卦辞。程传:《节》之道自有亨义,事有节则能亨也。又卦之才刚柔分处,"刚得中"而不过,亦所以为节,所以能"亨"也。

[2]本义:又以理言。程传:《节》至于极而苦,则不可坚固常守,其道已穷极也。

[3]本义:又以卦德卦体言之,"当位""中正",指五。又坎为通。程传:以卦才言也,内兑外坎,"说以行险"也。人于所说则不知已,遇艰险则思止,方说而止,为《节》之义。"当位以节",五居尊,当位也。在泽上,有节也。当位而以节,主节者也。处得中正,节而能通也。中正则通,过则苦矣。

[4]本义:极言《节》道。程传:推言《节》之道,天地有节,故能成四时,无节则失序也。圣人立制度以为节,故能不伤财害民。人欲之无穷也,苟非节以制度,则侈肆至于伤财害民矣。

【原文】

中孚,柔在内而刚得中,说而巽,孚乃化邦也。[1]"豚鱼吉",信及豚鱼也。"利涉大川",乘木舟虚也。[2]中孚以"利贞",乃应乎天也。[3]

【注释】

[1]本义:以卦体卦德释卦名义。程传:二柔在内,中虚为诚之象。二刚得上下体之中,中实为孚之象。卦所以为《中孚》也。"说而巽",以二体言卦之用也。上巽下说,为上至诚以顺巽于下,下有孚以说从其上。如是,其孚乃能化于邦国也。若人不说从,或违拂事理,岂能化天下乎?(孚:本指卵孚,后引申为信。清人朱骏声曰:"孚,卵孚也。从爪从子。鸟裒恒以爪反复其卵。鸟之孚卵,皆如期而不失。故转训为信。")

[2]本义:以卦象言。程传:信能及于"豚鱼",信道至矣,所以"吉"也。以"中孚"涉险难,其利如乘木济用而以虚舟也。舟虚则无沉覆之患,卦虚中,为虚舟之象。

[3]本义:信而正,则"应乎天"矣。程传:中孚而贞,则"应乎天"矣。天之道孚贞而已。

【原文】

小过,小者过而亨也。[1]过以"利贞",与时行也,[2]柔得中,是以"小事吉"也。[3]刚失位而不中,是以"不可大事"也。[4]有"飞鸟"之象焉,"飞鸟遗之音,不宜上,宜下,大吉",上逆而下顺也。[5]

【注释】

[1]本义:以卦体释卦名义与其辞。程传:阳大阴小,阴得位,刚失位而不中,是"小者过"也,故为小事过。过之小小者与小事有时而当过,过之亦小,故为《小过》。事固有待过而后能亨者,过之所以能亨也。

[2]程传:过而利于贞,谓"与时行也"。时当过而过,乃非过也,时之宜也,乃所谓正也。

[3]本义:以二五言。

[4]本义:以三四言。程传:《小过》之道,于小事有过则吉者,而《彖》以卦才言吉义。"柔得中",二五居中也。阴柔得位,能致"小事吉"耳,不能济大事也。"刚失位而不中",是以不可大事,大事非刚阳之才不能济。三不中,四失位,是以"不可大事"。《小过》之时,自"不可大事",而卦才又不堪大事,与时合也。

[5]本义:以卦体言。程传:"有飞鸟之象焉",此一句不类《彖》体。盖解者之辞误入《彖》中。中刚外柔,飞鸟之象。卦有此象,故就"飞鸟"为义。事有时而当过,所以从宜,然岂可甚过也。如"过恭""过哀""过俭",《大过》则不可,所以在《小过》也。所过当如飞鸟之遗音,鸟飞迅疾,声出而身已过,然岂能相远也,事之当过者亦如是。身不能甚远于声,事不可远过其常,在得宜耳。"不宜上宜下",更就鸟音取宜顺之义。过之道,当如飞鸟之遗音,夫声逆而上则难,顺而下则易,故在高则大。山上有雷,所以为过也。过之道,顺行则吉,如飞鸟之遗音宜顺也。所以过者,为顺乎宜也。能顺乎宜,所以大吉。

【原文】

既济,"亨",小者亨也。[1]"利贞",刚柔正而位当也。[2]"初吉",柔得中也。[3]"终"止则"乱",其道穷也。[4]

【注释】

[1]本义:济下疑脱小字。

[2]本义:以卦体言。程传:《既济》之时,大者固已亨矣,唯有小者未亨也。时《既济》矣,固宜贞固以守之,卦才刚柔正当其位,当位者其常也。乃正固之义,利于如是之贞也。

阴阳各得正位,所以为《既济》也。

[3]本义:指六二。程传:二以柔顺文明而得中,故能成既济之功。二居下体,方济之初也,而又善处,是以吉也。

[4]程传:天下之事,不进则退,无一定之理,济之终不进而止矣,无常止也。衰乱至矣,盖其道已穷极也。九五之才非不善也,时极道穷,理当必变也,圣人至此奈何? 曰:唯圣人为能通其变于未穷,不使至于极也,尧舜是也,故有终而无乱。

【原文】

未济,"亨",柔得中也。[1]"小狐汔济",未出中也。"濡其尾,无攸利",不续终也。虽不当位,刚柔应也。[2]

【注释】

[1]本义:指六五言。程传:以卦才言也。所以能"亨"者,以"柔得中"也。五以柔居尊位,居刚而应刚,得柔之中也。刚柔得中,处《未济》之时可以"亨"也。

[2]程传:据二而言也。二以刚阳居险中,将济者也。又上应于五,险非可安之地。五有当从之理,故果于济如"小狐"也。既果于济,故有"濡尾"之患,未能出于险中也。其进锐者其退速,始虽勇于济,不能继续而终之,无所往而利也。虽阴阳不当位,然刚柔皆相应。当《未济》而有与,若能重慎,则有可济之理。二以"汔济",故"濡尾"也。卦之诸爻皆不得位,故为《未济》。《杂卦》云:"《未济》,男之穷也。"谓三阳皆失位也。斯义也,闻之成都隐者。

第三章 《象传》①

《系辞下转》曰"象也者,像也。"《周易本义》:"象者,卦之上下两象,及两象之六爻,周公所系之辞也。"《象传》分《大象传》《小象传》。《大象传》解释卦辞,主要从卦象来阐释道德哲学。《小象传》解释爻辞,说明爻象或爻辞的意义。《象传》和《象传》二者的共同点:通过阐释卦象、爻象所蕴含的道理,告知人们如何正确决定自己的行动。

一、《象上传》

本义:象者,卦之上下两象。及两象之六爻,周公所系之辞也。

【原文】

天行健,君子以自强不息。[1]"潜龙勿用",阳在下也。[2]"见龙在田",德施普也。[3]"终日乾乾",反复道也。[4]"或跃在渊",进"无咎"也。[5]"飞龙在天","大人"造也。[6]"亢龙有悔",盈不可久也。[7]"用九",天德不可为"首"也。[8]

【注释】

[1]本义:"天",乾卦之象也。凡重卦皆取重义,此独不然者,天一而已。但言"天行",则见其一日一周,而明日又一周,若重复之象,非至健不能也。君子法之,不以人欲害其天德之刚,则"自强"而"不息"矣。程传:卦下象,解一卦之象。爻下象,解一爻之象。诸卦皆取象以为法,乾道覆育之象至大,非圣人莫能体,欲人皆可取法也。故取其行健而已,至健固足以见天道也。"君子以自强不息",法"天行"之"健"也。

[2]本义:"阳",谓九。"下",谓潜。程传:阳气在下,君子处微,未可用也。

[3]程传:见于地上,德化及物,其施已普也。

[4]本义:"反复",重复践行之意。程传:进退动息,必以道也。

[5]本义:可以进而不必进也。程传:量可而进,适其时则无咎也。

[6]本义:"造",犹作也。程传:大人之为,圣人之事也。

[7]程传:盈则变,"有悔"也。

---

① 本章《象传》原文依据文本:刘大钧、林忠军译注,《〈周易〉经传白话解》,上海古籍出版社,2006年。本章"本义""程传"所述皆转引自(清)李光地纂,刘大钧整理:《周易折中》,巴蜀书社,2010年。

[8]本义:言阳刚不可为物先,故六阳皆变而吉。"天行"以下,先儒谓之《大象》。"潜龙"以下,先儒谓之《小象》。后放此。程传:"用九",天德也。天德阳刚,复用刚而好先,则过矣。

【原文】

地势坤,君子以厚德载物。[1]"履霜坚冰",阴始凝也。驯致其道,至"坚冰"也。[2]"六二"之动,"直"以"方"也。"不习无不利",地道光也。[3]"含章可贞",以时发也。"或从王事",知光大也。[4]"括囊无咎",慎不害也。[5]"黄裳元吉",文在中也。[6]"龙战于野",其道穷也。[7]用六"永贞",以大终也。[8]

【注释】

[1]本义:地,坤之象,亦一而已。故不言重,而言其势之顺,则见其高下相因之无穷,至顺极厚,而无所不载也。程传:坤道之大犹乾也,非圣人孰能体之,地厚而其势顺倾,故取其顺厚之象。而云"地势坤"也,君子观坤厚之象,以深厚之德,容载庶物。

[2]本义:按《魏志》作"初六履霜",今当从之。"驯",顺习也。程传:"阴始凝"而为霜,渐盛则至于"坚冰"。小人虽微,长则渐至于盛,故戒于初。"驯",谓习。习而至于盛。习,因循也。

[3]程传:承天而动,"直以方"耳,"直方"则大矣。"直方"之义,其大无穷。地道光显,其功顺成,岂习而后利哉。

[4]程传:夫子惧人之守文而不达义也,又从而明之,言为臣处下之道,不当有其功善,必含晦其美,乃正而可常。然义所当为者,则以时而发,不有其功耳,不失其宜,乃以时。非含藏终不为也,含而不为,不尽忠者也。"或从王事",《象》只举上句,解义则并及下文,它卦皆然。"或从王事"而能"无成有终"者,是其知之光大也。唯其知之光大,故能含晦。浅暗之人,有善惟恐人之不知,岂能"含章"也。

[5]程传:能慎如此,则无害也。

[6]本义:文在中而见于外也。程传:黄中之文,在中不过也。内积至美而居下,故为"元吉"。

[7]程传:阴盛至于穷极,则必争而伤也。

[8]本义:初阴后阳,故曰"大终"。程传:阴既贞固不足,则不能永终,故"用六"之道,利在盛大于终。能大于终,乃"永贞"也。

【原文】

云雷,屯;君子以经纶。[1]虽"磐桓",志行正也。以贵下贱,大得民也。[2]"六二"之难,乘刚也。"十年乃字",反常也。[3]"即鹿无虞",以从禽也。"君子""舍"之,"往吝"穷也。[4]"求"而"往",明也。[5]"屯其膏",施未光也。[6]"泣血涟如",何可长也。[7]

【注释】

[1]本义:坎不言水而言云者,未通之意。"经纶",治丝之事,经引之,纶理之也。《屯》难之世,君子有为之时也。程传:坎不云"雨"而云"云"者,云为雨而未成者也。未能成雨,所以为《屯》。君子观《屯》之象,经纶天下之事,以济于屯难。经、纬、纶、缉,谓营为也。

[2]程传:贤人在下,时苟未利,"虽磐桓"未能遂往济时之《屯》。然有济屯之志,与济屯之用,志在行其正也。九当屯难之时,以阳而来居阴下,为"以贵下贱"之象。方《屯》之时,阴柔不能自存,有一刚阳之才,众所归从也。更能自处卑下,所以"大得民也",或疑方《屯》于下,何有贵乎？夫以刚明之才,而下于阴柔,以能济屯之才,而下于不能,乃"以贵下贱"也,况阳之于阴,自为贵乎！

[3]程传:六二居《屯》之时,而又"乘刚",为刚阳所逼,是其患难也。至于十年,则难久必通矣。乃得反其常,与正应合也。十,数之终也。

[4]程传:事不可而妄动,以从欲也。"无虞"而"即鹿",以贪禽也。当《屯》之时,不可动而动,犹"无虞"而"即鹿",以有从禽之心也。君子则见几而舍之不从,若往则可吝而困穷也。(追鹿没有虞人(作向导)。即:追逐。虞:虞人。从禽:释"即鹿",指追逐鹿。)

[5]程传:知己不足,求贤自辅而后往,可谓明矣。居得致之地,已不能而遂已,至暗者也。

[6]程传:膏泽不下及,是以德施未能光大也。人君之屯也。

[7]程传:《屯》难穷极,莫知所为,故至泣血。颠沛如此,其能长久乎？夫卦者事也,爻者事之时也。分三而又两之,足以包括众理:"引而伸之,触类而长之,天下之能事毕矣"。

【原文】

山下出泉,蒙。君子以果行育德。[1]"利用刑人",以正法也。[2]"子克家",刚柔接也。[3]"勿用取女",行不顺也。[4]"困蒙"之"吝",独远实也。[5]"童蒙"之"吉",顺以巽也。[6]利用"御寇",上下顺也。[7]

【注释】

[1]本义:"泉",水之始出者,必行而有渐也。程传:"山下出泉",出而遇险,未有所之,《蒙》之象也。若人蒙穉,未知所适也。君子观《蒙》之象,"以果行育德",观其出而未能通行,则以果决其所行,观其始出而未有所向,则以养育其明德也。

[2]本义:"发蒙"之初,法不可不正,惩戒所以正法也。程传:治蒙之始,立其防限,明其罪罚,正其法也。使之由之,渐至于化也。或疑"发蒙"之初,遽用刑人,无乃不教而诛乎!不知立法制刑,乃所以教也。盖后之论刑者,不复知教化在其中矣。

[3]本义:指二五之应。程传:子而克治其家者,父之信任专也。二能主蒙之功者,五之信任专也。二与五刚柔之情相接,故得行其刚中之道,成"发蒙"之功。苟非上下之情相接,则二虽刚中,安能尸其事乎!

[4]本义:"顺",当作慎,盖"顺""慎"古字通用,荀子"顺墨"作"慎墨",且行不慎,于经意尤亲切。程传:女之如此,其行邪僻不顺,不可取也。

[5]本义:实,叶韵去声。程传:《蒙》之时,阳刚为"发蒙"者,四阴柔而最远于刚,乃愚蒙之人,而不比近贤者,无由得明矣。故困于蒙可羞者,以其独远于贤明之人也。不能亲贤以致困,可吝之甚也。"实",谓阳刚也。

[6]程传:舍己从人,顺从也。降志下求,卑巽也。能如是,优于天下矣。

[7]本义:"御寇"以刚,上下皆得其道。程传:"利用御寇",上下皆得其顺也。上不为过暴,下得击去其蒙,"御寇"之义也。

【原文】

云上于天,需。君子以饮食宴乐。[1]"需于郊",不犯难行也。"利用恒无咎",未失常也。[2]"需于沙",衍在中也。虽"小有言",以"吉""终"也。[3]"需于泥",灾在外也。自我"致寇",敬慎不败也。[4]"需于血",顺以听也。[5]"酒食贞吉",以中正也。[6]"不速之客来,敬之终吉"。虽不当位,未大失也。[7]

【注释】

[1]本义:"云上于天",无所复为,待其阴阳之和而自雨尔。事之当需者,亦不容更有所为。但饮食宴乐,俟其自至而已。一有所为,则非需也。程传:云气蒸而上升于天,必待阴阳和洽,然后成雨。云方上于天,未成雨也,故为须待之义。阴阳之气,交感而未成雨泽。犹君子畜其才德,而未施于用也。君子观"云上于天,需"而为雨之象,怀其道德,安以待时,饮食以养其气体,宴乐以和其心志,所谓居易以俟命也。

[2]程传:处旷远者,不犯冒险难而行也。阳之为物,刚健上进者也。初能需待于旷

远之地，不犯险难而进，复宜安处不失其常，则可以"无咎"矣。虽不进而志动者，不能安其常也。君子之需时也，安静自守，志虽有须，而恬然若将终身焉，乃能用常也。

[3]本义："衍"，宽意。以宽居中，不急进也。程传："衍"，宽绰也。二虽近险，而以宽裕居中，故"虽小有言"语及之，"终"得其"吉"，善处者也。

[4]本义："外"，谓外卦。"敬慎不败"，发明占外之占，圣人示人之意切矣。程传：三切逼上体之险难，故云"灾在外也"。"灾"，患难之通称，对"眚"而言则分也。三之"致寇"，由己进而迫之，故云"自我"。寇自己致，若能敬慎，量宜而进，则无丧败也。《需》之时，须而后进也。其义在相时而动，非戒其不得进也，直使敬慎毋失其宜耳。

[5]程传：四以阴柔居于险难之中，不能固处，故退出自穴。盖阴柔不能与时竞，不能处则退。是顺从以听于时，所以不至于凶也。

[6]程传：需于酒食而贞且吉者，以五得中正而尽其道也。

[7]本义：以阴居上，是为当位，言"不当位"未详。程传：不当位，谓以阴而在上也，爻以六居阴为所安，《象》复尽其义，明阴宜在下，而居上为"不当位"也。然能敬慎以自处，则阳不能陵，终得其吉，"虽不当位"，而未至于大失也。

【原文】

天与水违行，讼。君子以作事谋始。[1]"不永所事"，讼不可长也。虽"小有言"，其辩明也。[2]"不克讼归逋"，窜也。自下讼上，患至掇也。[3]"食旧德"，从上"吉"也。[4]"复即命渝"，"安贞"不失也。[5]"讼元吉"，以中正也。[6]以讼受服，亦不足敬也。[7]

【注释】

[1]本义：天上水下，其行相违，作事谋始，讼端绝矣。程传：天上水下，相违而行，二体违戾，讼之由也。若上下相顺，讼何由兴，君子观象，知人情有争讼之道，故凡所作事，必谋其始，绝讼端于事之始，则讼无由生矣，谋始之义广矣，若慎交结明契券之类是也。

[2]程传：六以柔弱而讼于下，其义固不可长永也，永其讼，则不胜而祸难及矣。又于"讼"之初，即戒讼非可长之事也。柔弱居下，才不能讼，虽"不永所事"，既讼矣，必有小灾，故"小有言也"。既不永其事，又上有刚阳之正应，辩理之明，故终得其吉也，不然，其能免乎。在讼之义，同位而相应相与者也，故初于四为获其辩明，同位而不相得相讼者也，故二与五为对敌也。

[3]本义：掇，自取也。程传：义既不敌，故不能讼，归而逋窜，避去其所也，自下而讼其上，义乖势屈，祸患之至，犹拾掇而取之，言易得也。

[4]本义：从上吉，谓随人则吉，明自主事则无成功也。程传：守其素分，虽从上之所

为非由己也,故无成而终得其吉也。

[5]程传:能如是则为无失矣,所以吉也。

[6]本义:中则听不偏,正则断合理。程传:中正之道,何施而不"元吉"。

[7]程传:穷极讼事,设使受服命之宠,亦且不足敬而可贱恶,况又祸患随至乎。

【原文】

地中有水,师。君子以容民畜众。[1]"师出以律",失律"凶"也。[2]"在师中吉",承天宠也。"王三锡命",怀万邦也。[3]"师或舆尸",大无功也。[4]"左次无咎",未失常也。[5]"长子帅师",以中行也。"弟子舆尸",使不当也。[6]"大君有命",以正功也。"小人勿用",必乱邦也。[7]

【注释】

[1]本义:水不外于地,兵不外于民,故能养民则可以得众矣。程传:地中有水,水聚于地中,为众聚之象,故为师也。君子观地中有水之象,以容保其民,畜聚其众也。

[2]程传:师出当以律,失律则凶矣,虽幸而胜,亦凶道也。

[3]程传:在师中吉者,以其承天之宠任也。天,谓王也。人臣非君宠任之,则安得专征之权,而有成功之吉,象以二专主其事,故发此义,与前所云世儒之见异矣。王三锡以恩命,褒其成功,所以"怀万邦"也。

[4]程传:倚付二三,安能成功,岂唯无功,所以致凶也。

[5]本义:知难而退,师之常也。程传:行师之道,因时施宜,乃其常也,故左次未为失也。如四退次,乃得其宜,是以无咎。

[6]程传:长子,谓二。以中正之德合于上,而受任以行,若复使其余者众尸其事,是任使之不当也,其凶宜矣。

[7]本义:圣人之戒深矣。程传:大君持恩赏之柄,以正军旅之功,师之终也,虽赏其功,小人则不可以有功而任用之,用之必乱邦,小人恃功而乱邦者,古有之矣。

【原文】

地上有水,比。先王以建万国,亲诸侯。[1]比之初六,"有它吉"也。[2]"比之自内",不自失也。[3]"比之匪人",不亦伤乎。[4]"外比"于贤,以从上也。[5]"显比"之"吉",位正中也。舍逆取顺,"失前禽"也。"邑人不诫",上使中也。[6]"比之无首",无所终也。[7]

【注释】

[1]本义：地上有水，本比于地，不容有间，建国亲侯，亦先王所以比于天下而无间者也，《象》意人来比我，此取我往比人。程传：夫物相亲比而无间者，莫如水在地上，所以为比也，先王观《比》之象，"以建万国，亲诸侯"，建立万国，所以比民也，亲抚诸侯，所以比天下也。

[2]程传：言《比》之初六者，《比》之道在乎始也，始能有孚，则终致有它之吉，其始不诚，终焉得吉，上六之凶，由无首也。

[3]本义：得正则不自失矣。程传：守己中正之道，以待上之求，乃不自失也，易之为戒严密，二虽中正，质柔体顺，故有贞吉自失之戒，戒之自守，以待上之求，无乃涉后凶乎。曰：士之修己，乃求上之道，降志辱身，非自重之道也，故伊尹武侯，救天下之心非不切，必待礼至然后出也。

[4]程传：人之相比，求安吉也，乃比于匪人，必将反得悔吝，其亦可伤矣，深戒失所比也。

[5]程传："外比"谓从五也，五刚明中正之贤，又居君位，四比之，是比贤且"从上"，所以吉也。

[6]本义：由上之德，使不偏也。程传：显比所以吉者，以其所居之位得正中也，处正中之地，乃由正中之道也，比以不偏为善，故云"正中"。凡言"正中"者，其处正得中也，《比》与《随》是也。言"中正"者，得中与正也，《讼》与《需》是也，礼取不用命者，乃是舍顺取逆也，顺命而去者皆免矣，比以向背而言，谓去者为逆，来者为顺也，故所失者前去之禽也。言来者抚之，去者不迫也，不期诚于亲近，上之使下，中平不偏，远近如一也。

[7]本义：以上下之象言之，则为"无首"，以终始之象言之，则为无终，无首则无终矣。程传：《比》既"无首"，何所终乎。相比有首，犹或终违，始不以道，终复何保，故曰"无所终"也。

【原文】

风行天上，小畜。君子以懿文德。[1]"复自道"，其义"吉"也。[2]"牵复"在中，亦不自失也。[3]"夫妻反目"，不能正室也。[4]"有孚惕出"，上合志也。[5]"有孚挛如"，不独富也。[6]"既雨既处"，"德"积"载"也。"君子征凶"，有所疑也。[7]

【注释】

[1]本义：风有气而无质，能畜而不能久，故为小畜之象，"懿文德"，言未能厚积而远施也。程传："乾之刚健而为巽所积，夫刚健之性，唯柔顺为能畜止之，虽可以畜止之，然

非能固制其刚健也,但柔顺以扰系之耳,故为《小畜》也。君子观《小畜》之义,以懿美其文德,畜聚为蕴畜之义。君子所蕴畜者,大则道德经纶之业,小则文章才艺,君子观《小畜》之象,以懿美其文德,文德方之道义为小也。

[2]程传:阳刚之才,由其道而复,其义吉也。初与四为正应,在畜时乃相畜者也。

[3]本义:"亦"者,承上爻义。程传:二居中得中者也,刚柔进退,不失乎中道也。阳之复,其势必强,二以处中,故虽强于进,亦不互于过刚,过刚乃自失也。爻止言牵复而吉之义,象复发明其在中之美。

[4]本义:程子曰:说辐反目,三自为也。程传:夫妻反目,盖由不能正其室家也,三自处不以道,故四得制之不使进,犹夫不能正其室家,故致反目也。

[5]程传:四既"有孚",则五信任之,与之合志,所以得"惕出"而无咎也。"惕出"则"血去"可知,举其轻者也,五既合志,众阳皆从之矣。

[6]程传:"有孚挛如",盖其邻类皆牵挛而从之,与众同欲,不独有其富也。君子之处艰厄,唯其至诚,故得众力之助,而能济其众也。

[7]程传:"既雨既处",言畜道积满而成也。阴将盛极,君子动则有凶也。阴敌阳,则必消阳,小人抗君子,则必害君子,安得不疑虑乎？若前知疑虑而警惧,求所以制之,则不至于凶矣。

【原文】

上天下泽,履。君子以辨上下,定民志。[1]"素履"之"往",独行愿也。[2]"幽人贞吉",中不自乱也。[3]"眇能视",不足以有明也。"跛能履",不足以与行也。"咥人"之"凶",位不当也。"武人为于大君",志刚也。[4]"愬愬终吉",志行也。[5]"夬履贞厉",位正当也。[6]"元吉"在上,大有庆也。[7]

【注释】

[1]本义:程传备矣。程传:天在上,泽居下,上下之正理也,人之所履当如是,故取其象而为《履》。君子观《履》之象,以辨别上下之分,以定其民志。夫上下之分明,然后民志有定,民志定,然后可以言治。民志不定,天下不可得而治也。古之时,公卿大夫而下,位各称其德,终身居之,得其分也。位未称德,则君举而进之,士修其学,学至而君求之,皆非有予于己也。农工商贾勤其事,而所享有限,故皆有定志,而天下之心可一。后世自庶士至于公卿,日志于尊荣,农工商贾,日志于富侈,亿兆之心,交骛于利,天下纷然,如之何其可一也！欲其不乱难矣,此由上下无定志也。君子观《履》之象,而分辨上下,使各当其分,以定民之心志也。

[2]程传：安履其素而往者，非苟利也，独行其志愿耳。独，专也。若欲贵之心，与行道之心，交战于中，岂能安履其素也。

[3]程传：履道在于安静，其中恬正，则所履安裕。中若躁动，岂能安其所履？故必幽人则能坚固而吉，盖其中心安静，不以利欲自乱也。

[4]程传：阴柔之人，其才不足，视不能明，行不能远，而乃务刚，所履如此，其能免于害乎。以柔居三，履非其正，所以致祸害，被咥而凶也。以武人为喻者，以其处阳，才弱而志刚也，志刚则妄动，所履不由其道，如武人而为大君也。

[5]程传：能"愬愬"畏惧，则终得其吉者，志在于行而不处也，去危则获吉矣。阳刚，能行者也；居柔，以顺自处者也。

[6]本义：伤于所恃。程传：戒"夬履"者，以其正当尊位也，居至尊之位，据能专之势而自任刚决，不复畏惧，虽使得正亦危道也。

[7]本义：若得元吉，则大有福庆也。程传：上，履之终也。人之所履善而吉，至其终周旋无亏，乃大有福庆之人也，人之行贵乎有终。

【原文】

天地交，泰。后以财成天地之道，辅相天地之宜，以左右民。[1]"拔茅征吉"，志在外也。[2]"包荒得尚于中行"，以光大也。[3]"无往不复"，无地际也。[4]"翩翩不富"，皆失实也。"不戒以孚"，中心愿也。[5]"以祉元吉"，中以行愿也。[6]"城复于隍"，其命乱也。[7]

【注释】

[1]本义："裁成"以制其过，"辅相"以补其不及。程传：天地交而阴阳和，则万物茂遂，所以泰也。人君当体天地通泰之象，而以"裁成天地之道，辅相天地之宜"，以左右生民也；"裁成"，谓体天地交泰之道，而裁制成其施为之方也，"辅相天地之宜"，天地通泰，则万物茂遂，人君体之而为法制，使民用天时，因地利，辅助化育之功，成其丰美之利也。如春气发生万物，则为播植之法，秋气成实万物，则为收敛之法，乃辅相天地之宜，以左右辅助于民也。民之生，必赖君上为之法制，以教率辅翼之，乃得遂其生养，是左右之也。

[2]程传：时将泰，则群贤皆欲上进，三阳之志欲进同也，故取茅茹汇征之象，志在外，上进也。

[3]程传：《象》举包荒一句，而通解四者之义，言如此则能配合中行之德，而其道光明显大也。

[4]程传："无往不复"，言天地之交际也，阳降于下，必复于上，阴升于上，必复于下，屈伸往来之常理也。因天地交际之道，明《否》《泰》不常之理，以为戒也。

[5]本义:阴本居下,在上为"失实"。程传:"翩翩",下往之疾,不待富而邻从者,以三阴在上,皆失其实故也。阴本在下之物,今乃居上,是"失实"也。不待告戒而诚意相与者,盖其中心所愿故也,理当然者天也,众所同者时也。

[6]程传:所以能获祉福且元吉者,由其以中道合而行其志愿也,有中德,所以能任刚中之贤,所听从者,皆其志愿也,非其所欲,能从之乎!

[7]本义:命乱故复否,告命所以治之也。程传:城复于隍矣,虽其命之乱,不可止也。

【原文】

天地不交,否。君子以俭德辟难,不可荣以禄。[1]"拔茅贞吉",志在君也。[2]"大人否亨",不乱群也。[3]"包羞",位不当也。[4]"有命无咎",志行也。[5]"大人"之"吉",位正当也。[6]"否"终则"倾",何可长也。[7]

【注释】

[1]本义:收敛其德,不形于外,以辟小人之难,人不得以禄位荣之。程传:天地不相交通,故为否。否塞之时,君子道消,当观否塞之象,而以俭损其德,辟免祸难,不可荣居禄位也。否者小人得志之时,君子居显荣之地,祸患必及其身,故宜晦处穷约也。

[2]本义:小人而变为君子,则能以爱君为念,而不计其私矣。程传:爻以六自守于下,明君子处下之道,《象》复推明以象君子之心,君子固守其节以处下者,非乐于不进独善也,以其道方否不可进,故安之耳。心固未尝不在天下也,其志常在得君而进,以康济天下,故曰"志在君也"。

[3]本义:言不乱于小人之群。程传:大人于《否》之时守其正节,不杂乱于小人之群类,身虽否而道之亨也,故曰"否亨"。不以道而身亨,乃道之否也,不云君子而云大人,能如是则其道大也。

[4]程传:阴柔居否,而不中不正,所为可羞者处不当故也,处不当位,所为不以道也。

[5]程传:有君命则得"无咎",乃可以济否,其志得行也。

[6]程传:有大人之德,而得至尊之正位,故能休天下之否,是以吉也。无其位,则虽有其道,将何为乎,故圣人之位,谓之"大宝"。

[7]程传:否终则必倾,岂有长否之理,极而必反,理之常也,然反危为安,易乱为治,必有刚阳之才而后能也,故《否》之上九,则能倾否,《屯》之上六,则不能变屯也。

【原文】

天与火,同人。君子以类族辨物。[1]出门"同人",又谁"咎"也。[2]"同人于宗","吝"道也。[3]"伏戎于莽",敌刚也。"三岁不兴",安行也。[4]"乘其墉",义"弗克"也。其"吉",则困而反则也。[5]"同人"之"先",以中直也。"大师相遇",言相"克"也。[6]"同人于郊",志未得也。[7]

【注释】

[1]本义:天在上而火炎上,其性同也,"类族辨物",所以审异而致同也。程传:不云火在天下,天下有火,而云"天与火"者,天在上,火性炎上,火与天同,故为同人之义。君子观《同人》之象,而"以类族辨物",各以其类族,辨物之同异也,若君子小人之党,善恶是非之理,物情之离合,事理之异同,凡异同者,君子能辨明之,故处物不失其方也。

[2]程传:"出门同人"于外,是其所同者广,无所偏私,人之同也,有厚薄亲疏之异,过咎所由生也,既无所偏党,谁其咎之。

[3]程传:诸卦以中正相应为善,而在《同人》则为可吝,故五不取君义,盖私比非人君之道,相同以私,为可吝也。

[4]本义:言不能行。程传:所敌者五,既刚且正,其可夺乎,故畏惮伏藏也,至于"三岁不兴"矣,终安能行乎。

[5]本义:"乘其墉"矣,则非其力之不足也,特以义之弗克而不攻耳,能以义断,困而反于法则,故吉也。程传:所以"乘其墉"而"弗克攻"之者,以其义之弗克也。以邪攻正,义不胜也,其所以得吉者,由其义不胜,困穷而反于法则也。二者,众阳所同欲也,独三四有争夺之义者,二爻居二五之间也,初终远,故取义别。

[6]本义:"直"谓理直。程传:先所以"号咷"者,以中诚理直,故不胜其忿切而然也,虽其敌刚强,至用"大师",然义直理胜,终能克之,故言"能相克"也。相克,谓能胜,见二阳之强也。

[7]程传:居远莫同,故终无所悔,然而在同人之道,求同之志不得遂,虽无悔,非善处也。

【原文】

火在天上,大有。君子以遏恶扬善,顺天休命。[1]大有"初九","无交害也"。[2]"大车以载",积中不败也。[3]"公用亨于天子",小人害也。[4]"匪其彭无咎",明辨晢也。[5]"厥孚交如",信以发志也。[6]"威如"之"吉",易而无备也。[7]大有"上"吉,"自天祐"也。[8]

【注释】

[1]本义:火在天上,所照者广,为《大有》之象。所有既大,无以治之,则莠蘖萌于其

间矣。天命有善而无恶,故遏恶扬善,所以顺天,反之于身,亦若是而已矣。程传:火高在天上,照见万物之众多,故为大有。大有,繁庶之义。君子观《大有》之象,以遏绝众恶,扬明善类,以奉顺天休美之命,万物众多,则有善恶之殊,君子享大有之盛,当代天工,治养庶类,治众之道,在遏恶扬善而已,恶惩善劝,所以顺天命而安群生也。

[2]程传:在《大有》之初,克念艰难,则骄溢之心,无由生矣,所以不交涉于害也。

[3]程传:壮大之车,重积载于其中,而不损败,犹九二材力之强,能胜《大有》之任也。

[4]程传:公当用亨于天子,若小人处之,则为害也。自古诸侯能守臣节。忠顺奉上者,则蕃养其众,以为王之屏翰。丰殖其财,以待上之征赋。若小人处之,则不知为臣奉上之道,以其为己之私,民众财丰,则反擅其富强,益为不顺。是小人大有则为害,又大有为小人之害也。

[5]本义:"晢",明貌。程传:能不处其盛而得无咎者,盖有明辨之智也。晢,明智也。贤智之人,明辨物理,当其方盛,则知咎之将至,故能损抑,不敢至于满极也。

[6]本义:一人之信,足以发上下之志也。

[7]本义:太柔则人将易之,而无畏备之心。程传:下之志,从乎上者也,上以孚信接于下,则下亦以诚信事其上,故"厥孚交如"。由上有孚信,以发其下孚信之志,下之从上,犹响之应声也,威如之所以吉者,谓若无威严,则下易慢而无戒备也,谓无恭畏备上之道。备,谓备上之求责也。

[8]程传:《大有》之上,有极当变。由其所为顺天合道,故"天祐"助之,所以吉也。君子满而不溢,乃"天祐"也。《系辞》复申之云:"天之所助者顺也,人之所助者信也,履信思乎顺,又以尚贤也,是以自天祐之,吉无不利也。""履信",谓履五。五虚中,信也,"思顺",谓谦退不居。"尚贤",谓志从于五。《大有》之世,不可以盈丰,而复处盈焉,非所宜也,六爻之中,皆乐据权位,唯初上不处其位,故初九"无咎",上九"无不利",上九在上,履信思顺,故在上而得吉,盖自天祐也。

【原文】

地中有山,谦。君子以裒多益寡,称物平施。[1]"谦谦君子",卑以自牧也。[2]"鸣谦贞吉",中心得也。[3]"劳谦君子",万民服也。[4]"无不利㧑谦",不违则也。[5]"利用侵伐",征不服也。[6]"鸣谦",志未得也。可"用行师","征邑国"也。[7]

【注释】

[1]本义:以卑蕴高,谦之象也。"裒(póu,减少)多益寡",所以称物之宜而平其施,损高增卑,以趋于平,亦谦之意也。程传:地体卑下,山之高大而在地中,外卑下而内蕴高大

之象,故为谦也。不云山在地中,而曰"地中有山"。言卑下之中,蕴其崇高也。若言崇高蕴于卑下之中,则文理不顺,诸象皆然。观文可见"君子以裒多益寡,称物平施",君子观《谦》之象,山而在地下,是高者下之,卑者上之,见抑高举下,损过益不及之义,以施于事,则裒取多者,增益寡者,称物之多寡,以均其施与,使得其平也。

[2]程传:"谦谦",谦之至也,谓君子以谦卑之道自牧也。自牧,自处也,《诗》云"自牧归荑"。

[3]程传:二之谦德,由至诚积于中,所以发于声音,中心所自得也,非勉为之也。

[4]程传:能"劳谦"之君子,万民所尊服也。《系辞》云:"劳而不伐,有功而不德,厚之至也,语以其功下人者也,德言盛,礼言恭,谦也者,致恭以存其位者也。"有劳而不自矜伐,有功而不自以为德,是其德弘厚之至也。言以其功劳而自谦以下于人也。"德言盛,礼言恭",以其德言之则至盛,以其自处之礼言之则至恭,此所谓谦也,夫谦也者,谓"致恭以存其位"者也。存,守也。致其恭巽以守其位,故高而不危,满而不溢,是以能终吉也。夫君子履谦,乃其常行,非为保其位而为之也,而言"存其位"者,盖能"致恭"所以能"存其位",言谦之道如此,如言为善有令名,君子岂为令名而为善也哉,亦言其令名者,为善之故也。

[5]本义:言不为过。程传:凡人之谦,有所宜施,不可过其宜也。如六五"或用侵伐"是也,唯四以处近君之地,据劳臣之上,故凡所动作,靡不利于施谦,如是然后中于法则,故曰"不违则"也,谓得其宜也。

[6]程传:征其文德谦巽所不能服者也,文德所不能服,而不用威武,何以平治天下?非人君之中道谦之过也。

[7]本义:阴柔无位,才力不足,故其志未得,而至于行师,然亦适足以治其私邑而已。程传:谦极而居上,欲谦之志未得,故不胜其切至于鸣也。虽不当位,谦既过极,宜以刚武自治其私,故云"利用行师,征邑国"也。

【原文】

雷出地奋,豫。先王以作乐崇德,殷荐之上帝,以配祖考。[1]"初六鸣豫",志穷"凶"也。[2]"不终日贞吉",以中正也。[3]"盱豫有悔",位不当也。[4]"由豫大有得",志大行也。[5]"六五贞疾",乘刚也。"恒不死",中未亡也。[6]"冥豫"在"上",何可长也。[7]

【注释】

[1]本义:"雷出地奋",和之至也,先王作乐,既象其声,又取其义。殷,盛也。程传:雷者,阳气奋发,阴阳相薄而成声也。阳始潜闭地中,及其动,则出地奋震也,始闭郁,及

奋发则通畅和豫,故为《豫》也。坤顺震发,和顺积中而发于声,乐之象也。先王观雷出地而奋,和畅发于声之象,作声乐以褒崇功德,其殷盛至于荐之上帝,推配之以祖考。"殷",盛也。礼有殷奠,谓盛也,荐上帝,配祖考,盛之至也。

[2]本义:穷,谓满极。程传:云初六,谓其以阴柔处下,而志意穷极,不胜其豫,至于鸣也,必骄肆而致凶矣。

[3]程传:能"不终日"而"贞"且"吉"者,以有中正之德也。中正故其守坚而能辨之早,去之速,爻言六二处豫之道,为教之意深矣。

[4]程传:自处不当,失中正也,是以进退有悔。

[5]程传:由己而致天下于乐豫,故为"大有得",谓其志得大行也。

[6]程传:贞而疾,由乘刚为刚所逼也。"恒不死",中之尊位未亡也。

[7]程传:昏冥于豫,至于终极,灾咎行及矣,其可长然乎,当速渝也。

【原文】

泽中有雷,随。君子以向晦入宴息。[1]"官有渝",从正"吉"也。"出门交有功",不失也。[2]"系小子",弗兼与也。[3]"系丈夫",志舍下也。[4]"随有获",其义凶也。"有孚在道","明"功也。[5]"孚于嘉吉",位正中也。[6]"拘系之",上穷也。[7]

【注释】

[1]本义:雷藏泽中,随时休息。程传:雷震于泽中,泽随震而动,为《随》之象。君子观象,以随时而动,随时之宜,万事皆然,取其最明且近者言之。"君子以向晦入宴息",君子昼则自强不息,及向昏晦,则入居于内,宴息以安其身,起居随时,适其宜也。礼君子昼不居内,夜不居外,随时之道也。

[2]程传:既有随而变,必所从得正则吉也,所从不正,则有悔吝。出门而交,非牵于私,其交必正矣,正则无失而有功。("系小子",捆绑小孩。弗兼与:初九阳刚在下为"小子",九五在上为"丈夫",六二依从初九"小子"则会失去九五丈夫,故二者不能兼而并有。)

[3]程传:人之所随,得正则远邪,从非则失是,无两从之理,二苟系初,则失五矣,弗能兼与也,所以戒人从正当专一也。

[4]程传:既随于上,则是其志舍下而不从也。舍下而从上,舍卑而从高也,于随为善矣。

[5]程传:居近君之位而有获,其义固凶,能有孚而在道则无咎,盖明哲之功也。

[6]程传:处正中之位,由正中之道,孚诚所随者正中也,所谓"嘉"也,其吉可知。所

孚之嘉谓六二也,随以得中为善,随之所防者过也,盖心所说随,则不知其过矣。

[7]本义:"穷",极也。程传:随之固如"拘系"维持,随道之穷极也。

【原文】

山下有风,蛊。君子以振民育德。[1]"干父之蛊",意承"考"也。[2]"干母之蛊",得中道也。[3]"干父之蛊","终无咎"也。[4]"裕父之蛊",往未得也。[5]"干父用誉",承以德也。[6]"不事王侯",志可则也。[7]

【注释】

[1]本义:"山下有风",物坏而有事矣。而事莫大于二者,乃治己治人之道也。程传:"山下有风",风遇山而回,则物皆散乱,故为有事之象。君子观有事之象,以振济于民,养育其德也。在己则养德,于天下则济民,君子之所事,无大于此二者。

[2]程传:子干父蛊之道,意在承当于父之事也,故祗敬其事,以置父于无咎之地,常怀惕厉,则终得其吉也,尽诚于父事,吉之道也。(干父之蛊:匡正父之过失。干:匡正,即《文言传》释《干》所谓"贞固足以干事"之"干"。意承"考":初六其意在顺其父。初六为阴爻,故称"承"。考:古称父为考。)

[3]程传:二得中道而不过刚,干母蛊之善者也。

[4]程传:以三之才,干父之蛊,虽小有悔,终无大咎也。盖刚断能干,不失正而有顺,所以"终无咎也"。

[5]程传:以四之才,守常居宽裕之时则可矣,欲有所往,则未得也,加其所任,则不胜矣。

[6]程传:干父之蛊,而用有令誉者,以其在下之贤,承辅之以刚中之德也。

[7]程传:如上九之处事外,不累于世务,不臣事于王侯,盖进退以道,用舍随时,非贤者能之乎,其所存之志,可为法则也。

【原文】

泽上有地,临。君子以教思无穷,容保民无疆。[1]"咸临贞吉",志行正也。[2]"咸临吉无不利",未顺命也。[3]"甘临",位不当也。"既忧之","咎"不长也。[4]"至临无咎",位当也。[5]"大君之宜",行中之谓也。[6]"敦临"之"吉",志在内也。[7]

【注释】

[1]本义:地临于泽,上临下也,二者皆临下之事,教之无穷者兑也,容之无疆者坤也。

程传:泽之上有地,泽岸也,水之际也。物之相临与含容,无若水之在地,故泽上有地为临也。君于观亲临之象,则教思无穷,亲临于民,则有教导之意思也,"无穷",至诚无斁也,观含容之象,则有容保民之心;"无疆",广大无疆限也,含容有广大之意,故为无穷无疆之义。

[2]程传:所谓贞吉,九之志在于行正也,以九居阳,又应四之正,其志正也。

[3]本义:未详。程传:未者非遽之辞。孟子或问劝齐伐燕有诸,曰:未也。又云:仲子所食之粟,伯夷之所树与,抑亦盗跖之所树与,是未可知也。《史记》侯嬴曰:人固未易知。古人用字之意皆如此。今人大率用对已字,故意似异,然实不殊也。九二与五感应以临下,盖以刚德之长,而又得中,至诚相感,非由顺上之命也,是以"吉"而"无不利"。五顺体而二说体,又阴阳相应,故象特明其非由说顺也。

[4]程传:阴柔之人,处不中正,而居下之上,复乘二阳,是处不当位也。既能知惧而忧之,则必强勉自改,故其过咎不长也。

[5]程传:居近君之位,为得其任,以阴处四,为得其正,与初相应,为下贤,所以"无咎",盖由位之当也。

[6]程传:君臣道合,盖以气类相求,五有中德,故能倚任刚中之贤,得"大君之宜",成"知临"之功,盖由行其中德也。人君之于贤才,非道同德合,岂能用也。

[7]程传:志在内,应乎初与二也,志顺刚阳而敦笃,其吉可知也。

【原文】

风行地上,观。先王以省方观民设教。[1]"初六童观","小人"道也。[2]"阚观女贞",亦可丑也。[3]"观我生进退",未失道也。[4]"观国之光",尚"宾"也。[5]"观我生",观民也。[6]"观其生",志未平也。[7]

【注释】

[1]本义:"省方"以"观民","设教"以为"观"。程传:"风行地上",周及庶物,为游历周览之象。故先王体之,为省方之礼,以观民俗而设政教也。天子巡省四方,观视民俗,设为政教,如奢则约之以俭,俭则示之以礼是也。"省方",观民也,"设教",为民观也。

[2]程传:所观不明如童稚,乃小人之分,故曰"小人道也"。

[3]本义:在丈夫则为丑也。程传:君子不能观见刚阳中正之大道,而仅窥觇其仿佛,虽能顺从,乃同女子之贞,亦可羞丑也。

[4]程传:观己之生,而进退以顺乎宜,故未至于失道也。(观我生:观察庶民。生:指民。)

[5]程传：君子怀负才业，志在乎兼善天下，然有卷怀自守者，盖时无明君，莫能用其道，不得已也！岂君子之志哉。故孟子曰：中天下而立，定四海之民，君子乐之，既观见国之盛德光华。古人所谓非常之遇也，所以志愿登进王朝，以行其道，故云"观国之光尚宾也"。尚，谓志尚，其志意愿慕宾于王朝也。

[6]本义：此夫子以义言之，明人君观己所行，不但一身之得失，又当观民德之善否，以自省察也。程传：我生出于己者，人君欲观己之施为善否，当观于民，民俗善则政化善也。王弼云，观民以察己之道是也。

[7]本义："志未平"，言虽不得位，未可忘戒惧也。程传：虽不在位，然以人观其德，用为仪法，故当自慎省。观其所生，常不失于君子，则人不失所望而化之矣。不可以不在于位，故安然放意无所事也，是其志意未得安也，故云"志未平"也。"平"，谓安宁也。（观其生：观示他国民众。）

【原文】

雷电，噬嗑。先王以明罚敕法。[1]"屦校灭趾"，不行也。[2]"噬肤灭鼻"，乘刚也。[3]"遇毒"，位不当也。[4]"利艰贞吉"，未光也。[5]"贞厉无咎"，得当也。[6]"何校灭耳"，聪不明也。[7]

【注释】

[1]本义："雷电"当作"电雷"。程传：象无倒置者，疑此文互也。"雷电"相须并见之物，亦有嗑象，电明而雷威，先王观"雷电"之象，法其明与威，以明其刑罚，饬其法令。法者，明事理而为之防者也。

[2]本义："灭趾"，又有不进于恶之象。程传："屦校"而灭伤其趾，则知惩诫而不敢长其恶，故云"不行也"。古人制刑，有小罪则校其趾，盖取禁止其行，使不进于恶也。

[3]程传：深至灭鼻者，"乘刚"故也。"乘刚"乃用刑于刚强之人，不得不深严也，深严则得宜，乃所谓中也。（噬肤灭鼻：吃肉而掩其鼻。噬：吃。肤：肉，一般指柔软、肥美之肉。）

[4]程传：六三以阴居阳，处位不当。自处不当，故所刑者难服，而反毒之也。

[5]程传：凡言"未光"，其道未光大也。戒于"利艰贞"，盖其所不足也，不得中正故也。

[6]程传：所以能"无咎"者，以所为得其当也，所谓"当"，居中用刚，而能守正虑危也。

[7]本义："灭耳"，盖罪其听之不聪也，若能审听而早图之，则无此凶矣。程传：人之

聋暗不悟,积其罪恶以至于极,古人制法,罪之大者,何之以校,为其无所闻知,积成其恶,故以校而灭伤其耳,诚"聪"之"不明"也。(何校灭耳:脖子上所带的枷遮没了耳朵。)

【原文】

山下有火,贲。君子以明庶政,无敢折狱。[1]"舍车而徒",义弗乘也。[2]"贲其须",与上兴也。[3]"永贞"之"吉",终莫之陵也。[4]"六四",当位疑也。"匪寇婚媾",终无尤也。[5]"六五"之"吉",有喜也。[6]"白贲无咎",上得志也。[7]

【注释】

[1]本义:"山下有火",明不及远;"明庶政",事之小者;"折狱",事之大者。内离明而外艮止,故取象如此。程传:山者,草木百物之所聚生也,火在其下而上照,庶类皆被其光明,为贲饰之象也。君子观山下有火,明照之象,以修明其庶政,成文明之治,而无敢果于"折狱"也。"折狱"者,人君之所致慎也,岂可恃其明而轻自用乎,乃圣人之用心也,为戒深矣。象之所取,唯以山下有火,明照庶物,以用明为戒。而《贲》亦自有"无敢折狱"之义,折狱者专用情实,有文饰则没其情矣,故无敢用文以折狱也。

[2]本义:君子之取舍,决于义而已。程传:"舍车而徒"行者,于义不可以乘也,初应四正也,从二非正也,近舍二之易,而从四之难,舍车而徒行也,君子之贲,守其义而已。

[3]程传:以须为象者,谓其与上同兴也,随上而动,动止唯系所附也,犹加饰于物,因其质而贲之,善恶在其质也。

[4]程传:饰而不常且非正,人所陵侮也,故戒能永正则吉也,其贲既常而正,谁能陵之乎。

[5]本义:"当位疑",谓所当之位可疑也。"终无尤",谓若守正而不与,亦无它患也。程传:四与初相远,而三介于其间,是所当之位为可疑也,虽为三寇仇所隔,未得亲于婚媾,然其正应,理直义胜,终必得合,故云"终无尤也"。"尤",怨也。终得相贲,故无怨尤也。

[6]程传:能从人以成贲之功,享其吉美? 是"有喜"也。

[7]程传:"白贲无咎",以其在上而得志也。上九为得志者,在上而文柔,成贲之功,六五之君,又受其贲,故虽居无位之地,而实尸贲之功,为得志也。与它卦居极者异矣,既在上而得志,处贲之极,将有华伪失实之咎,故戒以质素则无咎,饰不可过也。

【原文】

山附于地,剥。上以厚下安宅。[1]"剥床以足",以灭下也。[2]"剥床以辨",未有与也。[3]

"剥之无咎",失上下也。[4]"剥床以肤",切近灾也。[5]"以宫人宠",终无尤也。[6]"君子得舆",民所载也。"小人剥庐",终不可用也。

【注释】

[1]程传:艮重于坤,"山附于地"也。山高起于地而反附着于地,圮剥之象也。上,谓人君与居人上者,观《剥》之象,而厚固其下,以安其居也。下者上之本,未有基本固而能剥者也。故上之剥必自下,下剥则上危矣。为人上者,知理之如是,则安养人民,以厚其本,乃所以安其居也,《书》曰:民唯邦本,本固邦宁。

[2]程传:取床足为象者,以阴侵没阳于下也,"灭",没也,侵灭正道,自下而上也。(剥床以足:剥蚀床先及床足。)

[3]本义:言未大盛。程传:阴之侵剥于阳,得以益盛,至于剥"辨"者,以阳未有应与故也。小人侵剥君子,若君子有与,则可以胜小人,不能为害矣。唯其无与,所以被"蔑"而凶。当消剥之时,而无徒与,岂能自存也。言未有与,剥之未盛,"有与",犹可胜也,示人之意深矣。(剥床以辨:剥蚀床干。辨:床干。)

[4]本义:"上下",谓四阴。程传:三居剥而"无咎"者,其所处与上下诸阴不同,是与其同类相失,于处剥之道为"无咎",如东汉之吕强是也。

[5]程传:五为君位,剥已及四,在人则剥其肤矣,剥及其肤,身垂于亡矣,"切近"于灾祸也。

[6]程传:群阴消剥于阳,以至于极,六五若能长率群阴,骈首顺序,反获宠爱于阳,则终无过尤也,于剥之将终,复发此义,圣人劝迁善之意,深切之至也。

[7]程传:正道消剥既极,则人复思治,故阳刚君子,为民所承载也。若小人处剥之极,则小人之穷耳。"终不可用也",非谓九为小人,但言剥极之时,小人则是也。

【原文】

雷在地中,复。先王以至日闭关,商旅不行,后不省方。[1]"不远"之"复",以修身也。[2]"休复"之"吉",以下仁也。[3]"频复"之"厉",义"无咎"也。[4]"中行独复",以从道也。[5]"敦复无悔",中以自考也。[6]"迷复"之"凶",反君道也。[7]

【注释】

[1]本义:安静以养微阳也。月令,是月斋戒,掩身以待阴阳之所定。程传:雷者,阴阳相薄而成声,当阳之微,未能发也。"雷在地中",阳始复之时也,阳始生于下而甚微,安静而后能长,先王顺天道,当至日阳之始生,安静以养之,故闭关使商旅不得行,人君不省

视四方。观《复》之象而顺天道也,在一人之身亦然,当安静以养其阳也。

[2]程传:不远而复者,君子所以修其身之道也,学问之道无它也,唯其知不善,则速改以从善而已。

[3]程传:为复之体美而吉者,以其能下仁也。仁者天下之公,善之本也。初复于仁,二能亲而下之,是以吉也。

[4]程传:频复频失。虽为危厉,然复善之义则"无咎"也。

[5]程传:称其"独复"者,以其从阳刚君子之善道也。

[6]本义:"考",成也。程传:以中道自成也。五以阴居尊,处中而体顺,能敦笃其志,以中道自成,则可以"无悔"也。自成,谓成其中顺之德。

[7]程传:复则合道,既迷于复,与道相反也,其凶可知。"以其国君凶",谓其"反君道也"。人君居上而治众,当从天下之善,乃迷于复,反君之道也。非止人君,凡人迷于复者,皆反道而凶也。

【原文】

天下雷行,物与,无妄。先王以茂对时育万物。[1]"无妄"之"往",得志也。[2]"不耕获",未富也。[3]"行人得"牛,"邑人灾"也。[4]"可贞无咎",固有之也。[5]"无妄"之"药",不可试也。[6]"无妄"之"行",穷之灾也。[7]

【注释】

[1]本义:"天下雷行",震动发生,万物各得其性命,是物物而与之以无妄也。先王法此以对时育物,因其所性而不为私焉。程传:雷行于天下,阴阳交和,相薄而成声,于是惊蛰藏,振萌芽,发生万物。其所赋与,洪纤高下,各正其性命,无有差妄,物与无妄也。先王观天下雷行发生赋与之象,而以茂对天时,养育万物,使各得其宜,如天与之无妄也。"茂",盛也。茂对之为言,犹盛行永言之比,"对时",谓顺合天时,天道生万物,各正其性命而不妄,王者体天之道,养育人民,以至昆虫草木,使各得其宜,乃对时育物之道也。

[2]程传:以无妄而往,无不得其志也,盖诚之于物,无不能动,以之修身,则身正,以之治事,则事得其理,以之临人,则人感而化,无所往而不得其志也。

[3]本义:"富",如非富天下之富,言非计其利而为也。程传:"未"者,非必之辞。《临》卦曰"未顺命"是也。不耕而获,不菑而畬,因其事之当然,既耕则必有获,既菑则必成畬,非必以获畬之富而为也,其始耕菑,乃设心在于求获畬,是以其富也,心有欲而为者,则妄也。

[4]程传:行人得牛,乃邑人之灾也,有得则有失,何足以为得乎。

[5]本义:"有",犹守也。程传:贞固守之,则无咎也。

[6]本义:既已无妄,而复药之,则反为妄而生疾矣。"试",谓少尝之也。程传:人之有妄,理必修改,既无妄矣,复药以治之,是反为妄也,其可用乎,故云"不可试也"。"试",暂用也,犹曰少尝之也。

[7]程传:无妄既极,而复加进,乃为妄矣,是穷极而为灾害也。

【原文】

天在山中,大畜。君子以多识前言往行,以畜其德。[1]"有厉利已",不犯灾也。[2]"舆说𫐄",中无尤也。[3]"利有攸往",上合志也。[4]"六四元吉",有喜也。[5]"六五"之"吉",有庆也。[6]"何天之衢",道大行也。[7]

【注释】

[1]本义:"天在山中",不必实有是事,但以其象言之耳。程传:天为至大而在山之中,所畜至大之象。君子观象以大其蕴畜,人之蕴畜,由学而大,在多闻前古圣贤之言与行,考迹以观其用,察言以求其心,识而得之,以畜成其德,乃大畜之义也。

[2]程传:有危则宜已,不可犯灾危而行也。不度其势而进,有灾必矣。

[3]程传:"舆说𫐄"而不行者,盖其处得中道,动不失宜,故无过尤也。善莫善于刚中,柔中者,不至于过柔耳;刚中,中而才也。初九处不得中,故戒以有危宜已,二得中,进止自无过差,故但言"舆说𫐄",谓其能不行也,不行则无尤矣。初与二,乾体刚健而不足以进,四与五,阴柔而能止,时之盛衰,势之强弱,学《易》者所宜深识也。(舆说𫐄:车子与车轴分离。)

[4]程传:所以"利有攸往"者,以与在上者合志也,上九阳性上进,且畜已极,故不下畜三,而与合志上进也。

[5]程传:天下之恶已盛而止之,则上劳于禁制,而下伤于刑诛,故畜止于微小之前,则大善而吉,不劳而无伤,故可喜也,四之畜初是也,上畜亦然。

[6]程传:在上者不知止恶之方,严刑以敌民欲,则其伤甚而无功,若知其本,制之有道,则不劳无伤而俗革,天下之福庆也。

[7]程传:何以谓之天衢,以其无止碍,道路大通行也。以天衢非常语,故《象》特设问曰:何谓天之衢?以道路大通行,取空豁之状也,以《象》有"何"字,爻下亦误加之。

【原文】

山下有雷,颐。君子以慎言语,节饮食。[1]"观我朵颐",亦不足贵也。[2]"六二征凶",行失类也。[3]"十年勿用",道大悖也。[4]"颠颐"之"吉",上施光也。[5]"居贞"之"吉",顺以从上也。[6]"由颐厉吉",大有庆也。[7]

【注释】

[1]本义:二者养德养身之切务。程传:以二体言之,山下有雷,雷震于山下,山之生物,皆动其根荄,发其萌芽,为养之象;以上下之义言之,艮止而震动,上止下动,颐颔之象;以卦形言之,上下二阳,中含四阴,外实中虚,颐口之象。口所以养身也,故君子观其象以养其身,"慎言语"以养其德,"节饮食"以养其体,不唯就口取养义,事之至近而所系至大者,莫过于言语饮食也。在身为言语,于天下则凡命令政教,出于身者皆是,慎之则必当而无失。在身为饮食,于天下则凡货资财用,养于人者皆是。节之则适宜而无伤,推养之道,养德养天下,莫不然也。

[2]程传:九动体,"朵颐",谓其说阴而志动,既为欲所动,则虽有刚健明智之才,终必自失,故其才"亦不足贵也"。人之贵乎刚者,为其能立而不屈于欲也,贵乎明者,为其能照而不失于正也,既惑所欲而失其正,何则明之有,为可贱也。(朵颐:两腮隆起。亦不足贵:此处以贵贱论之,恐此爻辞乃言古人相面之事,曰两腮隆起其相貌不足贵。)

[3]本义:初上皆非其类也。程传:征而从上则凶者,非其类故也,往求而失其类,得凶宜矣。行,往也。

[4]程传:所以戒终不可用,以其所由之道,大悖义理也。

[5]程传:颠倒求养而所以吉者,盖得刚阳之应以济其事,致己居上之德施,光明被于天下,吉孰大焉。

[6]程传:"居贞之吉"者,谓能坚固顺从于上九之贤,以养天下也。

[7]程传:若上九之当大任如是,能兢畏如是,天下被其德泽,是大有福庆也。

【原文】

泽灭木,大过。君子以独立不惧,遁世无闷。[1]"藉用白茅",柔在下也。[2]"老夫女妻",过以相与也。[3]"栋桡"之"凶",不可以有辅也。[4]"栋隆"之"吉",不桡乎下也。[5]"枯杨生华",何可久也。"老妇士夫",亦可丑也。[6]"过涉"之"凶",不可"咎"也。[7]

【注释】

[1]本义:"泽灭于木",大过之象也。不惧无闷,大过之行也。程传:"泽",润养于木者也,乃至灭没于木,则过甚矣,故为大过。君子观《大过》之象,以立其大过人之行,君子所以大过人者,以其能独立不惧,遁世无闷也。天下非之而不顾,"独立不惧"也;举世不

见知而不悔,"遁世无闷"也,如此然后能自守,所以为大过人也。

[2]程传:以阴柔处卑下之道,唯当过于敬慎而已。以柔在下,为以茅藉物之象,敬慎之道也。(藉用白茅:用白色茅草铺地设置祭品。)

[3]程传:老夫之说少女,少女之顺老夫,其相与过于常分,谓九二初六阴阳相与之和,过于常也。

[4]程传:刚强之过,则不能取于人,人亦不能亲辅之,如"栋桡"折,不可支辅也。栋当室之中,不可加助,是"不可以有辅也"。(栋桡:栋梁弯曲。)

[5]程传:"栋隆"起则吉,不桡曲以就下也,谓不下系于初也。

[6]程传:枯杨不生根而生华,旋复枯矣,安能久乎!老妇而得士夫,岂能成生育之功,亦为可丑也。

[7]程传:过涉至溺,乃自为之,不可以有咎也,言无所怨咎。

【原文】

水洊至,习坎。君子以常德行,习教事。[1]"习坎入坎",失道"凶"也。[2]"求小得"未出中也。[3]"来之坎坎",终无功也。[4]"樽酒簋贰",刚柔际也。[5]"坎不盈",中未大也。[6]"上六"失道,"凶三岁"也。[7]

【注释】

[1]本义:治己治人,皆必重习,然后熟而安之。程传:坎为水,水流仍洊而至。两坎相习,水流仍洊之象也。水自涓滴,至于寻丈,至于江海,洊习而不骤者也。其因势就下,信而有常,故君子观坎水之象,取其有常,则常久其德行。人之德行不常,则伪也,故当如水之有常,取其洊习相受,则以习熟其教令之事。夫发政行教,必使民熟于闻听,然后能从,故三令五申之,若骤告未喻,遽责其从,虽严刑以驱之,不能也,故当如水之洊习。

[2]程传:由习坎而更入坎窞,失道也,是以凶。能出于险,乃不失道也。

[3]程传:方为二阴所陷,在险之地,以刚中之才,不至陷于深险,是所求小得,然未能出坎中之险也。

[4]程传:进退皆险,处又不安,若用此道,当益入于险,终岂能有功乎!以阴柔处不中正,虽平易之地,尚致悔咎,况处险乎!险者人之所欲出也,必得其道,乃能去之,求去而失其道,益困穷耳,故圣人戒如三所处,不可用也。

[5]本义:晁氏曰:陆氏《释文》本无"贰"字,今从之。程传:《象》只举首句,如此比多矣,"樽酒簋贰",质实之至,刚柔相际接之,道能如此,则可终保无咎,君臣之交,能固而常者,在诚实而已。"刚柔",指四与五,谓君臣之交际也。(樽酒簋贰:(祭祀时)用一樽之酒,

副之一箪之食。樽:古代盛酒之器;簋:古代盛食物的容器;贰:副。)

[6]本义:有中德而未大。程传:九五刚中之才,而得尊位,当济天下之险难,而坎尚不盈,乃未能平乎险难,是其刚中之道,未光大也。险难之时,非君臣协力,其能济乎!五之道未大,以无臣也,人君之道,不能济天下之险难,则为未大,不称其位也。

[7]程传:以阴柔而自处极险之地,是其"失道"也,故其凶至于"三岁"也,"三岁"之久而不得免焉,终凶之辞也。言久有曰十,有曰三,随其事也,陷于狱,至于"三岁",久之极也,它卦以年数言者,亦各以其事也,如"三岁不兴","十年乃字"是也。

【原文】

明两作,离。大人以继明照于四方。[1]"履错"之"敬",以辟"咎"也。[2]"黄离元吉",得中道也。[3]"日昃之离",何可久也。[4]"突如其来如",无所容也。[5]"六五"之"吉",离王公也。[6]"王用出征",以正邦也。[7]("获匪其丑",大有功也。)

【注释】

[1]本义:作,起也。程传:若云两明,则是二明,不见"继明"之义,故云"明两",明而重两,谓相继也。作离,"明两"而为离,"继明"之义也。震巽之类,亦取涒随之义,然离之义尤重也。"大人",以德言则圣人,以位言则王者,大人观离明相继之象,以世继其明德,照临于四方,大凡以明相继,皆继明也,举其大者,故以世袭继照言之。

[2]程传:"履错"然欲动,而知敬慎不敢进,所以求辟免过咎也,居明而刚,故知而能"辟",不刚明则妄动矣。

[3]程传:所以"元吉"者,以其"得中道也",不云"正"者,离以中为重,所以成文明由中也,正在其中矣。

[4]程传:日既倾昃,明能久乎!明者知其然也,故求人以继其事,退处以休其身,安常处顺,何足以为凶也。

[5]本义:"无所容",言"焚""死""弃"也。程传:上陵其君,不顺所承。人恶众弃,天下所不容也。

[6]程传:六五之吉者,所丽得王公之正位也。据在上之势,而明察事理,畏惧忧虞以持之,所以能吉也,不然,岂能安乎。

[7]程传:王者用此上九之德,明照而刚断,以察除天下之恶,所以正治其邦国,刚明,居上之道也。(《释文》引王肃本有"获匪其丑"句,匪:非;丑:同类、随从。句意:执获的俘虏不是一般随从者。)

二、《象下传》

【原文】

山上有泽,咸。君子以虚受人。[1]"咸其拇",志在外也。[2]虽"凶居吉",顺不害也。[3]"咸其股",亦不处也。志在"随"人,所"执"下也。[4]"贞吉悔亡",未感害也。"憧憧往来",未光大也。[5]"咸其脢",志末也。[6]"咸其辅颊舌",滕口说也。[7]

【注释】

[1]本义:山上有泽,以虚而通也。程传:泽性润下,土性受润,泽在山上,而其渐润通彻,是二物之气相感通也。君子观山泽通气之象,而虚其中以受于人,夫人中虚则能受,实则不能入矣,虚中者无我也,中无私主,则无感不通,以量而容之,择合而受之,非圣人有感必通之道也。

[2]程传:初志之动,感于四也,故曰"在外",志虽动而感未深,如拇之动,未足以进也。

[3]程传:二居中得正,所应又中正,其才本善,以其在咸之时,质柔而上应,故戒以先动求君则凶,居以自守则吉。《象》复明之云,非戒之不得相感,唯顺理则不害,谓守道不先动也。

[4]本义:言"亦"者,因前二爻皆欲动而云也,二爻阴躁,其动也宜,九三阳刚,居止之极,宜静而动,可吝之甚也。程传:云"亦"者,盖象辞本不与易相比,自作一处,故诸爻之象辞,意有相续者,此言"亦"者,承上爻辞也,上云"咸其拇志在外也","虽凶居吉顺不害也","咸其股亦不处也"。前二阴爻皆有感而动,三虽阳爻亦然,故云"亦不处也"。"不处",谓动也,有刚阳之质,而不能自主,志反在于随人,是所操执者卑下之甚也。

[5]本义:"感害",言不正而感,则有害也。程传:贞则吉而悔亡,未为私感所害也,系私应则害于感矣,"憧憧往来",以私心相感,感之道狭矣,故云"未光大也"。

[6]本义:"志末"谓不能感物。程传:戒使背其心而咸脢者,为其存心浅末,系二而说上,感于私欲也。

[7]本义:"滕""腾"通用。程传:唯至诚为能感人,乃以柔说腾扬于口舌言说,岂能感于人乎。

【原文】

雷风,恒。君子以立不易方。[1]"浚恒"之"凶",始求深也。[2]"九二悔亡",能久中也。[3]"不恒其德",无所容也。[4]久非其位。安得"禽"也。[5]"妇人贞吉",从一而终也。"夫子"制义,从妇"凶"也。[6]"振恒"在上,大无功也。[7]

【注释】

[1]程传:君子观雷风相与成《恒》之象,以常久其德,自立于大中常久之道,不变易其方所也。

[2]程传:居恒之始,而求望于上之深,是知常而不知度势之甚也。所以"凶",阴暗不得恒之宜也。(浚恒:始求太久)

[3]程传:所以得"悔亡"者,由其能恒久于中也,人能恒久于中,岂止亡其悔,德之善也!

[4]程传:人既无恒,何所容处,当处之地,既不能恒,处非其据,岂能恒哉?是不恒之人,无所容处其身也。

[5]程传:处"非其位",虽久何所得乎,以田为喻,故云"安得禽"也。

[6]程传:如五之从二,在妇人则为正而吉,妇人以从为正,以顺为德,当终守于从一。夫子则以义制者也,从妇人之道,则为凶也。

[7]程传:居上之道,必有恒德,乃能有功。若躁动不常,岂能有所成乎!居上而不恒,其凶甚矣,《象》又言其不能有所成立,故曰"大无功也"。

【原文】

天下有山,遯。君子以远小人,不恶而严。[1]"遯尾"之"厉",不往何灾也。[2]"执用黄牛",固志也。[3]"系遯"之"厉",有疾惫也。"畜臣妾吉",不可大事也。[4]"君子好遯,小人否"也。[5]"嘉遯贞吉",以正志也。[6]"肥遯无不利",无所疑也。[7]

【注释】

[1]本义:天体无穷,山高有限,《遯》之象也。"严"者,君子自守之常,而小人自不能近。程传:天下有山,山下起而乃止,天上进而相违,是遯避之象也,君子观其象,以避远乎小人。远小人之道,若以恶声厉色,适足以致其怨忿,唯在乎矜庄威严,使知敬畏,则自然远矣。

[2]程传:见几先遯,固为善也,遯而为尾,危之道也,往既有危,不若不往而晦藏,可免于灾,处危故也。古人处微下,隐乱世,而不去者多矣。

[3]程传:上下以中顺之道相固结,其心志甚坚,扣执之以牛革也。(执用黄牛:用黄牛皮捆缚。)

[4]程传:遯而有系累,必以困惫致危。其有疾乃惫也。盖力亦不足矣,以此昵爱之心,畜养臣妾则吉,岂可以当大事乎。(系遯:经文是指捆绑小猪。)

[5]程传:君子虽有好而能遯,不失于义,小人则不能胜其私意,而至于不善也。

[6]程传：志正则动必由正，所以为遯之嘉也。居中得正而应中正，是其志正也。所以为吉，人之遯也止也，唯在正其志而已矣。（嘉遯：经文本指小猪受到赞美，而此是指受到赞美而退去。）

[7]程传：其遯之远，无所疑滞也。盖在外则已远，无应则无累，故为刚决无疑也。（肥遯：经文是指小猪被养肥，而此指从容退去。）

【原文】

雷在天上，大壮。君子以非礼弗履。[1]"壮于趾"，其"孚"穷也。[2]"九二贞吉"，以中也。[3]"小人用壮，君子用罔"也。[4]"藩决不羸"，尚往也。[5]"丧羊于易"，位不当也。[6]"不能退，不能遂"，不详也。"艰则吉"，咎不长也。[7]

【注释】

[1]本义：自胜者强。程传：雷震于天上，大而壮也，君子观《大壮》之象以行其壮。君子之大壮者，莫若克己复礼。古人云，自胜之谓强，《中庸》于和而不流，中立而不倚，皆曰强哉矫，赴汤火，蹈白刃，武夫之勇可能也，至于克己复礼，则非君子之大壮，不可能也，故云"君子以非礼弗履"。

[2]本义：言必穷困。程传：在最下而用壮以行，可必信其穷困而凶也。

[3]程传：所以贞正而吉者，以其得中道也，中则不失正，况阳刚而乾体乎。

[4]本义：小人以壮败，君子以罔困。程传：在小人则为用其强壮之力，在君子则为用罔，志气刚强，蔑视于事，靡所顾惮也。

[5]程传：刚阳之长，必至于极，四虽已盛，然其往未止也，以至盛之阳，用壮而进，故莫有当之，藩决开而不羸困其力也。"尚往"，其进不已也。（藩决不羸：羊触裂了藩篱，挣脱了绳索。）

[6]程传：所以必用柔和者，以阴柔居尊位故也。若以阳刚中正得尊位，则下无壮矣。以六五位不当也，故设"丧羊于易"之义。然大率治壮不可用刚，夫君臣上下之势，不相侔也，苟君之权足以制乎下，则虽有强壮跋扈之人，不足谓之壮，必人君之势有所不足，然后谓之治壮。故治壮之道，不可以刚也。（丧羊于易：丧失羊于场。易：场。）

[7]程传：非其处而处，故讲退不能。是其自处之不详慎也。"艰则吉"，柔遇艰难，又居壮终，自当变矣，变则得其分，过咎不长，乃吉也。（不详：不祥。）

【原文】

明出地上，晋。君子以自昭明德。[1]"晋如摧如"，独行正也。"裕无咎"，未受命也。[2]

"受兹介福",以中正也。[3]"众允"之,志上行也。[4]"鼫鼠贞厉",位不当也。[5]"失得勿恤",往有庆也。[6]"维用伐邑",道未光也。[7]

【注释】

[1]本义:"昭",明之也。程传:"昭",明之也。传曰昭德塞违,昭其度也君子观"明出地上"而益明盛之象。而以自昭其明德,去蔽致知,昭明德于己也。明明德于天下,昭明德于外也。明明德在己,故云"自昭"。

[2]本义:初居下位,未有官守之命。程传:无进无抑,唯独行正道也。宽裕则无咎者,始欲进而未当位故也。君子之于进退,或迟或速,唯义所当,未尝不裕也。圣人恐后之人,不达宽裕之义,居位者废职失守以为裕,故特云初六裕则无咎者,始进未受命当职任故也。若有官守,不信于上而失其职,一日不可居也,然事非一概,久速唯时,亦容有为之兆者。

[3]程传:"受兹介福,以中正"之道也,人能守中正之道,久而必亨,况大明在上而同德,必受大福也。

[4]程传:"上行",上顺丽于大明也。上从大明之君,众志之所同也。

[5]程传:贤者以正德宜在高位,不正而处高位,则为非据,贪而惧失则畏人,固处其地,危可知也。(鼫鼠:大老鼠。)

[6]程传:以大明之德,得下之附,推诚委任,则可以成天下之大功,是往而有福庆也。

[7]程传:"维用伐邑",既得"吉"而"无咎",复云"贞吝"者,其道未光大也。以正理言之,尤可吝也,夫道既光大,则无不中正,安有过也。今以过刚自治,虽有功矣,然其道未光大,故亦可吝,圣人言尽善之道。(维用伐邑:只用来讨伐邑国。道未光:上九处《晋》之终,离之极。日之偏,光明将息,其道未能光大。)

【原文】

明入地中,明夷。君子以莅众用晦而明。[1]"君子于行"。义"不食"也。[2]"六二"之"吉",顺以则也。[3]"南狩"之志,乃大得也。[4]"入于左腹",获心意也。[5]"箕子"之"贞","明"不可息也。[6]"初登于天",照四国也。"后入于地",失则也。[7]

【注释】

[1]程传:明所以照,君子无所不照,然用明之过,则伤于察,太察则尽事而无含弘之度,故君子观"明入地中"之象,于"莅众"也,不极其明察而"用晦",然后能容物和众,众亲而安。是用晦乃所以为明也。若自任其明,无所不察,则己不胜其忿疾,而无宽厚含容之

德，人情睽疑而不安，失莅众之道，适所以为不明也，古之圣人设前旒屏树者，不欲明之尽乎隐也。

[2]本义：唯义所在不食可也。程传：君子遯藏而困穷，义当然也。唯义之当然，故安处而无闷，虽不食可也。

[3]程传：六二之得吉者，以其顺处而有法则也。"则"，谓中正之道。能顺而得中正，所以处明伤之时，而能保其吉也。

[4]程传：夫以下之明，除上之暗，其志在去害而已，如商周之汤武，岂有意于利天下乎。"得其大首"，是能去害而大得其志矣。志苟不然，乃悖乱之事也。（南狩：到南方放火烧草以狩猎。）

[5]程传："入于左腹"，谓以邪僻之道，入于君而得其心意也，得其心，所以终不悟也。

[6]程传：箕子晦藏，不失其贞固，虽遭患难，其明自存，不可灭息也。若逼祸患，遂失其所守，则是亡其明，乃灭息也。古之人，如扬雄者是也。（箕子：商末纣王伯父。）

[7]本义："照四国"，以位言。程传："初登于天"，居高而明，则当照及四方也，乃被伤而昏暗，是"后入于地"，失明之道也。"失则"，失其道也。

【原文】

风自火出，家人。君子言有物，而行有恒。[1]"闲有家"，志未变也。[2]"六二"之"吉"，顺以巽也。[3]"家人嗃嗃"，未失也。"妇子嘻嘻"，失家节也。[4]"富家大吉"，顺在位也。[5]"王假有家"，交相爱也。[6]"威如"之"吉"，反身之谓也。[7]

【注释】

[1]本义：身修则家治矣。程传：正家之本，在正其身。正身之道，一言一动，不可易也，君子观风自火出之象，知事之由内而出，故所言必有物，所行必有恒也。"物"，谓事实。"恒"，谓常度法则也。德业之著于外，由言行之谨于内也，言慎行修，则身正而家治矣。

[2]本义：志未变而豫防之。程传：闲之于始，家人志意未变动之前也。正志未流散，变动而闲之，则不伤恩，不失义，处家之善也，是以"悔亡"。志变而后治，则所伤多矣，乃有悔也。

[3]程传：二以阴柔居中正，能顺从而卑巽者也，故为妇人之贞吉也。

[4]程传：虽"嗃嗃"于治家之道，未为甚失，若"妇子嘻嘻"，是无礼法，失家之节，家必乱矣。（家人嗃嗃：家人经常受到嗃嗃严叱。嗃嗃：严厉叱责声。）

[5]程传：以巽顺而居正，位正而巽顺，能保有其富者也，"富家"之"大吉"也。

[6]本义：程子曰：夫爱其内助，妇爱其刑家。程传："王假有家"之道者，非止能使之

顺从而已,必致其心化诚合,夫爱其内助,妇爱其刑家,"交相爱"也。能如是者,文王之妃乎,若身修法立而家未化,未得为"假有家"之道也。

[7]本义:谓非作威也,反身自治,则人畏服之矣。程传:治家之道,以正身为本,故云"反身之谓"。爻辞谓治家当有威严,而夫子又复戒云,当先严其身也。威严不先行于己,则人怨而不服,故云"威如"而"吉"者,能自反于身也。孟子所谓身不行道,不行于妻子也。

【原文】

上火下泽,睽。君子以同而异。[1]"见恶人",以辟"咎"也。[2]"遇主于巷",未失道也。[3]"见舆曳",位不当也。"无初有终",遇刚也。[4]"交孚无咎",志行也。[5]"厥宗噬肤","往"有庆也。[6]"遇雨"之"吉",群疑亡也。[7]

【注释】

[1]本义:二卦合体,而性不同。程传:"上火下泽",二物之性违异,所以为睽离之象。君子观睽异之象,于大同之中,而知所当异也。夫圣贤之处世,在人理之常,莫不大同,于世俗所同者,则有时而独异。盖于秉彝则同矣,于世俗之失则异也,不能大同者,乱常拂理之人也,不能独异者,随俗习非之人也,要在同而能异耳。《中庸》曰和而不流是也。

[2]程传:睽离之时,人情乖违,求和合之,且病其不能得也,若以恶人而拒绝之,则将众仇于君子,而祸咎至矣,故必见之,所以免避怨咎也,无怨咎,则有可合之道。

[3]本义:本其正应,非有邪也。程传:当睽之时,君心未合,贤臣在下,竭力尽诚,期使之信合而已。至诚以感动之,尽力以扶持之,明义理以致其知,杜蔽惑以诚其意,如是宛转以求其合也。"遇"非枉道迎逢也,"巷"非邪僻由径也,故夫子特云"遇主于巷,未失道也",未非此也,非必谓失道也。

[4]程传:以六居三,非正也。非正则不安,又在二阳之间,所以有如是艰厄,由"位不当也,无初有终"者,终必与上九相遇而合,乃"遇刚也",不正而合,未有久而不离者也,合以正道,自无终睽之理,故贤者顺理而安行,知者知几而固守。(见舆曳:见车被牵引。)

[5]程传:初四皆阳刚君子,当睽乖之时,上下以至诚相交,协志同力,则其志可以行,不止无咎而已。卦辞但言"无咎",夫子又从而明之,云可以行其志,救时之睽也,盖以君子阳刚之才,而至诚相辅,何所不能济也,唯有君子,则能行其志矣。

[6]程传:爻辞但言"厥宗噬肤",则可以往而无咎,《象》复推明其义,言人君虽己才不足,若能信任贤辅,使以其道深入于己,则可以有为,是往而有福庆也。(厥宗噬肤:其与宗族人一起吃肉。厥:其。噬:吃。肤:柔软的肉。)

[7]程传：“雨”者，阴阳和也，始睽而能终和，故吉也。所以能和者，以群疑尽亡也，其始睽也，无所不疑，故云"群疑"，睽极而合，则皆亡也。

【原文】

山上有水，蹇。君子以反身修德。[1]"往蹇来誉"，宜待也。[2]"王臣蹇蹇"，终无尤也。[3]"往蹇来反"，内喜之也。[4]"往蹇来连"，当位实也。[5]"大蹇朋来"，以中节也。[6]"往蹇来硕"，志在内也。"利见大人"，以从贵也。[7]

【注释】

[1]程传：山之峻阻。上复有水，坎水为险陷之象，上下险阻，故为蹇也。君子观蹇难之象，而以"反身修德"，君子之遇艰阻，必反求诸己而益自修。孟子曰：行有不得者，皆反求诸己。故遇艰蹇，必自省于身有失而致之乎，是反身也，有所未善，则改之。无歉于心，则加勉，乃自修其德也，君子修德以俟时而已。

[2]程传：方蹇之初，进则益蹇，时之未可进也，故宜见几而止，以待时可行而后行也。诸爻皆蹇往而善来，然则无出蹇之义乎。曰：在蹇而往，则蹇也，蹇终则变矣，故上已有硕义。

[3]本义：事虽不济，亦无可尤。程传：虽艰厄于蹇时，然其志在济君难，虽未能成功，然终无过尤也，圣人取其志义而谓其"无尤"，所以劝忠荩也。

[4]程传："内"，在下之阴也。方蹇之时，阴柔不能自立，故皆附于九三之阳而喜爱之。九之处三，在蹇为得其所也，处蹇而得下之心，可以求安，故以"来"为"反"，犹春秋之言归也。

[5]程传：四当蹇之时，居上位，不往而来，与下同志，固足以得众矣，又以阴居阴，为得其实，以诚实与下，故能连合而下之。二三亦各得其实，初以阴居下，亦其实也，当同患之时，相交以实其合可知，故来而连者，当位以实也，处蹇难，非诚实何以济，当位不曰正而曰实，上下之交，主于诚实，用各有其所也。

[6]程传："朋"者，其朋类也。五有中正之德，而二亦中正，虽大蹇之时，不失其守，蹇与蹇以相应助，是以其中正之节也。上下中正而弗济者，臣之才不足也。自古守节秉义，而才不足以济者，岂少乎，汉李固、王允，晋周𫖮、王导之徒是也。（大蹇朋来：有大难，朋友来相助。）

[7]程传：上六应三而从五，志在内也。蹇既极而有助，是以硕而吉也。六以阴柔当蹇之极，密近刚阳中正之君，自然其志从附以来自济，故"利见大人"，谓从九五之贵也，所以云"从贵"，恐人不知大人为指五也。

【原文】

雷雨作，解。君子赦过宥罪。[1]刚柔之际，义"无咎"也。[2]"九二贞吉"，得中道也。[3]"负且乘"，亦可丑也。自我致戎，又谁咎也。[4]"解而拇"，未当位也。[5]"君子有解"，"小人"退也。[6]"公用射隼"，以解悖也。[7]

【注释】

[1]程传：天地解散而成雷雨，故"雷雨作"而为解也，与"明两"而作离语不同。"赦"，释之；"宥"，宽之。过失则赦之可也，罪恶而赦之，则非义也，故宽之而已。君子观雷雨作解之象，体其发育，则施恩仁，体其解散，则行宽释也。

[2]程传：初四相应，是刚柔相际接也。刚柔相际，为得其宜，艰既解而处之，刚柔得宜，其"义无咎"也。

[3]程传：所谓"贞吉"者，得其中道也。除去邪恶，使其中直之道得行，乃正而吉也。

[4]程传：负荷之人，而且乘载，为可丑恶也，处非其据，德不称其器，则寇戎之致，乃己招取，将谁咎乎？圣人又于《系辞》明其致寇之道，谓作《易》者其知盗乎！盗者乘衅而至，苟无衅隙，则盗安能犯？"负者小人之事，乘者君子之器"，以小人而乘君子之器，非其所能安也，故盗乘衅而夺之，小人而居君子之位，非其所能堪也，故满假而陵慢其上，侵暴其下，盗则乘其过恶而伐之矣。"伐"者，声其罪也，"盗"，横暴而至者也，货财而轻慢其藏，是教诲乎盗使取之也！女子而夭冶其容，是教诲淫者使暴之也，小人而乘君子之器，是招盗使夺之也，皆自取之之谓也。

[5]程传：四虽阳刚，然居阴，于正疑不足，若复亲比小人，则其失正必矣，故戒必"解其拇"，然后能来君子，以其处未当位也。"解"者，本合而离之也，必解拇而后朋孚，盖君子之交，而小人容于其间，是与君子之诚未至也。

[6]程传：君子之所解者，谓退去小人也，小人去，则君子之道行，是以吉也。

[7]程传：至解终而未解者，悖乱之大者也，射之所以解之也，解则天下平矣。（公用射隼：王公射鹗鸟。隼：鹰之属。以解悖：上六居卦之上而得正，故能解除悖逆。）

【原文】

山下有泽，损。君子以惩忿窒欲。[1]"已事遄往"，尚合志也。[2]"九二利贞"，中以为志也。[3]"一人行"，"三"则疑也。[4]"损其疾"，亦可"喜"也。[5]"六五元吉"，自上祐也。[6]"弗损益之"，大得志也。[7]

【注释】

[1]本义:君子修身所当损者,莫切于此。程传:山下有泽,气通上润与深下以增高,皆损下之象。君子观《损》之象,以损于己,在修己之道所当损者,唯"忿"与"欲",故以惩戒其忿怒,窒塞其意欲也。

[2]本义:"尚""上"通。程传:"尚",上也。时之所崇用为尚,初之所尚者,与上合志也。四赖于初,初益于四,与上合志也。

[3]程传:九居二,非正也,处说,非刚也,而得中为善。若守其中德,何有不善,岂有中而不正者,岂有中而有过者。二所谓"利贞",谓以中为志也,志存乎中,则自正矣,大率中重于正,中则正矣,正不必中也,能守中则有益于上矣。

[4]程传:一人行而得一人,乃得友也;若三人行,则疑所与矣,理当损去其一人,损其余也。

[5]程传:损其所疾,固可喜也。云"亦",发语辞。

[6]程传:所以得"元吉"者,以其能尽众人之见,合天地之理,故自上天降之福祐也。

[7]程传:居上不损下而反益之,是君子大得行其志也,君子之志,唯在益于人而已。

【原文】

风雷,益。君子以见善则迁,有过则改。[1]"元吉无咎",下不厚事也。[2]"或益之",自外来也。[3]"益用凶事",固有之也。[4]"告公从",以益志也。[5]"有孚惠心","勿问"之矣。"惠我德",大得志也。[6]"莫益之",偏辞也。"或击之",自外来也。[7]

【注释】

[1]本义:风雷之势,交相助益,迁善改过,益之大者,而其相益亦犹是也。程传:风烈则雷迅,雷激则风怒,二物相益者也。君子观风雷相益之象,而求益于己。为益之道,无若"见善则迁,有过则改"也,见善能迁,则可以尽天下之善,有过能改,则无过矣,益于人者,无大于是。

[2]本义:下本不当任厚事,故不如是,不足以塞咎也。程传:在下者本不当处厚事。"厚事",重大之事也,以为在上所住,所以当大事,必能济大事,而致"元吉",乃为无咎,能致"元吉",则在上者任之为知人,己当之为胜任,不然,则上下皆有咎也。

[3]本义:"或"者,众无定主之辞。程传:既中正虚中,能受天下之善而固守,则有有益之事,众人自外来益之矣。或曰"自外来"岂非谓五乎?曰如二之中正虚中,天下孰不愿益之,五为正应,固在其中矣。

[4]本义:"益用凶事",欲其困心衡虑而"固有之也"。程传:六三益之独可用于凶事

者,以其"固有之也",谓专固自任其事也,居下当禀承于上,乃专任其事,唯救民之凶灾,拯时之艰急,则可也,乃处急难变故之权宜,故得"无咎",若平时则不可也。

[5]程传:爻辞但云,得"中行",则"告公"而获从。《象》复明之曰:"告公"而获"从"者,告之以益天下之志也,志苟在于益天下,上必信而从之,事君者不患上之不从,患其志之不诚也。

[6]程传:人君有至诚惠益天下之心,其元吉不假言也。故云"勿问之矣",天下至诚怀吾德以为惠,是其道大行,人君之志得矣。

[7]本义:"莫益之"者,犹从其求益之偏辞而言也,若究而言之,则又有击之者矣。程传:理者天下之至公,利者众人所同欲,苟公其心,不失其正理,则与众同利,无侵于人,人亦欲与之,若切于好利,蔽于自私,求自益以损于人。则人亦与之力争,故莫肯益之而有击夺之者矣。云"莫益之"者,非其偏已之辞也,苟不偏已,合于公道,则人亦益之,何为击之乎! 既求益于人,至于甚极,则人皆恶而欲攻之,故击之者"自外来"也。人为善,则千里之外应之,六二中正虚己,益之者自外而至是也;苟为不善,则千里之外违之,上九求益之极,击之者自外而至是也。《系辞》曰:"君子安其身而后动,易其心而后语,定其交而后求,君子修此三者故全也,危以动,则民不与也,惧以语,则民不应也,无交而求,则民不与也,莫之与,则伤之者至矣。《易》曰:'莫益之,或击之,立心勿恒凶'。"君子言动与求,皆以其道,乃完善也,不然,则取伤而凶矣。

【原文】

泽上于天,夬。君子以施禄及下,居德则忌。[1]"不胜"而"往","咎"也。[2]"有戎勿恤",得中道也。[3]"君子夬夬",终"无咎"也。[4]"其行次且",位不当也。"闻言不信",聪不明也。[5]"中行无咎",中未光也。[6]"无号"之"凶",终不可长也。[7]

【注释】

[1]本义:"泽上于天",溃决之势也,"施禄及下",溃决之意也,"居德则忌"未详。程传:泽,水之聚也,而上于天至高之处,故为《夬》象。君子观泽决于上而注溉于下之象,则以"施禄及下",谓施其禄泽以及于下也,观其决溃之象,则以"居德则忌"。"居德",谓安处其德。"则",约也。"忌",防也,谓约立防禁,有防禁则无溃散也,王弼作"明忌",亦通。不云泽在天上,而云泽上于天,上于天,则意不安而有决溃之势,云在天上,乃安辞也。

[2]程传:人之行,必度其事可为,然后决之,则无过矣。理不能胜而且往,其咎可知,凡行而有咎者,皆决之过也。

[3]程传:暮夜有兵戎,可惧之甚也,然可勿恤者,以自处之善也,既得中道,又知惕

惧，且有戒备，何事之足恤也。九居二虽得中，然非正，其为至善何也？曰：阳决阴，君子决小人而得中，岂有不正也，知时识势，学《易》之大方也。

[4]程传：牵梏于私，好，由无决也。君子义之与比，决于当决，故终不至于有咎也。（夬夬：刚决而不疑。）

[5]程传：九处阴，位不当也，以阳居柔，失其刚决，故不能强进，"其行次且"，刚然后能明，处柔则迁，失其正性，岂复有明也。故"闻言"而不能"信"者，盖其"聪"听之"不明"也。（其行次且：行动趄趄困难。次且：趄趄，即行动不便。）

[6]本义：《程传》备矣。程传：卦辞言"夬夬"，则于中行为无咎矣。《象》复尽其义云"中未光也"。夫人心正意诚，乃能极中正之道，而充实光辉，五心有所比，以义之不可而决之，虽行于外，不失中正之义，可以"无咎"。然于中道未得为光大也，盖人心一有所欲，则离道矣，夫子于此，示人之意深矣！

[7]程传：阳刚君子之道，进而益盛，小人之道，既已穷极，自然消亡，岂复能长久乎。虽号咷无以为也，故云"终不可长也"。先儒以卦中有"孚号""惕号"，欲以"无号"为"无号"作去声，谓无用更加号令，非也。一卦中适有两去声字一平声字何害，而读《易》者，率皆疑之，或曰：圣人之于天下，虽大恶未尝必绝之也，今直使之"无号"，谓必有凶可乎。曰：夬者，小人之道，消亡之时也，决去小人之道，岂必尽诛之乎！使之变革，乃小人之道亡也，道亡乃其凶也。

【原文】

天下有风，姤。后以施命诰四方。[1]"系于金柅"，柔道牵也。[2]"包有鱼"，义不及"宾"也。[3]"其行次且"，行未牵也。[4]"无鱼"之"凶"，远民也。[5]"九五含章"，中正也。"有陨自天"，志不舍命也。[6]"姤其角"，上穷"吝"也。[7]

【注释】

[1]程传：风行天下，无所不周，为君后者观其周遍之象，以施其命令，用诰四方也。"风行地上"，与"天下有风"，皆为周遍庶物之象，而行于地上，遍触万物则为《观》，经历观省之象也，行于天下，周遍四方，则为《姤》，施发命令之象也。诸象或称"先王"，或称"后"，或称"君子""大人"。称"先王"者，先王所以立法制、建国、作乐、省方、敕法、闭关、育物、享帝，皆是也。称"后"者，后王之所为也，"财成天地之道"，"施命诰四方"是也。"君子"则上下之通称，"大人"者，王公之通称。

[2]本义："牵"，进也，以其进，故止之。程传："牵"者，引而进也，阴始生而渐进，柔道方牵也，系之于"金柅"，所以止其进也，不使进，则不能消正道，乃"贞吉"也。（系于金柅：

牵制铜车闸煞车。系：有牵引之义。柅：训为车闸。）

[3]程传：二之遇初，不可使有二于外，当如包苴之有鱼，包苴之鱼，义不及于宾客也。（包有鱼：厨房有鱼。包：庖。）

[4]程传：其始志在求遇于初，故其行迟迟。"未牵"，不促其行也，既知危而改之，故未至于大咎也。（次且：趑趄，即行动不便。）

[5]本义：民之去已，犹己远之。程传：下之离，由己致之，"远民"者，己远之也，为上者有以使之离也。

[6]程传：所谓"含章"，谓其含蕴中正之德也，德充实，则成章而有辉光。"命"，天理也。"舍"，违也。至诚中正，屈己求贤，有志合于天理，所以"有陨自天"，必得之矣。（志不舍命：是说有陨自天，命中有之，故志不违舍。舍：违。）

[7]程传：既处穷上，刚亦极亦，是上穷而致吝也。以刚极居高而求遇，不亦难乎。（姤其角：与其角相遇。上穷"吝"：上九阳刚居高而遇，故必困穷而致难。）

【原文】

泽上于地，萃。君子以除戎器，戒不虞。[1]"乃乱乃萃"，其志乱也。[2]"引吉无咎"，中未变也。[3]"往无咎"，上巽也。[4]"大吉无咎"，位不当也。[5]"萃有位"，志未光也。[6]"赍咨涕洟"，未安上也。[7]

【注释】

[1]本义："除"者，修而聚之之谓。程传：泽上于地，为萃聚之象，君子观《萃》象，以除治戎器，用戒备于不虞。凡物之萃，则有不虞度之事，故众聚则有争，物聚则有夺，大率既聚则多故矣，故观《萃》象而戒也。"除"，谓简治也，去弊恶也，除而聚之，所以"戒不虞"也。

[2]程传：其心志为同类所惑乱，故乃萃于群阴也，不能固其守，则为小人所惑乱而失其正矣。

[3]程传：萃之时以得聚为吉，故九四为得上下之萃，二与五虽正应，然异处有间，乃当萃而未合者也，故能相引而萃，则吉而无咎，以其有中正之德，未遽至改变也，变则不相引矣。或曰：二既有中正之德，而《象》云"未变"，辞若不足，何也？曰：群阴比处，乃其类聚，方萃之时，居其间能自守不变，远须正应，刚立者能之，二阴柔之才，以其有中正之德，可觊其未至于变耳，故《象》含其意以存戒也。

[4]程传：上居柔说之极，三往而无咎者，上六巽顺而受之也。

[5]程传：以其位之不当，疑其所为未能尽善，故云必得"大吉"，然后为"无咎"也。非尽善，安得为大吉乎。

[6]本义:"未光",谓匪孚。程传:《象》举爻上句,王者之志,必欲诚信著于天下,有感必通,含生之类,莫不怀归,若尚有"匪孚",是其志之"未光"大也。

[7]程传:小人所处,常失其宜。既贪而从欲,不能自择安地,至于困穷,则颠沛不知所为,六之"涕洟",盖不安于处上也。君子慎其所处,非义不居,不幸而有危困,则泰然自安,不以累其心。小人居不择安,常履非据,及其穷迫,则陨获躁挠,甚至"涕洟",为可羞也。"未"者,非遽之辞,犹俗云未便也,未便能安于上也,阴而居上,孤处无与,既非其据,岂能安乎。(赍咨:钱财丧失;涕洟:眼泪、鼻涕。)

【原文】

地中生木,升。君子以顺德,积小以高大。[1]"允升大吉",上合志也。[2]"九二"之"孚",有喜也。[3]"升虚邑",无所疑也。[4]"王用亨于岐山",顺事也。[5]"贞吉升阶",大得志也。[6]"冥升"在上,消不富也。[7]

【注释】

[1]本义:王肃本"顺"作"慎",今案他书引此,亦多作"慎",意尤明白,盖古字通用也,说见上篇《蒙》卦。程传:木生地中,长而上升,为《升》之象。君子观《升》之象,以顺修其德,积累微小以至高大也,顺则可进,逆乃退也。万物之进,皆以顺道也,"善不积不足以成名",学业之充实,道德之崇高,皆由积累而至,积小所以成高大,升之义也。

[2]程传:与在上者合志同升也。"上",谓九二,从二而升,乃与二同志也,能信从刚中之贤,所以"大吉"。(允升:进升。)

[3]程传:二能以孚诚事上,则不唯为臣之道无咎而已,可以行刚中之道,泽及天下,是"有喜也"。凡《象》言有庆者,如是则有福庆及于物也,言有喜者,事既善而又有可喜也,如《大畜》"童牛之牿元吉",《象》云"有喜",盖"牿"于"童"则易,又免强制之难,是有可喜也。

[4]程传:入无人之邑,其进无疑阻也。(升虚邑:登上高丘之上邑城。虚:丘。)

[5]本义:以顺而升,登祭于山之象。程传:四居近君之位而当升时,得"吉"而"无咎"者,以其有顺德也,以柔居坤,顺之至也,文王之亨于岐山,亦以顺时而已,上顺于上,下顺乎下,已顺处其义,故云"顺事也"。(王用亨于岐山:大王祭祀于岐山。亨:祭祀。)

[6]程传:倚任贤才而能贞固,如是而升,可以致天下之大治,其志可大得也,君道之升,患无贤才之助尔,有助,则犹自阶而升也。

[7]程传:昏冥于升极,上而不知已,唯有消亡,岂复有加益也,"不富",无复增益也,升既极,则有退而无进也。("冥升"在上:"冥升"在上爻;上:上六。上六之辞为"冥升"。阴为"不富")

【原文】

泽无水,困。君子以致命遂志。[1]"入于幽谷",幽不明也。[2]"困于酒食",中有庆也。[3]"据于蒺藜",乘刚也。"入于其宫,不见其妻",不祥也。[4]"来徐徐",志在下也,虽不当位,有与也。[5]"劓刖",志未得也。"乃徐有说",以中直也。"利用祭祀",受福也。[6]"困于葛藟",未当也。"动悔有悔","吉"行也。[7]

【注释】

[1]本义:水下漏,则泽上枯,故曰"泽无水","致命",犹言授命,言持以与人而不之有也,能如是则虽困而亨矣。程传:"泽无水",困乏之象也,君子当困穷之时,既尽其防虑之道而不得免,则命也,当推致其命以遂其志,知命之当然也。则穷塞祸患,不以动其心,行吾义而已。苟不知命,则恐惧于险难,陨获于穷厄,所守亡矣,安能遂其为善之志乎。

[2]程传:"幽不明也",谓益入昏暗,自陷于深困也,明则不至于陷矣。

[3]程传:虽困于所欲,未能施惠于人,然守其刚中之德,必能致亨而有福庆也。虽使时未亨通,守其中德,亦君子之道亨,乃"有庆也"。(困于酒食:被酒食所困,即指醉酒。)

[4]程传:"据于蒺藜",谓乘九二之刚,不安,犹藉刺也。"不祥"者,不善之征,失其所安者,不善之效,故云:"不见其妻,不祥也。"(据于蒺藜:有蒺藜占据。据:占据。乘刚:六三乘凌九二之刚。)

[5]程传:四应于初而隔于二,志在下求,故徐徐而来,虽居不当位为未善,然其正应相与,故有终也。

[6]程传:始为阴掩,无上下之与,方困未得志之时也。徐而有说,以中直之道,得在下之贤,共济于困也,不曰中正与二合者,云"直"乃宜也,"直"比正意差缓,尽其减意,如"祭祀"然。以求天下之贤,则能亨天下之困,而亨受其福庆也。(劓刖:古代一种刑法,割鼻称"劓",断足称"刖"。乃徐有说:于是徐徐脱落下。说:脱。)

[7]程传:为困所缠而不能变,未得其道也,是处之未当也。知动则得悔,遂有悔而去之,可出于困,是其行而吉也。(困于葛藟:被草莽所困。葛藟:葛藤草类。)

【原文】

木上有水,井。君子以劳民劝相。[1]"井泥不食",下也。"旧井无禽",时舍也。[2]"井谷射鲋",无与也。[3]"井渫不食",行"恻"也。求"王明","受福"也。[4]"井甃无咎",修井也。[5]"寒泉"之"食",中正也。[6]"元吉"在"上",大成也。[7]

【注释】

[1]本义：木上有水，津润上行，《井》之象也。"劳民"者以君养民，"劝相"者使民相养，皆取井养之义。程传：木承水而上之，乃器汲水而出井之象，君子观《井》之象，法《井》之德，以劳徕其民，而劝勉以相助之道也，劳徕其民，法《井》之用也，劝民使相助，法《井》之施也。

[2]本义：言为时所弃。程传：以阴而居井之下，泥之象也，无水而泥，人所不食也，人不食，则水不上，无以及禽鸟，禽鸟亦不至矣。见其不能济物，为时所舍置不用也，若能及禽鸟，是亦有所济也。"舍"，上声，与《乾》之"时舍"音不同。（井泥不食：井中有泥水不能食用。旧井无禽：废弃的井连禽鸟也不至。时舍：指井当随时而舍弃。）

[3]程传：井以上出为功，二阳刚之才，本可济用，以在下而上无应援，是以下比而"射鲋"，若上有与之者，则当汲引而上，成井之功矣。（井谷射鲋：井底射小鱼。鲋：小鱼。"无与"，即无所应援。）

[4]本义："行恻"者，行道之人，皆以为恻。程传："井渫"，治而不见食，乃人有才知而不见用，以不得行为忧恻也。既以不得行为"恻"，则岂免有求也，故求王明而受福，志切于行也。（井渫：井已修好。渫：治。行"恻"：《尔雅·释诂》"行，言也"，此指言恻。恻：忧伤。）

[5]程传：甃者，修治于井也，虽不能大其济物之功，亦能修治不废也，故"无咎"，仅能免咎而已，若在刚阳，自不至如是，如是则可咎矣。

[6]程传："寒泉"而可食，井道之至善者也，九五中正之德，为至善之义。（"寒泉"之"食"：冰冷的泉水可以食用。）

[7]程传：以大善之吉在卦之上，井道之大成也，井以上为成功。

【原文】

泽中有火，革。君子以治历明时。[1]"巩用黄牛"，不可以有为也。[2]"巳日革之"，行有嘉也。[3]"革言三就"，又何之矣。[4]"改命"之"吉"，信志也。[5]"大人虎变"，其文炳也。[6]"君子豹变"，其文蔚也。"小人革面"，顺以从君也。[7]

【注释】

[1]本义：四时之变，革之大者。程传：水火相息为革。"革"，变也。君子观变革之象，推日月星辰之迁易，以治历数，明四时之序也。夫变易之道，事之至大，理之至明，迹之至著，莫如四时。观四时而顺变革，则"与天地合其序"矣。

[2]程传：以初九时位才皆不可以有为，故当以中顺自固也。（巩用黄牛：用黄牛皮革巩固。）

[3]程传：已日而革之，征则吉而无咎者，行则有嘉庆也，谓可以革天下之弊，新天下之事，处而不行，是无救弊济世之心，失时而有咎也。

[4]本义：言已审。程传：稽之众论，至于"三就"，事至当也，又何之矣，乃俗语更何往也！如是而行，乃顺理时行，非己之私意所欲为也，必得其宜矣。（革言三就：变革须经三次详审才能成功。又何之矣：又有何往。）

[5]程传：改命而吉，以上下信其志也。诚既至，则上下信矣。革之道，以上下之信为本，不当不孚则不信，当而不信，犹不可行也，况不当乎。

[6]程传：事理明著，若虎文之炳焕明盛也，天下有不孚乎。（大人虎变：大人于变革之际像虎换毛一样。其文炳：九五居中处尊，以象大人革命如虎纹彪炳。炳：明亮、显著。）

[7]程传：君子从化迁善，成文彬蔚，章见于外也，中人以上，莫不变革，虽不移之小人，则亦不敢肆其恶。革易其外，以顺从君上之教令，是革面也，至此革道成矣。小人勉而假善，君子所容也，更往而治之，则凶矣。（君子豹变：君子于变革之时，如豹换毛一样。其文蔚：此指上六处卦之上，以象君子变革如豹纹茂密。蔚：草多貌，此指豹纹茂密成斑。小人革面：小人改变昔日面目。）

【原文】

木上有火，鼎。君子以正位凝命。[1]"鼎颠趾"，未悖也。"利出否"，以从贵也。[2]"鼎有实"，慎所之也。"我仇有疾"，终无尤也。[3]"鼎耳革"，失其义也。[4]"覆公餗"，信如何也。[5]"鼎黄耳"，中以为实也。[6]"玉铉"在"上"，刚柔节也。[7]

【注释】

[1]本义：鼎，重器也。故有"正位凝命"之意。"凝"，犹至道不凝之凝，《传》所谓协于上下以承天休者也。程传："木上有火"，以木巽火也，烹饪之象，故为鼎，君子观《鼎》之象，以"正位凝命"。鼎者，法象之器，其形端正，其体安重，取其端正之象，则以正其位，谓正其所居之位，君子所处必正，其小至于席不正不坐，毋跛毋倚，取其安重之象，则凝其命令，安重其命令也。"凝"，聚止之义谓安重也，今世俗有凝然之语，以命令而言耳，凡动为皆当安重也。

[2]本义：鼎而"颠趾"，悖道也。而因可"出否以从贵"，则未为悖也，"从贵"，谓应四，亦为取新之意。程传：鼎，覆而趾颠，悖道也。然非必为悖者，盖有倾出否恶之时也。去故而纳新，泻恶而受美，从贵之义也，应于四，上从于贵者也。（利出否：利于逐斥妇人。否：帛书《易》爻辞作"妇"。）

[3]本义：有实而不谨其所往，则为仇所即而陷于恶矣。程传：鼎之有实，乃人之有才

业也。当慎所趋向,不慎所往,则亦陷于非义,二能不昵于初,而上从六五之正应,乃是慎所之也。"我仇有疾",举上文也,"我仇"对己者,谓初也,初比己而非正,是"有疾"也。既自守以正,则彼不能即我,所以终无过尤也。(我仇有疾:我妻有病。仇:指妻子。古代称理想的妻子为妃,不称心的妻子为仇。)

[4]程传:始与鼎耳革异者,失其相求之义也,与五非应,失求合之道也。不中,非同志之象也,是以其行塞而不通,然上明而下才,终必和合,故"方雨"而"吉"也。(鼎耳革:鼎耳变形。)

[5]本义:言失信也。程传:大臣当天下之任,必能成天下之治安,则不误君上之所倚。下民之所望,与己致身任道之志,不失所期,乃所谓信也,不然,则失其职,误上之委任,得为信乎,故曰"信如何也"。(覆公悚:把王公的珍馐倒出。)

[6]程传:六五以得中为善,是以中为实德也,五之所以聪明应刚,为鼎之主,得鼎之道,皆由得中也。(鼎黄耳:鼎器有黄色的耳。)

[7]程传:刚而温,乃有节也。上居成功致用之地,而刚柔中节,所以"大吉无不利"也。《井》《鼎》皆以上出为成功,而《鼎》不云"元吉"何也?曰《井》之功用皆在上出,又有博施有常之德,是以"元吉"。《鼎》以烹饪为功,居上为成,德与井异,以"刚柔节",故得"大吉"也。

【原文】

洊雷,震。君子以恐惧修省。[1]"震来虩虩",恐致福也。"笑言哑哑","后"有则也。[2]"震来厉",乘刚也。[3]"震苏苏",位不当也。[4]"震遂泥",未光也。[5]"震往来厉",危行也。其事在中,大"无丧"也。[6]"震索索",中未得也。虽"凶""无咎",畏邻戒也。[7]

【注释】

[1]程传:"洊",重袭也,上下皆震,故为"洊雷",雷重仍则威益盛,君子观洊雷威震之象,以恐惧自修饬循省也。君子畏天之威,则修正其身,思省其过咎而改之,不唯雷震,凡遇惊惧之事,皆当如是。(洊:重、再。修省:修身省察。)

[2]程传:震来而能恐惧周顾,则无患矣,是能因恐惧而反致福也。因恐惧而自修省,不敢违于法度,是由震而后有法则,故能保其安吉,而"笑言哑哑"也。(震来虩虩:雷电袭来,令人恐惧。笑言哑哑:主祭者谈笑自如。后有则:不失去法度。)

[3]程传:当震而乘刚,是以彼厉而己危,震刚之来,其可御乎。

[4]程传:其恐惧自失"苏苏"然,由其所处不当故也,不中不正,其能安乎。(震苏苏:震雷令人畏惧不安。苏苏:恐惧状。)

[5]程传:阳者刚物,震者动义,以刚处动,本有光亨之道,乃失其刚正而陷于重阴,以致"遂泥",岂能光也!云"未光",见阳刚本能震也,以失德故"泥"耳。(震遂泥:雷进入泥土中。)

[6]程传:往来皆厉,行则有危也。动皆有危,唯在无丧其事而已,"其事",谓中也,能不失其中,则可自守也。"大无丧",以无丧为大也。(震往来厉:震雷来往危厉。)

[7]本义:"中",谓中心。程传:所以恐惧自失如此,以未得于中道也。谓过中也使之得中,则不至于"索索"矣,极而复征则凶也,若能见邻戒而知惧,变于未极之前,则"无咎"也,上六动之极,震极则有变义也。(索索:恐惧不安。)

【原文】

兼山,艮。君子以思不出其位。[1]"艮其趾",未失正也。[2]"不拯其随",未退听也。[3]"艮其限",危熏心也。[4]"艮其身",止诸躬也。[5]"艮其辅",以中正也。[6]"敦艮"之"吉",以厚终也。[7]

【注释】

[1]程传:上下皆山,故为"兼山"。此而并彼为兼,谓重复也,重艮之象也。君子观艮止之象,而思安所止,"不出其位"也。"位"者,所处之分也,万事各有其所,得其所,则止而安,若当行而止,当速而久,或过或不及,皆出其位也,况逾分非据乎。

[2]程传:当止而行,非正也,止之于初,故未至失正,事止于始则易,而未至于失也。(艮其趾:脚趾不动。)

[3]本义:三止乎上,亦不肯退而听乎二也。程传:所以不拯之而唯随者,在上者未能下从也,"退听",下从也。

[4]程传:谓其固止不能进退,危惧之虑,常熏烁其中心也。(艮其限:腰不能动。限:人体中部,即腰。危熏心:危厉中心急如焚。)

[5]程传:不能为天下之止,能止于其身而已,岂足称大臣之位也。(艮其身:使整个身体不动。)

[6]本义:"正"字羡文,叶韵可见。程传:五之所善者,中也。"艮其辅",谓止于中也,言以得中为正,止之于辅,使不失中,乃得正也。(艮其辅:使面颊不动。辅:面颊。)

[7]程传:天下之事,唯终守之为难,能敦于止有终者也,上之吉,以其能厚于终也。

【原文】

山上有木,渐。君子以居贤德善俗。[1]"小子"之"厉",义"无咎"也。[2]"饮食衎衎",不素饱也。[3]"夫征不复",离群丑也。"妇孕不育",失其道也。"利用御寇",顺相保也。[4]"或得其桷",顺以巽也。[5]"终莫之胜吉",得所愿也。[6]"其羽可用为仪吉",不可乱也。[7]

【注释】

[1]本义:二者皆当以渐而进,疑"贤"字衍,或"善"下有脱字。程传:"山上有木",其高有因,渐之义也,君子观《渐》之象以居贤善之德,化美于风俗,人之进于贤德,必有其渐,习而后能安,非可陵节而遽至也。在己且然,教化之于人,不以渐,其能入乎,移风移俗,非一朝一夕所能成,故善俗必以渐也。

[2]程传:虽"小子"以为危厉,在义理实"无咎也"。

[3]本义:"素饱",如《诗》言"素餐",得之以道,是不为徒饱而处之安矣。程传:爻辞以其进之安平,故取饮食和乐为言,夫子恐后人之未喻,又释之云中正君子,遇中正之主,渐进于上,将行其道以及天下,所谓"饮食衎衎",谓其得志和乐,不谓空饱饮食而已。"素",空也。(饮食衎衎:饮食和乐。衎衎:和乐。不素饱:不仅为吃饱饭而处之。素:空。)

[4]程传:"夫征不复",则失渐之正,从欲而失正,离判其群类,为可丑也。卦之诸爻,皆无不善,若独失正,是离其群类,"妇孕"不由其道,所以"不育"也。所利在"御寇",谓以顺道相保。君子之与小人比也,自守以正,岂唯君子之完其己而已乎,亦使小人得不陷于非义,是以顺道相保,御止其恶,故曰"御寇"。(离群丑:九三依附群类。)

[5]程传:"桷"者平安之处,求安之道,唯顺与巽,若其义顺正,其处卑巽,何处而不安。如四之顺正而巽,乃得"桷"也。(或得其桷:有鸿栖息在橡木上。)

[6]程传:君臣以中正相交,其道当行,虽有间其间者,终岂能胜哉?徐必得其所愿,乃渐之吉也。

[7]本义:渐进愈高,而不为无用,其志卓然,岂可得而乱哉。程传:君子之进,自下而上,由微而著,跬步造次,莫不有序,不失其序,则无所不得其吉,故九虽穷高而不失其吉,可用为仪法者,以其有序而不可乱也。

【原文】

泽上有雷,归妹。君子以永终知敝。[1]"归妹以娣",以恒也。"跛能履吉",相承也。[2]"利幽人之贞",未变常也。[3]"归妹以须",未当也。[4]"愆期"之志,有待而行也。[5]"帝乙归妹","不如其娣之袂良"也。其位在中,以贵行也。[6]"上六无实","承"虚"筐"也。[7]

【注释】

[1]本义:雷动泽随,《归妹》之象。君子观其合之不正,知其终之有敝也,推之事物,

莫不皆然。程传：雷震于上，泽随而动，阳动于上，阴说而从，女从男之象也，故为归妹。君子观男女配合生息相续之象，而以永其终知有敝也。"永终"，谓生息嗣续永久其传也。"知敝"，谓知物有敝坏而为相继之道也。女归则有生息，故有永终之义。又夫妇之道，当常永有终，必知其有敝坏之理而戒慎。敝坏，谓离隙。归妹说以动者也，异乎恒之巽而动，渐之止而巽也。少女之说，情之感动，动则失正，非夫妇正而可常之道，久必敝坏，知其必敝，则当思永其终也。天下之反目者，皆不能永终者也，不独夫妇之道，天下之事，莫不有终有敝，莫不有可继可久之道，观《归妹》则当思永终之戒也。

[2]本义：恒，谓有常久之德。程传：归妹之义，以说而动，非夫妇能常之道，九乃刚阳，有贤贞之德，虽娣之微，乃能以常者也，虽在下不能有所为，如跛者之能履，然征而吉者，以其能相承助也，能助其君，娣之吉也。

[3]程传：守其幽贞，未失夫妇常正之道也。世人以媟狎为常，故以贞静为变常，不知乃常久之道也。(利幽人之贞：宜于囚人之占。幽人：囚人；贞：占。)

[4]程传："未当"者，其处其德其求归之道，皆不当，故无取之者，所以"须"也。

[5]程传：所以"愆期"者，由己而不由彼，贤女人所愿取，所以"愆期"。乃其志欲有所待，待得佳配而后行也。[愆期：(少女出嫁)延误日期。]

[6]本义：以其有中德之贵而行，故不尚饰。程传：以"帝乙归妹"之道言，其"袂不如其娣之袂良"，尚礼而不尚饰也。五以柔中在尊高之位，以尊贵而行中道也。柔顺降屈，尚礼而不尚饰，乃中道也。[不如其娣之袂良：(其君夫人衣饰)不如其陪嫁妹妹衣饰好看。袂：衣袖；良：好。]

[7]程传："筐无实"，是空筐也。空筐可以祭乎，言不可以奉祭祀也，女不可以承祭祀，则离绝而已，是女归之无终者也。

【原文】

雷电皆至，丰。君子以折狱致刑。[1]"虽旬无咎"，过旬灾也。[2]"有孚发若"，信以发志也。[3]"丰其沛"，不可大事也。"折其右肱"，终不可用也。[4]"丰其蔀"，位不当也。"日中见斗"，幽不明也。"遇其夷主"，"吉"行也。[5]"六五"之"吉"，"有庆"也。[6]"丰其屋"，天际翔也。"窥其户，阒其无人"，自藏也。[7]

【注释】

[1]本义：取其威照并行之象。程传：雷电皆至，明震并行也，二体相合，故云"皆至"。明动相资，成《丰》之象。离，明也，照察之象。震，动也，威断之象。"折狱"者必照其情实，唯明克允，致刑者以威于奸恶，唯断乃成。故君子观雷电明动之象，以"折狱致刑"也。《噬

嗑》言先王"饬法",《丰》言君子"折狱",以明在上而丽于威震,王者之事,故为制刑立法,以明在下而丽于威震,君子之用,故为"折狱致刑",《旅》明在上而云君子者,《旅》取慎用刑与不留狱,君子皆当然也。

[2]本义:戒占者不可求胜其配,亦爻辞外意。程传:圣人因时而处宜,随事而顺理,夫势均则不相下者,常理也,然有虽敌而相资者,则相求也。初四是也,所以虽旬而无咎也。与人同而力均者,在乎降己以相求,协力以从事,若怀先己之私,有加上之意,则患当至矣,故曰"过旬灾也"。均而先己,是过旬也,一求胜则不能同矣。

[3]程传:"有孚发若",谓以己之孚信,感发上之心志也,苟能发,则其吉可知,虽柔暗有可发之道也。(有孚发若:有诚信而发。信以发志:六二居中得正,可以感发丰大之志。信:释"孚"。)

[4]程传:三应于上,上应而无位,阴柔无势力而处既终,其可共济大事乎!既无所赖,如右肱之折,终不可用矣。(丰其沛:昏暗不断变大。折其右肱:折断了右臂。)

[5]程传:"位不当",谓以不中正居高位,所以暗而不能致丰,"日中见斗,幽不明也",谓幽暗不能光明,君阴柔而臣不中正故也,"遇其夷主吉,行也"。阳刚相遇,吉之行也,下就于初,故云行,下求则为吉也。(蔀:遮光物。遇其夷主:遇见西戎族首领。)

[6]程传:其所谓吉者,可以有庆福及于天下也,人君虽柔暗,若能用贤才,则可以为天下之福,唯患不能耳。

[7]本义:"藏",谓障蔽。程传:六处丰大之极,在上而自高,若飞翔于天际,谓其高大之甚,窥其户而无人者,虽居丰大之极,而实无位之地,人以其昏暗自高大,故皆弃绝之,自藏避而弗与亲也。

【原文】

山上有火,旅。君子以明慎用刑,而不留狱。[1]"旅琐琐",志穷"灾"也。[2]"得童仆贞",终无尤也。[3]"旅焚其次",亦以伤矣。以旅与下,其义"丧"也。[4]"旅于处",未得位也。"得其资斧","心"未"快"也。[5]"终以誉命",上逮也。[6]以"旅"在"上",其义"焚"也。"丧牛于易",终莫之闻也。[7]

【注释】

[1]本义:慎刑如山,不留如火。程传:火之在高,明无不照,君子观明照之象,则"以明慎用刑"。明不可恃,故戒于慎,明而止,亦慎象。观火行不处之象,则"不留狱",狱者不得已而设,民有罪而入,岂可留滞淹久也。

[2]程传:志意穷迫,益自取灾也,灾眚对言则有分,独言则谓灾患耳。(旅琐琐:旅途

中猥琐卑贱。志穷"灾":初六之阴处卦最下而失正,故旅时,心志穷困狭隘而有灾。)

[3]程传:羁旅之人,所赖者童仆也,既得童仆之忠贞,终无尤悔矣。

[4]本义:以旅之时,而与下之道如此,义当丧也。程传:旅焚失其次舍,亦以困伤矣,以旅之时,而与下之道如此,义当丧也。在旅而以过刚自高待下,必丧其忠贞,谓失其心也,在旅而失其童仆之心,为可危也。

[5]程传:四以近君为当位,在旅五不取君义,故四为"未得位也",曰:然则以九居四不正为有咎矣。曰:以刚居柔,旅之宜也。九以刚明之才,欲得时而行其志,故虽得"资斧",于旅为善,其心志未快也。

[6]本义:"上逮",言其誉命闻于上也。程传:有文明柔顺之德,则上下与之。"逮",与也,能顺承于上而上与之,为上所逮也。在上而得乎下,为下所上逮也,在旅而上下与之,所以致"誉命"也。"旅"者,困而未得所安之时也,"终以誉命",终当致誉命也。已"誉命"则非旅也,困而亲寡则为旅,不必在外也。

[7]程传:以旅在上,而以尊高自处,岂能保其居。其义当有焚巢之事,方以极刚自高为得志而笑,不知丧其顺德于躁易,是终莫之闻,谓终不自闻知也,使自觉知,则不至于极而"号咷"矣,阳刚不中而处极,固有高亢躁动之象,而火复炎上,则又甚焉。(丧牛于易:把牛丢失在疆场。易:场。)

【原文】

随风,巽。君子以申命行事。[1]"进退",志疑也。"利武人之贞",志治也。[2]"纷若"之"吉",得中也。[3]"频巽"之"吝",志穷也。[4]"田获三品",有功也。[5]"九五"之"吉",位正中也。[6]"巽在床下",上穷也。"丧其资斧",正乎"凶"也。[7]

【注释】

[1]本义:"随",相继之义。程传:两风相重,随风也。"随",相继之义,君子观重巽相继以顺之象,而以申命令,行政事。随与重,上下皆顺也,上顺下而出之,下顺上而从之,上下皆顺,重巽之义也。命令政事,顺理则合民心,而民顺从矣。

[2]程传:进退不知所安者,其志疑惧也,利用武人之刚贞以立其志,则其"志治也"。"治",谓修立也。

[3]程传:二以居柔在下,为过巽之象,而能使通其诚意者众多纷然,由得中也。阳居中,为中实之象,中既诚实,则人自当信之,以诚意则非谄畏也,所以"吉"而"无咎"。

[4]程传:三之才质,本非能巽,而上临之以巽,承重刚而履刚,势不得行其志,故频失而频巽,是其志穷困,可"吝"之甚也。(频巽:多次占筮。)

[5]程传：巽于上下，如田之获三品而遍及上下，成巽之功也。（田获三品：田猎获三品之兽。）

[6]程传：九五之吉，以处正中也，得正中之道则吉，而其悔亡也。"正中"，谓不过无不及，正得其中也，处柔巽与出命令，唯得中为善，失中则悔也。

[7]本义：正乎凶，言必凶。程传："巽在床下"，过于巽也，处卦之上，巽至于穷极也。居上而过极于巽，至于自失，得为正乎，乃凶道也，巽本善行，故疑之曰得为正乎，复断之曰乃凶也。

【原文】

丽泽，兑。君子以朋友讲习。[1] "和兑"之"吉"，行未疑也。[2] "孚兑"之"吉"，信志也。[3] "来兑"之"凶"，位不当也。[4] "九四"之"喜"，有庆也。[5] "孚于剥"，位正当也。[6] "上六引兑"，未光也。[7]

【注释】

[1]本义：两泽相丽，互相滋益，"朋友讲习"，其象如此。程传："丽泽"，二泽相附丽也，两泽相丽，交相浸润，互有滋益之象，故君子观其象，而"以朋友讲习"。"朋友讲习"，互相益也，先儒谓天下之可说，莫若朋友讲习。"朋友讲习"，固可说之大者，然当明相益之象。

[2]本义：居卦之初，其说也正，未有所疑也。程传：有求而和，则涉于邪谄，初随时顺处，心无所系，无所为也，以和而已，是以吉也。象又以其处说在下而非中正，故云"行未疑也"。其行未有可疑，谓未见其有失也。若得中正，则无是言也，说以中正为本，爻直陈其义，《象》则推而尽之。

[3]程传：心之所存为"志"，二刚实居中，孚信存于中也，志存诚信，岂至说小人而自失乎，是以"吉"也。

[4]程传：自处不中正，无与而妄求说，所以凶也。

[5]程传：所谓"喜"者，若守正而君说之，则得行其阳刚之道，而福庆及物也。

[6]本义：与《履》九五同。程传：戒"孚于剥"者，以五所处之位，正当戒也，密比阴柔，有相说之道，故戒在信之也。（孚于剥：存诚信于剥离之道。）

[7]程传：说既极矣，又引而长之，虽说之之心不已，而事理已过，实无所说，事之盛则有光辉，既极而强引之长，其无意味甚矣，岂有光也。"未"，非必之辞，象中多用，非必能有光辉，谓不能光也。

【原文】

风行水上,涣。先王以享于帝,立庙。[1]"初六"之"吉",顺也。[2]"涣奔其机",得愿也。[3]"涣其躬",志在外也。[4]"涣其群元吉",光大也。[5]"王居无咎",正位也。[6]"涣其血",远害也。[7]

【注释】

[1]本义:皆所以合其散。程传:"风行水上",有涣散之象。先王观是象,救天下之涣散,至于享帝立庙也,收合人心,无如宗庙,祭祀之报,出于其心,故享帝立庙,人心之所归也。系人心合离散之道,无大于此。

[2]程传:初之所以"吉"者,以其能顺从刚中之才也,始涣而用拯,能顺乎时也。

[3]程传:涣散之时,以合为安,二居险中,急就于初,求安也,赖之如机而亡其悔,乃得所愿也。(涣奔其机:水流奔到房子台阶。)

[4]程传:志应于上,在外也。与上相应,故其身得免于涣而无悔,"悔亡"者,本有而得亡,"无悔"者,本无也。(涣其躬:大水冲击自身。)

[5]程传:称"元吉"者,谓其功德"光大也","元吉""光大"不在五而在四者,二爻之义通言也,于四言其施用,于五言其成功,君臣之分也。(涣其群:水冲及众人。)

[6]程传:"王居",谓正位,人君之尊位也。能如五之为,则居尊位为称而"无咎"也。

[7]程传:若如《象》文为"涣其血",乃与"屯其膏"同也,义则不然:盖"血"字下脱"去"字。"血去惕出",谓能远害则"无咎"也。(涣其血:水披离散失,以示伤害消失。)

【原文】

泽上有水,节。君子以制数度,议德行。[1]"不出户庭",知通塞也。[2]"不出门庭凶",失时极也。[3]"不节"之"嗟",又谁"咎"也。[4]"安节"之"亨",承上道也。[5]"甘节"之"吉",居位中也。[6]"苦节贞凶",其道穷也。[7]

【注释】

[1]程传:泽之容水有限,过则盈溢,是有节,故为《节》也。君子观《节》之象,以制立"数度",凡物之大小轻重高下文质,皆有"数度",所以为节也。"数",多寡;"度",法制。"议德行"者,存诸中为德,发于外为行,人之德行,当"议"则中节。"议",谓商度求中节也。

[2]程传:爻辞于《节》之初,戒之谨守,故云"不出户庭"则"无咎"也,《象》恐人之泥于言也,故复明之云,虽当谨守"不出户庭",又必知时之通塞也。通则行,塞则止。义当出则出矣,尾生之信,水至不去,不知通塞也,故君子贞而不谅。《系辞》所解独以"言"者,在

人所节唯"言"与"行",节于"言"则"行"可知,"言"当在先也。

[3]程传:不能上从九五刚中正之道,成节之功,乃系于私昵之阴柔,是"失时"之至极,所以凶也,"失时",失其所宜也。

[4]本义:此无咎与诸爻异,言无所归咎也。程传:节则可以免过,而不能自节以致可嗟,将谁咎乎。

[5]程传:四能安节之义非一,《象》独举其重者,上承九五刚中正之道以为节,足以亨矣,余善亦不出于中止也。

[6]程传:既居尊位,又得中道,所以吉而有功。节以中为贵,得中则正矣,正不能尽中也。

[7]程传:节既苦而贞固守之,则凶。盖节之道至于穷极矣。

【原文】

泽上有风,中孚。君子以议狱缓死。[1]"初九虞吉",志未变也。[2]"其子和之",中心愿也。[3]"或鼓或罢",位不当也。[4]"马匹亡",绝类上也。[5]"有孚挛如",位正当也。[6]"翰音登于天",何可长也。[7]

【注释】

[1]本义:风感水受,《中孚》之象,"议狱缓死",中孚之意。程传:"泽上有风",感于泽中,水体虚故风能入之,人心虚,故物能感之。风之动乎泽,犹物之感于中,故为《中孚》之象。君子观其象以"议狱"与"缓死",君子之于"议狱",尽其忠而已,于决死,极于恻而已,故诚意常求于缓。"缓",宽也,于天下之事,无所不尽其忠,而"议狱缓死",最其大者也。

[2]程传:当信之始,志未有所存,而虞度所信,则得其正,是以吉也。盖其志未有变动,志有所从,则是变动,虞之不得其正矣,在初言求所信之道也。(虞吉:安乐则有吉。虞:安。)

[3]程传:"中心愿",谓诚意所愿也,故通而相应。

[4]程传:居不当位,故无所主,唯所信是从,所处得正,则所信有方矣。

[5]程传:绝其类而上从五也。"类",谓应也。

[6]程传:五居君位之尊,由中正之道,能使天下信之,如拘挛之固,乃称其位。人君之道,当如是也。(有孚挛如:有诚信系恋。挛:恋。)

[7]程传:守孚至于穷极而不知变,岂可长久也,固守而不通,如是则凶也。(翰音登于天:以鸡祭天。翰音:鸡,凡祭宗庙之礼,祭品中鸡曰"翰音"。)

【原文】

山上有雷,小过。君子以行过乎恭,丧过乎哀,用过乎俭。[1]"飞鸟以凶",不可如何也。[2]"不及其君","臣"不可过也。[3]"从或戕之","凶"如何也。[4]"弗过遇之",位不当也。"往厉必戒",终不可长也。[5]"密云不雨",已上也。[6]"弗遇过之",已亢也。[7]

【注释】

[1]本义:"山上有雷",其声小过,三者之过,皆小者之过,可过于小而不可过于大。可以小过而不可甚过,《象》所谓"可小事而宜下"者也。程传:雷震于山上,其声过常,故为《小过》。天下之事,有时当过,而不可过甚,故为《小过》,君子观《小过》之象,事之宜过者则勉之,"行过乎恭,丧过乎哀,用过乎俭",是也,当过而过,乃其宜也,不当讨而过则过矣。

[2]程传:其过之疾,如飞鸟之迅,岂容救止也,凶其宜矣,"不可如何",无所用其力也。

[3]本义:所以不及君而还遇臣者,以"臣不可过"故也。程传:过之时,事无不过其常,故于上进,则戒及其君,臣不可过,臣之分也。

[4]程传:阴过之时,必害于阳,小人道盛,必害君子,当过为之防,防之不至,则为其所戕矣,故曰"凶如何也",言其甚也。(弗过遇之:没有过失而相遇。)

[5]本义:爻义未明,此亦当阙。程传:"位不当",谓处柔,九四当过之时,不过刚而反居柔,乃得其宜,故曰"遇之",遇其宜也。以九居四,"位不当也",居柔乃遇其宜也,当阴过之时,阳退缩自保足矣,终岂能长而盛也,故往则有危,必当戒也。"长",上声,作平声,则大失易意,以《夬》与《剥》观之,可见与《夬》之象,文同而音异也。(往厉必戒:前往有危厉,必须戒备。)

[6]本义:"已上",太高也。程传:阳降阴升,合则和而成雨,阴已在上,云虽密岂能成雨乎,阴过不能成大之义也。(密云不雨:阴云密布而不下雨。已上:先儒释此象为六五之阴过九三、九四之阳而上,阴阳不交,不能形成雨而降下。)

[7]程传:居过之终,弗遇于理而过之,过已亢极,其凶宜也。

【原文】

水在火上,既济。君子以思患而豫防之。[1]"曳其轮",义"无咎"也。[2]"七日得",以中道也。[3]"三年克之",惫也。[4]"终日戒",有所疑也。[5]"东邻杀牛","不如西邻"之时也。"实受其福",吉大来也。[6]"濡其首厉",何可久也。[7]

【注释】

[1]程传：水火既交，各得其用为《既济》，时当《既济》，唯虑患害之生，故思而豫防，使不至于患也，自古天下既济，而致祸乱者，盖不能"思患而豫防"也。

[2]程传：《既济》之初，而能止其进，则不至于极，其义自"无咎"也。（曳其轮：拖拉车轮。）

[3]程传：中正之道，虽不为时所用，然无终不行之理，故"丧茀"七日当复得，谓自守其中，异时必行也，不失其中则正矣。

[4]程传：言"惫"以见其事之至难，在高宗为之则可，无高宗之心，则贪忿以殃民也。

[5]程传：终日戒惧，常疑患之将至也，处《既济》之时，当畏慎如是也。

[6]程传：五之才德非不善，不如二之时也，二在下有进之时，故中正而孚，则其"吉大来"，所谓受福也。"吉大来"者，在《既济》之时为大来也，亨小初吉是也。（东邻杀牛：东邻杀牛举行大的祭祀。"不如西邻"之时：不如西邻所处之时。）

[7]程传：《既济》之穷，危至于濡首，其能长久乎。

【原文】

火在水上，未济。君子以慎辨物居方。[1]"濡其尾"，亦不知极也。[2]"九二贞吉"，中以行正也。[3]"未济征凶"，位不当也。[4]"贞吉悔亡"，志行也。[5]"君子之光"，其晖"吉"也。[6]"饮酒濡首"，亦不知节也。[7]

【注释】

[1]本义：水火异物，各居其所，故君子观象而审辨之。程传：水火不交，不相济为用，故为《未济》。火在水上，非其处也，君子观其处不当之象，以慎处于事物，辨其所当，各居其方，谓止于其所也。（火性炎上、水性润下，二者不交通，故为《未济》之象。）

[2]本义："极"字未详，考上下韵亦不叶，或恐是"敬"字，今且阙之。程传：不度其才力而进，至于濡尾，是不知之极也。

[3]本义：九居二。本非正，以中故得正也。程传：九二得正而吉者，以"曳轮"而得中道乃正也。

[4]程传：三征则凶者，以"位不当也"，谓阴柔不中正，无济险之才也，若能涉险以从应则利矣。

[5]程传：如四之才与时合，而加以贞固，则能行其志，吉而悔亡，鬼方之伐，贞之至也。

[6]本义:"晖"者,光之散也。程传:光盛则有晖。"晖",光之散也。君子积充而光盛,至于有晖,善之至也,故重云"吉"。

[7]程传:"饮酒"至于"濡首","不知节"之甚也,所以至如是,不能安义命也,能安则不失其常矣。

第四章 《系辞传》

根据《周易本义》,"系辞"本谓文王周公所作之辞,系于卦爻之下者,即今经文。此篇乃孔子所述《系辞》之传也,以其通论一经之大体凡例,故无经可附,而自分上下云。《系辞传》是《周易》的通论:追述《易》的起源,阐释其哲理及其作用,兼释卦义以补《彖传》《象传》《说卦传》之不足,并对占筮方法做了说明。《朱子语类》云:"熟读六十四卦,则觉得《系辞》之语,甚为精密,是《易》之括例。又云,《系辞》或言造化以及《易》,或言《易》以及造化,不出此理。"[1] "系"有"系属"之义。孔颖达疏:"系属其辞于爻卦之下。"《系辞传》提出的核心思想是"一阴一阳之谓道。"如《庄子》所说:"《易》以道阴阳。"《系辞传》分章,先儒多有不同,这里从马融、荀爽、姚信等说法,上篇为十三章,下篇为十二章。

一、《系辞上传》

【原文】

(一)天尊地卑,乾坤定矣。卑高以陈,贵贱位矣。动静有常,刚柔断矣。方以类聚,物以群分,吉凶生矣。在天成象,在地成形,变化见矣。[1]是故刚柔相摩,八卦相荡。[2]鼓之以雷霆,润之以风雨。日月运行,一寒一暑。[3]乾道成男,坤道成女。[4]乾知大始,坤作成物。[5]乾以易知,坤以简能。[6]易则易知,简则易从。易知则有亲,易从则有功。有亲则可久,有功则可大。可久则贤人之德,可大则贤人之业,[7]易简而天下之理得矣。天下之理得,而成位乎其中矣。[8]

【注释】

[1]本义:"天地"者,阴阳形气之实体,"乾坤"者,《易》中纯阴纯阳之卦名也;"卑高"者,天地万物上下之位,"贵贱"者,《易》中卦爻上下之位也;"动"者,阳之常,"静"者,阴之常,"刚柔"者,《易》中卦爻阴阳之称也;"方",谓事情所向,言事物善恶,各以"类"分,而"吉凶"者,《易》中卦爻占决之辞也;"象"者,日月星辰之属,"形"者,山川动植之属,"变化"者,《易》中蓍策卦爻,阴变为阳,阳化为阴者也。此言圣人作《易》,因阴阳之实体,为卦爻之法象,庄周所谓《易》以道阴阳,此之谓也。

[2]本义:此言《易》卦之变化也:六十四卦之初,刚柔两画而已,两相摩而为四,四相

---

[1] 本章《朱子语类》引语皆转引自李光地纂,刘大钧整理:《周易折中》,巴蜀书社,2008年,第403页。

摩而为八,八相荡而为六十四。《朱子语类》云:"摩"是那两个物事相摩戛,"荡"则是圜转推荡将出来,"摩"是八卦以前事,"荡"是八卦以后为六十四卦底事,荡是有那八卦了,团旋推荡那六十四卦出来。

[3]本义:此变化之成象者。孔颖达曰:八卦既相推荡,各有功之所用也,鼓动之以震雷离电,滋润之以巽风坎雨,离日坎月,运动而行,一节为寒,一节为暑,不云乾坤艮兑者,乾坤上下备言,雷电风雨亦出山泽也。

[4]本义:此变化之"成形"者。《朱子语类》云:天地父母,分明是一理,乾道成男,坤道成女,则凡天下之男皆乾之气,天下之女皆坤之气。

[5]本义:"知",犹主也,乾主始物,而坤作成之,承上文男女而言乾坤之理。盖凡物之属乎阴阳者,莫不如此。大抵阳先阴后,阳施阴受,阳之轻清未形,而阴之重浊有迹也。《朱子语类》云:"知"训"管"字,不当解作"知见"之"知",大始未有形,知之而已,"成物"乃流行之时,故有为。

[6]本义:乾健而动,即其所知,便能始物而无所难。故为以易而知"大始",坤顺而静,凡其所能,皆从乎阳而不自作,故为以简而能"成物"。

[7]本义:人之所为,如乾之易,则其心明白而人易知,如坤之简,则其事要约而人易从。"易知",则与之同心者多,故"有亲","易从",则与之协力者众,故"有功"。有亲则一于内,故"可久",有功则兼于外,故"可大"。"德",谓得于己者。"业",谓成于事者。上言乾坤之德不同,此言人法乾坤之道至此,则可以为贤矣。孔颖达曰:初始无形,未有营作,故但云"知"也,已成之物,事可营为,故云"作"也。"易"谓易略,无所造为,以此为知,故曰"乾以易知"。"简"谓简省,不须繁劳,以此为能,故曰"坤以简能"。若于物艰难,则不可以知,若于事繁劳,则不可能也。"易知则有亲"者,性意易知,心无险难,则相和亲。"易从则有功"者,于事易从不有繁劳,其功易就。"有亲则可久"者,物既和亲,无相残害,故"可久"也。"有功则可大"者,事业有功,则积渐可大。"可久则贤人之德"者,使物长久,是贤人之德,"可大则贤人之业"者,功业既大,则是贤人事业。

[8]本义:"成位",谓成人之位,"其中",谓天地之中。至此则体道之极功,圣人之能事,可以与天地参矣。程子曰:天下之理,易简而已,有理而后有象成位在乎中也。

【原文】

(二)圣人设卦观象系辞焉而明吉凶,[1] 刚柔相推而生变化。[2]是故吉凶者,失得之象也;悔吝者,忧虞之象也;[3]变化者,进退之象也;刚柔者,昼夜之象也。六爻之动,三极之道也。[4]是故君子所居而安者,易之序也;所乐而玩者,爻之辞也。[5]是故君子居则观其象而玩其辞,动则观其变而玩其占。是以"自天祐之,吉无不利"。[6]

【注释】

[1]本义：象者，物之似也，此言圣人作《易》，观卦爻之象，而系以辞也。

[2]本义：言卦爻阴阳迭相推荡，而阴或变阳，阳或化阴，圣人所以观象而系辞，众人所以因蓍而求卦者也。

[3]本义："吉凶""悔吝"者，《易》之辞也；"失得""忧虞"者，事之变也。得则吉，失则凶，忧虞虽未至凶，然已足以致悔而取羞矣。盖"吉凶"相对，而"悔吝"居其中间，"悔"自凶而趋吉，"吝"自吉而向凶也，故圣人观卦爻之中，或有此象，则系之以此辞也。《朱子语类》云："悔"属阳，"吝"属阴，"悔"是逞快作出事来有错失处，这便生悔，所以属阳，"吝"是那限限衰衰，不分明底，所以属阴，亦犹骄是气盈，吝是气歉。

[4]本义：柔变而趋于刚者，退极而进也，刚化而趋于柔者，进极而退也。既变而刚，则昼而阳矣，既化而柔，则夜而阴矣，六爻初二为地，三四为人，五上为天，"动"，即变化也，"极"，至也，"三极"，天地人之至理，三才各一太极也，此明刚柔相推以生变化，而变化之极，复为刚柔，流行于一卦六爻之间，而占者得因所值以断吉凶也。

[5]本义："易之序"，谓卦爻所著事理当然之次第；"玩"者，观之详。《朱子语类》："序"是次序，谓卦爻之初终，如"潜""见""飞""跃"，循其序则安。

[6]本义：象辞变已见上，凡单言"变"者，化在其中。"占"，谓其所值吉凶之决也。

【原文】

(三)象者，言乎象者也；爻者，言乎变者也。[1]吉凶者，言乎其失得也。悔吝者，言乎其小疵也。无咎者，善补过也。[2]是故列贵贱者存乎位，齐小大者存乎卦，辩吉凶者存乎辞，[3]忧悔吝者存乎介，震无咎者存乎悔。[4]是故，卦有小大，辞有险易。辞也者，各指其所之。[5]

【注释】

[1]本义："象"，谓卦辞，文王所作者。"爻"，谓爻辞，周公所作者。"象"，指全体而言，"变"，指一节而言。

[2]本义：此卦爻辞之通例。

[3]本义："位"，谓六爻之位。"齐"，犹定也。"小"谓阴，"大"谓阳。《朱子语类》：问：上下贵贱之位何也。曰：二四则四贵而二贱，五三则五贵而三贱，上初则上贵而初贱，上虽无位，然本是贵重，所谓"贵而无位，高而无民"，在人君则为天子父，为天子师，在他人则清高而在物外不与事者，此所以为贵也。

[4]本义："介"，谓辨别之端，盖善恶已动而未形之时也，于此忧之，则不至于"悔吝"

矣。震,动也,知悔,则有以动其补过之心,而可以无咎矣。

[5]本义:"小"险"大"易,各随所向。《朱子语类》云:"卦有小大",看来只是好底卦便是大,不好底卦便是小。如《复》如《泰》,如《大有》如《夬》之类,尽是好底卦;如《睽》如《困》如《小过》之类,尽是不好底。所以谓"卦有小大,辞有险易",大卦辞易,小卦辞险,即此可见。

【原文】

(四)易与天地准,故能弥纶天地之道。[1]仰以观于天文,俯以察于地理,是故知幽明之故,原始反终,故知死生之说。精气为物,游魂为变,是故知鬼神之情状。[2]与天地相似,故不违。知周乎万物而道济天下,故不过。旁行而不流,乐天知命,故不忧。安土敦乎仁,故能爱。[3]范围天地之化而不过,曲成万物而不遗,通乎昼夜之道而知,故神无方而易无体。[4]

【注释】

[1]本义:《易》书卦爻,具有天地之道,与之齐准。"弥",如弥缝之弥,有终竟联合之意。"纶",有选择条理之意。(准:等同、齐平。弥纶:包罗、统摄。)

[2]本义:此穷理之事。"以"者,圣人以《易》之书也。"易"者,阴阳而已,"幽明""死生""鬼神",皆阴阳之变,天地之道也。"天文"则有昼夜上下,"地理"则有南北高深,"原"者,推之于前。"反"者,要之于后,阴精阳气,聚而成物,"神"之伸也,魂游魄降,散而为变,"鬼"之归也。程子曰:"原始"则足以知其"终","反终"则足以知其"始","死生之说",如是而已矣。《朱子语类》云:魄为鬼,魂为神,《礼记》有孔子答宰我问,正说此理甚详。宰我曰:吾闻鬼神之名,不知其所谓。子曰:气也者,神之盛也。魄也者,鬼之盛也。合鬼与神,教之至也,注,气,谓嘘吸出入者也,耳目之聪明为魄。《杂书》云:魂,人阳神也。魄,人阴神也。亦可取。

[3]本义:此圣人尽性之事也,天地之道,知仁而已,知周万物者,天也。道济天下者,地也。"知"且"仁",则知而不过矣。"旁行"者,行权之知也。"不流"者,守正之仁也。既乐天理,而又知天命,故能无忧而其知益深,随处皆安而无一息之不仁,故能不忘其济物之心,而仁益笃。盖仁者爱之理,爱者仁之用,故其相为表里如此。《朱子语类》云:"安土"者,随所寓而安,若自择安处,便只知有己,不知有物也。此厚于仁者之事,故"能爱"。

[4]本义:此圣人至命之事也。"范",如铸金之有模范。"围",匡郭也。天地之化无穷,而圣人为之"范围",不使过于中道,所谓"裁成"者也。"通",犹兼也。"昼夜",即幽明死生鬼神之谓,如此然后可见至神之妙,无有方所,《易》之变化,无有形体也。

【原文】

（五）一阴一阳之谓道。[1]继之者,善也;成之者,性也。[2]仁者见之谓之仁,知者见之谓之知。百姓日用而不知,故君子之道鲜矣。[3]显诸仁,藏诸用,鼓万物而不与圣人同忧,盛德大业至矣哉。[4]富有之谓大业,日新之谓盛德。[5]生生之谓易,成象之谓乾,效法之谓坤。[6]极数知来之谓占,通变之谓事,阴阳不测之谓神。[7]

【注释】

[1]本义:阴阳迭运者,气也,其理则所谓道。程子曰:离了阴阳,便无道,所以阴阳者,是道也。阴阳气也,气是形而下者,道是形而上者。

[2]本义:道具于阴而行乎阳。"继",言其发也。"善",谓化育之功,阳之事也。"成",言其具也。"性",谓物之所受,言物生则有性,而各具是道也,阴之事也。周子程子之书,言之备矣。《朱子语类》云:造化所以发育万物者,为"继之者善",各正其性命者,为"成之者性"。

[3]本义:"仁"阳"知"阴,各得是道之一隅,故随其所见而目为全体也。"日用不知",则莫不饮食,鲜能知味者,又其每下者也。然亦莫不有是道焉。或曰:上章以知属乎天,仁属乎地,与此不同,何也? 曰:彼以清浊言,此以动静言。程子曰:道者,一阴一阳也,动静无端,阴阳无始,非知道者孰能识之,动静相因而成变化,顺继此道则为善。成之在人,则谓之性也,在众人则不能识,随其所知,故仁者谓之仁,知者谓之知,百姓则由之而不知,故君子之道,人鲜克知也。

[4]本义:"显",自内而外也。"仁",谓造化之功,德之发也。"藏",自外而内也。"用",谓机缄之妙,业之本也。程子曰:天地无心而成化,圣人有心而无为。程子曰:运行之迹,生育之功,"显诸仁"也;神妙无方,变化无迹,"藏诸用"也。天地不与圣人同忧,天地不宰,圣人有心也,天地无心而成化,圣人有心而无为。

[5]本义:张子曰:富有者,大而无外;日新者,久而无穷。

[6]本义:阴生阳,阳生阴,其变无穷,理与书皆然也。"效",呈也。"法",谓造化之详密而可见者。

[7]本义:"占",筮也。事之未定者,属乎阳也。"事",行事也。占之已决者,属乎阴也。"极数知来",所以通事之变,张忠定公言公事有阴阳,意盖如此。《朱子语类》:问:"阴阳不测之谓神",便是妙用处。曰:便是包括许多道理,横渠说得极好,一故神,横渠亲注云,"两在故不测",只是这一物,却周行事物之间,如所谓阴阳屈信,往来上下,以至行乎什百千万之中,无非这一个物事,所谓"两在故不测"。

【原文】

(六)夫易广矣大矣,以言乎远则不御,以言乎迩则静而正,以言乎天地之间则备矣。[1]夫乾,其静也专,其动也直,是以大生焉。夫坤,其静也翕,其动也辟,是以广生焉。[2]广大配天地,变通配四时,阴阳之义配日月,易简之善配至德。[3]

【注释】

[1]本义:"不御",言无尽,"静而正",言即物而理存。"备",言无所不有。

[2]本义:乾坤各有动静,于其四德见之,静体而动用,静别而动交也。乾一而实,故以质言而曰"大",坤二而虚,故以量言而曰"广",盖天之形虽包于地之外,而其气常行乎地之中也,《易》之所以广大者以此。程子曰:乾阳也,不动则不刚,"其静也专,其动也直"不专一则不能直遂。坤阴也,不静则不柔,"其静也翕,其动也辟",不翕聚,则不能发散。

[3]本义:易之广大变通,与其所言阴阳之说,易简之德,配之天道人事则如此。

【原文】

(七)子曰:"易,其至矣乎!夫易圣人所以崇德而广业也。知崇礼卑,崇效天,卑法地,[1]天地设位,而易行乎其中矣。成性存存,道义之门。"[2]

【注释】

[1]本义:"十翼"皆夫子所作,不应自著"子曰"字,疑皆后人所加也,穷理则知崇如天而德崇,循理则礼卑如地而业广,此其取类,又以清浊言也。《朱子语类》云:知识贵乎高明,践履贵乎着实,知既高明,须放低着实作去。

[2]本义:天地设位而变化行,犹知礼存性而道义出也。成性,本成之性也。存存,谓存而又存,不已之意也。《朱子语类》云:识见高于上,所行实于下,中间便生生而不穷,故说《易》行乎其中,"成性存存,道义之门"。(存存:常在,《尔雅·释训》:"存存,在也。"阮元曰:"存存,在也。如孟子说'存其心,养其性也'。")

【原文】

(八)圣人有以见下之赜,而拟诸其形容,象其物宜,是故谓之象。[1]圣人有以见天下之动,而观其会通,以行其典礼。系辞焉以断其吉凶,是故谓之爻。[2]言天下之至赜而不可恶也,言天下之至动而不可乱也。[3]拟之而后言,议之而后动,拟议以成其变化。[4]"鸣鹤在阴,其子和之。我有好爵,吾与尔靡之。"子曰:"君子居其室,出其言善,则千里之外应之,况其迩者乎!居其室,出其言不善,则千里之外违之,况其迩者乎!言出乎身,加乎民。行发乎迩,见乎远。言行,君子之枢机。枢机之发,荣辱之主也。言行,君子之所以动天地也,可不慎乎?"[5]"同人先号咷而后笑。"子曰:"君子之道,或出或处,或默或语。二人同心,其利断金。同心之言,其臭如兰。"[6]初六,"藉用白茅,无咎。"子曰:"苟错诸地而可矣。藉之用茅,何咎之有?慎之至也。夫茅之为物薄,而用可重也,慎斯术也以往,其无所失矣"。[7]"劳谦君子有终,吉。"子曰:"劳而不伐,有功而不德,厚之至也,语以其功下人者也。德言盛,礼言恭。谦也者,致恭以存其位者也。"[8]"亢龙有悔。"子曰:"贵而无位,高而无民,贤人在下位而无辅,是以动而有悔也。"[9]"不出户庭,无咎。"子曰:"乱之所生也,则言语以为阶,君不密则失臣,臣不密则失身,几事不密则害成,是以君子慎密而不出也。"[10]子曰:"作《易》者,其知盗乎!《易》曰:'负且乘,致寇至。'负也者,小人之事也。乘也者,君子之器也。小人而乘君子之器,盗思夺之矣。上慢下暴,盗思伐之矣,慢藏诲盗,冶容诲淫。《易》曰:'负且乘,致寇至。'盗之招也。"[11]

【注释】

[1]本义:赜,杂乱也。象,卦之象,如说卦所列者。

[2]本义:会,谓理之所聚而不可遗处,通,谓理之可行而无所碍处,如庖丁解牛,会则其族,而通则其虚也。《朱子语类》云:"会"以物之所聚而言,"通"以事之所宜而言。"会"是众理聚处,虽觉得有许多难易窒碍,必于其中却得个通底道理,乃可行尔,且如事理间,若不于会处理会,却只见得一偏,便如何行得通,须是于会处都理会,其间却自有个通处,这"礼"字又说得阔,凡事物之常理皆是。又云:会而不通,便窒塞而不可行,通而不会,便不知许多曲直错杂处。

[3]本义:恶,犹厌也。《朱子语类》云:杂乱处人易得厌恶,然都是道理中合有底事,自合理会,故"不可恶"。动亦是合有底,上面各自有道理故自"不可乱"。

[4]本义:观象玩辞,观变玩占,而法行之,此下七爻,则其例也。《朱子语类》云:"拟议"只是裁度,自家言动,使合此理,变易以从道之意。

[5]本义:释《中孚》,九二爻义。(其意为:母鹤在树荫下鸣叫,其子应声而和。我有美酒,我愿与你共同分享。)

[6]本义:释《同人》九五爻义。言君子之道,初若不同,而后实无间,断金如兰,言物莫能间,而其言有味也。

[7]本义:释《大过》初六爻义。(其意为:用白茅铺地无咎。苟,助词。错:措,放置。)

[8]本义:释《谦》九三爻义。"德言盛,礼言恭",言德欲其盛,礼欲其恭也。(有功劳而又谦虚,君子则有好的结果,吉利。伐:夸。德:得。《管子·心术上》:"故德者,得也。")

[9]本义:释《乾》上九爻义,当属《文言》,此盖重出。

[10]本义:释《节》初九爻义。

[11]本义:释《解》六三爻。此第八章,言卦爻之用。(乘:君子所乘器具;小人:粗鄙下人;慢:骄慢;诲:教;冶容,郑玄曰:"饰其容而见于外曰野。")

【原文】

(九)天一,地二;天三,地四;天五,地六;天七,地八;天九,地十。[1]天数五,地数五,五位相得而各有合。天数二十有五,地数三十,凡天地之数五十有五。此所以成变化而行鬼神也。[2]大衍之数五十,其用四十有九。分而为二以象两,挂一以象三,揲之以四以象四时,归奇于扐以象闰,五岁再闰,故再扐而后挂。[3]乾之策二百一十有六,坤之策百四十有四,凡三百有六十,当期之日。[4]二篇之策,万有一千五百二十,当万物之数也。[5]是故四营而成易,十有八变而成卦。[6]八卦而小成,引而伸之,触类而长之,天下之能事毕矣。[7]显道神德行,是故可与酬酢,可与祐神矣。[8]子曰:"知变化之道者,其知神之所为乎?"[9]

【注释】

[1]本义:此简本在第十章之首。程子曰:宜在此,今从之,此言天地之数,阳奇阴偶,即所谓河图者也,其位一六居下,二七居上,三八居左,四九居右,五十居中。就此章而言之,则中五为衍母,次十为衍子,次一二三四为四象之位,次六七八九为四象之数,二老位于西北,二少位于东南,其数则各以其类交错于外也。

[2]本义:此简本在大衍之后,今按宜在此,天数五者,一三五七九皆奇也,地数五者,二四六八十皆偶也。相得,谓一与二,三与四,五与六,七与八,九与十,各以奇偶为类而自相得。有合,谓一与六,二与七,三与八,四与九,五与十,皆两相合。二十有五者,五奇之积也。三十者,五偶之积也。变化,谓一变生水,而六化成之,二化生火,而七变成之,三变生木,而八化成之,四化生金,而九变成之,五变生土,而十化成之。鬼神,谓凡奇偶生成之屈伸往来者。

[3]本义:"大衍之数五十",盖以河图中宫,天五乘地十而得之。至用以筮,则又止用四十有九,盖皆出于理势之自然,而非人之知力所能损益也。两,谓天地也。挂,悬其一于左手小指之间也。三,三才也。揲,间而数之也。奇,所揲四数之余也。扐,勒于左手中三指之两间也。闰,积月之余日而成月者也。五岁之间,再积日而再成月,故五岁之中,凡有再闰,然后别起积分,如一挂之后,左右各一揲而一扐,故五者之中,凡有再扐,然后别起一挂也。

[4]本义:凡此策数,生于四象,盖河图四面。太阳居一而连九,少阴居二而连八,少阳居三而连七,太阴居四而连六,揲蓍之法,则通计三变之余,去其初挂之一,凡四为奇,

凡八为偶,奇圆围三,偶方围四,三用其全,四用其半,积而数之,则为六七八九,而第三变揲数策数,亦皆符会,盖余三奇则九,而其揲亦九,策亦四九三十六,是为居一之太阳。余二奇一偶则八,而其揲亦八,策亦四八三十二,是为居二之少阴。二偶一奇则七,而其揲亦七,策亦四七二十八,是为居三之少阳。三偶则六,而其揲亦六,策亦四六二十四,是为居四之老阴,是其变化往来进退离合之妙,皆出自然,非人之所能为也,少阴退而未极乎虚,少阳进而未极乎盈,故此独以老阳老阴计乾坤六爻之策数,余可推而知也。期,周一岁也。凡三百六十五日四分日之一,此特举成数而概言之耳。

[5]本义:二篇,谓上下经。凡阳爻百九十二,得六千九百一十二策,阴爻百九十二,得四千六百八策,合之得此数。

[6]本义:四营,谓分二挂一揲四归奇也。易,变易也,谓一变也,三变成爻,十八变则成六爻也。

[7]本义:谓九变而成三画,得内卦也。谓已成六爻,而视其爻之变与不变,以为动静,则一卦可变而为六十四卦,以定吉凶,凡四千九十六卦也。

[8]本义:道因辞显,行以数神。酬酢,谓应对。祐神,谓助神化之功。

[9]本义:变化之道,即上文数法是也,皆非人之所能为,故夫子叹之,而门人加"子曰"以别上文也。

【原文】

(十)《易》有圣人之道四焉:以言者尚其辞,以动者尚其变,以制器者尚其象,以卜筮者尚其占。[1]是以君子将有为也,将有行也,问焉而以言,其受命也如响,无有远近幽深,遂知来物,非天下之至精,其孰能与于此。[2]参伍以变,错综其数。通其变,遂成天下之文;极其数,遂定天下之象。非天下之至变,其孰能与于此?[3]《易》无思也,无为也,寂然不动,感而遂通天下之故。非天下之至神,其孰能与于此?[4]夫《易》,圣人之所以极深而研几也。[5]唯深也,故能通天下之志;唯几也,故能成天下之务;唯神也,故不疾而速,不行而至。[6]子曰:"《易》有圣人之道四焉"者,此之谓也。[7]

【注释】

[1]本义:四者皆变化之道,神之所为者也。

[2]本义:此尚辞尚占之事,言人以蓍问《易》,求其卦爻之辞,而以之发言处事,则易受人之命而有以告之,如响之应声,以决未来之吉凶也。以言,与"以言者尚其辞"之以言义同。命,则将筮而告蓍之语,《冠礼》筮曰宰自右赞命是也。

[3]本义:此尚象之事。变则象之未定者也,参者三数之也,伍者五数之也,既参以

变,又伍以变一先一后,更相考核,以审其多寡之实也。错者,交而互之一左一右之谓也。综者,总而挈之,一低一昂之谓也,此亦皆谓揲蓍求卦之事,盖通三揲两手之策,以成阴阳老少之画,究七八九六之数,以定卦爻动静之象也。参伍错综皆古语,而参伍尤难晓,按《荀子》云:窥敌制变,欲伍以参。韩非曰:省同异之言,以知朋党之分,偶参伍之验,以责陈言之实。又曰:参之以比物,伍之以合参。《史记》曰:必参而伍之。又曰:参伍不失。《汉书》曰:参伍其贾,以类相准,此足以相发明矣。

[4]本义:此四者之体所以立,而用所以行者也,易指蓍卦,无思无为,言其无心也,寂然者,感之体,感通者,寂之用,人心之妙,其动静亦如此。

[5]本义:研,犹审也。几,微也。所以极深者,至精也,所以研几者,至变也。

[6]本义:所以通志而成务者,神之所为也。张子曰:一故神,譬之人身四体皆一物,故能触之而无不觉,不待心使至此而后觉也,此所谓"感而遂通""不行而至""不疾而速"也。

[7]本义:言《易》之用有此四者。

【原文】

(十一)子曰:"夫《易》何为者也?夫《易》开物成务,冒天下之道,如斯而已者也。"是故圣人以通天下之志,以定天下之业,以断天下之疑。[1]是故蓍之德圆而神,卦之德方以知,六爻之义易以贡。圣人以此洗心,退藏于密,吉凶与民同患。神以知来,知以藏往,其孰能与于此哉!古之聪明睿知、神武而不杀者夫![2]是以明于天之道,而察于民之故,是兴神物以前民用。圣人以此斋戒,以神明其德夫。[3]是故阖户谓之坤,辟户谓之乾。一阖一辟谓之变,往来不穷谓之通,见乃谓之象,形乃谓之器,制而用之谓之法,利用出入,民咸用之谓之神。[4]

【注释】

[1]本义:开物成务,谓使人卜筮,以知吉凶而成事业。冒天下之道,谓卦爻既设,而天下之道皆在其中。《朱子语类》云:古时民淳俗朴,风气未开,于天下事全未知识,故圣人立龟与之卜,作《易》与之筮,使人趋吉避害以成天下之事,故曰"开物成务",物是人物,务是事务,冒是罩得天下许多道理在里。("冒天下之道"意为:将天下许多道理,包藏在其中。冒:覆,即包括。)

[2]本义:圆神,谓变化无方。方知,谓事有定理。易以贡,谓变易以告人。圣人体具三者之德,而无一尘之累,无事则其心寂然,人莫能窥,有事则神知之用,随感而应,所谓无卜筮而知吉凶也,神武不杀,得其理而不假其物之谓。《朱子语类》云:"聪明睿知神武而

不杀者",言其体用之妙也,"洗心""退藏"言体,知来藏往言用,然亦只言体用具矣,而未及使出来处,到下文是"兴神物以前民用",方发挥许多道理以尽,见于用也。

[3]本义:神物,谓蓍龟。湛然纯一之谓齐,肃然警惕之谓戒,明天道,故知神物之可兴,察民故,故知其用之不可不有以开其先,是以作为卜筮以教人,而于此焉斋戒以考其占,使其心神明不测,如鬼神之能知来也。

[4]本义:阖辟,动静之机也。先言坤者,由静而动也。乾坤变通者,化育之功也。见象形器者,生物之序也。法者,圣人修道之所为。而神者,百姓自然之日用也。《朱子语类》云:阖辟乾坤,理与事皆如此,书亦如此,这个只说理底意思多。问:阖户谓之坤一段,只是这一个物,以其阖谓之坤,以其辟谓之乾,以其阖辟谓之变,以其不穷谓之通,以其发见而未成形谓之象,以其成形则谓之器,圣人修明以立教则谓之法,百姓日用则谓之神。曰:是如此,又曰:利用出入者,便是人生日用,都离他不得。

【原文】

(十二)是故易有太极,是生两仪,两仪生四象,四象生八卦,[1]八卦定吉凶,吉凶生大业。[2]是故法象莫大乎天地,变通莫大乎四时,县象著明莫大乎日月,崇高莫大乎富贵。备物致用,立成器,以为天下利,莫大乎圣人。探赜索隐,钩深致远,以定天下吉凶。成天下之亹亹者,莫大乎蓍龟。[3]是故天生神物,圣人则之;天地变化,圣人效之;天垂象,见吉凶,圣人象之;河出图,洛出书,圣人则之。[4]《易》有四象,所以示也;系辞焉,所以告也;定之以吉凶,所以断也。[5]《易》曰:"自天祐之,吉无不利。"子曰:"祐者,助也。天之所助者,顺也;人之所助者,信也。履信思乎顺,又以尚贤也。是以自天祐之,吉无不利也。"[6]

【注释】

[1]本义:一每生二,自然之理也。易者,阴阳之变。太极者,其理也,两仪者,始为一画以分阴阳。四象者,次为二画以分太少。八卦者,次为三画而三才之象始备,此数言者实圣人作易自然之次第,有不假丝毫智力而成者,画卦揲蓍,其序皆然,详见序例《启蒙》。

[2]本义:有吉有凶,是生大业。

[3]本义:富贵,谓有天下履帝位,"立"下疑有阙文。亹亹,犹勉勉也,疑则怠,决故勉。(法:指地。象:指天。县:悬。崇:充实。立成器:创立成就器物。探赜索隐:探讨事物之繁杂,求索事物之几微。索:求寻;隐:几微。钩深致远:钩取深奥推致远大。钩:曲而取之;致:推致。蓍龟:蓍草龟甲。刘向:"蓍之言耆,龟之言久,龟千岁而灵,蓍百年而神,以其长久能辨吉凶。")

[4]本义:此四者,圣人作《易》之所由也,河图洛书,详见《启蒙》。(神物:指蓍龟。则:

法。河出图,洛出书:河,黄河;洛,洛水。)

[5]本义:四象,谓阴阳老少。示,谓示人以所值之卦爻。("四象"古者多解:"神物""变化""垂象""河图、洛书";水火木金;阴阳老小;实象,假象,义象,用象。按上下文义,当以阴阳老小为胜。)

[6]本义:释《大有》上九爻义,然在此无所属,或恐是错简,宜在第八章之末。

【原文】

(十三)子曰:"书不尽言,言不尽意。"然则,圣人之意,其不可见乎?子曰:"圣人立象以尽意,设卦以尽情伪,系辞焉以尽其言,变而通之以尽利,鼓之舞之以尽神。"[1]乾坤,其易之缊邪?乾坤成列,而易立乎其中矣。乾坤毁,则无以见易。易不可见,则乾坤或几乎息矣。[2]是故形而上者谓之道,形而下者谓之器,化而裁之谓之变,推而行之谓之通,举而错之天下之民谓之事业。[3]是故夫象,圣人有以见天下之赜,而拟诸其形容,象其物宜,是故谓之象。圣人有以见天下之动,而观其会通,以行其典礼。系辞焉以断其吉凶,是故谓之爻。[4]极天下之赜者存乎卦,鼓天下之动者存乎辞,[5]化而裁之存乎变,推而行之存乎通,神而明之存乎其人,默而成之,不言而信,存乎德行。[6]

【注释】

[1]本义:言之所传者浅,象之所示者深,观奇偶二画,包含变化,无有穷尽,则可见矣,变通鼓舞以事而言,两"子曰"字宜衍其一,盖"子曰"字皆后人所加,故有此误,如近世《通书》,乃周子所自作,亦为后人每章加以"周子曰"字,其设问答处,正如此也。《朱子语类》云:立象尽意,是观奇偶两画,包含变化,无有穷尽,设卦以尽情伪,谓有一奇一偶,设之于卦,自是尽得天下情伪,系辞焉便断其吉凶,"变而通之以尽利",此言占得此卦,阴阳老少交变,因其变便有通之之理,"鼓之舞之以尽神",既占则无所疑,自然行得顺便,如言"显道神德行","成天下之亹亹",皆是"鼓之""舞之"意。

[2]本义:缊,所包蓄者,犹衣之着也,《易》之所有,阴阳而已。凡阳皆乾,凡阴皆坤,画卦定位,则二者成列,而《易》之体立矣,乾坤毁,谓卦画不立,乾坤息,谓变化不行。张子曰:乾坤,天地也,易,造化也。

[3]本义:卦爻阴阳皆"形而下者",其理则道也,因其自然之化而裁制之,变之义也,"变""通"二字,上章以天言,此章以人言。孔颖达曰:阴阳之化,自然相裁,圣人亦法此而裁节也。程子曰:《系辞》曰"形而上者谓之道,形而下者谓之器",又曰"立天之道曰阴与阳,立地之道曰柔与刚,立人之道曰仁与义"。又曰"一阴一阳之谓道"。阴阳亦形而下者也,而曰道者,唯此语截得上下最分明,元来只此是道,要在人默而识之也。

[4]本义：重出以起下文。(此节与前文重复)。

[5]本义：卦即象也，辞即爻也。《朱子语类》云："极天下之赜者存乎卦"，谓卦体之中，备阴阳变易之形容，"鼓天下之动者存乎辞"，是说出这天下之动，如"鼓之""舞之"相似。

[6]本义：卦爻所以变通者在人，人之所以能神而明之者在德。程子曰：《易》因爻象论变化，因变化论神，因神论人，四人论德行、大体通论《易》道，而终于"默而成之，不言而信，存乎德行"。

二、《系辞下传》

【原文】

（一）八卦成列，象在其中矣；因而重之，爻在其中矣。[1]刚柔相推，变在其中矣；系辞焉而命之，动在其中矣。[2]吉凶悔吝者，生乎动者也。[3]刚柔者，立本者也；变通者，趣时者也[4]。吉凶者，贞胜者也；[5]天地之道，贞观者也；日月之道，贞明者也；天下之动，贞夫一者也。[6]夫乾，确然示人易矣；夫坤，隤然示人简矣。[7]爻也者，效此者也。象也者，像此者也。[8]爻象动乎内，吉凶见乎外，功业见乎变，圣人之情见乎辞。[9]天地之大德曰生，圣人之大宝曰位。何以守位曰仁，何以聚人曰财。理财正辞、禁民为非曰义。[10]

【注释】

[1]本义：成列，谓乾一兑二，离三震四，巽五坎六，艮七坤八之类。象，谓卦之形体也，因而重之，谓各因一卦而以八卦次第加之为六十四也。爻，六爻也，既重而后卦有六爻也。

[2]本义："刚柔相推"，而卦爻之变，往来交错，无不可见，圣人因其如此而皆系之辞以命其吉凶，则占者所值当动之爻象，亦不出乎此矣。

[3]本义：吉凶悔吝，皆辞之所命也，然必因卦爻之动而后见。

[4]本义：一刚一柔，各有定位，自此而彼，变以从时。

[5]本义：贞，正也，常也。物以其所正为常者也，天下之事，非吉则凶，非凶则吉，常相胜而不已也。

[6]本义：观，示也，天下之动，其变无穷，然顺理则吉，逆理则凶，则其所正而常者，亦一理而已矣。《朱子语类》云：吉凶常相胜，不是吉胜凶，便是凶胜吉，二者常相胜，古曰"贞胜"。天地之道则常示，日月之道则常明，"天下之动贞夫一者也"，天下之动虽不齐，常有一个是底，故曰"贞夫一"。

[7]本义：确然，健貌。隤然，顺貌，所谓贞观者也。

[8]本义:此,谓上文乾坤所示之理,爻之奇偶卦之消息,所以效而像之。

[9]本义:内,谓蓍卦之中。外,谓蓍卦之外。变,即动乎内之变。辞,即见乎外之辞。张子曰:因爻象之既动明吉凶于未形,故曰"爻象动乎内,吉凶见乎外",随爻象之变以通其利,故功业见也,圣人之情,存乎教人而已。

[10]本义:曰:人之人,今本作"仁",吕氏从古,盖所谓非众网与守邦。张子曰:将陈理财养物于下,故先叙天地生物。《朱子语类》云:"正辞"便只是分别是非。又曰:教化便在正辞里面。

【原文】

(二)古者包牺氏之王天下也,仰则观象于天,俯则观法于地,观鸟兽之文,与地之宜,近取诸身,远取诸物,于是始作八卦,以通神明之德,以类万物之情。[1]作结绳而为网罟,以佃以渔,盖取诸《离》。[2]包牺氏没,神农氏作,斫木为耜,揉木为耒,耒耨之利,以教天下,盖取诸《益》。[3]日中为市,致天下之民,聚天下之货,交易而退,各得其所,盖取诸《噬嗑》。[4]神农氏没,黄帝、尧、舜氏作,通其变,使民不倦,神而化之,使民宜之。易穷则变,变则通,通则久。是以自天祐之,吉无不利。黄帝、尧、舜垂衣裳而天下治,盖取诸《乾》《坤》。[5]刳木为舟,剡木为楫,舟楫之利,以济不通,致远以利天下,盖取诸《涣》。[6]服牛乘马,引重致远,以利天下,盖取诸《随》。[7]重门击柝,以待暴客,盖取诸《豫》。[8]断木为杵,掘地为臼,臼杵之利,万民以济,盖取诸《小过》。[9]弦木为弧,剡木为矢,弧矢之利,以威天下,盖取诸《睽》。[10]上古穴居而野处,后世圣人易之以宫室,上栋下宇,以待风雨,盖取诸《大壮》。[11]古之葬者,厚衣之以薪,葬之中野,不封不树,丧期无数,后世圣人易之以棺椁,盖取诸《大过》。[12]上古结绳而治,后世圣人易之以书契,百官以治,万民以察,盖取诸《夬》。[13]

【注释】

[1]本义:王昭素曰:与地之间,诸本多有"天"字,俯仰远近所取不一,然不过以验阴阳消息两端而已,神明之德,如健顺动止之性,万物之情,如雷风山泽之象。(包牺氏:传说中原始社会圣王,风姓,被称为三皇之一。古代有多种称名,如伏牺、伏羲、炮牺、包羲、庖羲、虙仪、宓牺等。)

[2]本义:两目相承而物丽焉。(按先儒解释,六十四卦名,是文王所命,包牺之时,但有八卦名象而已,黄农尧舜,不应便取卦名,经文盖取之云,虽曰假托,不必拘泥,然亦不应大段疏脱也。)

[3]本义:二体皆木,上入下动,天下之益,莫大于此。(神农氏:传说中原始社会人物,

古史又称炎帝、烈山氏,相传始教民为耒耜以兴农业,尝百草发明医药,故称神农氏。)

[4]本义:日中为市,上明而下动,又借噬为市,嗑为合也。

[5]本义:乾坤变化而无为。(黄帝:姬姓,号轩辕氏,有熊氏,中原部落之祖。尧:陶唐氏,名放勋,又称唐尧。舜:妫姓,有虞氏,名重华,史称"虞舜"。)

[6]本义:木在水上也,致远以利天下,疑衍。(刳,kū,剖开、挖空;剡,yǎn,削、刮;楫,舟桨。)

[7]本义:下动上说。(服:用、驾。服牛即驾牛。)

[8]本义:豫,备之意。(柝,tuò,指巡夜敲击的木梆。)

[9]本义:下止上动。(杵:古代舂米用的木椎。臼:舂。济:受益。)

[10]本义:睽乖然后威以服之。(弦木:曲木加弦。弧:木弓。矢:箭。睽:乖。)

[11]本义:壮固之意。(栋:栋梁。宇:屋边。)

[12]本义:送死大事,而过于厚。(薪:柴草。中野:荒野之中。不封:不造坟墓。封:聚土为坟,古代坟墓有尊卑之别。棺椁:古者丧葬设棺椁两层,内层为棺,外层为椁。)

[13]本义:明决之意。(书:文字。契:在木竹上刻字。夬:有决断之义。)

【原文】

(三)是故《易》者,象也。象也者,像也。[1]彖者,材也。爻也者,效天下之动者也,是故吉凶生而悔吝著也。[2]

【注释】

[1]本义:易卦之形,理之似也。

[2]本义:彖,言一卦之材。效,放也。"悔吝"本微,因此而"著"。

【原文】

(四)阳卦多阴,阴卦多阳,其故何也?阳卦奇,阴卦耦。[1]其德行何也?阳一君而二民,君子之道也;阴二君而一民,小人之道也。[2]

【注释】

[1]本义:震坎艮为阳卦,皆一阴二阴,巽离兑为阴卦,皆一阴二阳。凡阳卦皆五画,凡阴卦皆四画。

[2]本义:君,谓阳。民,谓阴。

【原文】

（五）《易》曰："憧憧往来，朋从尔思。"子曰："天下何思何虑？天下同归而殊涂，一致而百虑。天下何思何虑？[1]日往则月来，月往则日来，日月相推，而明生焉。寒往则暑来，暑往则寒来，寒暑相推，而岁成焉。往者，屈也。来者，信也。屈信相感，而利生焉。[2]尺蠖之屈，以求信也。龙蛇之蛰，以存身也。精义入神，以致用也。利用安身，以崇德也。[3]过此以往，未之或知也。穷神知化，德之盛也。[4]《易》曰："困于石，据于蒺藜，入于其宫，不见其妻，凶。"子曰："非所困而困焉，名必辱。非所据而据焉，身必危。既辱且危，死期将至，妻其可得见耶？"[5]《易》曰："公用射隼于高墉之上，获之，无不利。"子曰："隼者，禽也；弓矢者，器也；射之者，人也。君子藏器于身，待时而动，何不利之有？动而不括，是以出而有获，语成器而动者也。"[6]子曰："小人不耻不仁，不畏不义，不见利不劝，不威不惩，小惩而大诫，此小人之福也。《易》曰：'履校灭趾，无咎。'此之谓也。善不积，不足以成名；恶不积，不足以灭身。小人以小善为无益而弗为也，以小恶为无伤而弗去也。故恶积而不可掩，罪大而不可解。《易》曰：'何校灭耳，凶。'"[7]子曰："危者，安其位者也；亡者，保其存者也；乱者，有其治者也。是故君子安而不忘危，存而不忘亡，治而不忘乱，是以身安而国家可保也。《易》曰：'其亡其亡，系于苞桑。'"[8]子曰："德薄而位尊，知小而谋大，力小而任重，鲜不及矣。《易》曰：'鼎折足，覆公悚，其形渥，凶。'言不胜其任也。"[9]子曰："知几其神乎？君子上交不谄，下交不渎，其知几乎？几者，动之微，吉之先见者也。君子见几而作，不俟终日。《易》曰：'介于石，不终日，贞吉。'介如石焉，宁用终日，断可识矣。君子知微知彰，知柔知刚，万夫之望。"[10]子曰："颜氏之子，其殆庶几乎？有不善未尝不知，知之未尝复行也。《易》曰：'不远复，无只悔，元吉。'"[11]"天地细缊，万物化醇，男女构精，万物化生。《易》曰：'三人行，则损一人；一人行，则得其友。'言致一也。"[12]子曰："君子安其身而后动，易其心而后语，定其交而后求，君子修此三者，故全也。危以动，则民不与也。惧以语，则民不应也。无交而求，则民不与也。莫之与，则伤之者至矣。《易》曰：'莫益之，或击之，立心勿恒，凶。'"[13]

【注释】

[1]本义：引《咸》九四爻辞而释之，言理本无二，而殊涂百虑，莫非自然，何以思虑为哉？必思而从，则所从者亦狭矣。（憧憧：心意不定。）

[2]本义：言"往""来""屈""信"，皆感应自然之常理，加憧憧焉则入于私矣，所以必思而后有从也。

[3]本义：因言屈信往来之理，而又推以言学亦有自然之机也，精研其义，至于入神屈之至也，然乃所以为出而致用之本，利其施用，无适不安，信之极也，然乃所以为人而崇德

之资,内外交相养,互相发也。

[4]本义:下学之事,尽力于精义利用,而交养互发之机,身不能已,自是以上,则亦无所用其力矣,至于"穷神知化",乃德盛仁熟而自致耳,然不知者往而屈也,自致者来而信也,是亦感应自然之理而已。张子曰:气有阴阳,推行有渐为化,合一不测为神。此上四节,皆以释《咸》九四爻义。

[5]本义:释《困》六三爻义。(其意为:被石头所困,又被蒺藜占据,进入宫室,不见他的妻子,凶。)

[6]本义:括,结碍也。此释《解》上六爻义。(其意为:王公在高墙上射中隼鸟而获之,没有什么不利的。括,结也。君子待时而动,则无结阂之患也。)

[7]本义:此释《噬嗑》初九爻义。(其意为:脚上施以刑具,看不见脚趾,无灾咎。校:古代木制刑具的通称。灭:遮没。)

[8]本义:此释《否》九五爻义。(其意为:将要灭亡! 将要灭亡! 因系于植桑而巩固。苞:植。)

[9]本义:此释《鼎》九四爻义。(其意为:鼎足折断,王公的珍馐倾覆在地上,形状龌龊,这是凶兆。)

[10]本义:此释《豫》六二爻义。张子曰:"知几"者,为能以屈为信。(其意为:坚贞如同磐石,不待终日,占问得吉。)

[11]本义:殆,危也。庶几,近意,言近道也,此释《复》初九爻义。(其意为:离开不远就返回。无大后悔,开始得吉。)

[12]本义:缊缊,交密之状。醇,谓厚而凝也。言气化者也,化生,形化者也,此释《损》六三爻义。(其意为:三人同行,一人损去,一人独行,则可得其友人。)

[13]本义:此释《益》上九爻义。(其意为:得不到增益,或许要遭到攻击。没有恒心,必然有凶。)

【原文】

(六)子曰:"乾坤其《易》之门邪? 乾,阳物也;坤,阴物也。阴阳合德,而刚柔有体,以体天地之撰,以通神明之德。[1]其称名也,杂而不越。于稽其类,其衰世之意邪?[2]夫《易》,彰往而察来,而微显阐幽。开而当名,辨物正言断辞则备矣。[3]其称名也小,其取类也大,其旨远,其辞文。其言曲而中,其事肆而隐。因贰以济民行,以明失得之报。"[4]

【注释】

[1]本义:诸卦刚柔之体,皆以乾坤合德而成,故曰"乾坤《易》之门"。撰,犹事也。

[2]本义：万物虽多，无不出于阴阳之变，故卦爻之义，虽杂出而不差缪，然非上古淳质之时思虑所及也，故以为衰世之意，盖指文王与纣之时也。

[3]本义："而微显"，恐当作"微显而"，"开而"之"而"，亦疑有误。（当名，卦也。辨物，象也。正言，象辞也。断辞，系之以吉凶者也。）

[4]本义：肆，陈也。贰，疑也。（称名：取名，即六十四卦取名。旨：旨意。文：条理。曲：通"诎"，隐晦婉转。中：适中。肆：直，明显。贰：有二解，一指吉凶，一指"曲而中""肆而隐"，以后者为胜。报：报应。）

【原文】

（七）《易》之兴也，其于中古乎！作《易》者，其有忧患乎！[1]是故履，德之基也；谦，德之柄也；复，德之本也；恒，德之固也；损，德之修也；益，德之裕也；困，德之辨也；井，德之地也；巽，德之制也。[2]履，和而至；谦，尊而光；复，小而辨于物；恒，杂而不厌；损，先难而后易；益，长裕而不设；困，穷而通；井，居其所而迁；巽，称而隐。[3]履以和行，谦以制礼，复以自知，恒以一德，损以远害，益以兴利，困以寡怨，井以辨义，巽以行权。[4]

【注释】

[1]本义：夏商之末，《易》道中微，文王拘于羑里而系彖辞，《易》道复兴。

[2]本义：履，礼也。上天下泽，定分不易，必谨乎此，然后其德有以为基而立也。谦者，自卑而尊人，又为礼者之所当执持而不可失者也。九卦皆反身修德以处忧患之事也，而有序焉。基所以立，"柄"所以持，复者心不外而善端存，恒者守不变而常且久，惩忿窒欲以修身，迁善改过以长善，困以自验其力，井以不变其所，然后能巽顺于理以制事变也。

[3]本义：此如书之九德，礼非强世，然事皆至极，"谦以自卑"，而尊且光，复阳微而不乱于群阴，恒处杂而常德不厌，损欲先难，习熟则易，益但充长，而不造作，困身困而道亨，井不动而及物，巽称物之宜而潜隐不露。程子曰："益长裕而不设"，谓固有此理而就上充长也，"设"是撰造也，撰造则为伪也。《朱子语类》云："称而隐"，是巽顺恰好底道理，有隐而不能称量者，有能称量而不能隐伏不露形迹者，皆非巽之道也，"巽德之制也"，"巽以行权"，都是此意。

[4]本义：寡怨，谓少所怨尤。辨义，谓安而能虑。（先儒谓此章三陈九卦，以明处忧患之道。）

【原文】

（八）《易》之为书也不可远，为道也屡迁。变动不居，周流六虚，上下无常，刚柔相易。

不可为典要，唯变所适。[1]其出入以度，外内使知惧，[2]又明于忧患与故，无有师保，如临父母。[3]初率其辞而揆其方，既有典常，苟非其人，道不虚行。[4]

【注释】

[1]本义：远，犹忘也。周流六虚：谓阴阳流行于卦之六位。《朱子语类》云：《易》不可为典要，《易》不是确定硬本子，扬雄《太玄》排定三百五十四赞当昼，三百五十四赞当夜，昼底吉，夜底凶，吉之中又自分轻重，凶之中又自分轻重，《易》却不然，有阳居阳爻而吉底，又有凶底，有阴居阴爻而吉底，又有凶底，有有应而吉底，有有应而凶底，是"不可为典要"之书也，是有那许多变，所以如此。

[2]本义：此句未详，疑有脱误。

[3]本义：虽无师保，而常若父母临之，戒惧之至。（师保：古代负责教育辅导贵族子弟的人。）

[4]本义：方，道也。始由辞以度其理，则见其有典常矣，然神而明之，则存乎其人也。（初：始。率：循。辞：卦爻辞。揆：度。方：道。苟：若。道不虚行：易道不会凭空而自行。此言易道行于世皆圣人之功。）

【原文】

（九）《易》之为书也，原始要终，以为质也。六爻相杂，唯其时物也。[1]其初难知，其上易知，本末也。初辞拟之，卒成之终。[2]若夫杂物撰德，辨是与非，则非其中爻不备。[3]噫！亦要存亡吉凶，则居可知矣。知者观其彖辞，则思过半矣。[4]二与四同功而异位，其善不同，二多誉，四多惧，近也。柔之为道，不利远者，其要无咎，其用柔中也。[5]三与五，同功而异位，三多凶，五多功，贵贱之等也。其柔危，其刚胜邪？[6]

【注释】

[1]本义：质谓卦体，卦必举其始终而后成体，爻则唯其时物而已。孔颖达曰：物，事也。一卦之中，六爻交相杂错，唯各会其时，各主其事。

[2]本义：此言初上二爻。孔颖达曰："初辞拟之"者，复释"其初难知"也，以初时拟议其始，故"难知"也，"卒成之终"者，复释"其上易知"也，言"上"是事之卒了，而成就终竟，故"易知"也。（初辞：初爻之辞。拟：比类。卒成：事最后形成。终：上爻之辞。杂物：指阴阳杂居。）

[3]本义：此谓卦中四爻。（杂：错杂。物：事，爻不同代表事物不同，"爻有等，故曰物"。撰：论述。辨：别。中爻：指卦中间四爻。）

[4]本义:象统论一卦六爻之体。

[5]本义:此以下论中爻,同功,谓皆阴位。异位,谓远近不同,四近君,故"多惧",柔不利远,而"二多誉"者,以其"柔中"也。

[6]本义:三五同阳位,而贵贱不同,然以柔居之则危,唯刚则能胜之。(不利远:阴不利于疏远九五,此就二言之。柔中,二以柔居中。三与五,同功而异位:三五同为阳位,同互一卦,故曰"同功";五居中在外卦,三失中而在内卦,故曰三五异位。胜:胜任。邪:不定之辞。)

【原文】

(十)《易》之为书也,广大悉备,有天道焉,有人道焉,有地道焉。兼三才而两之,故六。六者,非它也,三才之道也。[1]道有变动,故曰爻。爻有等,故曰物。物相杂,故曰文。文不当,故吉凶生焉。[2]

【注释】

[1]本义:三画已具三才,重之故六,而以上二爻为天,中二爻为人,下二爻为地。

[2]本义:道有变动,谓卦之一体。等,谓远近贵贱之差。相杂,谓刚柔之位相间,不当,谓爻不当位。孔颖达曰:三才之道,既有变化移动,故重画以象之,而曰爻也。物者,物类也。爻有阴阳贵贱等级,以象万物之类,故谓之物也。若相与聚居,间杂成文,不相妨害,则吉凶不生,由文之不当相与聚居,不当于理,故吉凶生也。

【原文】

(十一)《易》之兴也,其当殷之末世、周之盛德邪?当文王与纣之事邪?是故其辞危,危者使平,易者使倾。其道甚大,百物不废,惧以终始,其要无咎,此之谓《易》之道也。[1]

【注释】

[1]本义:危惧故得平安,慢易则必倾覆,易之道也。(文王与纣王之事:指商纣王把周文王囚禁在羑里这一历史事件。)

【原文】

(十二)夫乾,天下之至健也,德行恒易,以知险。夫坤,天下之至顺也,德行恒简,以知阻。[1]能说诸心,能研诸侯之虑,定天下之吉凶,成天下之亹亹者。[2]是故变化云为,吉事有祥。象事知器,占事知来。[3]天地设位,圣人成能。人谋鬼谋,百姓与能。[4]八卦以象告,爻象以情言,刚柔杂居,而吉凶可见矣。[5]变动以利言,吉凶以情迁,是故爱恶相攻,而吉凶生。远近相取,而悔吝生。情伪相感,而利害生。凡《易》之情,近而不相得则凶,或害之,悔且吝。[6]将叛者,其辞惭。中心疑者,其辞枝。吉人之辞寡。躁人之辞多。诬善之人,其辞游。失其守者,其辞屈。[7]

【注释】

[1]本义:至健则所行无难,故易。至顺则所行不繁,故简。然其于事,皆有以知其难,而不敢易以处之,是以其有忧患,则健者如自高临下,而知其险,顺者如自下趋上,而知其阻,盖虽易而能知险,则不陷不险矣,既简而又知阻,则不困于阻矣,所以能危能惧,而无易之倾也。

[2]本义:"侯之"二字衍,"说诸心"者,心与理会,乾之事也。"研诸虑"者,理因虑审,坤之事也。"说诸心",故有以定吉凶;"研诸虑",故有以成亹亹。

[3]本义:"变化云为",故象事可以知器,"吉事有祥",故占事可以知来。(云为:云、有,即有所作为。祥:善福。圣人成能:指圣人效法天地作《易》,赞天地之化育,即成就天地之功能。人谋:指求谋卿士。谋:图谋、求教。鬼谋:指求谋卜筮。百姓与能:指求谋于庶人。)

[4]本义:"天地设位",而圣人作《易》以成其功,于是"人谋鬼谋",虽百姓之愚,皆得以与其能。《朱子语类》云:"天地设位"四句,说天人合处,"天地设位",使圣人成其功能,"人谋鬼谋",则虽百姓亦可与其能,成能与与能,虽大小不同,然亦是小小底造化之功用。

[5]本义:象,谓卦画。爻象,谓卦爻辞。

[6]本义:不相得,谓相恶也,凶害悔吝,皆由此生。(攻:意为攻击、摩擦。远:指爻应与不应;近:近比。情:实情,阳为实;伪:虚伪,阴为虚。)

《周易折中》按语:《易》之情,其有远近者,固从爻位而生,若爱恶情伪,则从何处生来,须知《易》爻吉凶,皆在"时""位""德"三字上取,时随卦义而变,时变,则有爱恶矣,如《泰》之时则交,《否》之时则隔,《比》之时则和,《讼》之时则争,是"爱恶相攻"者,由于时也。位逐六爻而异,位异则有远近矣,如《比》之内比外比,《观》之观光者,近也;《蒙》之困蒙,《复》之迷复者,远也,是远近相取者,由于位也。德由刚柔当否而别,德别则有情伪矣,如《同人》五之号咷,《豫》二之介石,以中正也,《同人》三之伏戎,《豫》三之盱豫,以不中正也,是情伪相感者,由于德也。时有消息盈虚之变,位有贵贱上下之异,德有刚柔善恶之别,此三者皆吉凶悔吝之根,然其发动,皆因彼己之交而起。所谓彼己之交者,比也,应也,非因比应,则无所谓相攻也,无所谓相取也,无所谓相感也。所谓相攻相取相感者,皆以比应言之,放下独举近而不相得以见例,近而相得,相爱者也,相取者也,以情相感者也,善之善者也,不相得者而远,则虽恶而不能相攻也,不近而不得相取也,虽伪而不与相感也,善之次也,宜相得者而远,则虽爱而不得相亲也,不近而不能相取也,虽有情而无以相感也,又其次也,唯近而不相得,则以恶相攻,以近相取,以伪相感,人事之险阻备矣,大者则凶,极其恶之情者也,《同人》三之敌刚是也,次者则害,防其伪之端者也,《兑》之介疾孚剥是也,轻者犹不免于悔吝,如《豫》《萃》之三,虽以近而从四,然以非同类而曰悔曰吝者此也,《易》者教人知险知阻,故特举此条以见例,余者可以三隅反也,故观《易》者,须先知时、位、德、比、应五字,又须知时、位、德之当否,皆于比应上发动,其义莫备于此章矣。

[7]本义:卦爻之辞,亦犹是也。(叛:背叛、叛逆。惭:通惭,惭愧之意。枝:树枝,此指像树枝,分枝不一。寡:少。躁:浮躁。游:游移不定。屈:卑屈不伸。人之辞由情而生,故《易》之辞亦由情而生。)

第五章　《文言传》《说卦传》《序卦传》《杂卦传》

《周易大传》七种十篇，称"十翼"，本章四篇为其组成部分。《史记·孔子世家》："孔子晚而喜易，序彖、系、象、说卦、文言。读易，韦编三绝。"五四运动以来的易学研究，推翻了"孔子作《易传》"的说法，一般认同"《易传》非一人一时之作"的观点，它的形成经历了一个漫长的历史过程，其中有无数匿名的作者，当然，孔子的重要作用也是不可忽视的。

一、《文言传》

《文心雕龙·原道》曰："乾坤两位，独制《文言》。言之文也，天地之心哉！"乾坤为门户，以文说乾坤，依文而言其理，"文言"实为"依文言理"。本义曰：此篇申《彖传》、《象传》之意，以尽乾坤二卦之蕴，而余卦之说，因可以例推云。

【原文】

"元"者，善之长也；"亨"者，嘉之会也；"利"者，义之和也；"贞"者，事之干也。[1]君子体仁足以长人，嘉会足以合礼，利物足以和义，贞固足以干事。[2]君子行此四德者，故曰："乾，元、亨、利、贞。"[3]初九曰："潜龙勿用。"何谓也？子曰："龙德而隐者也。不易乎世，不成乎名，遁世无闷，不见是而无闷。乐则行之，忧则违之，确乎其不可拔，潜龙也。"[4]九二曰："见龙在田，利见大人。"何谓也？子曰："龙德而正中者也。庸言之信，庸行之谨，闲邪存其诚，盖世而不伐，德博而化。《易》曰'见龙在田，利见大人。'君德也。"[5]九三曰："君子终日乾乾，夕惕若厉，无咎。"何谓也？子曰："君子进德修业，忠信所以进德也。修辞立其诚，所以居业也。知至至之，可与几也。知终终之，可与存义也。是故居上位而不骄，在下位而不忧，故乾乾因其时而惕，虽危无咎矣。"[6]九四曰："或跃在渊，无咎。"何谓也？子曰："上下无常，非为邪也。进退无恒，非离群也。君子进德修业，欲及时也，故无咎。"[7]九五曰："飞龙在天，利见大人。"何谓也？子曰："同声相应，同气相求。水流湿，火就燥。云从龙，风从虎。圣人作而万物睹。本乎天者亲上，本乎地者亲下。则各从其类也。"[8]上九曰："亢龙有悔。"何谓也？子曰："贵而无位，高而无民，贤人在下位而无辅，是以动而有悔也。"[9]

【注释】

[1]本义:"元"者,生物之始,天地之德,莫先于此,故于时为春,于人则为仁,而众善之长也。"亨"者,生物之通,物至于此,莫不嘉美,故于时为夏,于人则为礼,而众美之会也。"利"者,生物之遂,物各得宜,不相妨害,故于时为秋,于人则为义,而得其分之和。"贞"者,生物之成,实理具备,随在各足,故于时为冬,于人则为智,而为众事之干,干,木之身,而枝叶所依以立者也。程传:它卦,《彖》《象》而已,独乾坤更设《文言》以发明其义,推乾之道施于人事,"元亨利贞",乾之四德,在人则"元"者,众善之首也;"亨"者,嘉美之会也;"利"者,和合于义也,"贞"者,干事之用也。

[2]本义:以仁为体,则无一物不在所爱之中,故"足以长人",嘉其所会,则无不合礼,使物各得其所利,则义无不和,贞固者,知正之所在而固守之,所谓知而弗去者也,故足以为事之干。程传:体法于乾之仁,乃为君长之道,足以长人也。体仁,体元也,比而效之谓之体,得会通之嘉,乃合于礼也,不合礼则非理,岂得为嘉,非理安有亨乎,和于义乃能利物,岂有不得其宜而能利物者乎,贞固所以能干事也。《朱子语类》云:体仁,不是将仁来为我之体,我之体便都是仁也。又曰:《本义》云,以仁为体者,犹言自家一个身体,元来都是仁。又云:嘉,美也。会,是集齐底意思,许多嘉美,一时斗凑到此,故谓之嘉会,嘉其所会,便动容周旋无不中礼。又云:看来义之为义,只是一个宜,其初则甚严,如男正位乎外,女正位乎内,直是有内外之辨,君尊于上,臣恭于下,尊卑大小,截然不可犯,似若不和之甚,然能使之各得其宜,则其和也,孰大于是。又云:干如木之干,事如木之枝叶,贞固者,正而固守之,贞固在事,是与立个骨子,所以为事之干,欲为事而非此之贞固,便植立不起,自然倒了。问"贞固"二字与体仁嘉会利物似不同。曰:属北方者,便着用两字,方能尽之。

[3]本义:非君子之至健,无以行此,故曰"乾元亨利贞"。此第一节,申《彖传》之意,与《春秋传》所载穆姜之言不异,疑古者已有此语,穆姜称之,而夫子亦有取焉,故下文别以子曰:表孔子之辞,盖传者欲以明此章之为古语也。《朱子语类》问:"乾元亨利贞",犹言性仁义礼智。曰:此语甚稳当。又曰:"乾元亨利贞",它把"乾"字当君子。

[4]本义:龙德,圣人之德也,在下故隐,易,谓变其所守,大抵乾卦六爻,《文言》皆以圣人明之,有隐显而无浅深也。程传:自此以下言乾之用,用九之道也,初九阳之微,"龙德"之潜隐,乃圣贤之在侧陋也,守其道,不随世而变,晦其行,不求知于时,自信自乐,见可而动,知难而避,其守坚不可夺潜龙之德也。

[5]本义:正中,不潜而未跃之时也,常言亦信,常行亦谨,盛德之至也,闲邪存其诚,无致亦保之意,言君德也者,释"大人"之为九二也。程传:以龙德而处正中者也,在卦之正中,为得正中之义,庸信庸谨,造次必于是也,既处无过之地,则唯在闲邪,邪既闲,则诚

存矣,"善世而不伐",不有其善也,"德博而化",正己而物正也,皆大人之事,虽非君位,君之德也。

[6]本义:"忠信",主于心者,无一念之不诚也。"修辞",见于事者无一言之不实也,虽有忠信之心,然非修辞立诚,则无以居之。"知至至之",进德之事。"知终终之",居业之事,所以"终日乾乾"而夕犹惕若者,以此故也,可上可下,不骄不忧,所谓无咎也。程传:三居下之上,而君德已著,将何为哉,唯进德修业而已,内积忠信,所以进德也;择言笃志,所以居业也;"知至至之",致知也。求知所至而后至之,知之在先,故可与几。所谓始条理者,知之事也。知终终之,力行也,既知所终,则力进而终之,守之在后,故可与存义。所谓终条理者,圣之事也。此学之始终也,君子之学如是,故知处上下之道而无骄忧,不懈而知惧,虽在危地而无咎也。

[7]本义:内卦以"德"学言,外卦以"时"位言,"进德修业",九三备矣,此则欲其及时而进也。程传:或跃或处,"上下无常",或进或退,去就从宜,非为邪枉,非离群类,"进德修业",欲及时耳,时行时心,不可恒也,故云或。深渊者,龙之所安也。"在渊",谓跃就所安,渊在深而言跃,但取进就所安之义。或,疑辞。随时而未可必也,君子之顺时,犹影之随形,可离非道也。

[8]本义:作,起也。物,犹人也。睹,释利见之意也。"本乎天"者,谓动物。"本乎地"者,谓植物,物"各从其类"。圣人,人类之首也,故兴起于上,则人皆见之。程传:人之与圣人,类也,五以龙德升尊位,人之类莫不归仰,况同德乎,上应于下,下从于上,"同声相应,同气相求"也,流湿就燥,从龙从虎,皆以气类,故圣人作而万物皆睹,上既见下,下亦见上。物,人也。古语云人物物论,谓人也。《易》中"利见大人"其言则同,义则有异,如《讼》之利见大人,谓宜见大德中正之人,则其辨明,言在见前。《乾》之二五,则圣人既出,上下相见,共成其事,所利者见大人也,言在见后,"本乎天"者,如日月星辰,"本乎地"者,如虫兽草木,阴阳各从其类,人物莫不然也。

[9]本义:"贤人在下位",谓九五以下,"无辅",以上九过高志满,不来辅助之也。此第二节申《象传》之意。程传:九居上而不当尊位,是以无民无辅,动则有悔也。

【原文】

"潜龙勿用",下也;[1]"见龙在田",时舍也;[2]"终日乾乾",行事也;[3]"或跃在渊",自试也;[4]"飞龙在天",上治也;[5]"亢龙有悔",穷之灾也;[6]乾元"用九",天下治也。[7]潜龙勿用",阳气潜藏;[8]"见龙在田",天下文明;[9]"终日乾乾",与时偕行;[10]"或跃在渊",乾道乃革;[11]"飞龙在天",乃位乎天德;[12]"亢龙有悔",与时偕极;[13]乾元"用九",乃现天则。[14]乾"元"者,始而亨者也;[15]"利贞"者,性情也。[16]乾始能以美利利天下,不言所利,大矣哉！[17]大哉乾乎，刚健中正，纯粹精也。[18]六爻发挥，旁通情也，[19]时乘六龙，以御天也。云行雨施，天下平也。[20]君子以成德为行，日可见之行也。"潜"之为言也，隐而未见，行而未成，是以君子弗用也。[21]君子学以聚之，问以辨之，宽以居之，仁以行之。《易》曰："见龙在田，利见大人。"君德也。[22]九三重刚而不中，上不在天，下不在田，故乾乾因其时而惕，虽危"无咎"矣。[23]九四重刚而不中，上不在天，下不在田，中不在人，故"或"之。或之者，疑之也，故"无咎"。[24]夫"大人"者，与天地合其德，与日月合其明，与四时合其序，与鬼神合其吉凶。先天而天弗违，后天而奉天时。天且弗违，而况于人乎！况于鬼神乎！[25]"亢"之为言也，知进而不知退，知存而不知亡，知得而不知丧，[26]其唯圣人乎！知进退存亡而不失其正者，其唯圣人乎！[27]

【注释】

[1]程传：此以"下"言乾之时，勿用，以在下未可用也。

[2]本义：言未为时用也。程传：随时而止也。

[3]程传："进德修业"也。

[4]本义：未遽有为，姑试其可。程传：随时自用也。

[5]本义：居上以治下。程传：得位而行，上之治也。

[6]程传：穷极而灾至也。

[7]本义：言"乾元用九"，见与它卦不同，君道刚而能柔，天下无不治矣。此第三节，再申前意。程传：用九之道，天与圣人同，得其用则天下治也。

[8]程传：此以下言乾之义，方阳微潜藏之时，君子亦当晦隐，未可用也。

[9]本义：虽不在上位，然天下已被其化。程传：龙德见于地上，则天下见其文明而化之。

[10]本义：时当然也。程传：随时而进也。

[11]本义：离下而上，变革之时。程传：离下位而升上位，上下革矣。

[12]本义：天德，即天位也，盖唯有是德，乃宜居是位，故以名之。程传：正位乎上，"位当天德"矣。

[13]程传：时既极，则处时者亦极矣。

[14]本义：刚而能柔，天之法也。此第四节，又申前意。程传：用九之道，天之则也，夫之法则，谓天道也，或问乾之六爻，皆圣人之事乎？曰：尽其道者圣人也，得失则吉凶存焉，岂特乾哉，诸卦皆然也。

[15]本义：始则必亨，理势然也。程传：又反复详说，以尽其义，既始则必亨，不亨则息矣。

[16]本义：收敛归藏，乃见性情之实。程传：乾之性情也，既始而亨，非利贞其能不息乎。

[17]本义：始者，元而亨也，利天下者，利也，不言所利者，贞也。或曰："坤利牝马"，则言所利矣。程传：乾始之道，能使庶类生成，天下蒙其美利，而"不言所利"者，盖无所不利，非可指名也，故赞其利之大曰"大矣哉"。

[18]本义："刚"，以体言。"健"，兼用言。"中"者，其行无过不及。"正"者，其立不偏，四者乾之德也。"纯"者，不杂于阴柔。"粹"者，不杂于邪恶，盖刚健中正之至极，而精者又纯粹之至极也，或疑乾刚无柔，不得言中正者，不然也，天地之间，本一气之流行而有动静尔，以其流行之统体而言，则但谓之乾而无所不包矣，以其动静分之，然后有阴阳刚柔之别也。

[19]本义：旁通，犹言曲尽。

[20]本义：言圣人"时乘六龙以御天"，则如天之"云行雨施，而天下平也"。此第五节，复申首章之意。程传：大哉，赞乾道之大也。以"刚健中正""纯粹"六者，形容乾道。精，谓六者之精极，以六爻发挥，旁通尽其情义，乘六爻之时，以当天运，则天之功用著矣，故见"云行雨施"，阴阳溥畅，天下和平之道也。

[21]本义：成德，已成之德也，初九固成德，但其行未可见尔。程传：德之成，其事可见者行也，德成而后可施于用，初方潜隐未见，其行未成，未成，未著也，是以君子弗用也。

[22]本义：盖由四者以成大人之德，再言君德，以深明九二之为大人也。程传：圣人在下，虽已显而未得位，则"进德修业"而已，学聚问辨，"进德"也；宽居仁行，"修业"也。君德已著，利见大人，而进以行之耳，进居其位者，舜禹也，进行其道者，伊傅也。

[23]本义：重刚，谓阳爻阳位。程传：三"重刚"，刚之盛也，过中而居下之上，上未至于天，而下已离于田，危惧之地也，因时顺处，乾乾兢惕以防危，故虽危而不至于咎，君子顺时兢惕，所以能泰也。

[24]本义：九四非重刚，"重"字疑衍，在人谓三，或者，随时而未定也。程传：四不在天不在田而出人之上矣，危地也。疑者，未决之辞。处非可必也，或进或退，唯所安耳，所以无咎也。

[25]本义：大人，即释爻辞所"利见之大人"也，有是德而当其位，乃可当之，人与天地鬼神，本无二理，特蔽于有我之私，是以牿于形体，而不能相通，大人无私，以道为体，曾何彼此先后之可言哉。先天不违，谓意之所为，默与道契。后天奉天，谓知理如是，奉而行之，回纥谓郭子仪曰：卜者言此行当见一大人而还，其占盖与此合，若子仪者，虽未及乎夫子之所论，然其至公无我，亦可谓当时之大人矣。程传：大人与天地日月四时鬼神合者，合乎道也，"天地"者，道也，"鬼神"者造化之迹也，圣人先于天而天同之，后于天而能顺天

者,合于道而已,合于道,则人与鬼神岂能违也。

[26]本义:所以动而有悔也。孔颖达曰:言上九所以亢极有悔者,正由有此三事,若能三事备知,虽居上位,不至于亢也。

[27]本义:知其理势如是,而处之以道,则不至于有悔矣,固非计私以避害者也,再言其唯圣人乎,始若设问,而卒自应之也。此第六节,复申第二节三节四节之意。程传:极之甚为"亢",至于"亢"者,不知进退存亡得丧之理也,圣人则知而处之,皆不失其正,故不至于亢也。

【原文】

坤至柔而动也刚,至静而德方,[1]后得主而有常,[2]含万物而化光。[3]坤道其顺乎,承天而时行。[4]积善之家必有余庆,积不善之家必有余殃。臣弑其君,子弑其父,非一朝一夕之故,其所由来者渐矣。由辩之不早辩也。《易》曰:"履霜,坚冰至。"盖言顺也。[5]"直"其正也,"方"其义也。君子敬以直内,义以方外,敬义立而德不孤。"直方大,不习无不利。"则不疑其所行也。[6]阴虽有美,"含"之以从王事,弗敢成也。地道也,妻道也,臣道也。地道"无成"而代"有终"也。[7]天地变化,草木蕃,天地闭,贤人隐。《易》曰:"括囊,无咎无誉。"盖言谨也。[8]君子"黄"中通理,正位居体,美在其中,而畅于四支,发于事业,美之至也![9]阴疑于阳必战,为其嫌于无阳也,故称"龙"焉。犹未离其类也,故称"血"焉。夫"玄黄"者,天地之杂也,天玄而地黄。[10]

【注释】

[1]本义:刚方,释"牝马之贞"也。"方",谓生物有常。《朱子语类》云:"坤至柔而动也刚。""坤"只是承天,如一气之施,坤则尽能发生承载,非刚安能如此。

[2]本义:《程传》曰:"主"下当有"利"字。

[3]本义:复明"亨"义。

[4]本义:复明顺承天之意。此以上申《彖传》之意。程传:坤道至柔,而其动则刚,坤体至静,而其德则方,动刚故应乾不违,德方故生物有常,阴之道,不唱而和,故居后为得,而主利成万物,坤之常也,含容万类,其功化光大也,"主"字下脱"利"字,"坤道其顺乎承天而时行",承天之施,行不违时,赞坤道之顺也。

[5]本义:古字"顺""慎"通用,按此当作"慎",言当辩之于微也。程传:天下之事,未有不由积而成,家之所积者善,则福庆及于子孙,所积不善,则灾殃流于后世,其大至于弑逆之祸,皆因积累而至,非朝夕所能成也,明者则知渐不可长,小积成大,辨之于早,不使顺长,故天下之恶,无由而成,乃知霜冰之戒也,霜而至于冰,小恶而至于大,皆事势之顺长也。

［6］本义：此以学言之也。止，谓本体，义，谓裁制，敬则本体之守也，"直内""方外"《程传》备矣，不孤，言大也，疑故习而后利，不疑则何假于习。程传："直"言"其正也"，"方"言"其义也"，君子主敬以直其内，守义以方其外，敬立而内直，义形而外方，义形于外，非在外也，敬义既立，其德盛矣，不期大而大矣，"德不孤"也，无所用而不周，无所施而不利，孰为疑乎。

［7］程传：为下之道，不居其功，含晦其章美以从王事，代上以终其事，而不敢有其成功也，犹地道代天终物，而成功则主于天也，妻道亦然。程子曰：天地日月一般，月之光，乃日之光也，地中生物者，皆天气也，唯"无成而代有终"者，地之道也。

［8］程传：四居上近君，而无相得之义，故为隔绝之象，天地交感则变化万物，草木蕃盛，君臣相际而道亨，天地闭隔，则万物不遂，君臣道绝，贤者隐遁，四于闭隔之时，"括囊"晦藏，则虽无令誉，可得无咎，言当谨自守也。

［9］本义：黄中，言中德在内，释"黄"字之义也。虽在尊位，而居下体，释"裳"字之义也。"美在其中"，复释"黄中"，"畅于四支"，复释"居体"。程传：黄中，"文在中"也，君子文中而达于理，居正位而不失为下之体，五尊位，在坤则唯取中正之义，美积于中，而通畅于四体，发见于事业，德美之至盛也。

［10］本义："疑"，谓钧敌而无小大之差也，坤虽无阳，然阳未尝无也。"血"，阴属，盖气阳而血阴也。"玄黄"，天地之正色，言阴阳皆伤也。此以上申《象传》之意。程传：阳大阴小，阴必从阳，阴既盛极，与阳偕矣，是疑于阳也，不相从则必战，卦虽纯阴，恐疑无伤，故称龙见其与阳战也，于野，进不已而至于外也，盛极而进不已，则战矣，虽盛极不离阴类也，而与阳争，其伤可知，故称"血"，阴既盛极，至与阳争，虽阳不能无伤，故"其血玄黄"。"玄黄"，天地之色，谓皆伤也。

二、《说卦传》

《说卦传》被认为是《易传》中产生最早的篇章，先秦时期和《周易》并行。它的形成就像地质学中的地层，逐渐堆积而成。其形成分为四个阶段："第一阶段是随机取象，发生于西周中期；第二阶段八卦符号与所取之象皆成系统，发生于西周末年；第三阶段是卦象作宇宙论扩张，时在春秋中晚期；第四阶段是阴阳本体化，由孔子为其加冕，时在春秋之末。"到了第四阶段，"象"的义理更进入形而上之"道"的境界，"幽赞于神明而生蓍，参天两地而倚数，观变于阴阳而立卦，发挥于刚柔而生爻，和顺于道德而理于义，穷理尽性而至于命"，说的就是义理之根，其终极形式是"分阴分阳，迭用柔刚，故《易》六位而成章"。

它的展开即是天道阴阳,地道柔刚,人道仁义,天、地、人因此而"立"了起来。①

高亨《周易大传今注》卷六对《说卦传》卦象做过简明扼要的考证说明,认为《易传·说卦》一篇主要内容乃记述八卦所象之事物,八卦有基本卦象,即"乾为天,坤为地,震为雷,巽为风,坎为水,离为火,艮为山,兑为泽",这是八卦之原始卦象,传统之说法,自先秦以来,言《易》者皆遵用之。有引申卦象,如"乾为马,坤为牛,震为龙,巽为鸡,坎为豕,离为雉,艮为狗,兑为羊"等,《说卦传》所记甚多。按照高亨的说法,《易经》本为筮书,占筮本为巫术,八卦之引申卦象,筮人可以由基本卦象触类旁通,灵活运用,甚至信口雌黄,提出个人说法。所以先秦人言《易》,关于引申卦象之说法,已有歧异。《说卦传》所记之引申卦象,只是一家之言,不可专信,吾人解《易》,遇必要时可以越其藩篱。另外,此篇所述有琐碎而无用者,如云"巽,其于人也,为寡发,为广颡,为多白眼","坎,其于马也,为美脊,为亟心,为下首,为薄蹄"等。此种无助于解经,似亦无助于占事也。但此篇所述,亦多有用处,可据以解《易经》及《彖传》《象传》《系辞传》诸传,唯未能满足研究经传之需要。先秦人讲八卦卦象,除其基本卦象外,余皆或同或异,甚有分歧。《说卦传》所记仅是一家之言,不可专信。②高亨的说法可供参考,先秦时期流传着很多不尽相同的占筮方法,因而其卦象、卦位、卦序之设定均有差异,不能一概而论。但高亨的说法也有以今虑古之嫌,有些说法今人看来荒唐,如"巽"之"寡发""广颡"等,但在古时可能是极为有用的。例如,睡虎地秦简《日书》③中有根据十二支和十干推测盗贼的相貌、性格特征和姓名等的方法,古人用占筮卜人事时必定经常用到,故亦予以记录。《说卦传》本来就不是用来解《周易》经文的"传",而是用来辅助占筮和说卦象的,所以它里面的有些记录是实际卜筮时应用的内容,与《周易》经文无关也在情理之中。

【原文】

(一)昔者圣人之作《易》也,幽赞于神明而生蓍[1],参天两地而倚数,[2]观变于阴阳而立卦,发挥于刚柔而生爻,和顺于道德而理于义,穷理尽性以至于命。[3]

【注释】

[1]本义:幽赞神明,犹言赞化育。《龟筴传》曰:天下和平,王道得,而蓍茎长丈,其丛生满百茎。程子曰:"幽赞于神明而生蓍",用蓍以求卦,非谓有蓍而后画卦。

---

① 吴前衡:《〈传〉前易学》,湖北人民出版社,2008年,第346、290页。
② 高亨:《周易大传今注》,齐鲁书社,1979年,第607—608页。
③ 睡虎地秦墓竹简,又称睡虎地秦简、云梦秦简,是指1975年12月在湖北省云梦县睡虎地秦墓中出土的大量竹简,其内容主要是秦朝时的法律制度、行政文书、医学著作以及关于吉凶时日的占书,为研究中国书法,秦朝的政治、法律、经济、文化、医学等方面的发展历史提供了翔实的资料,具有重要的学术价值。

[2]本义:天圆地方,圆者一而围三,三各一奇,故参天而为三,方者一而围四,四合二偶,故两地而为二,数皆倚此而起,故揲蓍三变之末,其余三奇,则三三而九,三偶,则三二而六,两二一三则为七,两二一二则为八。

[3]本义:和顺从容,无所乖逆,统言之也,理,谓随事得其条理,析言之也,穷天下之理,尽人物之性,而合于天道,此圣人作《易》之极功也。此第一章。《周易折中》按语:此章次第最明,《易》为卜筮之书,而又为五经之原者,于此章可见矣,生蓍者,立蓍筮之法也。倚数者,起蓍筮之数也,立卦生爻,则指画卦系辞言之,是二者,蓍筮之体而言于后,明《易》为卜筮而作也,"和顺于道德而理于义",言卦画既立,则有以契合乎天之道,性之德,而下周乎事物之宜也,"穷理尽性以至于命",言爻辞既设,则有以穷尽乎事之理,人之性,而上达乎天命之本也,夫《易》以卜筮为教,而道德性命之奥存焉,然则以礼祥之末言《易》者,迷道之原者也,以事物之迹言《易》者,失教之意者也。

【原文】

(二)昔者圣人之作《易》也,将以顺性命之理。是以立天之道曰阴与阳,立地之道曰柔与刚,立人之道曰仁与义。兼三才而两之,故《易》六画而成卦。分阴分阳,迭用刚柔,故《易》六位而成章。

【注释】

本义:"兼三才而两之",总言六画,又细分之,则阴阳之位,间杂而成文章也。此第二章。《朱子语类》云:阴阳刚柔仁义,看来当曰义与仁,当以仁对阳,仁若不是阳刚,如何作得许多造化,义虽刚,却主于收敛,仁却主发舒,这也是阳中之阴,阴中之阳,互藏其根之意,且如今人用赏罚,到赐与人自是无疑,便作将去,若是刑杀时,便迟疑不肯果决,这见得阳舒阴敛,仁属阳,义属阴处。

【原文】

(三)天地定位,山泽通气,雷风相薄,水火不相射,八卦相错。[1]数往者顺,知来者逆,是故《易》逆数也。[2]

【注释】

[1]本义:邵子曰:此伏羲八卦之位,乾南坤北,离东坎西,兑居东南,震居东北,巽居西南,艮居西北,于是八卦相交而成六十四卦,所谓先天之学也。孔颖达曰:此一节就卦象明重卦之意,若使天地不交,水火异处,则庶类无生成之用,品物无变化之理,故云"天地定位"而合德,山泽异体而通气,雷风各动而相薄,水火不相入而相资,八卦之用,变化

如此,故圣人重卦,令八卦相错,乾坤震巽,坎离艮兑,莫不交互,以象天地雷风,水火山泽,莫不交错,则《易》之爻卦与天地等,性命之理,吉凶之数,既往之事,将来之几,备在爻卦之中矣。

[2]本义:起震而历离兑,以至于乾,数已生之卦也,自巽而历坎艮,以至于神,推未生之卦也,《易》之生卦,则以乾兑离震巽坎艮坤为次,故皆"逆数"也。此第三章。《朱子语类》云:先天图曲折,细详图意,若自乾一横排至坤八,此则全是自然,故说卦云"《易》逆数"也,若如圆图,则须如此方见阴阳消长次第,虽似稍涉安排,然亦莫非自然之理,自冬至至夏至为顺,盖与前逆数若相反,自夏至至冬至为逆,盖与前逆数者同,其左右与今天文家说左右不同,盖从中而分,其初若有左右之势尔。

【原文】

(四)雷以动之,风以散之,雨以润之,日以烜之,艮以止之,兑以说之,乾以君之,坤以藏之。

【注释】

本义:此卦位相对,与上章同。此第四章。张子曰:阴性凝聚,阳性发散,阴聚之,阳必散之,其势均散,阳为阴累,则相持为雨而降,阴为阳得,则飘扬为云而升,故云物班布太虚者,阴为风驱,敛聚而未散者也,凡阴气凝聚,阳在内者不得出,则奋击而为雷霆,阳在外者不得入,则周旋不舍而为风,其聚有远近虚实,故雷风有大小暴缓,和而散,则为霜雪雨露,不和而散,则为戾气曀霾,阴常散缓,受交于阳,则风雨调,寒暑正。

【原文】

(五)帝出乎震,齐乎巽,相见乎离,致役乎坤,说言乎兑,战乎乾,劳乎坎,成言乎艮。[1]万物出乎震,震,东方也;齐乎巽,巽,东南也。齐也者,言万物之絜齐也。离也者,明也。万物皆相见,南方之卦也。圣人南面而听天下,向明而治,盖取诸此也。坤也者,地也,万物皆致养焉,故曰致役乎坤。兑,正秋也,万物之所说也,故曰说言乎兑。战乎乾,乾,西北之卦也,言阴阳相薄也。坎者,水也,正北方之卦也。劳卦也,万物之所归也,故曰劳乎坎。艮,东北之卦也,万物之所成终,而所成始也,故曰成言乎艮。[2]

【注释】

[1]本义:帝者天之主宰。邵子曰:此卦位乃文王所定,所谓后天之学也。(帝:天。乾为天,故此乾阳之旺气发而万物生。相见:显现、显著。见:读"现"。役:从事。说:悦。

战:接。劳:动之余而休息。成:完全、成就。)

[2]本义:上言帝,此言万物之随帝以出入也。此第五章,所推卦位之说,多未详者。《周易折中》按语:此章明文王卦位也,震动而发散者,生机之始,雷厉而风行者,造化之初,是故阳气奋而物无不出,阴气顺而物无不齐,阳气盛,而于阴则明极矣,阴精厚,顺于阳则养至矣,阳之和足于内,阴之滋足于外,则说乎物而物成矣,虽然,天之道资阴而用之而功乃就,克阴而化之而命斯行,自始至终,莫非天也,而终始之际,见其健而不已焉者,天之所以为天也,由是役者于此休,故坎以习熟之义而司劳焉,动者于此止,故艮以动静不穷之义而司成焉,夫文之位变乎羲矣,而其体用交错之妙,动静互根之机,则必合而观之,然后造化之理尽。

【原文】

(六)神也者,妙万物而为言者也。动万物者,莫疾乎雷;桡万物者,莫疾乎风;燥万物者,莫熯乎火;说万物者,莫说乎泽;润万物者,莫润乎水;终万物始万物者,莫盛乎艮。故水火不相逮,雷风不相悖,山泽通气,然后能变化,既成万物也。

【注释】

本义:此去乾坤而专言"六子",以见神之所为,然其位序亦用上章之说,未详其义。此第六章。张子云:一则神,两则化。妙万物者,一则神也,且动桡燥说润终始万物者,孰若六子,然不能以独化,故必相逮也,不相悖也,通气也,然后能变化既成万物,合则化,化则神。(疾:急速。桡:散、吹拂。燥:干。熯:有干燥之义。盛:成。逮:及、达到。悖:逆。)

【原文】

(七)乾,健也;坤,顺也;震,动也;巽,入也;坎,陷也;离,丽也;艮,止也;兑,说也。

【注释】

本义:此言八卦之性情。此第七章。孔颖达曰:此一节说八卦名训。乾象天,天体运转不息,故为健;坤象地,地顺承于天,故为顺;震象雷,雷奋动万物,故为动;巽象风,风行无所不入,故为入;坎象水,水处险陷,故为陷;离象火,火必着于物,故为丽;艮象山,山体静止,故为止;兑象泽,泽润万物,故为说。《朱子语类》云:以通神明之德,以类万物之情,尽于八卦,而震巽坎离艮兑,又总于乾坤,曰"动"曰"陷"曰"止",皆健底意思,曰"入"曰"丽"曰"说",皆顺底意思,圣人下此八字,极状得八卦性情尽。

【原文】

（八）乾为马,坤为牛,震为龙,巽为鸡,坎为豕,离为雉,艮为狗,兑为羊。

【注释】

本义:远取诸物如此。此第八章。孔颖达曰:此一节略明远取诸物也,乾象天,天行健,故为马;坤象地,任重而顺,故为牛;震动象,龙动物故为龙;巽主号令,鸡能知时,故为鸡;坎主水渎,豕处污湿,故为豕;离为文明,雉有文章,故为雉;艮为静止,狗能善守,禁止外人,故为狗;兑说也。王廙云,羊者顺之畜,故为羊也。

【原文】

（九）乾为首,坤为腹,震为足,巽为股[1],坎为耳,离为目[2],艮为手,兑为口。

【注释】

本义:近取诸身如此。此第九章。孔颖达曰:此一节略明近取诸身也,乾尊而在上,故为"首"。坤能包藏含容,故为"腹"。足能动用,故"震为足"也。股随于足,则巽顺之谓,故"巽为股"也。坎北方之卦主听,故"为耳"也。离南方之卦主视,故"为目"也。艮既为止,手亦能止持其物,故"为手"也。兑主言语,故"为口"也。

【原文】

（十）乾,天也,故称乎父;坤,地也,故称乎母。震一索而得男,故谓之长男;巽一索而得女,故谓之长女;坎再索而得男,故谓之中男;离再索而得女,故谓之中女;艮三索而得男,故谓之少男;兑三索而得女,故谓之少女。

【注释】

本义:索,求也,谓揲蓍以求爻也。男女,指卦中一阴一阳之爻而言。此第十章。《朱子语类》云:乾求于坤,而得震坎艮,坤求于乾,而得巽离兑,一二三者,以其画之次序言也。又云:一索再索之说,初间画卦时也不恁地,只是画成八卦后,便见有此象耳。

【原文】

（十一）乾为天,为圜;为君,为父;为玉,为金;为寒,为冰;为大赤;为良马,为老马,为瘠马,为驳马;为木果。[1]坤为地,为母;为布;为釜;为吝啬;为均;为子母牛;为大舆;为文;为众;为柄;其于地也,为黑。[2]震为雷,为龙,为玄黄,为旉,为大涂;为长子;为决躁;为苍筤竹;为萑苇;其于马也,为善鸣,为馵足,为作足,为的颡;其于稼也,为反生,其究为健,为蕃鲜。[3]巽为木,为风;为长女;为绳直,为工;为白;长;为高;为进退;为不果;为臭;其于人也,为寡发,为广颡,为多白眼;为近利市三倍;其究为躁卦。[4]坎为水,为沟渎;为隐伏;为矫輮;为弓轮;其于人也,为加忧,为心病,为耳痛,为血卦,赤;其于马也,为美脊,为亟心,为下首,为薄蹄,为曳;其于舆也,为多眚;为通;为月;为盗;其于木也,为坚多心。[5]离为火,为日,为电;为中女;为甲胄,为戈兵;其于人也,为大腹;为乾卦;为鳖,为蟹,为蠃,为蚌,为龟;其于木也,为科上槁。[6]艮为山,径路,为小石;为门阙;为果蓏;为阍寺;为指;为狗,为鼠,为黔喙之属;其于木也,为坚多节。[7]兑为泽,为少女;为巫;为口舌;为毁折;为附决;其于地也,为刚卤;为妾,为羊。[8]

【注释】

[1]本义:《荀九家》此下有为龙,为直,为衣,为言。孔颖达曰:此一节广明乾象。乾既为人,天动运转,故为"环","为君为父",取其尊道而为万物之始也;"为玉为金",取其刚之清明也;"为寒为冰",取其西北寒冰之地也;"为大赤",取其盛阳之色也;"为良马"取其行健之善也;"老马",取其行健之久也;"瘠马",取其行健之甚(瘠马,骨多也);"驳马"有牙如锯,能食虎豹,取其至健也;"为木果",取其果实着木,有似星之着天也。

[2]本义:《荀九家》有为牝,为迷,为方,为囊,为裳,为黄,为帛,为浆。孔颖达曰:此一节,广明坤象。坤既为地,地受任生育,故"为母也";"为布",取其广载也;"为釜",取其化生成熟也;"为吝啬",取其生物不转移也;"为均"地道平均也;"为子母牛",取其多蕃育而顺之也;"为大舆",取其载万物也;"为文"取其万物之色杂也;"为众",取其载物非一也;"为柄",取其生物之本也;"为黑",取其极阴之色也。

[3]本义:《荀九家》有为玉、为鹄、为鼓。孔颖达曰:此一节广明震象。"为玄黄",取其相杂而成苍色也;"为敷",取其春时气至,草木皆吐,敷布而生也;"为大涂",取其万物之所生也;"为长子",震为长子也;"为决躁",取其刚动也;"为苍筤竹",竹初生色苍也;"为萑苇",竹之类也;"其于马也",为善明,取雷声之远闻也;"为舞足",马后足自为舞,取其动而见也;"为作足",取其动而行健也;"为的颡",白额为的颡,亦取动而见也;"其于稼也,为反生",取其始生戴甲而出也;"其究为健",极于震动则为健也;"为蕃鲜",取其春时草木蕃育而鲜明也。

[4]本义:《荀九家》有为杨为鹳。孔颖达曰:此一节广明巽象。"巽为木",木可以揉曲直,巽顺之谓也;"为绳直",取其号令齐物也;"为工",亦取绳直之类也;"为白",取其洁也;"为长",取其风行之远也;"为高",取其木生而上也;"为进退",取其风性前却;"为不果",亦进退之义也;"为臭",取其风所发也;"为寡发",风落树之华叶,则在树者稀疏,如人之少发;"为广颡",额阔发寡少之义;"为多白眼",取躁人之眼,其色多白也;"为近利",取躁

人之情,多近于利也;"市三倍",取其本生蕃盛,于市则三倍之利也;"其究为躁卦",取其风之势极于躁急也。按:"寡发""广颡""多白眼",皆取洁义,今人之额阔少寒毛而眸子清明者,皆洁者也。

[5]本义:《荀九家》有为宫,为律,为可,为栋,为丛棘,为狐,为蒺藜,为桎梏。孔颖达曰:此一节广明坎象。"坎为水",取其北方之行也;"为沟渎",取其水行无所不通也;"为隐伏",取其水藏地中也;"为矫輮",使曲者直为矫,使直者曲为輮,水流曲直,故为"矫輮"也;"为弓轮",弓者激矢如水激射也,轮者运行如水行也;"为加忧",取其忧险难也;"为心病",忧险难故心病也;"为耳痛",坎为劳卦,听劳则耳痛也;"为血卦",人之有血,犹地有水也;"为赤",亦取血之色;"其于马也,为美脊",取其阳在中也;"为亟心",亟,急也,取其中坚内动也;"为下首",取其水流向下也;"为薄蹄",取水流迫地而行也;"为曳",取水磨地而行也;"其于舆也,为多眚",取其表里有阴,力弱不能重载也;"为通",取行有孔穴也;"为月",月是水之精也;"为盗",取水行潜窃也;"其于木也,为坚多心",取刚在内也。

[6]本义:《荀九家》有:为牝牛。孔颖达曰:此一节广明离象。"离为火",取南方之行也;"为日",日是火精也;"为电",火之类也;"为中女",离为中女;"为甲胄",取其刚在外也;"为戈兵"取其以刚自捍也;"其于人也,为大腹",取其怀阴气也;"为乾卦",取其日所烜也;"为鳖,为蟹,为蠃,为蚌,为龟",皆取刚在外也;"其于木也,为科上槁"。科,空也。阴在内为空,木既空中,上必枯槁也。

[7]本义:《荀九家》有为鼻,为虎,为狐。孔颖达曰:此一节广明艮象。"艮为山",取阴在下为止,阳在上为高,故艮象山也;"为径路",取其山路有涧道也;"为小石",取其艮为山,义为阳卦之小者也;"为门阙",取其崇高也;"为果蓏",木实为果,草实为蓏,取其出于山谷之中也;"为阍寺",取其禁止人也;"为指",取其执止物也;"为狗","为鼠",取其皆止人家也;"为黔喙之属",取其山居之兽也;"其于木也,为坚多节",取其坚凝故多节也。

[8]本义:《荀九家》有为常,为辅颊。此第十一章。广八卦之象,其间多不可晓者,求之于经,亦不尽合也。孔颖达曰:此一节广明兑象。"兑为泽",取其阴卦之小,地类卑也;"为少女",兑为少女也;"为巫",取其口舌之官也;"为口舌",取西方于五事而言也;"为毁折""为附决",兑西方之卦,取秋物成熟,稿秆之属,则"毁折"也;果蓏之属,则"附决"也;"其于地也,为刚卤",取水泽所停,刚咸卤也;"为妾",取少女从姊为娣也。

三、《序卦传》

《序卦传》亦称《序卦》,说明《易经》六十四卦排列的次序,从天地万物说起,以"有天地,然后万物生焉。盈天地之间者唯万物"来说明乾坤两卦居于首位。然后以万物生长的过程、事物变化的因果关系及物极必反、相反相生的运动规律等解释其他各卦的相互关系,说明六十四卦排列的次序,以"物不可穷也,故受之以未济,终焉"来解释最后一卦——"未济"卦。《序卦传》以《周易》卦序为顺序,逐一解释各卦意义,有从宏观上阐释自然社会发展史之义。文中虽不乏穿凿附会之言,但气象宏伟,视野开阔,试图论证《周易》卦序的完全合理性。

【原文】

(一)有天地,然后万物生焉。盈天地之间者唯万物,故受之以屯。屯者,盈也。[1]屯者,物之始生也。物生必蒙,故受之以蒙。蒙者,蒙也,物之稚也。物稚不可不养也,故受之以需。需者,饮食之道也。饮食必有讼,故受之以讼。[2]讼必有众起,故受之以师。师者,众也。众必有所比,故受之以比。比者,比也。[3]比必有所畜,故受之以小畜。物畜然后有礼,故受之以履。履而泰然后安,故受之以泰。[4]泰者,通也。物不可以终通,故受之以否。物不可以终否,故受之以同人。与人同者,物必归焉,故受之以大有。有大者不可以盈,故受之以谦。有大而能谦必豫,故受之以豫。[5]豫必有随,故受之以随。以喜随人者必有事,故受之以蛊。蛊者,事也。有事而后可大,故受之以临。临者,大也。[6]物大然后可观,故受之以观。可观而后有所合,故受之以噬嗑。嗑者,合也。物不可以苟合而已,故受之以贲。贲者,饰也。致饰然后亨则尽矣,故受之以剥。剥者,剥也。[7]物不可以终尽剥,穷上反下,故受之以复。复则不妄矣,故受之以无妄。有无妄,然后可畜,故受之以大畜。[8]物畜然后可养,故受之以颐。颐者,养也。不养则不可动,故受之以大过。物不可以终过,故受之以坎。坎者,陷也。陷必有所丽,故受之以离。离者,丽也。[9]

【注释】

[1]天地指六十四卦中的乾坤。《周易折中》集说①:"屯"不训盈也,当屯之时,刚柔始交,天地绚缊,雷雨动荡,见其气之充塞也,是以谓之盈尔,故谓之盈者其气也,谓之物之始生者其时也,谓之难者其事也,若屯之训,纷纭盘错之义云尔。

[2]孔颖达曰:上言"屯者盈也",释《屯》次乾坤,其言已毕,更言"屯者物之始生者",开说下"物生必蒙",直取始生之意,非重释《屯》之名也。朱氏震曰:蒙,冥昧也,物生者必始于冥昧,勾萌胎卵是也,故次之以《蒙》。蒙,童蒙也,物如此稚也。

[3]集说:众起而不比,则争无由息,必相亲比,而后得宁。《师》《比》二卦相反,师取伍两卒旅师军之名,比取比闾族党州乡之名,师以众正为义,比以相亲为主。

---

①《周易折中》集说,是集先儒诸多说法作为参考。

[4]本义：晁氏云，郑无"而泰"二字。集说：安上治民，莫善于礼，有礼然后泰，泰然后安也。"履"不训礼，人所履，未有外于礼者，外于礼，则非所当履，故以履为有礼也，上天下泽，亦有礼之名分焉。

[5]本义：郭氏雍曰，以谦有大，则绝盈满之累，故优游不迫而暇预也。

[6]集说：可大之业，由事而生。以喜随人，必有所事，臣事君，子事父，妇事夫，弟子事师，非乐于所事者，其肯随乎。"蛊"不训事，物坏则万事生矣，事因坏而起，故以蛊为事之先。因蛊之有事，而后有临之盛大也。

[7]集说：言德业大者，可以观于人也。君臣父子夫妇朋友之际，所谓合也，直情而行谓之苟，礼以饰情谓之贲，苟则易合，易则相渎，相渎则易以离，贲则难合，难合则相敬，相敬则能久，饰极则文胜而实衰，故《剥》。贲饰则贵于文，文之太过，则又灭其质而有所不通，故致饰则亨有所尽。

[8]集说：物复其本，则为诚实，故言《复》则《无妄》矣。不善之动，妄也。妄复则无妄矣，无妄则诚矣，故《无妄》次《复》。健为天德，大畜止健，畜天德也，故曰"刚健笃实辉光，日新其德"，不能畜天德，则见于有为者，不能无妄，故天德止于大畜，而动于无妄也。"无妄然后可畜"，所畜者在德，故曰大。自有事而大，大而可观，可观而合，合而饰，所谓忠信之薄而伪之始也，故一变而为剥，《剥》而《复》，则真实独存而不妄矣。不妄与无妄当辨，由不以妄然后能无妄也。

[9]集说：养而不用，其极必动，动而不已，其极必过。养者君子所以成已，动者君子所以应物，然君子处则中立，动则中央，岂求胜物哉，及其应变，则有时或过，故受之以《大过》。不专一则不能直遂，不翕聚则不能发散，故必有养然后能动，不养则不可以动。孟子曰：人有不为也，而后可以有为，即此理也，或受之以《大过》，大过即动也，以大过之才，当大过之时，而行大过之事，是之谓动而本于养也。

【原文】

(二)有天地，然后有万物。有万物，然后有男女。有男女，然后有夫妇。有夫妇，然后有父子。有父子，然后有君臣。有君臣，然后有上下。有上下，然后礼仪有所错。夫妇之道，不可以不久也，故受之以恒。恒者，久也。[1]物不可以久居其所，故受之以遯。遯者，退也。物不可以终遯，故受之以大壮。物不可以终壮，故受之以晋。晋者，进也。进必有所伤，故受之以明夷。夷者，伤也。伤于外者，必反其家，故受之以家人。[2]家道穷必乖，故受之以睽。睽者，乖也。乖必有难，故受之以蹇。蹇者，难也。物不可以终难，故受之以解。解者，缓也。[3]缓必有所失，故受之以损。损而不已必益，故受之以益。益而不已必决，故受之以夬。夬者，决也。决必有遇，故受之以姤。姤者，遇也。[4]物相遇而后聚,故受之以萃。萃者,聚也。聚而上者谓之升,故受之以升。升而不已必困,故受之以困。困乎上者必反下,故受之以井。[5]井道不可不革,故受之以革。[6]革物者莫若鼎,故受之以鼎。主器者莫若长子,故受之以震。震者,动也。物不可以终动,止之,故受之以艮。艮者,止也。物不可以终止,故受之以渐。渐者,进也。进必有所归,故受之以归妹。得其所归者必大,故受之以丰。丰者,大也。[7]穷大者必失其居,故受之以旅。旅而无所容,故受之以巽。巽者,入也。[8]入而后说之,故受之以兑。兑者,说也。说而后散之,故受之以涣。涣者,离也。[9]物不可以终离,故受之以节。节而信之,故受之以中孚。有其信者必行之,故受之以小过。[10]有过物者必济,故受之以既济。物不可穷也,故受之以未济。终焉。[11]

【注释】

[1]集说:此详言人道三纲六纪有自来也,人有男女阴阳之性,则自然有夫妇配合之道,阴阳化生,血体相传,则自然有父子之亲,以父立君,以子资臣,则必有君臣之位,有君臣之位,故有上下之序,有上下之位,则必礼以定其体,义以制其宜,明先王制作,盖取之于情者也。上经始于《乾》《坤》,有生之本也;下经始于《咸》《恒》,人道之首也。《易》之兴也,当殷之末世,有妲己之祸,当周之盛德,有三母之功,以言天不地不生,夫不妇不成,相须之至,王教之端,故《诗》以《关雎》国风之始,而《易》于《咸》《恒》,备论礼义所由生也。

[2]集说:"伤乎外者必反其家",盖行有不得于人,则反求诸己。知进而已,不知消息盈虚,与时偕行,则伤之者至矣,故受之以《明夷》,以利合者,迫穷祸患害相弃也,以天属者,迫穷祸患害相收也,《明夷》之伤,岂得不反于家人乎。《晋》与《渐》皆进,进必有归者,先以艮,进必有伤者,先以壮也。

[3]集说:家人离必起于妇人,故《睽》次《家人》,以二女同居而志不同行也。凡言《屯》者,皆以为难,而《蹇》又称难者,卦皆有《坎》也,然《屯》"动乎险中",行乎患难者也,《蹇》见险而止,但为所阻难,而不得前耳,非患难之难也,故居《屯》者,必以经纶济之,遇《蹇》者,待其解缓而后前。

[4]集说:益久必盈,盈则必决,堤防是已,故次之以《夬》。《咸》《恒》十变为《损》《益》,亦犹《乾》《坤》十变为《否》《泰》也。损益盛衰,若循环然,损而不已,天道复还,故必益,益而不已,则所积满盈,故必决,此乃理之常也。《损》之后继以《益》,深谷为陵之意也,《益》之后继以《夬》,高岸为谷之意也。

[5]集说:冥升在上则穷,故言"升而不已必困"也。天下之物,散之则小,合而聚之,则积小以成其高大,故"聚而上者"为"升"也。物相遇而聚者,彼此之情交相会也,以众言之也,比而有所畜者,系而止之也,自我言之也,畜有止而聚之义,聚者不必止也。

[6]集说：井在下者也，井久则秽浊不食，治井之道，革去其害井者而已。

[7]集说：晋者进也，进必有所伤，渐者进也，进必有归，何也？曰：晋所谓进者，有进而已，此进必有伤也，渐之所谓进者，渐进而已，乌有不得所归者乎。前曰"与人同者物必归焉，故受之以《大有》"，此曰"得其所归者必大"，《大有》次《同人》者，处大之道也，《丰》次《归妹》者，致大之道也。按："得其所归"，犹言得其所依归也，妇得贤夫而配之，臣得圣君而事之，皆得其所归之谓，故同人之物必归焉者，人归己也，此之得其所归者，己归人也，两者皆足以致事业之大。

[8]集说：动极而止，止极复进，进极必伤，进以渐则有归，归得其所则大，穷其大则必失，盖非有大以谦故也。旅者"亲寡"之时，"无所容"也，唯巽然后得所入，故受之以《巽》，而巽者入也。大而能谦则豫，大而至于穷极，则必失其所安，故《丰》后继以《旅》。

[9]集说：入于道故有见而说，故巽而受之以《兑》，唯说于道，故推而及人，说而后散，故受之以《涣》。人之情，相拒则怒，相入则说，故入而后说之。

[10]集说：孚，信也。既已有节，则宜信以守之，守其信者，则失贞而不谅之道，而以信为过，故曰《小过》也。有其信，犹《书》所谓有其善，言以此自负而居有之也，自恃其信者，其行必果而过于中。过者行动而逾越之也，故《大过》云动，《小过》云行，凡行动未至其所为未及，既至其所为至，既至而又动又行，则为逾越其所至之地而过也。节而信之，必立为节制于此，上之人当信而守之，下之人当信而行之，故受之以《中孚》，有其信者必行之，若果于自信，则于事不加详审，而在所必行矣，能免于过乎。

[11]集说：行过乎恭，用过乎俭，可以矫世励俗，有所济也。《大过》则逾越常理，故必至于陷。《小过》或可济事，故有济而无陷也。坎离之交，谓之《既济》，此生生不穷之所从出也，而圣人犹以为有穷也，又分之以为《未济》，此即咸感之后，继之以恒久之义也。盖情之交者，不可以久而无弊，故必以分之正者终之。

四、《杂卦传》

《杂卦传》说明各卦之间的错综关系，并不依六十四卦顺序，而是依相反相成的法则，把六十四卦分为三十二对，两两一组，一正一反，用一两个字解释其卦义和相互关系，与《序卦传》互相补充印证。然前五十六卦皆然，独后八卦错乱。

【原文】

乾刚坤柔，比乐师忧。[1]临观之义，或与或求。[2]屯见而不失其居，蒙杂而著。[3]震，起也；艮，止也。损益，盛衰之始也。[4]大畜，时也；无妄，灾也。[5]萃聚而升不来也，谦轻而豫怠也。[6]噬嗑,食也;贲,无色也。[7]兑见而巽伏也。[8]随,无故也;蛊,则饬也。[9]剥,烂也;复,反也。[10]晋,昼也;明夷,诛也。[11]井通而困相遇也。[12]咸,速也;恒,久也。[13]涣,离也;节,止也。解,缓也;蹇,难也。睽,外也;家人,内也。否泰,反其类也。[14]大壮则止,遁则退也。[15]大有,众也;同人,亲也。革,去故也;鼎,取新也。小过,过也;中孚,信也。丰,多故也;亲寡,旅也。[16]离上而坎下也。[17]小畜,寡也;履,不处也。[18]需,不进也;讼,不亲也。[19]大过,颠也。姤,遇也,柔遇刚也。渐,女归待男行也。颐,养正也。既济,定也。归妹,女之终也。未济,男之穷也。夬,决也,刚决柔也。君子道长,小人道忧也。[20]

【注释】

[1]集说:有亲刚乐,动众则忧。此得位而众从之,故乐,师犯难而众比之,故忧,忧乐以天下也。("比"有亲辅之义,故乐;"师"主军旅,有犯险之忧。)

[2]本义:以我临物曰"与",物来观我曰"求",或曰:二卦耳有与求之义。集说:《临》与所临,《观》与所观,二卦皆有与求之义,或有与无求,或有求无与,皆非《临》《观》之道。

[3]本义:《屯》震遇坎,震动故"见",坎险不行也,《蒙》坎遇艮,坎幽昧,艮光明也。或曰:《屯》以初言,《蒙》以二言。

[4]集说:《震》阳动行,故起。《艮》阳终止,故止。

[5]本义:止健者,时有适然,无妄而灾自外至。(大畜有蓄养其德之义,故曰"时"。灾:《无妄》为大旱卦。)

[6]集说:《萃》有聚而尚往之义,《升》有往而不反义。谦轻己,豫怠己也,以乐豫,故心怠,是以君子贵知几。

[7]本义:白受采。集说:《贲》以白贲无咎,故无色则质全,有天下之至贲存焉。物消曰"食",噬者合,则强物消矣。按:此二语之义,即所谓"食"取其充腹,衣取其蔽体者也,若饫于膏粱,则噬之不能合,而失饮食之正,若竞于华美,则目迷五色,而非自然之文。

[8]本义:《兑》阴外见,《巽》阴内伏。集说:《巽》本以阴在下为能巽也,《象传》乃为"刚巽乎中正而志行,柔皆顺乎刚"。《兑》本以阴在上为能说也。《象传》乃谓"刚中而柔外,说以利贞",盖终主阳也云尔。

[9]本义:《随》前无故,《蛊》后当饬。集说:故,谓故旧,与革去故之故同,随人则忘旧,《蛊》则饬而新也。按:无故,犹庄子言去故,人心有旧见,则不能随人,故尧舜舍己从人者无故也。

[10]集说:剥,烂尽。复,反生也。凡果烂而仁生,物烂而蛊生,木叶烂而根生,粪壤烂而苗生,皆《剥》《复》之理也。剥烂则阳穷于上,复反则阳生于下,犹果之烂坠于下,则可种而生矣。

[11]本义:诛,伤也。集说:离日在上,故"昼"也。明入地中,故"诛"也;《晋》与《明夷》,朝暮之象也,故言明出地上,明入地中,"诛"亦"伤也"。

[12]本义:刚柔相遇而刚见掩也。集说:泽无水,理势适然,故曰"相遇"。往来不穷,故曰"井通",遇阴则见掩而困,唯其时也。"往来井井",则其道通,田遇刚掩,所以为《困》。

[13]本义:咸速,恒久。集说:有感则应故速,常故能久。"咸"非训速也,天下之事,无速于感通者,故曰"咸速"。

[14]集说:涣散故"离",节制度数故"止"。天下之难既解,故安于佚乐,每失于缓,《蹇》者"见险而止",故为"难"。《涣》《节》正与《井》《困》相反,《井》以木出水,故居塞而能通,《涣》则以水浮木,故通之极而至于散也,《节》以泽上之水,故居通而能塞,《困》为泽下之水,故塞之极而至于困也。《睽》者疏而外也,《家人》者亲而内也。《涣》《节》皆有坎水,风以散之则离,泽以潴之则止。外,犹言外之也,非内外之外,以情之亲疏为内外也。

[15]本义:止,谓不进。集说:壮不知止,小人之壮也,君子之壮,则有止,《遯》之退,《大壮》之止,则克己之道。《大壮》以"壮趾"为"凶","用壮"为"厉",欲阳之知所止也,《遯》以"嘉遯"为"吉","肥遯"为"利",欲阳之知所处也。壮不可用,宜止不宜躁,遯与时行,应退不应进,止者难进,退者易退也。

[16]本义:既明且动,其故多矣。集说:《大有》六五,柔得尊位而有其众,有其众则众亦归之,故曰大有众也。《同人》六二,得中得位而同乎人,同乎人则人亦亲之,故曰"同人亲也"。物盛则多故,旅寓则少亲。

[17]本义:火炎上,水润下。

[18]本义:不处行进之义。集说:柔为君,故《大有》则众,柔为臣,故《小畜》则寡。按:寡者,一阴虽得位而畜众阳,其力寡也,不处者,一阴不得位而行乎众阳之中,不敢宁处也。

[19]集说:乾上离下为《同人》,火性炎上而趋乾,故曰"同人亲也"。乾上坎下为《讼》,水性就下,与乾违行,故"不亲也"。

[20]本义:自《大过》以下,卦不反对,或疑其错简,今以韵协之,又似非误,未详何义。集说:刚柔失位,其道未济,故曰"穷也"。(《大过》下木上泽,木顶被泽水淹没,故曰"颠"。男之穷:《未济》三阳失正,阳穷极于上,故曰"男之穷",阳为男。刚决柔:《夬》卦五阳盛长,决去一阴。君子道长,小人道忧:《夬》卦阳刚盛长,阴柔消退即将被决去,阳象"君子",阴象"小人",故曰"君子道长,小人道忧"。)

第二编

道法自然的不言之教(《道德经》)

　　老子说:"圣人处无为之事,行不言之教。"又说:"不言之教,无为之益,天下希及之。"这是老子思想的精髓,也是"大道"的全部奥妙所在。"无为"当然不是寻常所说的"无所作为","不言之教"也不是"以身作则"。天下真正能明白其深刻意义的人并不多,能依此而行的,则更是圣人。孔子晚年反复念叨"天何言哉!"(参见本书第十章"六经"之教)只有真正参悟了天地之道的圣人才能发出这样意味深长的慨叹。"大智若愚""大白若辱",圣人是那种"被褐而怀玉"的人。连孔子都认为老子深不可测,犹如人间真"龙"。从只言片语是看不懂老子的,领略老子奥妙玄通的精神世界,须经历"五千余言"幽远深邃的思想之旅。

第六章 《道德经》概说

《道德经》①，又称《老子》，为春秋时期老子所作。其书分为上、下两篇，上篇为《道经》，下篇为《德经》，后人将其合而称之为《道德经》。该书自古以来有多种传世文本，发现年代最早的为郭店楚简本《老子》，其次是帛书《老子》甲、乙本。本书以通行本为主，语义不通处，则比较各家说法，在尊重元典的基础上，采纳意义最佳的表述，并在注释中说明。现今流行的《道德经》共八十一章，分为上、下两篇，上篇称《道经》，下篇为《德经》。

一、老子与《道德经》

《史记》记载："老子者，楚苦县厉乡曲仁里人也，姓李氏，名耳，字聃，周守藏室之史也。"孔子曾问礼于老子，之后对弟子说："鸟，吾知其能飞；鱼，吾知其能游；兽，吾知其能走。走者可以为罔，游者可以为纶，飞者可以为矰。至于龙吾不能知，其乘风云而上天。吾今日见老子，其犹龙邪！""老子修道德，其学以自隐无名为务。居周久之，见周之衰，乃遂去。至关，关令尹喜曰：'子将隐矣，强为我著书。'于是老子乃著书上下篇，言道德之意五千余言而去，莫知其所终。"（《史记·老子韩非列传》）

据今人考证，老子生活的时代是春秋时期，约在公元前571年至公元前471年。老子是中国古代伟大的思想家、哲学家、文学家和史学家，道家学派创始人和主要代表人物，被唐朝帝王追认为李姓始祖。《史记》中描述老子晚年乘青牛西去，并在函谷关（位于今河南灵宝）前写成五千余言《道德经》。《道德经》精辟地阐释了老子的全部思想，是道家学派最具权威的经典著作。《道德经》内容博大精深、玄奥无极、涵括百家、包容万物，被后人尊奉为治国、齐家、修身、为学的宝典。这部神奇宝典，对中国古老的哲学、科学、政治、宗教等，产生了深刻的影响，无论是对中华民族性格的铸成，还是对当代社会的政治治理、精神文化建设等，都有重要的影响。在当代国际事务中提供中国方案的智慧，很多来自老子的经典名句。鲁迅先生说过：中国文化的根柢全在于道教。②他还说过："懂得了此理者（指憎其他教徒，不憎道士），懂得中国大半。"③

老子的思想是历史悠久的中华文明结出的硕果，同任何伟大思想的产生一样，它也

---

① 《道德经》原文参考版本：汤漳平、王朝华译注：《老子》，中华书局，2014年；饶尚宽译注：《老子》，中华书局，2016年；陈鼓应注译：《老子今注今译》，商务印书馆，2003年。后文中《道德经》引文只列篇章名，不再重复作注。
② 刘天华编选：《鲁迅书信选集》，民主与建设出版社，1996，第50页。
③ 鲁迅：《华盖集 而已集》，王富仁、沈庆利、张中良校注，浙江人民出版社，2002年，第445页。

有历史和现实两个源头。现实指的是老子当时所生存的环境,春秋战国是一个大动荡、大变革的时代。老子思想的丰富性、深刻性和精神境界的超越性,正是基于各种思想的交流与碰撞,是那个时代所涌现出来的精华。而历史渊源,则指先于老子的圣人留下的遗训和道家的传统。例如,《道德经》第五十七章有直接引用圣人的话:"故圣人云:'我无为,而民自化;我好静,而民自正;我无事,而民自富;我无欲,而民自朴。'"关于道统,可追溯到传说中先王时代的"隐士",那都是些有道之士,老子开创的道家的源头就在那里。《庄子》里提到,尧要把他的位置传给许由的时候,许由觉得玷污了自己的耳朵,他就跑到河边去洗耳朵。《诗经》也留下了隐士的踪影,"考槃在涧,硕人之宽"(《诗经·卫风·考槃》)。所歌即是隐居山林、自得其乐,不因世道改变而笃守其志的得道之人。这应该是典籍中记载的最早的关于隐士生活状态的描述。老子说:"古之善为道者,微妙玄通,深不可识。夫唯不可识,故强为之容:豫兮若冬涉川;犹兮若畏四邻;俨兮其若客;涣兮其若释;敦兮其若朴;旷兮其若谷;混兮其若浊;孰能浊以静之徐清;孰能安以动之徐生。保此道者,不欲盈。夫唯不盈,故能蔽而新成。"(《道德经》第十五章)春秋以后这样的隐士很多。《论语》里提到的嘲笑过孔子的长沮、桀溺、接舆等人,视孔子为五谷不分、四体不勤的书呆子。而孔子对之也不以为然,认为"鸟兽不可同群""道不同,不相为谋"。在老子和孔子的时代,隐士都生活在大国争雄的夹缝或边缘地带,那是统治相对薄弱的地方,像陈、蔡、宋、卫这些小国都是适宜隐士生存的地方。老子和道家的深根也就扎在这片土壤之中。

对老子思想产生重要影响的各种史迹之中,最值得提及的是《金人铭》。《孔子家语·观周》记载:

孔子观周,遂入太祖后稷之庙。庙堂右阶之前,有金人焉。三缄其口,而铭其背曰:"古之慎言人也,戒之哉!无多言,多言多败;无多事,多事多患。安乐必戒,无所行悔。勿谓何伤,其祸将长;勿谓何害,其祸将大;勿谓不闻,神将伺人。焰焰不灭,炎炎若何?涓涓不壅,终为江河;绵绵不绝,或成网罗;毫末不札,将寻斧柯。诚能慎之,福之根也。口是何伤?祸之门也。强梁者不得其死,好胜者必遇其敌。盗憎主人,民怨其上。君子知天下之不可上也,故下之;知众人之不可先也,故后之。温恭慎德,使人慕之,执雌持下,人莫逾之。人皆趋彼,我独守此;人皆惑之,我独不徙。内藏我智,不示人技。我虽尊高,人弗我害,谁能于此?江海虽左,长于百川,以其卑也。天道无亲,而能下人。戒之哉!"[①]

[①] 杨朝明、宋立林:《孔子家语通解》,齐鲁书社,2009年,第128—129页。

与《金人铭》类似的话语和思想出现于多种典籍。如西周文献《逸周书·和寤第三十四》载：王乃出图商，至于鲜原，召邵公奭、毕公高。王曰：呜呼，敬之哉！无竞惟人，人允忠；惟事惟敬，小人难保，后降惠于民，民罔不格，惟风行贿，贿无成事。绵绵不绝，蔓蔓若何，豪末不掇，将成斧柯。①武王所言"绵绵不绝，蔓蔓若何？毫末不掇，将成斧柯"为《金人铭》之言。另据《大戴礼记·武王践阼》的记载，武王从上古《丹书》中摘引作为席之铭的"安乐必敬"，"无行可悔"，作为楹之铭的"毋曰胡残，其祸将然；毋曰胡害，其祸将大；毋曰胡伤，其祸将长"，均系《金人铭》之言。据楹之铭所载，"毋曰胡残""毋曰胡害""毋曰胡伤"，和孔子所录"勿谓何伤""勿谓何害""勿谓不闻"内容一致，但用词更为古老，《丹书》所载当系《金人铭》古本。又有《六韬·守土》②载，文王问太公曰："守土奈何？"太公曰："无疏其亲，无怠其众，抚其左右，御其四旁。借人国柄，无借人国柄，则失其权。无掘壑而附丘，无舍本而治末，日中必彗，操刀必割，执斧必伐。日中不彗，是谓失时。操刀不割，失利之期。执斧不伐，贼人将来。涓涓不塞，将为江河。荧荧不救，炎炎奈何？两叶不去，将用斧柯。是故人君必从事于富。不富无以为仁，不施无以合亲。疏其亲则害，失其众则败。无借人利器，借人利器，而为人所害不终于世。"贾谊《治安策》载："黄帝曰：'日中必䕺，操刀必割。'"由此可知太公所引皆黄帝言论。"涓涓不塞，将为江河。荧荧不救，炎炎奈何？两叶不去，将用斧柯"为《金人铭》之言。由这些典籍记载可以感觉到《金人铭》与那个时代的历史经验之间的密切联系。

《金人铭》与《老子》的关系也是显而易见的。老子当时身为东周的史官，掌管着东周所有的史料，对《金人铭》当然也有极为深刻的了解。《道德经》中"多言数穷，不如守中""人之所教，我亦教之。强梁者不得其死。吾将以为教父""是以圣人后其身而身先，外其身而身存""是以圣人欲上民，必以言下之；欲先民，必以身后之""知其雄，守其雌""江海所以能为百谷王者，以其善下之，故能为百谷王""天道无亲，常与善人"等名句，都可以在《金人铭》中找到原型。《金人铭》可以说是目前人们所知道的我国最古老的完整文献，其对认识老子思想的脉络无疑具有十分重要的意义。其作为文献的出处非常独特，记载于简帛竹书之上的文献，有可能被增删和涂改，而刻在铜人背上的东西，却是最为可靠的，它的年代也最为久远。由此可知《金人铭》比任何古老的文献都更为可靠。并且，其为孔子亲自抄录，背景、时间、地点、人物、载体、内容等十分明确，是非常珍贵的文献，虽然今天人们已无法一睹金人尊容，但它已镌刻在历史档案之中。正是由于它的存在，才揭示

---

① 张闻玉译注：《逸周书全译》，贵州人民出版社，2000年，第132页。
② 《六韬》又称《太公六韬》《太公兵法》，据传为周初太公望(吕尚、姜子牙)所著，也曾被疑为伪书。但1972年4月，在山东临沂银雀山汉墓中发现了大批竹简，其中就有《太公兵法》简50多枚，这就证明《太公兵法》至少在西汉时已广泛流传了，伪书之说也不攻自破。现在一般认为此书成于战国时代。盛冬铃译注：《六韬译注》，河北人民出版社，1992年，第24—25页。

了老子思想的道统渊源。

《道德经》中关于"道"先于天地而存在的思想具有原创性。老子说："有物混成,先天地生。寂兮寥兮,独立而不改,周行而不殆,可以为天下母。吾不知其名,强字之曰'道',强为之名曰'大'。大曰逝,逝曰远,远曰反。故道大,天大,地大,人亦大。域中有四大,而人居其一焉。人法地,地法天,天法道,道法自然。"(《道德经》第二十五章)老子哲学的"道",不仅是天地万物的总根源,而且是天地万物的总根据。天地并不是恒久存在的,在天地产生之前就已经有"道"的存在。"道"是天地之"根",万物之"母","渊兮,似万物之宗"(《道德经》第四章)。"宗"就是宗主、根本或根据。老子提出的另一重要思想是"万物负阴而抱阳"的形而上学观。在《道德经》中,阴阳对偶两分是一个基本的理论模型,在区区五千余言中,具有这种对偶两分的概念结构的有五十多对:

有—无;同—异;美—恶;难—易;长—短;高—下;前—后;音—声;虚—实;
强—弱;天—地;开—阖;彼—此;善—恶;曲—全;枉—直;亏—盈;多—少;
得—失;重—轻;静—躁;雌—雄;离—归;黑—白;左—右;吉—凶;偏—正;
废—兴;夺—与;柔—刚;厚—薄;损—益;得—亡;生—死;牝—牡;正—奇;
祸—福;大—小;先—后;主—客;尺—寸;知—行;宠—辱;敝—新;贵—贱;
进—退;弥—远;执—失;终—始;正—反;利—害。

类似的形式还有"无为—无不为""知—不知""欲—不欲"等。这里虽没有一一列出,但其基本模式和思想原则是统一的。把握这个思想原则对读懂老子至关重要。

《道德经》有多种版本,常见的有《道德经》王弼本、《道德经》河上公本。1973年,长沙马王堆3号汉墓出土的甲、乙两种帛书《老子》,是西汉初年的版本,把《德经》放在《道经》之前。还有1993年湖北荆门郭店楚墓出土的竹简《老子》残篇,展示了早期《道德经》不同的文字风貌。后人对《道德经》的解释数不胜数。由于所见版本不同,人们在传抄的过程中出现很多讹误。秦及西汉初,常用字不过三千三百字(见《汉书·艺文志》),战国时各国常用的字也不会多。当时大量使用各种假借字,较多的是同声假借字,这些假借字今天看来很奇怪,匪夷所思,比如帛书《周易》"乾"写为"健","否"写作"妇"。由于假借字释读困难,不仅造成种种歧义,而且会模糊《道德经》不少重要思想,所以一些知名学者在研究古文字上持谨慎态度。如胡适提出"大胆假设,小心求证",还提出"勤、谨、和、缓"的做学问方法。章太炎说："训诂诡奇,非深通小学者莫能理也;其言为救时而发,非深明史事者莫能喻也;而又渊源所渐,或相出入,非合六艺诸史以证之,不能明其流派。"李学勤说："知之为知之,不知为不知,勇于阙疑,力避臆测,是研究古文字学者必须具备的治学态度。"①对古文字研究采取如此审慎的态度是必要的,但对一般读者,不妨大胆地展开联想,甚而言之,为使经典焕发出新时代的生命力,创造性理解也是必要的。

二、《道德经》的世界性

《道德经》对中华民族古往今来的圣贤先哲及达官学人的影响毋庸多言,其世界意义则尤须关注。在西方学者眼中,老子被视为东方三大圣人之首。《道德经》在7世纪便传到国外,18世纪传至欧美各国,以后逐渐风靡世界,对世界文化尤其是西方文化产生了重要的影响。有研究指出,从1816年至今,各种外文版的《道德经》已有250多种。20世纪80年代,据联合国教育科学及文化组织统计,在世界文化名著中,译成外国文字出版发行量最大的是《圣经》,其次就是《道德经》。《纽约时报》把老子评为古今十大影响最大的作家之首。了解一下世界著名哲学家、思想家、文学家等对老子《道德经》的评价,当能使我们更加珍视国学珍宝,增强文化自信,激发振兴中华文化的积极性与热情。

德国哲学家对老子及《道德经》情有独钟,倾注了极大的热情。《道德经》传入德国已有400多年的历史,德国从哲学界、思想界、科学界到政治界,都极为推崇老子的思想,据说每年都会举办国际老子研讨会。德国前总理施罗德曾在电视上呼吁,每个德国家庭应买一本《道德经》,以帮助人们解决思想上的困惑。老子成了有着深厚的哲学传统的德国人"最熟悉的中国人"。这与德国哲学家对老子和《道德经》的评论不无关联。

康德是较早关注老子思想的德国哲学家之一,他认为老子所称道的"上善"就在于"无",这种"无"有取消人格的意识。斯宾诺莎的泛神论和亲近自然的思想,与老子思想有相通之处。

黑格尔对老子哲学谈得最多,他在《哲学史讲演录》中提到:"老子的主要著作我们现在还有,它曾流传到维也纳,我曾亲自在那里看到过。老子书中特别有一段重要的话常被引用:'道没有名字便是天与地的根源;它有名字便是宇宙的母亲,人们带着情欲只从它的不完全的状况考察它;谁要想认识它,应该不带情欲。'"②黑格尔惊异于中国古老的历史文化,他在《历史哲学》一书中提到:"中国实在是最古老的国家。……中国'历史作家'的层出不穷、继续不断,实在是任何民族所比不上的。"他还提到,其他亚细亚人民虽然也有远古的传说,但是没有真正的"历史"。"中国的传说可以上溯到基督降生前三千年;中国的典籍《书经》,叙事是从唐尧的时代开始的,他的时代在基督前二千三百五十七

---

① 转引自尹振环:《帛书老子再疏义》,商务印书馆,2007年,第5页。
② 黑格尔:《哲学史讲演录》第一卷,贺麟、王太庆译,商务印书馆,1959年,第127页。

年。"①没有历史也就不会产生深刻的哲学。黑格尔应当知道老子是周朝的史官,掌管着当时中国最丰富的历史资料,因此对老子的哲学思想倾注了极大的关切。在《历史哲学》中黑格尔用很大的篇幅谈老子的哲学思想。"这个帝国早就吸引了欧洲人的注意,虽然他们所听到的一切,都是渺茫难凭。这个帝国自己产生出来,跟外界似乎毫无关系,这是永远令人惊异的。"②中国有这么悠久的历史,孕育出独特而深刻的哲学也是理所当然的。黑格尔在《历史哲学》中论道:"中国人也有一种哲学,它的初步的原理渊源极古,因为《易经》——那部'命书'——讲到'生'和'灭'。在这本书里,可以看到纯粹抽象的一元和二元的观念。……中国人承认的基本原则是理性——叫作'道';道为天地之本,万物之源。中国人把认识道的各种形式看作是最高的学术。……老子的著作,尤其是他的《道德经》,最受世人崇仰。"③他还提到,孔子拜见老子,表示他很敬重老子,而孔子则是中国诸多文化经典的集大成者。尽管黑格尔囿于其自身哲学体系固有的缺陷,对老子的哲学思想存在极大的偏见,加之当时翻译者的思想水平、文化制约、语言转换过程中的信息失误等因素,极大地影响了他对老子思想的深刻了解及对其价值意义的合理阐释,但作为德国哲学史上的巨人,其对老子思想倾注了如此巨大的关注和热情,足以吸引酷爱哲学的德国人的注意力。由此,不难理解何以老子的哲学会成为许多德国哲学家热衷的话题。

德国哲学家谢林在《神话哲学》中指出:"道不是以前人们所翻译的理性,道家学说亦不是理性学说,道是门,道家学说即是通往'有'的大门的学说,是关于'无'(即纯粹的能有)的学说,通过'无',一切有限的有变成现实的有……整部《道德经》交替使用不同的寓意深刻的表达方式,只是为了表现'无'的巨大的、不可抗拒的威力。"④

德国哲学家、数学家莱布尼茨,也是较早受到老子思想影响的西方哲学家。早在17世纪,莱布尼茨从到过中国的传教士那里认识了中国的哲学思想和文化。他曾翻译《道德经》,对《易经》有深刻的了解并与他提出的二进制相互印证。他在《论中国人的自然神学》一文中指出,西方人以前不知道世界上还有比他们的伦理更完善、更文明的民族,是东方的中国使他们觉醒了。莱布尼茨指出,中国在某些方面具有令人钦佩的公共道德,它与哲学理论和自然神学相贯通,且因其历史悠久而令人羡慕。虽说希腊哲学是《圣经》之外文明世界所拥有的最早学说,但与之相比,我们不过是后来者,方才脱离野蛮状态。如此古老的学说留给我们的最初印象,与经院哲学的理念不相符合,如果我们因此而谴责它,那就是愚蠢、狂妄之举。⑤

---

① 黑格尔:《历史哲学》,王造时译,上海书店出版社,2001年,第117、118页。
② 黑格尔:《历史哲学》,王造时译,上海书店出版社,2001年,第119页。
③ 黑格尔:《历史哲学》,王造时译,上海书店出版社,2001年,第135页。
④ 转引自卜松山:《时代精神的玩偶——对西方接受道家思想的评述》,赵妙根译,《哲学研究》1998年第7期。
⑤ 孙小礼:《莱布尼茨与中国文化》,首都师范大学出版社,2006年,第150页。

德国哲学家尼采说："《道德经》像一个永不枯竭的井泉，满载宝藏，放下汲桶，唾手可得。"[1]

德国存在主义哲学家雅斯贝尔斯，生前曾写过一篇长文《老子》，他还在其《大哲学家》一书中说："从世界历史来看，老子的伟大是同中国的精神结合在一起的。"[2]

德国社会学家、古典社会学奠基人马克斯·韦伯在《儒教与道教》中说："近年来，研究道家近乎时尚"，出现这次"道家热"的根本原因在于西方文明此刻所面临的深刻危机。[3] 在韦伯看来，"现代的困扰"，已蔓延到现代生活世界的其他领域，比如技术和经济效益挂帅把现代人束缚于"目的理性"思维的"刚硬外壳"，所以，道家文明批判观点可以对今天厌倦文明的欧美人产生影响。[4]

德国明斯特大学教授赫伯特·曼纽什在《中国哲学对西方美学的意义》一文中写道："中国哲学是我们这个精神世界的不可缺少的要素。公正地说，这个世界的精神孕育者，应当是柏拉图和老子，亚里士多德和庄子，以及其他一些人。可惜的是，我们这个时代的许多哲学著作总是习惯于仅提欧洲古代的一些哲学家，却忽视了老子的《道德经》，从而很不明智地拒绝了一种对欧洲文化的极为重要的源泉。"[5]

德国诗人柯拉邦德于1919年写了《听着，德国人》，在这篇文章中，他号召德国人应当按照"神圣的道家精神"来生活，要争做"欧洲的中国人"。[6]德国人尤利斯·噶尔在《老子的书——来自最高生命的至善教诲》一书中写道："也许是老子的那个时代没有人真正理解老子，或许真正认识老子的时代至今还没有到来，老子已不再是一个人，不再是一个名字了。老子，他是推动未来的能动力量，他比任何现代的，都更加具有现代意义；他比任何生命，都更具有生命的活力。"[7]

德国学者R.艾尔伯菲特在其《德国哲学对老子的接受——通往"重演"的知识》一文中，从比较哲学的立场，回顾了老子思想对康德、黑格尔、谢林、雅斯贝尔斯和海德格尔等几位主要德国哲学家的影响。他指出哲学总是会出现一种对古代思想（诸如赫拉克利特、老子、道元、龙树等的思想）的"重演"（wieder-holung）。这种"重演"是就哲学接续老传统而产生新的历史性开端的意义而言的。他认为这些哲学家各自代表了"欧洲对东方思想"的"重演"之路上的一段。该文尤其对德国哲学自海德格尔以来的"重演"道路，进行了深入的探究，他指出德国哲学家海德格尔向道家的切近，早已是争论不休的话题了。

---

[1] 转引自刘固盛：《〈道德经〉带给我们的文化自信》，《光明日报》2017年6月24日第11版。
[2] 卡尔·雅斯贝尔斯：《大哲学家》，李雪涛译，社会科学文献出版社，2005年，第844页。
[3] 谭渊：《〈老子〉译介与老子形象在德国的变迁》，《德国研究》2011年第2期。
[4] 卜松山：《时代精神的玩偶——对西方接受道家思想的评述》，赵妙根译，《哲学研究》1998年第7期。
[5] 赫伯特·曼纽什：《中国哲学对西方美学的意义》，古城里译，《华南师范大学学报（社会科学版）》1996年第1期。
[6] 转引自卜松山：《时代精神的玩偶——对西方接受道家思想的评述》，赵妙根译，《哲学研究》1998年第7期。
[7] 转引自邓文涛：《破译道德经密码》，武汉大学出版社，2011年，第108—109页。

海德格尔总是把他对过去伟大思想家们的阐释理解成"重演"。"尽管在海德格尔迄今发表的作品中只能找到很少的一些对老子的'道'的直接表述。但从那些地方已经能够可靠地得出结论:海德格尔从自身思想根据出发,已经有了一个通向老子和庄子的道家学说的伟大切近。"[1]

英国的思想家、哲学家、历史学家和科学家对《道德经》的价值和意义也有很高的评价。

英国近代生物化学家、科学技术史专家李约瑟在其名著《中国科学技术史》一书中,用了近150页的篇幅谈老子及道家思想,从科学的视角解读了《道德经》,并给予高度的评价。在他看来,道家对自然界的推究和洞察,完全可与亚里士多德以前的希腊哲人们相媲美,并将之视为中国整个科学的基础。他如此评价道家思想:"说道家思想是宗教的和诗意的,诚然不错;但它至少也同样强烈地是方术的、科学的、民主的,并且在政治上是革命的。""(道家)发展了科学态度的许多最重要的特点,因而对中国科学史是有着头等重要性的。""道家深刻地意识到变化和转化的普遍性,这是他们最深刻的科学洞见之一。""中国人性格中有许多最吸引人的因素都来源于道家思想。中国如果没有道家思想,就会象是一棵某些深根已经烂掉的大树。"[2]

英国历史学家阿诺德·汤因比在《人类与大地母亲》一书中说:"在人类文明中心的任何地方,道家都是最早的哲学,它推断人类在获得文明的同时,已经打乱了自己与终极实在精神的和谐相处,从而损害了自己在宇宙中的地位。人类应该按照终极实在的精神生活、行为和存在。"[3]

美国的思想家、哲学家、科学家从老子的《道德经》中发现了更多的现代意义和科学价值。

美国当代物理学家、诺贝尔奖获得者弗里乔夫·卡普拉在《转折点——科学、社会和正在兴起的文化》一书中指出,当代人类处于一场深刻的、世界范围的危机中,面临地球生物彻底灭绝的威胁。在该书中他用了很长的篇幅谈论道家思想,试图从道家思想中寻求摆脱危机的智慧。源于老子的"阴阳之道"和"无为而治"思想给了他重要启示。他说:"中国哲学家把实在的最终本质称之为道,并把它看作是一个不断流动和变化的过程……'阳极而阴,阴极而阳,……按照中国人的观点,道的所有表现都是由这些原始模型两极之间动态的相互作用生产的……自然的秩序就是阴与阳之间的动态平衡。""道家哲学中经常使用'无为'这一术语……无为者,非无所作为之谓也,乃任万物顺其性而自

---

[1] R.艾尔伯菲特:《德国哲学对老子的接受——通往"重演"的知识》,朱锦良译,《世界哲学》2010年第6期,第17页。
[2] 李约瑟:《中国科学技术史》第2卷,科学出版社,1990年,第37、175、176、178页。
[3] 阿诺德·汤因比:《人类与大地母亲》,徐波等译,上海人民出版社,2001年,第198页。

然为之也……某个人不采取违背自然的行动,不'反其道而行之',那么他就与'道'相和谐,则这种行动将会成功。这就是老子的似乎使人迷惑不解的名言'无为而治'。"①德国著名汉学家卜松山指出,自卡普拉的《物理之道》(1976年)起,西方不断地有与道家思想相关的书籍问世,有关的代表性著作有《入定之道》《心理学之道》《爱之道》《简易道》《道家菜谱》《道家管理》《自愈之道》《领导之道》《政治之道》等。而卡普拉最有代表性,他认为道家神秘主义者和物理学家之间有着根本的相似性,这表现在他们都求索对万物之本的认识。和现代物理学家一样,道家也无法用具体语言表达终极经验。因为,万物之本具有吊诡特征——它是存在与不存在的统一。在现代物理学家和道家那里,甚至还可以找到超越时空的意识状态。②

美国哲学家威尔·杜兰特在《世界文明史:东方的遗产》中说:"或许,除了《道德经》外,我们将要焚毁所有的书籍,而在《道德经》中寻得智慧的摘要。""老子是孔子前最伟大的哲学家。""《道德经》出自何人的手笔,倒是次要的问题,最重要的乃是它所蕴涵的思想,在思想史上,它的确可以称得上是最迷人的一部奇书。"③美国学者迈克尔·H.哈特对老子被选入"历史上最有影响的100人"做如是评价:"假定老子实际上是《道德经》的作者,那么他的影响确实很大。这部书虽然很薄(不到六千中文字,因此足以用一张报纸登载),但却包含着精神食粮……在西方,《道德经》远比孔子或任何儒家的作品都流行。事实上,该书至少出版过四十种不同的英文译本,除了《圣经》之外远远多于任何其它书籍的版本。"④

美国前总统里根在1987年国情咨文中引用了《道德经》中"治大国,若烹小鲜"这句治国名言,以阐明其治国理念。

科学前沿领域的专家学者如此评价老子开创的道家学说:

耗散结构理论创始人、比利时学者、诺贝尔化学奖获得者普里戈金和斯唐热非常看重道家思想,认为其耗散结构理论对自然界的描述,非常接近中国道家关于自然界中的自组织与和谐的表述。他认为道家思想在探究宇宙和谐的奥秘、寻找社会的公正与和平、追求心灵的自由和道德完美方面,对我们所处的时代具有新的思想启蒙的意义。他特别感兴趣的两个例子,一个是"当作为胚胎学家的李约瑟由于在西方科学的机械论理想(以服从普适定律的惯性物质的思想为中心)中无法找到适合于认识胚胎发育的概念而感到失望时,他先是转向唯物辩证法,然后也转向了中国思想"。第二个例子他提到了

---

① 参见弗里乔夫·卡普拉:《转折点——科学、社会和正在兴起的文化》,卫飒英、李四南译,四川科学技术出版社,1988,第17、19页。
② 卜松山:《时代精神的玩偶——对西方接受道家思想的评述》,赵妙根译,《哲学研究》1998年第7期。
③ 威尔·杜兰特:《世界文明史:东方的遗产》,幼狮文化公司、华夏出版社,2010年,第490、486、487页。
④ 迈克尔·H.哈特:《历史上最有影响的100人》,苏世军、周宇译,湖北教育出版社,1988年,第313页。

玻尔互补性概念和中国的阴阳概念间的接近(见下文)。他说:"中国的思想对于那些想扩大西方科学的范围和意义的哲学家和科学家来说,始终是个启迪的源泉。""一个非常有希望的迹象是,科学现在能够把与其他文化传统相联系的观察能力集合起来,因此能够促使这世界的经历了不同进化路径的各部分相互尊重和理解。"[1]

协同学的创立者H.哈肯在《协同学——自然成功的奥秘》一书的序言中说:"协同学含有中国基本思维的一些特点。事实上,对自然的整体理解是中国(道家)哲学的一个核心部分。"[2]

突变理论的创始人托姆在《转折点》一文中说:"在老子的理论中,有很大一部分是关于突变理论的启蒙论述,我相信在今天广大的中国读者中,仍然会有许多喜欢这个学说的科学天才,我希望通过这本书,他们将会了解突变理论是如何证实这些发源于中国的古老学说的。"[3]

丹麦物理学家、哥本哈根学派创始人、诺贝尔物理学奖得主玻尔以其互补原理著称于世,互补原理的实质是"对立统一",他认为这是一条普遍适用的自然法则。1937年他访问中国时,惊讶地发现,中国古老的道家学说中早已有之的阴阳相生相克思想,与其互补原理有着平行性或相通之处。此后他一直对东方文化保持着兴趣和敬意。1949年当他被丹麦王室授以勋章时,他必须选择一种盾形纹章的主要花纹,"他就选中了中国的太极图来表示阴阳的互补关系。同时还加上了'对立即互补'的铭文"[4]。

日本物理学家、诺贝尔物理学奖得主汤川秀树在《创造力和直觉——一个物理学家对于东西方的考察》一书中说:"今天,如同我的中学时代那样,老子和庄子仍然是我最感兴趣和最为喜爱的两位古代中国的思想家。我意识到,在某些方面,老子的思想比庄子的思想更为深刻,但是,老子著作的确切含义却绝不是容易把握的。他的文词是艰深的,而且其至各家注释也往往无法澄清那些晦涩之处。人们归根结底得到的只是老子思想的骨架。……老子和庄子的思想可能显得和希腊思想完全不同,但是它们却构成了一种自洽的、理性主义的看法,它内容丰富,从而就其本身的价值来看作为一种自然哲学至今仍然是值得重视的。"[5]在他看来,老子早在两千多年前就以惊人的洞察力看透了个体的人和整体人类的最终命运。

还有更多的文学家、艺术家和各行各业的世界名人关注老子的思想,并以各种不同的表达方式阐述了他们从中发现的真理,无须列举更多的评价,当能意识到,确如人们所说:老子是国际的,是属于全人类的。

---

[1] 伊·普里戈金、伊·斯唐热:《从混沌到有序》,曾庆宏、沈小峰译,上海译文出版社,1987年,第1—4页。
[2] H.哈肯:《协同学——自然成功的奥秘》,戴鸣钟译,上海科学普及出版社,1988年,中文版序。
[3] 转引自赵松年:《突变理论:形成、发展与应用》,《世界科学》1989年第4期。
[4] 灌耕:《现代物理学与东方神秘主义》,四川人民出版社,1983年,第132、133页。
[5] 汤川秀树:《创造力和直觉——一个物理学家对于东西方的考察》,周林东译,复旦大学出版社,1987年,第51页。

三、《道德经》的现代价值和意义

区区五千余言的《道德经》，获得了超越时空的价值和意义。不同时代的人读来都能读出全新的意义，不同国度的人读来也会读出不同的味道，不同身份的人读来都能悟出其生存之境的至深道理，不同层次的人能获得不同程度的思想启迪。这也许正好体现了老子所说的"道"的本质："天下皆谓我：'道大，似不肖。'夫唯大，故似不肖。若肖，久矣其细也夫！"（《道德经》第六十七章）确如所言，"道"之大，不可以细枝末节喻之，细节随着时空的变化有着生死的交替，"一岁一枯荣"说的正是末梢的生死变化。"道"正因其"大"而"不肖"，才具有了无限发展的可能性，从而获得不朽的生命力。文化生命的本质特征，就在于其不断更生、与时俱变的存在。《道德经》的生命力，也需要时雨浇灌，须以时代精神温养。

《道德经》有各种不同的读法，读出《道德经》的现代价值和时代意义，未必要像古文献研究那样考究文字、精细推敲。在那些甚至连专业的研究者穷其一生也未必能搞得清楚的词语上花工夫完全没有必要。混沌与模糊也是老子思想的本质特征之一，精确地言说不是老子的风格。《道德经》中蕴含着极为珍贵的思想宝藏，但正像被深裹在石头里的宝玉一样，人们需要用锐利的思想武器去碰撞才能展露其珍贵的品质。我们将读出《道德经》的时代意义视为首要目的，为此需要的是开阔的思路和丰富的联想。从方法上来说，要通过古今对话、中西对话、科学与人文对话，探索意义的关联与相通。区区五千余言，因其开放性、丰富性、深刻性、本体性而可以通达一切方面。只是无论怎么读，必须读出道理，而这道理绝不可能是庸俗的、低级的、浅薄的、字面的解读能达到的。读《道德经》，既要读出道理，又不能歪曲老子的本意，这就需要既得有思想的深度，又要有一定的语言功夫。

如何结合当代现实问题认识《道德经》的价值和意义，试以下面经典名句为例。

1."治大国，若烹小鲜"

"治大国，若烹小鲜"语出《道德经》第六十章。懂得烹调技术的人当知道，煎鱼是不能乱翻的，把料配好，火候调好，让各种要素在合适温度的作用下经历一个和合的过程，才能达到理想的烹调效果。老子所倚重的是自然之功，这正是"道"之奥妙所在。所以老子说："以道莅天下，其鬼不神。"遵道而行，自然成就神鬼莫测之功。老子思想的核心是"道法自然"，常常使用"不A而B"（或无A而B）的句式展开其意义，如"不行而至""不见而明""不为而成""不争而善胜""不言而善应""不召而自来""无为无不为"等。这种思维方式的深刻意义可与当代科学前沿方法论中的自组织动力学相互印证。系统在没有外力干预下自发地产生了结构与秩序，这是一个存在于自然和人类社会系统中的普遍原理。给系统留下自主发展的空间和自由度,不予以过多的控制和外部的干预,是成就事物的根本法则。这一原理可用于大至国际关系的处理,小到日常事务组织管理的一切方面。当我们将"治大国,若烹小鲜""以道莅天下"的话语用于国际关系时,就成为不插手别国事务、不干预别国内政的外交原则的思想基础。

"道法自然"是中国古代先哲最具特色的思维方式,英国著名科学技术史专家李约瑟将之视为中国人特有的协调性思维,它不同于那种反逻辑的或前逻辑的原始思维,在那种思维中,任何事物都可以是其他事物的起因,而且在那里人们的思想是由这个或那个巫医的纯幻想所引导的。这种协调性思维"是一幅极其精确并井然有序的宇宙图像,其中事物的'配合'是'紧密得不容插入一根毛发'。但它是这样一个宇宙,其中这一组织之所以产生,既不是由于有一个最高的创造主——立法者所发出的,由侍从天使们所强加的而一切事物都必须遵守的命令;也不是由于在无数弹子球的物理碰撞中,一个球的运动是推动另一个球的物理原因。它是一种没有主宰者的各种意义之有秩序的和谐,它就像是乡村人物舞会上的舞蹈者们之自发的然而是有秩序(在有模式的这种意义上)的运动一样,他们当中没有任何人是受法律的支配去做他们所做的事,也不是被别人从后面推挤到前面来,而是在一种自愿的意志和谐之中进行合作"①。这不过是以西方科学话语对"道法自然"进行的评说,固有其思想深度,然而,这显然是不够的,"道法自然"的深奥之处,尚需进一步挖掘。

2."天之道,损有余而补不足。人之道,则不然,损不足以奉有余"

此语出自《道德经》第七十七章。老子洞察到天道犹如张开的弓,自然地存在着一种张力。"木秀于林,风必摧之","堆出于岸,流必湍之",自然事物各有其平衡之道。而人间却普遍存在"非平衡"的事实,"拥有者被施与"就是一个普遍规律。这就是说:越有就越有,越穷就越穷。《圣经·马太福音》里说:"凡有的,还要加给他叫他多余;没有的,连他所有的也要夺过来。"在当代经济发展中,存在着一种被称为"报酬递增率"的现象,也被称为"拥有者获得"②。各种优势资源(如物力、财力、人力、智力)不断向发达地区流动,出现发达地区越来越发达,贫困地区越来越贫困的现象。当代杰出的科学家、诺贝尔化学奖获得者、比利时物理化学家普里戈金创立的耗散结构理论,科学地解释了这个原理。"耗散"一词起源于拉丁文,原意为消散,在这里强调系统与外界有能量和物质交流这一特性。一个包含着多种要素和多种层次的开放系统,无论是力学的、物理的、化学的、生物学的,还是社会的、经济的系统,其演化到达远离平衡态的非线性区时,一旦系统的某个

---
① 转引自汪德迈:《中国思想的两种理性:占卜与表意》,金丝燕译,北京大学出版社,2017年,第89页。
② 参见米歇尔·沃尔德罗普:《复杂:诞生于秩序与混沌边缘的科学》,陈玲译,生活·读书·新知三联书店,1997年,第4、5页。

参量变化到一定的阈值,通过涨落,系统便可能发生突变,即非平衡相变,这时系统就由原来的无序状态变成一种在时间、空间或功能上有序的新状态。其有序状态需要不断地与外界进行物质、能量或信息的交换才能维持。获得新的有序结构的系统能够保持一定的稳定性,在一定时期内不至于因外界的微小扰动而消失。这种在远离平衡态非线性区形成的新的稳定的有序结构,就叫作耗散结构。[1]普里戈金有句名言常被引用:"非平衡是有序之源。"[2]按照他的说法,这是在所有层次上发生的,无论是宏观物理学的层次、涨落的层次,还是微观层次,非平衡使"有序"从混沌中产生。当代科学前沿理论所揭示的深刻原理,早在两千多年前就为老子所洞察,并在珍贵的五千余言中以精辟的话语表述,不能不令人惊异于老子的智慧,其思想的现代价值和意义也不言而喻。

3."为学日益,为道日损"

此句出自《道德经》第四十八章,就学问来说,可理解为:通过学习,知识日益增长;就修道来说,可理解为:道行越深,私欲和主观性越少,越接近自然本身。有人将后句理解为"人到无求品自高",当然也没错,只是老子的思想境界比这个更高。就老子一贯的思想来看,学问越高,就越近于道,越是近于道,就越是减损自身不符合道的杂质,以达至道的纯真。所以"为道日损。损之又损,以至于无为。无为而无不为",自我减损了又减损,直到无所欲、无所为,达到与宇宙自然本身完全一致,成为一体。宋代陆九渊《杂说》云:"宇宙便是吾心,吾心即是宇宙。"[3]使自己的思考与世界的本质完全一致,是古代先哲毕生的追求。当今时代我们提倡的思想方法,是尊重客观性,追求客观真理,只有如此方能把握真实世界的脉络。主观因素越多,就越影响对真实世界的了解。随时准备放弃不真实的、虚假的知识,才是真正科学的态度。老子所说的"损",就是"非道"的减损。《论语·子罕》中"子绝四"一说,也体现着孔子求真的知德:"毋意、毋必、毋固、毋我。"这就是说不凭空臆测,不绝对肯定,不固执己见,不自以为是。

4."上德不德,是以有德;下德不失德,是以无德"

语出《道德经》第三十八章。上德之人,不称德,"有功而不德""善世而不伐",依循着"道"行事,无须虚伪浮夸的言词装饰,德性深深蕴涵于内在本质之中,不言而有德。无德之人反而常把德挂在嘴边,那是表面的,做给人看的,是缺德的表现,正所谓"缺什么吆喝什么"。那些为着"道"之外的某种目的而行德善之事的人,并非真的有德。老子说:"上德无为而无以为;下德为之而有以为。"西方哲人们也批判那种将道德视为达到他种目的的手段。在中国人看来,满口仁义道德者会有心术不端之嫌。人之所以能为道德所"绑

---

[1] 冯国瑞:《系统论、信息论、控制论与马克思主义认识论》,北京大学出版社,1991年,第119页。
[2] 伊·普里戈金、伊·斯唐热:《从混沌到有序》,曾庆宏、沈小峰译,上海译文出版社,1987年,第342页。
[3] 陆九渊:《象山先生全集》,商务印书馆,1935年,第267页。

架",就在于被绑架者视道德为工具和标签。道德话语玄奥、深邃,仿佛一个黑洞,寻常事理,平庸见识,到这里会遭遇变形。所以老子说:"玄德深矣,远矣,与物反矣。"可见,"德"与"不德",不能只听他说,只看表面,外观与实质,常常大相径庭。所谓"厚德",是用"赤子"来比喻的:"含德之厚,比于赤子。毒虫不螫,猛兽不据,攫鸟不搏。"赤子德性,纯厚天然,不掺杂质,蕴含势能,生灵敬畏,盖因其"精之至也""和之至也"。老子品德性,看得很深远。他看出了所处时代特有的社会问题:"失道而后德,失德而后仁,失仁而后义,失义而后礼。"到了不得不以礼法来约束人的行为之时,社会的动乱也就不可避免了。这对思考当代道德缺失问题具有重要的启迪意义。古今中外的哲人们,在揭示宇宙根本法则与道德和善之关系的问题上,都留下了他们探索和思考的足迹。如人们所熟知的康德的名言:"有两样东西,人们越是经常持久地对之凝神思索,它们就越是使内心充满常新而日增的惊奇和敬畏:我头上的星空和我心中的道德律。"[1]我们从老子思想得到的启示就是:"道"是"德"之本,道德建设要从树根立本出发。老子说:"善建者不拔,善抱者不脱""修之于身,其德乃真"。"深根固柢、长生久视之道"才是当代道德建设的核心命题。

5."我有三宝,持而保之。一曰慈,二曰俭,三曰不敢为天下先"

语出《道德经》第六十七章。"慈"是对天地万物的仁慈,不仅对人,还包含对自然的态度,是仁爱精神的体现。其对和谐社会建构及人与自然关系的改善具有重要的现实意义。"俭"就是节俭、简朴。节俭是一种美德,而奢侈浪费永远都是罪恶的渊薮。提倡俭朴和节约,鼓励低碳生活,珍惜有限资源,对可持续发展至关重要。"不敢为天下先"是说在利益面前要懂得退让。不仅是在人与人的关系上要先人后己,这个道理还可推展至人与有限的自然资源的关系。当代人的抢先,体现在不顾及子孙而对自然资源进行疯狂的掠夺和占有,在把公共资源变为个人财产的同时,道德精神逐渐沉沦堕落。如果先来的占尽天下所有,就剥夺了后人生息之机。由此来看,"三宝"之说意义深远,有了这三宝,人可与天地共在。

《道德经》中蕴含着丰富的精神财富,很多有深度的现代思想都可以从中找到对话的共同基础。我们今天批判人类中心主义和霸权意识,将生态事业和动植物资源保护放在头等重要的位置,建设绿水青山的人类家园,这与老子提倡的遵天道、法自然的价值理念是一致的。老子的名言"生而不有,为而不恃,长而不宰",说的就是天地系统的生生之德。如此来看,老子并没有离我们远去,他就活在当下。

---

[1] 康德:《实践理性批判》,邓晓芒译,人民出版社,2003年,第220页。

第七章　上篇《道经》

　　上篇共有三十七章，主旨为"道"。何为"道"？按照老子的说法，"道"是无法用语言精确界定的，他用"夷希微"来表达"道"之不可见、不可闻、不可触，只能有模糊和混沌的理解。然而，"道"是实在的、客观的、绝对的、永存的和无处不在的，可以通过万物的变化悟出。"道"的变化是有规律的，老子指出了几种情况：相反相成，如"有无相生，难易相成""反者道之动，弱者道之用"等；循环往复，如"周行而不殆""万物并作，吾以观其复"，观复即观察其往复循环的"道"之理；道生万物，如"道生一，一生二，二生三，三生万物"；对偶两分，阴阳平衡，整体关联，如"万物负阴而抱阳，冲气以为和""知其雄，守其雌"等。王弼《老子指略》曰："《老子》之书，其几乎可一言而蔽之。噫！崇本息末而已矣。观其所由，寻其所归，言不远宗，事不失主。文虽五千，贯之者一；义虽广瞻，众则同类。解其一言而蔽之，则无幽而不识。""本"即"无"，而所有可感知的天地万物即"末"。观万物之所由出，便是归宗。五千余言皆以此主题贯连。

【原文】

　　（一）道可道，非常道；[1]名可名，非常名。[2]无名，天地之始；有名，万物之母。[3]故常无欲，以观其妙；[4]常有欲，以观其徼。[5]此两者，同出而异名，同谓之玄，玄之又玄，众妙之门。[6]

【注释】①

　　[1]第一个"道"可理解为原理、法则、真理、规律等。第二个"道"则指言说。第三个"道"为永恒的、常在的、无处不有、无时不有的"存在"。河上公："非自然长生之道也。常道当以无为养神，无事安民，含光藏晖，灭迹匿端，不可称道。"

　　[2]"名"为事物之名，"可名"之"名"为动词，意为命名。王弼："可道之道，可名之名，指事造形，非其常也。故不可道，不可名也。"

　　[3]王弼注："凡有皆始于无，故未形、无名之时，则为万物之始。及其有形、有名之时，则长之育之，亭之毒之，为其母也。言道以无形无名始成万物，以始以成而不知其所以，玄之又玄也。"

　　[4]妙：要也。河上公："妙，要也。人常能无欲，则可以观到之要，要谓一也。一出布名

---

① 引用注释参考了河上公注，王弼注，严遵指归，刘思禾校点：《老子》，上海古籍出版社，2013年。

道,赞叙明是非也。"王弼:"妙者,微之极也。万物始于微而后成,始于无而后生。故常无欲空虚,可以观其始物之妙。"

[5]徼:边际、边界。河上公:"徼,归也。常有欲之人,可以观世俗之所归趣也。"王弼:"徼,终归也。凡有之为利,必以无为用。欲之所本,适道而后济。故常有欲,可以观其终物之徼也。"

[6]河上公:"两者,谓有欲无欲也。同出者,同出人心也。而异名者,所名各异也。名无欲者长存,名有欲者亡身也。"王弼:"两者,始与母也。同出者,同出于玄也。异名,所施不可同也。在首则谓之始,在终则谓之母。玄者,冥也,默然无有也。始母之所出也,不可得而名,故不可言,同名曰玄。而言谓之玄者,取于不可得而谓之然也。谓之然,则不可以定乎一玄而已,则是名则失之远矣,故曰玄之又玄也。众妙皆从同而出,故曰众妙之门也。"

【原文】

(二)天下皆知美之为美,斯恶已;皆知善之为善,斯不善已。[1]有无相生,难易相成,长短相形,高下相盈,音声相和,前后相随,(恒也)。[2]是以圣人处无为之事[3],行不言之教;万物作而不为始,[4]生而不有,为而不恃,[5]功成而弗居。夫唯弗居,是以不去。[6]

【注释】

[1]斯:指示代词,这里相当于"这就"。恶:丑陋,与美相反。已:表肯定的语气词,通"矣",相当于"了"。全句可以理解为:天下的人都知道什么是美,这就有了丑;都知道什么是善,这就有了不善。意在说明,没有前者也就没有后者。这种解释可与后文"有无相生"一致起来。帛书《老子》甲、乙本为"訾不善矣",有人解释为"訾"同"姿",意为放纵。因此对此句做这样的理解:天下人都只知道美的就是美的,不知美中掩盖着丑,善中潜藏着恶,这就会助长了丑恶。意思尽管说得通,但从上下文关联来看,似不如前解。

[2]河上公:"见有而为无也。见难而为易也。见短而为长也。见高而为下也。上唱,下必和也。上行,下必随也。"王弼:"美者,人心之所乐进也;恶者,人心之所恶疾也。美恶,犹喜怒也;善不善,犹是非也。喜怒同根,是非同门,故不可得偏举也。此六者,皆陈自然不可偏举之明数也。"

[3]"无为"在老子的思想中极有深意,不是今天常人理解的"不作为""无所作为",是指顺应自然,不加干涉以成就自然之功。

[4]作:生长、变化。不为始:遵从已有之自然。

[5]为:培育。恃:仗恃、持有。

[6]居:居有。去:离去。

【原文】

（三）不尚贤，使民不争；[1]不贵难得之货，使民不为盗；不见可欲，使民心不乱。[2]是以圣人之治，虚其心，实其腹，弱其志，强其骨。[3]常使民无知无欲。[4]使夫智者不敢为也。为无为，则无不治。[5]

【注释】

[1]尚贤：推举贤才。河上公："贤为世俗之贤，辩口明文，离道行权，去质为文也。不尚者，不贵之以禄，不尊之以官也。""不争功名，返自然也。"

[2]贵：珍重。王弼："贤，犹能也。尚者，嘉之名也。贵者，隆之称也。唯能是任，尚也曷为？唯用是施，贵之何为？尚贤显名，荣过其任，为而常校能相射。贵货过用，贪者竞趣，穿窬探箧，没命而盗。故可欲不见，则心无所乱也。"

[3]王弼："心怀智而腹怀食，虚有智而实无知也。""骨无知以干，志生事以乱，心虚则志弱也。"

[4]河上公："反朴守淳。"王弼："守其真也。"

[5]智者：指凭机巧和心术谋事之人。为无为：顺从自然而为。河上公："德化厚，百姓安。"

【原文】

（四）道冲[1]，而用之或不盈[2]。渊兮，似万物之宗。[3]挫其锐，解其纷，和其光，同其尘。[4]湛兮，似或存。吾不知谁之子，象帝之先。[5]

【注释】

[1]冲：古文为"盅"，盛酒或茶的器皿，有"空虚"之意。道冲：指大道空虚。河上公："冲，中也。道匿名藏誉，其用在中。"

[2]盈：满溢。

[3]渊：深邃。宗：本源。

[4]挫：削弱。解：超脱、排除。和：融洽。同：混合。王弼："锐挫而无损，纷解而不劳，和光而不污其体，同尘而不渝其真，不亦湛兮似或存乎？地守其形，德不能过其载；天慊其象，德不能过其覆。天地莫能及之，不亦似帝之先乎？帝，天帝也。"

[5]湛：深沉之貌。似或存：若有若无之意。谁之子：从何而来。象：像的本字，好像之意，又有形象之意。帝：指天帝。

【原文】

（五）天地不仁，以万物为刍狗；圣人不仁，以百姓为刍狗。[1]天地之间，其犹橐籥[2]乎？虚而不屈[3]，动而愈出。多言数[4]穷，不如守中[5]。

【注释】

[1]天地是自然的，"仁"是人的价值取向，天地自身无所谓"仁"与"不仁"。刍狗：是用草扎成的狗，作为祭祀之用，用完即作为轻贱无用的东西被丢弃。此处"万物""百姓"皆为"刍狗"，是个比喻。天地对万物与圣人对百姓，都因不经意、不留心而任其自生自灭。如元代吴澄所说："刍狗，缚草为狗之形，祷雨所用也。既祷则弃之，无复有顾惜之意。天地无心于爱物，而任其自生自成；圣人无心于爱民，而任其自作自息，故以刍狗为喻。"

[2]橐籥：冶炼用的风箱，用以吹风炽火。

[3]屈：竭尽、枯竭。王弼："故虚而不得穷屈，动而不可竭尽也。天地之中，荡然任自然，故不可得而穷，犹若橐籥也。"

[4]数：同"术"。《广雅·释诂》："数，术也。"术，方略也。

[5]守中：保持适中，不使有过。王弼："愈为之则愈失之矣。物树其恶，事错其言，不济不言不理，必穷之数也。橐籥而守数中，则无穷尽。弃己任物，则莫不理。若橐籥有意于为声也，则不足以共吹者之求也。"

【原文】

（六）谷神不死[1]，是谓玄牝。玄牝之门，是谓天地根[2]。绵绵若存，用之不勤。[3]

【注释】

[1]谷：山谷，深邃、空虚之处。神：万能的主宰。不死：永恒存在。王弼："谷神，谷中央无谷也。无形无影，无逆无违，处卑不动，守静不衰，谷以之成而不见其形，此至物也。处卑而不可得名，故谓天地之根，绵绵若存，用之不勤。"

[2]玄牝之门：母性生殖系统。天地根：生育万物的"道"。王弼："门，玄牝之所由也。本其所由，与极同体，故谓之天地之根也。"

[3]绵绵若存：连绵不绝，若有若无、若隐若现的存在。勤：劳倦。王弼："欲言存邪，则不见其形；欲言亡邪，万物以之生，故绵绵若存也。无物不成，用而不劳也。故曰用而不勤也。"

【原文】

（七）天长地久。天地所以能长且久者，以其不自生，故能长生。[1]是以圣人后其身而身先，外其身而身存。[2]以其无私，故能成其私。[3]

【注释】

[1]不自生：不为己、不自私。长生：可有两解，一是长久地存在；二是促生、使生长。两者皆说得通。天地之长久，以万物生生不息的方式体现，若不能生物，天地则无以久长。王弼："自生则与物争，不自生则物归也。"

[2]河上公："先人而后己者也。天下敬之，先以为长。薄己而厚人也。百姓爱之如父母，神明祐之若赤子，故身常存。"

[3]王弼："无私者，无为于身也。身先身存，故曰能成其私也。"

【原文】

（八）上善若水[1]，水善利万物而不争。处众人之所恶[2]，故几于道[3]。居善地[4]，心善渊[5]，与善仁[6]，言善信[7]，政善治[8]，事善能[9]，动善时[10]。夫唯不争，故无尤[11]。

【注释】

[1]上善若水：最高的善如水一般。

[2]所恶（wù）：厌恶的地方，指低洼之处。

[3]几于道：近于道。

[4]居：处，居住。善：善于，能做适宜的选择。

[5]心善渊：内心善于像深邃的山谷一样具有包容性，即虚怀若谷。

[6]与善仁：善以仁爱之心交往、施与。

[7]言善信：说话遵守信用。

[8]政善治：为政精于治理。

[9]事善能：处事善于发挥能力、才干。

[10]动善时：行动善于把握时机。

[11]尤：怨尤。河上公："水性如是，故天下无有怨尤水者也。"

【原文】

（九）持而盈之，不如其已；[1]揣而锐之，不可长保。[2]金玉满堂，莫之能守[3]。富贵而骄，自遗其咎[4]。功遂身退，天之道。[5]

【注释】

[1]持:把持、执有。盈:满溢。已:罢休、结束。

[2]揣:捶打。锐:锋利。王弼:"既揣末令尖,又锐之令利,势必摧衄,故不可长保也。"

[3]莫之能守:没有谁能守护。

[4]咎:灾祸。

[5]成功了就抽身而退,合乎天则。河上公:"言人所为,功成事立,名迹称遂,不退身避位则遇于害,此乃天之常道也。譬如日中则移,月满则亏,物盛则衰,乐极则哀。"王弼:"四时更运,功成则移。"

【原文】

(十)载营魄抱一,能无离乎?[1]专气致柔,能婴儿乎?[2]涤除玄览[3],能无疵乎?[4]爱民治国,能无为乎?天门开阖,能为雌乎?[5]明白四达,能无知乎?[6]生之畜之。生而不有,为而不恃,长而不宰,是谓"玄德"。[7]

【注释】

[1]载:承载、持守。营魄:魂魄、灵魂。抱一:合一、统一。离:分开。王弼:"载,犹处也。营魄,人之常居处也。一,人之真也。言人能处常居之宅,抱一清神,能常无离乎?则万物自宾也。"

[2]聚合精气,归于柔顺,能如婴儿那样吗?王弼:"专,任也。致,极也。言任自然之气,致至柔之和,能若婴儿之无所欲乎?则物全而性得矣。"

[3]"览"读为"鉴",二者古通用。玄鉴:微妙的心境。河上公:"当洗其心使洁净也。心居玄冥之处,览知万事,故谓之玄览也。"

[4]疵:瑕疵、缺点。

[5]天门:天下之门。开阖:开合。雌:比喻柔弱宁静。王弼:"天门,谓天下之所由从也。开阖,治乱之际也,或开或阖,经通于天下,故曰,天门开阖也。雌,应而不倡,因而不为。言天门开阖,能为雌乎,则物自宾而处自安矣。"

[6]明白四达,能无知乎:通晓一切,能做到自觉无知吗?"知不知"者为上。

[7]生之:生发。畜之:养育。不有:不占有。不恃:不仗恃。不宰:不主宰、控制。玄德:深奥、幽冥之德。这几句话重见于第五十一章,疑为错简重出。王弼:"不塞其原,则物自生,何功之有?不禁其性,则物自济,何为之恃?物自长足,不吾宰成,有德无生,非玄如何?凡言玄德,皆有德而不知其主,出乎幽冥。"

【原文】

(十一)三十辐[1],共一毂[2],当[3]其无,有车之用。埏埴[4]以为器,当其无,有器之用。凿户牖[5]以为室,当其无,有室之用。故有之以为利,无之以为用。[6]

【注释】

[1]三十辐:辐是指车轮上连接轴心轮圈的木条。古时的车轮由三十根辐条构成。

[2]毂:车轮中心的圆孔,即穿插车轴的空间。

[3]当:正由于。

[4]埏埴:用水调和黏土,用以造陶器之坯胎。

[5]户牖:门窗。

[6]利:河上公:"利,物也,利于形用。""利于形用"意为"物以形用","形"因"无"而有,故曰"无之以为用"。王弼:"木、埴、壁之所以成三者,而皆以无为用也。言无者,有之所以为利,皆赖无以为用也。"

【原文】

(十二)五色令人目盲[1];五音令人耳聋[2];五味令人口爽[3];驰骋畋猎,令人心发狂;难得之货,令人行妨[4]。是以圣人为腹不为目[5],故去彼取此[6]。

【注释】

[1]五色:古时以青、赤、黄、白、黑为主色,也泛指诸色。目盲:比喻眼花缭乱。

[2]五音:指宫、商、角、徵、羽。耳聋:比喻难辨声音。葛洪《抱朴子》云:"夫五声八音,清商流徵,损聪者也;鲜华艳采,或丽炳烂,伤明者也;宴安逸豫,清醪芳醴,乱性者也;冶容媚姿,铅华素质,伐命者也;其唯玄道,可与为永。"

[3]五味:辛、酸、苦、咸、甘。爽:既可用来指引起快感的爽快,也有差错、失误、丧失、伤败之意,如"爽约"即为"失约"。故"爽口"既有入口清爽之意,也有伤败胃口之意。此处联系上文可理解为伤胃口。

[4]行妨:实施妨害行为。

[5]为腹:指内在的满足。为目:为悦目,为外在的追求。王弼:"为腹者以物养己,为目者以物役己,故圣人不为目也。"范应元:"为腹者,守道也;为目者,逐物也。……圣人为内而不为外矣。"

[6]去彼:去声色物诱。取此:求内在的满足。

【原文】

(十三)宠辱[1]若惊,贵大患若身[2]。何谓宠辱若惊?宠为下,得之若惊,失之若惊,是谓宠辱若惊。[3]何谓贵大患若身?吾所以有大患者,为吾有身,及吾无身,吾有何患[4]!故贵以身为天下,若可寄天下;爱以身为天下,若可托天下[5]。

【注释】

[1]宠:得宠、荣耀。辱:耻辱。

[2]贵:看重、重视。患:祸患。

[3]宠为下:上施恩于下为宠。故而得宠也惊喜,失宠也惊慌。王弼:"宠必有辱,荣必有患,惊辱等,荣患同也。为下得宠辱荣患若惊,则不足以乱天下也。"

[4]此处的患为身体之患。没有身体何来病患?王弼:"大患,荣宠之属也。生之厚,必入死之地,故谓之大患也。人迷之于荣宠,返之于身,故曰大患若身也。"

[5]此句意为:像重视自己的身体一样在意天下的人,才可以将天下交付给他;像爱惜自己的身体一样爱护天下的人,才能够将天下委托给他。王弼:"无物可以损其身,故曰爱也,如此乃可以寄天下也。不以宠辱荣患损易其身,然后乃可以天下付之也。"

【原文】

(十四)视之不见,名曰"夷";听之不闻,名曰"希";搏之不得,名曰"微"。[1]此三者不可致诘,故混而为一。[2]其上不皦[3],其下不昧[4]。绳绳兮不可名,[5]复归于无物[6]。是谓无状之状,无物之象[7],是谓惚恍[8]。迎之不见其首;随之不见其后。执古之道,以御[9]今之有。能知古始,是谓道纪[10]。

【注释】

[1]以夷、希、微命名看不见、听不见、摸不着的东西,喻"道"之不可感知。

[2]致诘:仔细追究。王弼:"无状无象,无声无响,故能无所不通,无所不往。不得而知,更以我耳、目、体,不知为名,故不可致诘,混而为一也。"

[3]皦:明晰、清楚、明白,指边界清晰。不皦:指边界模糊。

[4]昧:晦暗、浑浊不清。不昧:指有形可辨。

[5]绳绳兮:绵绵不绝。河上公:"绳绳者,动行无穷极也。不可名者,非一色也,不可以青黄白黑别;非一声也,不可以宫商角徵羽听;非一形也,不可以长短大小度之也。"

[6]无物:物有形色、形象、品类之区分,无物指无分别。

[7]无物之象,王弼:"欲言无邪?而物由以成;欲言有邪?而不见其形,故曰无状之状,无物之象也。"

[8]惚恍:若有若无,闪烁不定。

[9]御:同"驭"。

[10]道纪:纲纪、规律。王弼:"无形无名者,万物之宗也。虽今古不同,时移俗易,故莫不由乎此,以成其治者也。故可执古之道,以御今之有,上古虽远,其道存焉,故虽在今,可以知古始也。"

【原文】

(十五)古之善为道者,微妙玄通,深不可识。[1]夫唯不可识,故强为之容[2]:豫兮,若冬涉川;犹兮,若畏四邻;俨兮,其若客;涣兮,其若凌释;敦兮,其若朴;旷兮,其若谷;混兮,其若浊。[3]孰能浊以静之徐清?孰能安以动之徐生?[4]保此道者,不欲盈。夫唯不盈,故能蔽而新成。[5]

【注释】

[1]古时得道之人,精神境界之高深非常人能够揣度。

[2]强:勉强。容:形容、描述。

[3]豫:谨慎、持重、料事、备预。犹:戒备、机警。(相传为古时兽名,属猴类,性多疑。《说文》:"玃属。从犬,酋声;《集韵》居山中,闻人声豫登木,无人乃下。世谓不决曰犹豫。")俨:恭敬、庄重。涣:《说文》"涣,流散也"。凌释:冰融。敦:无欲无知的样子。朴:未经加工成器的木材,在此指没有造作的浑朴状态。旷:空。混:浑厚。

[4]谁能使浑浊之物渐渐清静?谁能使安然之物徐徐发生?(言道法自然也。)王弼:"夫晦以理物则得明,浊以静物则得清,安以动物则得生,此自然之道也。孰能者,言其难也。徐者,详慎也。"

[5]保持此道的人不想着超出此道,唯其如此,便可去故更新。"盈"有充满、溢出之意,此处可引申为"超出"之意。"蔽"为"敝"的借字,"敝"有破旧、衰败之意,与"新"相对,故二十二章有"敝则新"一说。《周易·象下传》曰:"君子以永终知敝。"《程传》解释曰:"'知敝',谓知物有敝坏而为相继之道也。"有敝才有革新,新旧更替不断,是一个永恒过程。

【原文】

(十六)致虚极,守静笃。[1]万物并作,吾以观复。[2]夫物芸芸,各复归其根[3]。归根曰静,静曰复命[4]。复命曰常[5],知常曰明[6]。不知常,妄作凶[7]。知常容,容乃公,公乃王,王乃天,[8]天乃道,道乃久,没身不殆[9]。

【注释】

[1]虚极:致虚。静笃:致静。王弼:"言致虚,物之极笃;守静,物之真正也。"

[2]并作:一起生长。王弼:"以虚静观其反复。凡有起于虚,动起于静,故万物虽并动作,卒复归于虚静,是物之极笃也。"

[3]芸芸:纷繁众多。归其根:回归根本。王弼:"各反其所始也。"

[4]复命:复归生命之本。

[5]常:永恒不变的规律。王弼:"归根则静,故曰静。静则复命,故曰复命也。复命则得性命之常,故曰常也。"

[6]明:明智、通晓事理。

[7]妄作凶:轻举妄动导致凶险。王弼:"常之为物,不偏不彰,无皦昧之状,温凉之象,故曰知常曰明也。唯此复乃能包通万物,无所不容。失此以往,则邪入乎分,则物离其分,故曰不知常,则妄作凶也。"

[8]容:包容。公:公正。天:天地自然。王弼:"无所不周普,则乃至于同乎天也。"

[9]没身不殆:终生没有危险。王弼:"与天合德,体道大通,则乃至于极虚无也。""穷极虚无,得道之常,则乃至于不穷极也。"

【原文】

(十七)太上,下知有之;[1]其次,亲而誉之;[2]其次,畏之;[3]其次,侮之。[4]信不足焉,有不信焉。[5]悠兮其贵言。功成事遂,百姓皆谓:"我自然。"[6]

【注释】

[1]太上:至上、最好,这里指最好的圣王。下:指百姓。之:代指"太上"。王弼:"太上,谓大人也。大人在上,故曰太上。大人在上,居无为之事,行不言之教,万物作焉而不为始,故下知有之而已,言从上也。"

[2]次一等王者,百姓亲近赞扬他。王弼:"不能以无为居事,不言为教,立善行施,使下得亲而誉之也。"

[3]再次一等王者,百姓畏惧他。王弼:"不能复以恩仁令物,而赖威权也。"

[4]最下等王者,百姓蔑视、侮辱他。王弼:"不能法以正齐民,而以智治国,下知避之,其令不从,故曰,侮之也。"

[5]诚信不够,自然不信任之。

[6]悠兮:悠闲啊! 贵言:希言、不言,皆为了少干预。王弼:"自然,其端兆不可得而见也,其意趣不可得而睹也。无物可以易其言,言必有应,故曰悠兮其贵言也。居无为之

事,行不言之教,不以形立物,故功成事遂,而百姓不知其所以然也。"

【原文】

(十八)大道废,有仁义;智慧[1]出,有大伪[2];六亲不和,有孝慈;国家昏乱,有忠臣。[3]

【注释】

[1]智慧:智谋、机巧、心术。

[2]大伪:巨大的虚伪奸诈。

[3]王弼:"甚美之名生于大恶,所谓美恶同门。六亲,父子、兄弟、夫妇也。若六亲自和,国家自治,则孝慈忠臣不知其所在矣。鱼相忘于江湖之道,则相濡之德生也。"

【原文】

(十九)绝圣弃智[1],民利百倍;绝仁弃义,民复孝慈;绝巧弃利,盗贼无有。此三者,以为文[2],不足。故令有所属[3]:见素抱朴[4],少私寡欲,绝学无忧。[5]

【注释】

[1]绝圣弃智:杜绝和抛弃聪明巧智。第六十五章曰:"故以智治国,国之贼;不以智治国,国之福。"

[2]文:文饰、理路、法则。

[3]所属:归属、连接。

[4]见:显现、表现。素:未染色的丝。抱:坚守。朴:原初状态。

[5]绝学无忧:杜绝学问便无忧虑。王弼:"圣智,才之善也;仁义,人之善也;巧利,用之善也。而直云绝,文甚不足,不令之有所属,无以见其指,故曰此三者以为文而未足,故令人有所属,属之于素朴寡欲。"

【原文】

(二十)唯之与阿[1],相去几何？善之与恶,相去若何？人之所畏,不可不畏[2]。荒兮,其未央哉[3]！众人熙熙[4],如享太牢[5],如春登台[6]。我独泊[7]兮,其未兆[8],如婴儿之未孩[9];儽儽[10]兮,若无所归！众人皆有余,而我独遗。[11]我愚人之心也哉,沌沌兮[12]！俗人昭昭,我独昏昏[13]。俗人察察[14],我独闷闷[15]。澹兮,其若海;飂兮,若无止。[16]众人皆有以,而我独顽且鄙。[17]我独异于人,而贵食母[18]。

【注释】

[1]唯:应诺、答应之声,引申为奉承。阿:同"呵",呵斥、怒责。

[2]人之所畏,不可不畏:人所畏惧的,我不能不怕。

[3]荒:宽广、遥远。未央:无尽头。

[4]熙熙:和乐的样子。

[5]太牢:用牛、羊、猪三牲之肉做成食品,用于祭祀或盛筵,称为太牢。

[6]如春登台:如同春天登上高台,极目远望。王弼:"众人迷于美进,惑于荣利,欲进心竞,故熙熙如享太牢,如春登台也。"

[7]泊:淡泊。

[8]未兆:没有动静,无动于衷。

[9]未孩:婴儿尚未发出笑声。

[10]儽儽:颓丧失意的样子。

[11]有余:富足。遗:不足、失落。王弼:"众人无不有怀有志,盈溢胸心,故曰皆有余也。我独廓然,无为无欲,若遗失之也。"

[12]沌沌(dùn)兮:混混沌沌的样子。

[13]昭昭:明白、鲜亮的样子。昏昏:糊涂、暗昧的样子。

[14]察察:洁净、精明的样子。

[15]闷闷:浑浊、质朴的样子。

[16]澹(dàn):辽远。飂(liáo):迅疾。辽阔啊,就像无边大海;迅疾啊,如不可止息。王弼:"情不可睹""无所系絷"。

[17]众人皆有以,而我独顽且鄙:人们都有作为,我却顽愚而且鄙陋。

[18]食母:用道。食:用。母:指道。

【原文】

(二十一)孔德之容[1],唯道是从[2]。道之为物,惟恍惟惚[3]。惚兮恍兮,其中有象[4];恍兮惚兮,其中有物。窈兮冥兮[5],其中有精[6]。其精甚真[7],其中有信[8]。自今及古,其名不去,以阅众甫[9]。吾何以知众甫之状哉?以此[10]。

【注释】

[1]孔:大。容:容貌、模样。

[2]唯道是从:唯有跟随着道而变化。

[3]此句意为:道之体现于事物,恍惚不定,似有似无。

[4]象:形象。

[5]窈兮冥兮:遥远幽深。

[6]精:精髓、精气。

[7]真:真切。

[8]信:实在、可靠、信用。

[9]阅:认识。众:各种。甫:始。以阅众甫:以此来认识万物之本始。王弼:"众甫,物之始也。以无名说万物始也。"俞樾说:"按'甫'与父通。'众甫',众父也。河上公:'父,始也。'而此注亦曰:'甫,始也。'然则'众甫'即'众父'矣。"

[10]以此:由此途径认识。

【原文】

(二十二)曲则全,枉则直[1];洼[2]则盈,敝则新[3];少则得,多则惑。是以圣人抱一为天下式[4]。不自见,故明[5];不自是,故彰[6];不自伐[7],故有功;不自矜[8],故长。夫唯不争,故天下莫能与之争。古之所谓"曲则全"者,岂虚言哉?诚全而归之[9]。

【注释】

[1]枉:屈。直:正。

[2]洼:低凹。

[3]敝:衰败。新:更新。

[4]抱:执守、坚信。式:法式、准则。

[5]不自见,故明:自见,一说"见"同"现",即自我炫耀,另一种解释把"自见"释为固执己见。

[6]不自是:不自以为是。彰:彰显真理,明断是非。

[7]自伐:自夸。

[8]自矜:妄自尊大、自以为能。

[9]诚:诚然、确实。全:概全、概括。归:本、宗旨。

【原文】

(二十三)希言自然[1]。故飘风不终朝,骤雨不终日。孰为此者?天地。天地尚不能久,而况于人乎?[2]故从事于道者,同于道;德者,同于德,失者,同于失[3];同于道者,道亦乐得之;同于德者,德亦乐得之;同于失者,失亦乐得之[4]。信不足焉,有不信焉[5]。

【注释】

[1]希:稀少之意。少说话以听其自然。

[2]飘风:指狂风、暴风。终日:持续整天。天地都不能使暴雨飘风持久存在,人之言说局限更大,所以要少说话,听其自然。

[3]从事:奉行、致力于。致力于道者,认同于道;遵德而行事者,有共同的德行;失德者认同失德者。王弼:"从事,谓举动从事于道者也。道以无形无为成济万物,故从事于道者,以无为为君,不言为教,绵绵若存而物得其真,与道同体,故曰同于道。""行得则与得同体,故曰同于得也。"

[4]此句意为:与道相合者,道也乐于接纳他;与德相同者,德行也乐于认可他;与失德者相同,不德也乐于与他为伍。

[5]此句意为:诚信不足,就不守信用。

【原文】

(二十四)企者不立;跨者不行[1];自见者不明;自是者不彰;自伐者无功;自矜者不长[2]。其在道也,曰:余食赘行[3]。物或恶之,故有道者不处[4]。

【注释】

[1]企:同"跂",即抬起脚后跟用脚尖站着。《说文》:"企,举踵也。"跨:跃也。

[2]自矜:自尊、自大、自夸。不长:可有三种理解,一为不长久。河上公:"好自矜大者,不可以长久。"二为不能有长进。三是"不能率众"。三种似都能说得通,而三者之间,道理也是相互关联的。

[3]赘:疣也,肉瘤也。行:同"形"。王弼:"其唯于道而论之,若邰至之行,盛馔之余也。本虽美,更可蔵也。虽有功而自伐之,故更为疣赘者也。"

[4]恶:厌恶、讨厌、排斥。不处:不取,不使自身处于某种状态。

【原文】

(二十五)有物混成,先天地生。[1]寂兮寥兮[2],独立而不改[3],周行而不殆[4],可以为天下母。吾不知其名,强字之曰"道",强为之名曰"大"[5]。大曰逝,逝曰远,远曰反[6]。故道大,天大,地大,人亦大[7]。域[8]中有四大,而人居其一焉。人法地,地法天,天法道,道法自然。[9]

【注释】

[1]混成:浑然不分的状态。先天地生:先于天地而存在。

[2]寂:无声。寥:无形。

[3]独立:自生自在。不改:永恒不逝。

[4]周行:周而复始的运动。不殆:不停止。

[5]强:勉强。字:取名字。独体为文,合体为字,道为合体字,故称"字之曰道"。大:指"道"的宏大、无限。王弼:"吾所以字之曰道者,取其可言之称最大也。责其字定之所由,则系于大。大有系,则必有分,有分则失其极矣,故曰强为之名曰大。"

[6]逝:远走。《说文》:逝,往也;《广雅》:逝,行也;《论语·子罕》:"子在川上曰:'逝者如斯夫,不舍昼夜。'"反:同"返",回归。

[7]简本、帛书甲乙本、王弼本、河上公本"人亦大"皆作"王亦大",下句亦为"王居其一焉"。傅奕本、范应元本"王"作"人"。根据后文"人法地",宜取后说。

[8]域:空间范围,相当于"宇宙"。

[9]法:效法。自然:自在自行,自然而然。

【原文】

(二十六)重为轻根,静为躁君。[1]是以君子终日行[2]不离辎重[3]。虽有荣观,燕处超然[4]。奈何万乘之主,而以身轻天下[5]?轻则失根,躁则失君[6]。

【注释】

[1]躁:躁动、浮躁。君:主宰。

[2]"君子"在此指圣明的君王。终日行:指日常出行。

[3]辎重:外出时携带的物资,备物以致用。

[4]荣观:豪华之场所,此处喻指荣华。燕处:淡然处之。

[5]万乘之主:大国之君。以身轻天下:将天下置身度外,不以天下为己任。

[6]失君:失去主导。

【原文】

(二十七)善行无辙迹[1];善言无瑕谪[2];善数不用筹策[3];善闭无关楗而不可开;善结无绳约而不可解。[4]是以圣人常善救人,故无弃人;常善救物,故无弃物。是谓袭明[5]。故善人者,不善人之师[6];不善人者,善人之资[7]。不贵其师,不爱其资,虽智大迷,[8]是谓要妙[9]。

【注释】

[1]辙迹:车轮压出的痕迹。王弼:"顺自然而行,不造不始,故物得至而无辙迹也。"

[2]瑕谪:玉上的斑痕,喻缺陷、毛病。王弼:"顺物之性,不别不析,故无瑕谪可得其门也。"

[3]数:计算。筹策:古代计算时使用的竹制筹码。

[4]关楗:门闩或门锁一类的东西。善结:善于打结、结扎。绳约:绳索。王弼:"因物自然,不设不施,故不用关楗绳约而不可开解也。此五者皆言不造不施,因物之性,不以形制物也。"

[5]袭:传承、承袭。明:文明、光明,指道理、真理。袭明:承袭文明和道统。

[6]善人:指善于为道之人。王弼:"举善以师不善,故谓之师矣。"

[7]资:借鉴、凭借。王弼:"资,取也。善人以善齐不善,以善弃不善也,故不善人,善人之所取也。"

[8]贵:尊重。爱:珍惜。迷:迷乱。王弼:"虽有其智,自任其智,不因物,于其道必失。故曰虽智大迷。"

[9]要妙:精要妙旨。

【原文】

(二十八)知其雄,守其雌,为天下溪。[1]为天下溪,常德不离,复归于婴儿。知其白(守其黑,为天下式[2]。为天下式,常德不忒[3],复归于无极。知其荣)[4],守其辱,为天下谷。为天下谷,常德乃足,复归于朴[5]。朴散则为器,圣人用之,则为官长。[6]故大制不割。[7]

【注释】

[1]雄:刚猛之类。雌:柔软之类。溪:山间水流所归处。

[2]式:准则、榜样、模式。

[3]忒:差错。

[4]括号里的内容疑为后人所窜入。《庄子·天下篇》引老聃语:"知其雄,守其雌,为天下溪;知其白,守其辱,为天下谷。"①可以为证。"辱"有"黑"义,可与"白"相对,这是古义,后文第四十一章老子有"大白若辱"之说,也是明证。《仪礼》注曰:"以白造缁曰辱。"后人之所以窜改,或以为"白"只是与"黑"相对。

[5]朴:未经加工成器的木材,指初始的自然状态。

---

① 王先谦:《庄子集解》第2版,陈凡整理,三秦出版社,2005,第477页。

[6]散:分离、分别。器:器物、器具。官长:掌管者、管理者、首脑。王弼:"朴,真也。真散则百行出,殊类生,若器也。圣人因其分散,故为之立官长。以善为师,不善为资,移风易俗,复使归于一也。"

[7]制:制度。割:分割、割裂。王弼:"大制者,以天下之心为心,故无割也。"

【原文】

(二十九)将欲取天下而为之,吾见其不得已。[1]天下神器,不可为也,不可执也。为者败之,执者失之。夫物或行或随;[2]或歔或吹;或强或羸;或载或隳。是以圣人去甚,去奢,去泰。[3]

【注释】

[1]为:治理、作为。不得已:得不到,不可得,目的达不到。

[2]神器:神圣之物。执:把持。行:前行。随:跟从。王弼:"神,无形无方也。器,合成也。无形以合,故谓之神器也。""万物以自然为性,故可因而不可为也,可通而不可执也。物有常性,而造为之,故必败也。物有往来,而执之,故必失矣。"

[3]或歔或吹:有缓有急。歔:出气缓。吹:出气急。或载或隳:有成就有毁坏。载:成就,此字王弼本为"挫";饶尚宽本、任继愈本为"载";帛书本为"陪"。隳:毁坏。泰:骄纵、靡费、奢侈。《国语·晋语》:"骄泰奢侈。"王弼:"凡此诸或,言物事逆顺反覆,不施为执割也。圣人达自然之至,畅万物之情,故因而不为,顺而不施。除其所以迷,去其所以惑,故心不乱而物性自得之也。"

【原文】

(三十)以道佐人主者,不以兵强天下。其事好还[1]。师之所处,荆棘生焉。大军之后,必有凶年[2]。善有果而已,不敢以取强。[3]果而勿矜,果而勿伐,果而勿骄,果而不得已,果而勿强。[4]物壮则老,是谓不道,不道早已。[5]

【注释】

[1]还:返、回报、报应。王弼:"为始者务欲立功生事,而有道者务欲还反无为,故云其事好还也。"

[2]凶年:荒年。王弼:"言师,凶害之物也。无有所济,必有所伤,贼害人民,残荒田亩,故曰荆棘生焉。"

[3]果:后果,达到目的。王弼:"果,犹济也。言善用师者,趣以济难而已矣,不以兵

力取强于天下也。"

[4]矜:矜夸。伐:炫耀。强:逞强。

[5]已:结束。河上公:"草木壮极则枯落,人壮极则衰老也。言强者不可以久。枯老者,坐不行道也。不行道者早死。"

【原文】

(三十一)夫兵者,不祥[1]之器,物或恶之,故有道者不处[2]。君子居则贵左,用兵则贵右。[3]兵者不祥之器,非君子之器,不得已而用之,恬淡[4]为上。胜而不美,而美之者,是乐杀人。夫乐杀人者,则不可得志于天下矣。[5]吉事尚左,凶事尚右。偏将军居左,上将军居右。言以丧礼处之。[6]杀人之众,以悲哀泣之,战胜以丧礼处之。[7]

【注释】

[1]不祥:不善。河上公:"祥,善也。兵者惊精神,浊和气,不善人之器也,不当修饰之。"

[2]河上公:"兵动则有所害,故万物无有不恶之者。有道之人不处其国。"此句帛书为"故有欲者弗居"。

[3]按古时礼仪,吉事尊左,凶事尊右。左阳右阴,阳生阴杀。河上公:"(贵左)贵柔弱也。""(贵右)贵刚强也。此言兵道与君子道反,所贵者异也。"

[4]恬淡:不热衷其事,此处喻指慎酌而为。

[5]河上公:"为人君而乐杀人者,此不可使得志于天下。为人主,必专制人命,妄行刑诛。"

[6]言:言指。河上公:"左,生位也。(凶事尚右)阴道杀人。偏将军卑而居阳者,以其不专杀也。上将军尊而居右者,言其主杀也。上将军于右,丧礼尚右,死人贵阴也。"

[7]泣:哭泣、哀悼。河上公:"伤己德薄,不能以道化人,而害无辜之民。""古者战胜,将军居丧主礼之位,素服而哭之。明君子贵德而贱兵,不得已而诛不祥,心不乐之,比于丧也。知后世用兵不已,故悲痛之。"

【原文】

(三十二)道常无名、朴[1]。虽小,天下莫能臣[2]。侯王若能守之,万物将自宾[3]。天地相合,以降甘露,民莫之令而自均[4]。始制[5]有名,名亦既有,夫亦将知止,知止可以不殆[6]。譬道之在天下,犹川谷之于江海[7]。

【注释】

[1]朴：质朴、自然、原始。

[2]臣：主宰、支配。

[3]自宾：自动宾服、顺从。

[4]民：泛指人们。莫之令：倒装句，即"莫令之"。自均：自我平衡。

[5]始：初始、肇始。制：制度、制定。

[6]殆：疲惫、懈怠、困顿、危殆。

[7]川谷之于江海：川谷将水流导引入江海。王弼："川谷之以求江与海，非江海召之，不召不求而自归者也。行道于天下者，不令而自均，不求而自得，故曰犹川谷之与江海也。"

【原文】

(三十三)知人者智，自知者明。胜人者有力，自胜者强。知足者富。强行者[1]有志。不失其所者[2]久。死而不亡者[3]寿。

【注释】

[1]强行者：顽强坚持的人。

[2]不失其所者：不失根本的人。

[3]死而不亡：身死而精神不亡者。王弼："虽死而以为生之道，不亡乃得全其寿，身没而道犹存，况身存而道不卒乎？"

【原文】

(三十四)大道氾兮，其可左右。[1]万物恃之以生而不辞，功成而不有。衣被万物而不为主，可名于"小"[2]。万物归焉而不为主，可名为"大"[3]。以其终不自为大，故能成其大。

【注释】

[1]氾：通"泛"，广泛、漫流、泛滥。其可左右：可左可右，上下周旋，无所不至，无所不适。"布诸天下四方而不窕"(《孔子家语·王言》)，正可用来形容"道"之无所不在的本质特征。

[2]辞：推辞、拒斥、逆行。有：居功自恃。衣被：遮蔽、覆盖。小：无所欲，自然称"小"。王弼："万物皆由道而生，既生而不知所由，故天下常无欲之时，万物各得其所，若道无施于物，故名于小矣。"

[3]大:指大道无私养育,万物归依,因此称为"大"。王弼:"万物皆归之以生,而力使不知其所由,此不为小,故复可名于大矣。"

【原文】
(三十五)执大象[1],天下往。往而不害,安平太[2]。乐与饵,过客止。道之出口,淡乎其无味,视之不足见,听之不足闻,用之不足既。[3]

【注释】
[1]执:执掌、把握。象:势象、兆象。大象:大道之势象。王弼:"大象,天象之母也。不寒,不温,不凉,故能包统万物,无所犯伤。主若执之,则天下往也。"
[2]往:往归、归向、向往。不害:不相伤害。安平太:傅奕本、河上公本等古本"太"作"泰"。万民归往而不相伤害,则国泰民安也。王弼:"无形无识,不偏不彰,故万物得往而不害妨也。"
[3]不足:不完全、不充分。既:尽、完、事毕。王弼:"言道之深大。人闻道之言,乃更不如乐与饵应时感悦人心也。乐与饵则能令过客止,而道之出言,淡然无味。视之不足见,则不足以悦其目;听之不足闻,则不足以娱其耳。若无所中然,乃用之不可穷极也。"

【原文】
(三十六)将欲歙之,必固张之;将欲弱之,必固强之;将欲废之,必固举之;将欲取之,必固与之。是谓微明。[1]柔弱胜刚强。鱼不可脱于渊,国之利器不可以示人[2]。

【注释】
[1]歙:闭合、收敛。微明:"微"有隐匿之意,指微妙的智慧、隐匿的聪明。王弼:"将欲除强梁、去暴乱,当以此四者。因物之性,令其自戮,不假刑为大,以除将物也,故曰微明也。足其张,令之足,而又求其张,则众所歙也。与其张之不足,而改其求张者,愈益而已反危。"
[2]利器:泛指国家统治的专政工具,如刑法、军令等。示人:向人们展示、炫耀。王弼:"利器,利国之器也。唯因物之性,不假刑以理物。器不可睹,而物各得其所,则国之利器也。示人者,任刑也。刑以利国,则失矣!鱼脱于渊则必见失矣,利国器而立刑以示人,亦必失也。"

【原文】

（三十七）道常无为而无不为。[1]侯王若能守之，万物将自化[2]。化而欲作，吾将镇之以无名之朴。[3]无名之朴，夫将不欲。不欲以静，天下将自正[4]。

【注释】

[1]此句意为：顺应自然不妄为则无所不能为。

[2]自化：自己成长变化。

[3]欲：欲望、私欲。作：发生、滋生、出现。无名之朴：即"道"无欲无为。王弼："化而欲作，作欲成也。吾将镇之无名之朴，不为主也。"

[4]天下将自正：饶尚宽本、帛书本、隶本都为"天下将自正"，楚简甲本为"万物将自定"，王弼本为"自定"。河上公："言侯王镇抚以道德，民亦将不欲，故当以清静导化之也。能如是者，天下将自正定也。"

第八章　下篇《德经》

"德"本指遵循大道直行,用正直的心观察天道,为人处事胸怀坦荡,不含私心贪欲。循道而行所累积的品质即为"德",所以"德"乃天、地、人、物所得于"道"者。"道"寓于天、地、人、物之中,其体现就是"德"。《庄子·天地》篇云:"物得之以生,谓之德。"《管子·心术上》亦云:"德者道之舍,物得以生……故德者,得也……以无为之谓道,舍之之谓德。故道之与德无间,故言之者不别也。间之理者,谓其所以舍也。"这就是说,"道"与"德"是统一的,它们的区别只在于"道"是"所以舍",而"德"就是得于"道",亦即"道"所舍(寓)于天、地、人、物之中者。老子说"道生之,德畜之,物形之,势成之",就是这个道理。"道"之"德"是"生而不有,为而不恃,长而不宰",依此德行为人处世,必是"善利万物而不争",如老子所言:"天之道,利而不害;圣人之道,为而不争。""是谓不争之德。"守柔处下,少私而寡欲,"常善救人,故无弃人;常善救物,故无弃物"。这些都是基于"道"而养成的"德"。老子脍炙人口的名句是"我有三宝","一曰慈,二曰俭,三曰不敢为天下先"。

《道德经》的下篇共四十四章,起首为"上德不德,是以有德;下德不失德,是以无德",人称《德经》。

【原文】

(三十八)上德不德[1],是以有德;下德不失德[2],是以无德。上德无为而无以为[3];下德为之而有以为[4]。上仁为之而无以为[5];上义为之而有以为[6]。上礼为之而莫之应[7],则攘臂而扔之[8]。故失道而后德,失德而后仁,失仁而后义,失义而后礼[9]。夫礼者,忠信之薄,而乱之首[10]。前识者[11],道之华,而愚之始。[12]是以大丈夫处其厚不居其薄;处其实,不居其华。故去彼取此。[13]

【注释】

[1]上德:高尚德行,上乘品德。不德:不把德挂在口上,不以德自居。

[2]下德:低下的德行,与"上德"相反。不失德:口不离德。

[3]无以为:没有什么目的。

[4]帛书甲、乙本并无"下德"句。此处采取王弼本说辞。有以为:有目的的作为。王弼:"是以上德之人,唯道是用,不德其德,无执无用,故能有德而无不为;不求而得,不为而成,故虽有德而无德名也。下德求而得之,为而成之,则立善以治物,故德名有焉。求

而得之,必有失焉;为而成之,必有败焉。善名生则有不善应焉,故下德为之而有以为也。无以为者,无所偏为也。凡不能无为而为之者,皆下德也。"

[5]上仁:上乘的"仁"。为之:有作为。无以为:无目的。王弼:"故有宏普博施仁爱之者。而爱之无所偏私,故上仁为之而无以为也。"

[6]上义:上乘之"义"。有以为:有目的。王弼:"爱不能兼,则有抑抗正直而义理之者,忿枉佑直,助彼攻此物事而有以心为矣,故上义为之而有以为也。"

[7]上礼为之而莫之应:上礼之人想有作为而没人回应。

[8]则攘臂而扔之:挥舞胳膊强迫人服从。王弼:"直不能笃,则有游饰修文礼敬之者,尚好修敬,校责往来,则不对之间忿怒生焉,故上礼为之而莫之应,则攘臂而扔之。"

[9]王弼:"夫大之极也,其唯道乎!自此已往,岂足尊哉?故虽德盛业大,富有万物,犹各得其德,而未能自周也。故天不能为载,地不能为覆,人不能为赡。万物虽贵,以无为用,不能舍无以为体也。舍无以为体,则失其为大矣,所谓失道而后德也。以无为用,则德其母,故能己不劳焉而物无不理。下此已往,则失用之母。不能无为而贵博施,不能博施而贵正直,不能正直而贵饰敬,所谓失德而后仁,失仁而后义,失义而后礼也。"

[9]薄:薄弱、浅薄、不足。王弼:"夫礼也,所始首于忠信不笃,通简不阳,责备于表,机微争制。夫仁义发于内,为之犹伪,况务外饰而可久乎?故夫礼者,忠信之薄而乱之首也。"

[10]首:开始、开端。

[11]前识者:指先前有目的的那些见识,有取向的伦理说辞,其与无目的、无欲望、无主观意志掺杂的"道德"有本质的区别。王弼:"前识者,前人而识也,即下德之伦也。竭其聪明以为前识,役其智力以营庶事,虽德其情,奸巧弥密,虽丰其誉,愈丧笃实。"

[12]华:浮华、虚华。此句意为:以虚伪浮华的外表遮蔽"道",是愚蠢的开始。

[13]河上公:"大丈夫,谓得道之君也。处其厚者,处身于敦朴。不处身违道,为世烦乱也。处忠信也。不尚言也。去彼华薄,取此厚实。"

【原文】

(三十九)昔之得一[1]者:天得一以清;地得一以宁;神得一以灵;谷得一以盈;万物得一以生;侯王得一以为天下正。[2]其致之也[3],谓天无以清,将恐裂;地无以宁,将恐废;神无以灵,将恐歇;谷无以盈,将恐竭;万物无以生,将恐灭;侯王无以正,将恐蹶。[4]故贵以贱为本,高以下为基。是以侯王自称孤、寡、不榖[5],此非以贱为本邪?非乎?故至誉无誉[6]。是故不欲琭琭如玉,珞珞如石。[7]

【注释】

[1]一：为数之初，事物之起始点，是未分化的状态，老子常用"一"代表"道"，如"圣人执一为天下牧"。王弼："昔，始也。一，数之始而物之极也。各是一物之生，所以为主也。物皆各得此一以成，既成而舍以居成，居成则失其母，故皆裂发歇竭灭蹶也。"

[2]神：指人的精气神。灵：灵通、活便。正：安定归正。河上公："言天得一，故能垂象清明；地得一，故能安静不动摇。言神得一，故能变化无形。言谷得一，故能盈满而不绝也。言万物皆须道以生成也。言侯王得一，故能为天下平正。"王弼："各以其一，致此清、宁、灵、盈、生、贞。"

[3]其致之：由此来推论。

[4]蹶：败亡。帛书乙本作"侯王毋已贵以高将恐蹶"。河上公："言天当有阴阳施张，昼夜更用，不可但欲清明无已时，将恐分裂不为天。言地当有高下刚柔，节气五行，不可但欲安静无已时，将恐发泄不为地。言神当有王相囚死休废，不可但欲灵无已时，将恐虚歇不为神也。言谷当有盈缩虚实，不可但欲盈满无已时，将恐枯竭不为谷。言万物当随时生死，不可但欲生无已时，将恐灭亡不为物。言侯王当屈己以下人，汲汲求贤，不可但欲高于人，将恐颠蹶失其位也。"

[5]孤、寡、不榖：均为古代帝王对自己的谦称。"孤""寡"即自称孤家寡人，意在示弱，争取臣民的认同和拥护。不榖，即"乏善"，自谦而已。

[6]至誉无誉：最高的荣誉是无须称誉赞美的。王弼本作"致数舆无舆"。《庄子·至乐篇》有"故曰：'至誉无誉。'"，应是老子原话。

[7]琭琭：美玉之貌。珞珞：石头坚硬质朴之貌。高亨说："碌碌，玉美貌。珞珞，石恶貌。""玉貌碌碌，为人所贵。石形落落，为人所贱。"此句一般被理解为"不愿像华丽的美玉，宁可如坚硬的石块"，不无道理。侯王自称孤、寡、不榖，不就是以贱为本吗？不是吗？确然如此。但老子"不欲"将"琭琭的玉"和"珞珞的石"清楚区分，甚至对立或割裂开来。不欲厚此薄彼，意在执下谋上，执贱谋贵。"贵以贱为本，高以下为基"，这是一个"致一"的过程。河上公："言不欲如玉为人所贵，如石为人所贱，当处其中也。"王弼："清不能为清，盈不能为盈，皆有其母以存其形，故清不足贵，盈不足多，贵在其母，而母无贵形。贵乃以贱为本，高乃以下为基，故致数舆乃无舆也。玉石琭琭珞珞，体尽于形，故不欲也。"皆是在说"致一""不二"的道理。

【原文】

（四十）反者道之动[1]；弱[2]者道之用。天下万物生于有，有生于无。[3]

【注释】

[1]反：相反、相对、对立、对抗。王弼："高以下为基，贵以贱为本，有以无为用，此其反也。动皆知其所无，则物通矣，故曰反者道之动也。"

[2]弱：柔和、柔弱。河上公："柔弱者，道之所常用，故能长久。"

[3]有：有形。无：无形。河上公："万物皆从天地生，天地有形位，故言生于有也。""天地神明，蜎飞蠕动，皆从道生。道无形，故言生于无。此言本胜于华，弱胜于强，谦虚胜盈满也。"王弼："天下之物皆以有为生，有之所始，以无为本。将欲全有，必反于无也。"

【原文】

（四十一）上士闻道，勤而行之；中士闻道，若存若亡[1]；下士闻道，大笑之。不笑，不足以为道。故建言[2]有之：明道若昧[3]，进道若退[4]，夷道若纇[5]。上德若谷[6]，广德若不足[7]，建德若偷[8]，质真若渝[9]。大白若辱[10]，大方无隅[11]，大器晚成[12]。大音希声[13]，大象无形[14]，道隐无名[15]。夫唯道，善贷且成。[16]

【注释】

[1]勤而行之，努力实行。若存若亡：时有时无，半信半疑。

[2]建言：古人之训言，已有之说法。

[3]光明之道犹若暗昧。亦有"光而不耀"之意。

[4]进取之道，犹若后退。老子曰："后其身而身先，外其身而身存。"

[5]夷：平坦。纇：崎岖不平。王弼："大夷之道，因物之性，不执平以割物。其平不见，乃更反若纇坳也。"

[6]谷：川谷，有空虚、包容之义。王弼："不德其德，无所怀也。"

[7]王弼："广德不盈，廓然无形，不可满也。"

[8]建德若偷：王弼："偷，匹也。建德者，因物自然，不立不施，故若偷匹。""匹"有相配、匹配之义，德之匹配，有"私下""暗自""悄悄"之义，不图人知。这就是说，德性之建树，是悄然发生的，不声张、不作响，悄无声息、暗自增长，有神不知鬼不觉地生长累积的特点。也有将"建德"理解为"健德"的，"偷"有"怠惰"之意，于是此句被解释为：刚健之德好像怠惰的样子。似不如前见。

[9]渝：变质、变浑。河上公："质朴之人若五色，有渝浅不明。"王弼："质真者，不矜其真，故渝。"

[10]辱：黑污、污浊。河上公："大洁白之人，若污辱，不自彰显。"

[11]方：形之边角。隅：角落。王弼："方而不割，故无隅也。"

[12]大器:指大有作为之人。河上公:"大器之人,若九鼎瑚琏,不可卒成也。"九鼎、瑚、琏皆宗庙礼器,谓之"大器",指能派大用场。

[13]希:少。王弼:"听之不闻名曰希,不可得闻之音也。有声则有分,有分则不宫而商矣。分则不能统众,故有声者非大音也。"

[14]象:形、状貌。王弼:"有形则有分,有分者不温则炎,不炎则寒。故象而形者,非大象。"

[15]"道"是潜隐的,不可名状。

[16]贷:施舍、给予。王弼:"凡此诸善,皆是道之所成也。在象则为大象,而大象无形;在音则为大音,而大音希声。物以之成,而不见其成形,故隐而无名也。贷之非唯供其乏而已,一贷之则足以永终其德,故曰善贷也。成之不如机匠之裁,无物而不济其形,故曰善成。"

【原文】

(四十二)道生一[1],一生二[2],二生三,三生万物[3]。万物负阴而抱阳[4],冲气以为和[5]。人之所恶,唯孤、寡、不穀[6],而王公以为称。故物或损之而益,或益之而损。人之所教,我亦教之。强梁者不得其死[7],吾将以为教父[8]。

【注释】

[1]由"道"所生出的,是个统一体,"一"为万物之始,未见分殊。河上公:"道始所生者,一也。"

[2]由统一体化生对偶两分的双方。河上公:"一生阴与阳也。"

[3]对偶两分的事物相互作用生出新事物。三生万物:非指确切的数字"三",这里是一种类推,经由此途径,"引而伸之,触类而长之,天下之能事毕矣"(《易经·系辞上传》)。老子的"一二三"之说,是一个宇宙生成论表述,历代解读者众说纷纭,各有其道理,并不存在众皆认同的终极说法。这恰说明其内涵的博大精深,具有极大的拓展解释空间,有"道大似不肖"之义,而众说可以细枝末节论。

[4]万事万物都由对偶两分、相互依存、相互纠缠、相互渗透、此消彼长的阴阳两极所构成。河上公:"万物无不负阴而向阳,回心而就日。"

[5]冲:对冲、互动。和:和合、中和。河上公:"万物中皆有元气,得以和柔。若胸中有藏,骨中有髓,草木中有空虚,与气通,故得久生也。"

[6]孤、寡、不穀:见第三十九章注。

[7]强梁者:强横霸道之人。不得其死:不得好死。河上公:"强梁,谓不信玄妙,背叛

道德,不从经教,尚势任力也。不得其死者,为天所绝,兵刃所伐,王法所杀,不得以寿命死也。"

[8]教父:父,同"甫",起始。河上公:"父,始也。老子以强梁之人为教戒之始也。"

【原文】

(四十三)天下之至柔,驰骋天下之至坚。[1]无有入无间[2],吾是以知无为之有益。不言之教,无为之益,天下希及之[3]。

【注释】

[1]驰骋:引申为"来去自如、通行无阻"。河上公:"至柔者水,至坚者金石,水能贯坚入刚,无所不通。"

[2]无有:无形之事物。无间:无间隙,喻指有形之实体。王弼:"虚无柔弱,无所不通。无有不可穷,至柔不可折,以此推之,故知无为之有益也。"

[3]希及之:少有能与之相比的。

【原文】

(四十四)名与身孰亲?[1]身与货孰多?[2]得与亡孰病?[3]甚爱必大费;多藏必厚亡[4]。故知足不辱,知止不殆,可以长久。[5]

【注释】

[1]名:名分、地位。身:身体、生命体。亲:近、贴身、亲近。王弼:"尚名好高,其身必疏。"

[2]货:财物。多:贵重、重要。王弼:"贪货无厌,其身必少。"

[3]亡:丧失。病:有害、忧虑、担心。王弼:"得多利而亡其身,何者为病也?"

[4]多藏:大量储藏钱财。河上公:"生多藏于府库,死多藏于丘墓。生有攻劫之忧,死有掘冢探柩之患。"王弼:"甚爱不与物通,多藏不与物散,求之者多,攻之者众,为物所病,故大费、厚亡也。"

[5]河上公:"知足之人,绝利去欲,不辱于身。知可止,则财利不累身;声色不乱于耳目,则身不危殆也。人能知止足,则福禄在己。治身者神不劳,治国者民不扰,故可长久。"

【原文】

（四十五）大成若缺，其用不弊[1]。大盈若冲，其用不穷[2]。大直若屈，大巧若拙，大辩若讷。[3]躁胜寒，静胜热。清静为天下正。[4]

【注释】

[1]弊：衰败、衰竭。王弼："随物而成，不为一象，故若缺也。"

[2]冲：训为虚（见第四章注释）。河上公："（大盈者，）谓道德大盈满之君也。如冲者，贵不敢骄也，富不敢奢也。"

[3]讷：木讷寡言。王弼："随物而直，直不在一，故若屈也。大巧因自然以成器，不造为异端，故若拙也。大辩因物而言，己无所造，故若讷也。"

[4]王弼："躁罢然后胜寒，静无为以胜热。以此推之，则清静为天下正也。静则全物之真，躁则犯物之性，故惟清静乃得如上诸大也。"

【原文】

（四十六）天下有道，却走马以粪[1]。天下无道，戎马生于郊[2]。咎[3]莫大于欲得；祸莫大于不知足。故知足之足，常足矣。

【注释】

[1]却：退还、退而。粪：以粪肥田。《礼记·月令》："可以粪田畴。"

[2]戎马：军队、战马。生于郊：出现在郊野，喻战乱不止，杀伐征战在郊野展开。与前句相对照：天下有道之时，地里行走的是"粪田"之马；天下无道之时，郊野出现的是征战杀伐之戎马。

[3]咎：错失、过患。

【原文】

（四十七）不出户，知天下；不窥牖，见天道。[1]其出弥远，其知弥少。[2]是以圣人不行而知，不见而明，不为而成。[3]

【注释】

[1]牖：窗门。王弼："事有宗而物有主，途虽殊而同归也，虑虽百而其致一也。道有大常，理有大致，执古之道，可以御今，虽处于今，可以知古始，故不出户，窥牖而可知也。"

[2]弥：愈。王弼："无在于一，而求之于众也。道视之不可见，听之不可闻，搏之不可

得。如其知之,不须出户,若其不知,出愈远愈迷也。"

[3]不见:不直接感知。不为:不干预。王弼:"得物之致,故虽不行,而虑可知也。识物之宗,故虽不见,而是非之理可得而名也。明物之性,因之而已。故虽不为而使之成矣。"

【原文】

(四十八)为学日益,[1]为道日损。[2]损之又损,以至于无为。无为而无不为。[3]取天下常以无事,及其有事,不足以取天下。[4]

【注释】

[1]就学问来说,随着学习,知识日益增长。王弼:"务欲进其所能,益其所习。"

[2]就修道来说,道行越深,私欲和主观性越少,越接近自然本身。王弼:"务欲反虚无也。"

[3]自我减损了又减损,直到无所欲、无所为,达到与宇宙自然本身完全一致,成为一体,如此便没有不能为之事。如宋代陆九渊《杂说》云:"宇宙便是吾心,吾心即是宇宙。"河上公:"当恬淡如婴儿,无所造为。情欲断绝,德与道合,则无所不施,无所不为也。"

[4]取天下:治理天下。无事:无为,不过多干预治理对象,为其留下发展的空间。有事:找事做,频发政令扰民,实施控制、干预。河上公:"取,治也。治天下当以无事,不当劳烦也。及其好有事,则政教烦,民不安,故不足以治天下也。"

【原文】

(四十九)圣人常无心[1],以百姓心为心。善者,吾善之;不善者,吾亦善之;德善[2]。信者,吾信之;不信者,吾亦信之;德信[3]。圣人在天下,歙歙焉[4],为天下浑其心[5]。百姓皆注其耳目[6],圣人皆孩之[7]。

【注释】

[1]无心:指无私心。河上公:"圣人重改更,贵因循,若自无心。"

[2]德善:"德"为动词,意为以善为德。

[3]德信:以信为德。王弼:"夫以明察物,物亦竞以其明应之;以不信察物,物亦竞以其不信应之。"

[4]歙歙焉:歙,即吸气,引申为吸气、吸纳、采纳。《说文》:"歙,缩鼻也。"此处指收敛自己的欲望。

[5]浑其心:浑,融合不分,与天下百姓浑然一心。

[6]注其耳目:专注于耳目之聪智。

[7]孩之:使人像孩童一样纯真质朴。王弼:"皆使和而无欲,如婴儿也。"

【原文】

(五十)出生入死。[1]生之徒,十有三;死之徒,十有三;人之生,动之于死地[2],亦十有三。夫何故?以其生生之厚[3]。盖闻善摄生者,陆行不遇兕虎,入军不被甲兵;兕无所投其角,虎无所用其爪,兵无所容其刃。夫何故?以其无死地。[4]

【注释】

[1]此句有多解:一为出世曰生,入土为死;二为出离生之境,进入死之地;三是出困境则生,入困局则死。王弼:"出生地,入死地。"此义较为符合整篇旨意。

[2]动之于死地:动而不当自蹈死地。

[3]生生之厚:前一个"生"为动词,有颐养、养护之意;后一个"生"为名词,指生命。生生之厚意为求生欲望过于强烈,过分追求享受。

[4]摄生:养生,保养身体,掌控生命。兕:犀牛。甲兵:兵戈。王弼:"十有三,犹云十分有三分。取其生道,全生之极,十分有三耳。取死之道,全死之极,亦十分有三耳。而民生生之厚,更之无生之地焉。善摄生者无以生为生,故无死地也。器之害者,莫甚乎兵戈,兽之害者,莫甚乎兕虎,而令兵戈无所容其锋刃,虎兕无所措其爪角,斯诚不以欲累其身者也,何死地之有乎?夫蚖(yuán,蝾螈、蜥蜴等)鳝(shàn,蚯蚓)以渊为浅,而凿穴其中,鹰鹯(zhān,猛禽)以山为卑,而增巢其上,矰缴(zēng jiǎo,系有丝绳、弋射飞鸟的短箭)不能及,网罟不能到,可谓处于无死地矣。然而卒以甘饵,乃入于无生之地,岂非生生之厚乎?故物苟不以求离其本,不以欲渝其真,虽入军而不害,陆行而不可犯也,赤子之可则而贵,信矣!"

【原文】

(五十一)道生之,德畜之,物形之,势成之。[1]是以万物莫不尊道而贵德。[2]道之尊,德之贵,夫莫之命而常自然。[3]故道生之,德畜之;长之育之,亭之毒之,养之覆之。[4]生而不有,为而不恃,长而不宰,是谓"玄德"。[5]

【注释】

[1]王弼:"物生而后畜,畜而后形,形而后成。何由而生?道也。何得而畜?德也。

何由而形?物也。何使而成,势也。唯因也,故能无物而不形;唯势也,故能无物而不成。凡物之所以生,功之所以成,皆有所由;有所由焉,则莫不由乎道也。故推而极之,亦至道也。随其所因,故各有称焉。"

[2]王弼:"道者,物之所由也。德者,物之所得也。由之乃得,故曰不得不失,尊之则害,不得不贵也。"

[3]莫之命:不强令以求。河上公:"道一不命召万物,而常自然应之,如影响。"

[4]亭之毒之:成之熟之。河上公:"道之于万物,非但生之而已,乃复长养成孰覆育,全于性命。"

[5]玄:深奥、难测。河上公:"道生万物,不有所取以为利也。道所施为,不恃望其报也。道长养万物,不宰割以为利也。道之所行恩德,玄暗不可得见。"

【原文】

(五十二)天下有始,以为天下母。既得其母,以知其子;既知其子,复守其母,没身不殆。[1]塞其兑,闭其门,终身不勤。[2]开其兑,济其事,终身不救。[3]见小曰明,守柔曰强。[4]用其光,复归其明,无遗身殃;是为袭常。[5]

【注释】

[1]母:指"道"。子:指万物。王弼:"善始之则善养畜之矣,故天下有始,则可以为天下母矣。母,本也,子,末也。得本以知末,不舍本以逐末也。"

[2]塞其兑:兑为口,指慎言。《易》曰:"括囊,无咎无誉。"闭其门:慎行而不出。《易》曰:"君子慎密而不出也。"勤:辛劳、担忧、愁苦。王弼:"兑,事欲之所由生;门,事欲之所由从也。无事永逸,故终身不勤也。"

[3]济其事:救助、帮忙、接济,喜好作为。王弼:"不闭其原而济其事,故虽终身不救。"

[4]小:细微。明:智。王弼:"为治之功不在大,见大不明,见小乃明。守强不强,守柔乃强也。"

[5]光:当指"道之光"。明:洞察几微之明智。无遗身殃:不给自身招来祸殃。袭:承、继、遵循。常:不变之恒道。

【原文】

(五十三)使我介然[1]有知,行于大道,唯施[2]是畏。大道甚夷,而人好径[3]。朝甚除[4],田甚芜,仓甚虚;服文彩,带利剑,厌饮食,财货有余;是谓盗夸。[5]非道也哉!

【注释】

[1]介然:稍微、略微。

[2]施:音同"迤",邪,斜行。

[3]径:斜径。河上公:"夷,平易也。径,邪不平正也。"

[4]朝:朝廷。"朝甚除"有多解:一指朝廷颓废("除"有废除、废弛之义);二指(朝堂)整洁,王弼:"朝,宫室也。除,洁好也。"三为修整完好,河上公:"高台榭,宫室修。"第一种说法较妥。

[5]盗夸:盗、强盗。夸:河上公用"夸",指出百姓不足而君有余者,是由劫盗以为服饰,持行夸人。王弼:"凡物不以其道得之,则皆邪也,邪则盗也。夸而不以其道得之,窃位也,故举非道以明非道,则皆盗夸也。"

【原文】

(五十四)善建者不拔,善抱者不脱,子孙以祭祀不辍。[1]修之于身,其德乃真;修之于家,其德乃余;[2]修之于乡,其德乃长;修之于邦,其德乃丰;修之于天下,其德乃普。[3]故以身观身,以家观家,以乡观乡,以邦观邦,以天下观天下。吾何以知天下然哉?以此。[4]

【注释】

[1]辍:停止。王弼:"固其根而后营其末,故不拔也。不贪于多,齐其所能,故不脱也。子孙传此道以祭祀,则不辍也。"

[2]余:丰裕。河上公:"修道于身,爱气养神,益寿延年。其德如是,乃为真人。修道于家,父慈子孝,兄友弟顺,夫信妻贞。其德如是,乃有余庆及于来世子孙。"王弼:"以身及人也。修之身则真,修之家则有余,修之不废,所施转大。"

[3]长:增长、盛大。邦:国。河上公:"修道于乡,尊敬长老,爱养幼小,教诲愚鄙,其德如是,乃无不覆及也。修道于国,则君信臣忠,仁义自生,礼乐自兴,政平无私,其德如是,乃为丰厚也。人主修道于天下,不言而化,不教而治,下之应上,信如影响。其德如是,乃为普博。"

[4]"故以身观身"几句,历来多有分歧。河上公:"以修道之身,观不修道之身,孰亡孰存也。以修道之家,观不修道之家也。以修道之乡,观不修道之乡也。以修道之国,观不修道之国也。以修道之主,观不修道之主也。老子言:吾何知天下修道者昌,背道者亡?以此五事,观而知之也。"王弼:"以身及人也。修之身则真,修之家则有余,修之不废,所施转大。彼皆然也。以天下百姓心,观天下之道也。天下之道,逆顺吉凶,亦皆如人之道也。"南宋理学家林希逸云:"即吾一身而可以观他人之身,即吾一家而可以观他人

之家,即吾一乡而可以观他人之乡。"①众说各有道理,皆可作为参考。值得提及的,是前文第四十九章有"圣人常无心,以百姓心为心"一说,与此处"以天下观天下"道理是相通的。从本体出发审视问题,才能切近本原。

【原文】

(五十五)含德之厚,比于赤子。[1]毒虫不螫,猛兽不据,攫鸟不搏。[2]骨弱筋柔而握固,未知牝牡之合而朘作,精之至也。[3]终日号而不嗄,和之至也。知和曰常,知常曰明。[4]益生曰祥[5],心使气曰强[6]。物壮则老,谓之不道。不道早已。[7]

【注释】

[1]赤子:初生婴儿。颜师古曰:"赤子,言其新生未有眉发,其色赤。"

[2]毒虫:指蜂、虿(chài,一种形似蝎子而尾巴较长的毒虫)、虺(huǐ,古书上说的一种毒蛇)、蛇之类。螫:叮咬。据:野兽用爪、足攫取食物。攫鸟:鹰隼。搏:袭扰、猎捕。王弼:"赤子无求无欲,不犯众物,故毒虫之物无犯之人也。含德之厚者,不犯于物,故无物以损其全也。"

[3]握:握拳。固:紧固。牝牡之合:男女交合。朘作:勃起。

[4]嗄:声音沙哑。和:和谐、协调。常:指"常道"。

[5]"祥"有两个相反的意义,一指吉兆,如说"吉祥";二为凶兆,如《周礼·春官》曰:"以观妖祥,辨吉凶。"《说文》释祥:"福也。从示羊声。"段玉裁《说文解字注》释祥:"福也。凡统言则灾亦谓之祥。析言则善者谓之祥。"后人对此句解释多取"妖祥"之意。王弼:"生不可益,益之则夭也。"河上公:"祥,长也。言益生欲自生,日以长大。"《庄子·德充符》:"常因自然而不益生。"依前文老子对"厚生"所致"动之于死地"的说法,"益生"非为吉祥之兆。同样,后文的"心使气"也有悖于"虚其心"的说法。

[6]有逞强之意,"厚生"与"使强"皆为不明之举,与赤子自发、自然的"和之至"相悖。王弼:"心宜无有,使气则强。"

[7]早已:早夭。河上公:"万物壮极则枯老也。老不得道。不得道者,早已死也。"

【原文】

(五十六)知者不言[1],言者不知[2]。塞其兑,闭其门,挫其锐,解其纷,和其光,同其尘,是谓"玄同"。[3]故不可得而亲,不可得而疏;不可得而利,不可得而害;不可得而贵,不可得而贱。故为天下贵。[4]

---

① 转引自汤漳平、王朝华译注:《老子》,中华书局,2014年,第217页。

【注释】

[1]知者:智者。知者不言:王弼:"因自然也。"河上公:"知者贵行,不贵言也。"

[2]王弼:"造事端也。"河上公:"驷不及舌,多言多患。"("一言既出,驷马难追。")

[3]塞其兑,闭其门:闭目塞听,收敛言行举止。锐:锋芒。纷:纷扰。玄同:玄妙的协同。河上公:"塞门之者,欲绝其源。情欲有所锐为,当念道无为,以挫止之。纷,结恨不休,当念道淡泊,以解释之。虽有独见之明,当和之使暗昧,不使耀乱。不当自别殊也。玄,天也。人能行上上事,是谓与天同道也。"

[4]此几句意为:达至"玄同"境界者,超越了亲疏、利害、贵贱之对立,不因利害得失而改变和动摇,故而为天下贵。

【原文】

(五十七)以正治国,以奇用兵,以无事取天下[1]。吾何以知其然哉?以此:天下多忌讳[2],而民弥[3]贫;民多利器,国家滋昏;[4]人多伎巧,奇物滋起;法令滋彰,盗贼多有。[5]故圣人云:"我无为,而民自化;我好静,而民自正;我无事,而民自富;我无欲,而民自朴。"[6]

【注释】

[1]正,有不同理解,可指古时政治,也有认为是指"清静之道"。奇,《说文》:"奇,异也。"无事:清静无为。此句理解多有分歧。王弼:"以道治国则国平,以正治国则奇正起也,以无事则能取天下也。上章云,其取天下者,常以无事,及其有事,又不足以取天下也,故以正治国则不足以取天下,而以奇用兵也。夫以道治国,崇本以息末,以正治国,立辟以攻末,本不立而末浅,民无所及,故必至于奇用兵也。"有解读者认为"以无事取天下"当为"无以取天下"衍文,"言以正治国,以奇用兵,行此二者,实无以取天下也"①。陈鼓应则解释为:"以清静之道治国,以诡奇的方法用兵,以不搅扰人民来治理天下。"众说皆可作参考。

[2]忌讳:禁令、禁忌。

[3]弥:更加。

[4]利器:利己之权谋。河上公:"利器者,权也。民多权则视者眩于目,听者惑于耳,上下不亲,故国家昏乱。"王弼:"利器,凡所以利己之器也。民强则国家弱。"

[5]伎巧:巧术。奇物:邪物。滋:愈加。彰:明,显扬。王弼:"民多智慧则巧伪生,巧伪生则邪事起。立正欲以息邪,而奇兵用;多忌讳欲以耻贫,而民弥贫;利器欲以强国者也,而国愈昏多。皆舍本以治末,故以致此也。"

---

① 汤漳平、王朝华译注:《老子》,中华书局,2014年,第229页。

[6]自化:自然成化。所以圣人说:"我不作为而人民能自然成化,我喜欢清静则民风自然清正,我不生事则人民自能富裕,我没有欲求而人民自然纯厚朴实。"

【原文】

(五十八)其政闷闷,其民淳淳[1];其政察察,其民缺缺。[2]祸兮,福之所倚;福兮,祸之所伏。孰知其极?其无正也。[3]正复为奇,善复为妖。[4]人之迷,其日固久。[5]是以圣人方而不割,廉而不刿,直而不肆,光而不耀。[6]

【注释】

[1]闷闷:原为昏昧,这里指政治环境宽松。淳淳:敦厚、纯朴。王弼:"言善治政者,无形无名,无事无政可举,闷闷然,卒至于大治,故曰其政闷闷也。其民无所争竞,宽大淳淳,故曰其民淳淳也。"

[2]察察:严明苛细。缺缺:狡黠、狡狯之貌。王弼:"立刑名,明赏罚,以检奸伪,故曰察察也。殊类分析,民怀争竞,故曰其民缺缺也。"孔子曰:"道之以政,齐之以刑,民免而无耻。"与此意相通。

[3]无正:没有恒定的准则。王弼:"言谁知善治之极乎?唯无可正举,无可形名,闷闷然而天下大化,是其极也。"

[4]奇:邪。王弼:"以正治国,则便复以奇用兵矣,故曰正复为奇。立善以和万物,则便复有妖之患也。"

[5]迷:迷惑。王弼:"言人之迷惑失道,固久矣,不可便正善治以责。"

[6]廉:锐利。刿:割伤。直:率直。肆:放肆。河上公:"圣人行方正者,欲以率下,不以割截人也。圣人廉清,欲以化民,不以伤害人也。今则不然,正己以害人也。肆,申也。圣人虽直,曲己从人,不自申之也。圣人虽有独知之明,常如暗昧,不以耀乱人也。"

【原文】

(五十九)治人事天[1],莫若啬[2]。夫唯啬,是谓早服[3];早服谓之重积德[4];重积德则无不克;无不克则莫知其极[5];莫知其极,可以有国。有国之母[6],可以长久;是谓深根固柢、长生久视之道[7]。

【注释】

[1]治人:治理国事。事天:顺应天时。

[2]啬:穑之古文。啬事指农活。《礼记·郊特牲礼》疏:"种曰稼,敛曰啬。"王弼:"啬,

农夫。农人之治田,务去其殊类,归于齐一也。全其自然,不急其荒病,除其所以荒病。上承天命,下绥百姓,莫过于此。"

[3]早服:早做准备,提前服侍,从起始点准备。

[4]重积德:注重德行的积蓄。

[5]极:极限、尽头。

[6]有国之母:保有国家的根本大道。

[7]深根固柢:使根基深固,不易动摇。柢,树根。长生久视:长久存在。

【原文】

(六十)治大国,若烹小鲜。[1]以道莅天下,其鬼不神;[2]非其鬼不神,其神不伤人;非其神不伤人,圣人亦不伤人。[3]夫两不相伤,故德交归焉。[4]

【注释】

[1]小鲜:小鱼。河上公:"鲜,鱼。烹小鱼不去肠,不去鳞,不敢挠,恐其糜也。治国烦则下乱,治身烦则精散。"

[2]莅:临。河上公:"以道德居位治天下,则鬼不敢见其精神,以犯人也。"

[3]王弼:"神不害自然也。物守自然,则神无所加。神无所加,则不知神之为神也。道洽则神不伤人,神不伤人,则不知神之为神。道洽则圣人亦不伤人,圣人不伤人,则不知圣人之为圣也。犹云不知神之为神,亦不知圣之为圣也。夫恃威网以使物者,治之衰也;使不知神圣之为神圣,道之极也。"

[4]两不相伤:神和圣人都不伤人。交归:交相互动,德有德报。

【原文】

(六十一)大邦者下流,天下之牝,天下之交也。[1]牝常以静胜牡,以静为下。[2]故大邦以下小邦,则取[3]小邦;小邦以下大邦,则取大邦。故或下以取,或下而取。大国不过欲兼畜人[4],小国不过欲入事人[5]。夫两者各得所欲,大者宜为下。

【注释】

[1]邦:国。下流:下游、低处。牝:母。交:交汇。王弼:"江海居大而处下,则百川流之。大国居大而处下,则天下流之,故曰大国下流也,天下所归会也。静而不求,物自归之也。"

[2]牝:雌。牡:雄。王弼:"以其静,故能为下也。牝,雌也。雄躁动贪欲,雌常以静,

故能胜雄也。以其静复能为下,故物归之也。"

[3]取:通"聚",会聚、统辖。

[4]畜人:聚养众人。

[5]事人:充任下属,侍奉人,服侍人。王弼:"小国修下,自全而已,不能令天下归之。大国修下,则天下归之,故曰各得其所欲,则大者宜为下也。"

【原文】

(六十二)道者,万物之奥[1]。善人之宝,不善人之所保[2]。美言可以市尊,美行可以加人。[3]人之不善,何弃之有?[4]故立天子,置三公,虽有拱璧以先驷马,不如坐进此道。[5]古之所以贵此道者何? 不曰:求以得,有罪以免邪? 故为天下贵。[6]

【注释】

[1]奥:幽深隐秘,藏纳万物。

[2]善人珍重、以之为宝;不善之人用以保全自己。王弼:"宝以为用也。保以全也。"

[3]市:交易,买卖。加人:见重于人,增加人的权重。此句原文各种版本较多歧义。河上公与王弼本皆为"美言可以市,尊行可以加人"。俞樾云:"按《淮南子》之《道应篇》《人间篇》引此文并作'美言可以市尊,美行可以加人',是今本脱下'美'字。"陈鼓应本与王弼本同。这里采用的是饶尚宽本说法。

[4]河上公:"人虽不善,当以道化之。盖三皇之前,无有弃民,德化淳也。"王弼:"不善,当保道以免放。"

[5]拱璧:双手捧着宝玉。驷马:四匹马拉的车。坐进此道:安居此道。王弼:"言以尊行道也。"又曰:"此道,上之所云也。言故立天子,置三公,尊其位,重其人,所以为道也。物无有贵于此者,故虽有拱抱宝璧以先驷马而进之,不如坐而进此道也。"

[6]求以得:有求就得到;有罪以免:有罪过就可以免除(与前文"不善之人用于保全自己"相通)。王弼:"以求则得求,以免则得免,无所而不施,故为天下贵也。"

【原文】

(六十三)为无为,事无事,味无味。[1]大小多少[2],报怨以德[3]。图难于其易,为大于其细。天下难事,必作于易;天下大事,必作于细。是以圣人终不为大,故能成其大。[4]夫轻诺必寡信,多易必多难,是以圣人犹难之,故终无难矣。[5]

【注释】

[1]王弼:"以无为为居,以不言为教,以恬淡为味,治之极也。"

[2]大就是小,多就是少;欲大反而小,欲多反而少。河上公:"陈其戒令也。欲大反小,欲多反少,自然之道也。"

[3]有版本认为此句和上下文似不相关联,当移至七十九章"必有余怨"句后。河上公释此句曰:"修道行善,绝祸于未生也。"

[4]图:图谋。为:作为。河上公:"欲图难事,当于易时,未及成也。""欲为大事,必作于小,祸乱从小来也。""处谦虚也。""天下共归之也。"

[5]河上公:"不重言也。""不慎患也。""圣人动作举事,犹进退重难之,欲塞其源。""圣人终身无患难之事,由避害深也。"

【原文】

(六十四)其安易持[1],其未兆易谋[2]。其脆易泮[3],其微易散[4]。为之于未有,治之于未乱。合抱之木,生于毫末[5];九层之台,起于累土[6];千里之行,始于足下。为者败之,执者失之。[7]是以圣人无为故无败;无执故无失。[8]民之从事,常于几成而败之。慎终如始,则无败事。[9]是以圣人欲不欲,不贵难得之货;[10]学不学,复众人之所过,以辅万物之自然而不敢为。[11]

【注释】

[1]其安易持:安静容易持守。

[2]其未兆易谋:事情未现兆头容易谋划。

[3]泮:解、散。

[4]其微易散:微小容易离散。河上公:"其未彰著,微小易散去也。"

[5]毫末:细枝末节。

[6]累土:积累的泥土。

[7]河上公:"有为于事,废于自然;有为于义,废于仁;有为于色,废于精神也。""执利遇患,执道全身,坚持不得,推让反还。"

[8]河上公:"圣人不为华文,不为色利,不为残贼,故无坏败。""圣人有德以教愚,有财以与贫,无所执藏,故无所失于人也。"

[9]河上公:"从,为也。民之为事,常于功德几成,而贪位好名,奢泰盈满而自败之也。""终当如始,不当懈怠。"

[10]河上公:"圣人欲人所不欲。人欲彰显,圣人欲伏光;人欲文饰,圣人欲质朴;人

欲于色,圣人欲于德也。""圣人不眩为服,不贱石而贵玉。"

[11]河上公:"圣人学人所不能学。人学智诈,圣人学自然;人学治世,圣人学治身,守道真也。""众人学问反,过本为末,过实为华。复之者,使反本也。""教人反本实者,欲以辅助万物自然之性也。""圣人动作因循,不敢有所造为,恐远本也。"

【原文】

(六十五)古之善为道者,非以明民,将以愚之。[1]民之难治,以其智多[2]。故以智治国,国之贼;不以智治国,国之福。[3]知此两者亦稽式。常知稽式,是谓"玄德"。[4]玄德深矣,远矣,与物反矣,然后乃至大顺。[5]

【注释】

[1]明民:教民智巧诈伪。愚:拙朴。王弼:"明,谓多智巧诈,蔽其朴也。愚,谓无知守真,顺自然也。"

[2]王弼:"多智巧诈,故难治也。"

[3]王弼:"王弼:智,犹治也。以智而治国,所以谓之贼者,故谓之智也。民之难治,以其多智也,当务塞兑闭门,令无知无欲。而以智术动民,邪心既动,复以巧术防民之伪,民知其术,防随而避之,思惟密巧,奸伪益滋,故曰以智治国,国之贼也。不使智慧之人知国之政事,则民守正直,不为邪饰,上下相亲,君臣同力,故为国之福也。"河上公:"使智慧之人治国之政事,必远道德,妄作威福,为国之贼也。不使智慧之人治国之政事,则民守正直,不为邪饰,上下相亲,君臣同力,故为国之福也。"

[4]稽式:法则、规律。王弼:"稽,同也。古今之所同则而不可废,能知稽式,是谓玄德。"河上公:"两者,谓智与不智者。常能智者为贼,不智者为福,是治身治国之法式也。"

[5]与物反矣,王弼:"反其真也。"大顺:顺乎天道自然谓之大顺。

【原文】

(六十六)江海所以能为百谷王[1]者,以其善下之,故能为百谷王。是以圣人欲上民[2],必以言下之[3];欲先民[4],必以身后之[5]。是以圣人处上而民不重[6],处前而民不害[7],是以天下乐推[8]而不厌。以其不争,故天下莫能与之争。

【注释】

[1]百谷王:百川所归往之处。

[2]上民:领导民众。

[3]以言下之:以谦卑的言辞来亲近民众。

[4]先民：为民之表率。

[5]以身后之：将个人利益置于民众之后。

[6]不重：不感到有负担和压力。

[7]不害：利益不受损害。

[8]乐推：乐于推戴。

【原文】

（六十七）天下皆谓我："道大，似不肖[1]。"夫唯大，故似不肖。若肖，久矣其细也夫！[2]我有三宝，持而保之：一曰慈，二曰俭，三曰不敢为天下先。[3]慈，故能勇；[4]俭，故能广；[5]不敢为天下先，故能成器长。[6]今舍慈且勇，舍俭且广，舍后且先，死矣！[7]夫慈，以战则胜，以守则固。天将救之，以慈卫之。[8]

【注释】

[1]肖：精确、相似。

[2]细：细小、末节。王弼："久矣其细，犹曰其细久矣。肖则失其所以为大矣，故曰若肖久矣，其细也夫。"前文解释，多有歧义。陈鼓应释为："'道'广大，不像任何具体的东西。正因为它的广大，所以不像任何具体的东西。如果它像的话，早就渺小了！"此说较妥。孔子有"君子不器"之说，与此有相通之处。

[3]慈：仁慈。俭：有而不尽用。

[4]王弼："夫慈，以陈则胜，以守则固，故能勇也。"此义与孟子的"仁者无敌"同理。

[5]节用便有富足的资源。《韩非子·解老篇》曰："智士俭用其财则家富，圣人宝爱其神则精盛，人君重战其卒则民众，民众则国广。"王弼："节俭爱费，天下不匮，故能广也。"

[6]不敢为天下先："先天下而后己"，与"欲先民，必以身后之"同理。王弼："唯后外其身，为物所归，然后乃能立成器，为天下利，为物之长也。"

[7]河上公："今世人舍慈仁，但为勇武也。""舍其俭约，但为奢泰。""舍其后己，但为人先。""所行如此，动入死地。"

[8]河上公："夫慈仁者，百姓亲附，并心一意，故以战则胜敌，以守卫则坚固。""天将救助善人，必与慈仁之性，使能自营助也。"

【原文】

（六十八）善为士者，不武；[1]善战者，不怒；[2]善胜敌者，不与；[3]善用人者，为之下。[4]是谓不争之德，是谓用人，是谓配天，古之极也。[5]

【注释】

[1]士:勇士,既有勇也有识者。不武:不诉诸武力。河上公:"言贵道德,不好武力。"

[2]河上公:"善以道战者,禁邪于胸心,绝祸于未萌,无所诛怒也。"王弼:"后而不先,应而不唱,故不在怒。"

[3]不与:不相斗、不交战。河上公:"善以道胜敌者,附近以仁,来远以德,不与敌争,而敌自服也。"王弼:"不与争也。"

[4]河上公:"善用人自辅佐者,常为人执谦下也。"

[5]不争:不与人相争。用人:指用人之道。配天:符合天道。极:极致,此指古人不逾越的法则。河上公:"能行此者,德配天也。是乃古之极要道也。"

【原文】

(六十九)用兵有言:"吾不敢为主,而为客;不敢进寸,而退尺。"[1] 是谓行无行;攘无臂;扔无敌;执无兵。[2]祸莫大于轻敌,轻敌几丧吾宝[3]。故抗兵相若,哀者胜矣。[4]

【注释】

[1]主:挑起战端者。客:自卫者。进寸:前进一寸。退尺:退后一尺。河上公:"陈用兵之道。老子疾时用兵,故托己设其义也。主,先也。不敢先举兵。客者,和而不倡。用兵当承天而后动。侵人境界,利人财宝为进,闭门守城为退。"

[2]行:布阵,行阵。攘:举起。扔:掷击、攻击、拒斥。执:携带。兵:兵器。布无形之阵,举无形之臂,力拒无形之敌,执无形兵器。

[3]轻敌冒进,将失去有利条件。

[4]抗兵:两军对抗。相若:实力相当。哀:悲悯。王弼:"抗,举也。加,当也。哀者,必相惜而不趋利避害,故必胜。"

【原文】

(七十)吾言甚易知,甚易行。天下莫能知,莫能行。[1]言有宗,事有君。[2]夫唯无知,是以不我知。[3]知我者希,则我者贵。是以圣人被褐怀玉。[4]

【注释】

[1]王弼:"可不出户窥牖而知,故曰甚易知也。无为而成,故曰甚易行也。惑于躁欲,故曰莫之能知也。迷于荣利,故曰莫之能行也。"

[2]宗:根本、根据。君:主、主旨。王弼:"宗,万物之宗也。君,万物之主也。"

[3]河上公:"夫惟世人也,是我德之暗,不见于外,穷微极妙,故无知也。"

[4]则我者贵:效法我的人难能可贵。则:法、效法。被褐怀玉:身穿粗衣而胸怀美玉。河上公:"希,少也。惟达道者乃能知我,故为贵也。被褐者薄外,怀玉者厚内,匿宝藏怀,不以示人也。"王弼:"被褐者,同其尘。怀玉者,宝其真也。圣人之所以难知,以其同尘而不殊,怀玉而不渝,故难知而为贵也。"

【原文】

(七十一)知不知[1],尚矣[2];不知知[3],病也。[4]圣人不病,以其病病。夫唯病病,是以不病。[5]

【注释】

[1]知不知:知道自己无知。

[2]尚:上,最好。

[3]不知知:不知道却自认为都知道。

[4]病:患、祸患。王弼:"不知知之不足任,则病也。"

[5]不病:没有祸患。病病:视病为病。河上公:"以此非人也,故不自病。夫圣人怀通达之知,托于不知者,欲使天下质朴忠正,各守纯性。小人不知道意,而妄行强知之事以自显著,内伤精神,减寿消年也。"

【原文】

(七十二)民不畏威,则大威至。[1]无狎其所居,无厌其所生。[2]夫唯不厌,是以不厌[3]。是以圣人自知不自见;[4]自爱不自贵。故去彼取此。[5]

【注释】

[1]不畏威:不畏惧暴力和威慑。大威:大的威胁和祸乱。河上公:"威,害也。人不畏小害则大害至,谓死亡也。畏之者当爱精神,承天顺地也。"

[2]狎:通"狭",压迫、逼迫。无厌:不压制、不压迫。王弼:"清静无为谓之居,谦后不盈谓之生。离其清净,行其躁欲,弃其谦后,任其威权,则物扰而民僻,威不能复制民。民不能堪其威,则上下大溃矣,天诛将至,故曰民不畏威,则大威至。无狎其所居,无厌其所生,言威力不可任也。"

[3]是以不厌:不厌恶。王弼:"不自厌,是以天下莫之厌。"

[4]自见:自视高明。王弼:"不自见其所知,以光耀行威也。"

[5]彼:指"自见"和"自贵";此,指"自知"和"自爱"。河上公:"去彼自见自贵,取此自知自爱。"

【原文】

(七十三)勇于敢则杀,勇于不敢则活。[1]此两者,或利或害。天之所恶,孰知其故?(是以圣人犹难之。)[2]天之道,不争而善胜,不言而善应,不召而自来,[3]繟然而善谋[4]。天网恢恢[5],疏而不失[6]。

【注释】

[1]此句意为:靠勇气和胆量犯险,胆大妄为,往往自取灭亡。同第七十六章:"故坚强者死之徒,柔弱者生之徒。"

[2]帛书甲、乙本无此句。

[3]王弼:"天唯不争,故天下莫能与之争。顺则吉,逆则凶,不言而善应也。处下则物自归。"

[4]繟(chǎn):宽舒、坦然、安然。河上公:"繟,宽也。天道虽宽博,善谋虑人事,修善行恶,各蒙其报也。"王弼:"垂象而见吉凶,先事而设诚,安而不忘危,未召而谋之,故曰繟然而善谋也。"

[5]天网恢恢:天网宽大无边。

[6]疏而不失:稀疏而不遗漏。

【原文】

(七十四)民不畏死,奈何以死惧之?[1]若使民常畏死,而为奇者,吾得执而杀之,孰敢?[2]常有司杀者杀。夫代司杀者杀,是谓代大匠斫。[3]夫代大匠斫者,希有不伤其手矣。[4]

【注释】

[1]河上公:"治国者刑罚酷深,民不聊生,故不畏死也。治身者嗜欲伤神,贪财杀身,民不知畏之也。人君不宽刑罚,教民去情欲,奈何设刑法,以死惧之?"

[2]为奇者:作乱者。河上公:"当除己之所残克,教民去利欲也。以道教化而民不从,反为奇巧,乃应王法执而杀之,谁敢有犯者?老子伤时王不先道德化之,而先刑罚。"

[3]司杀者:掌管生杀大权的。代:代替。大匠:大匠人。斫:砍削。河上公:"司杀者,天。居高临下,司察人过,天网恢恢,疏而不失也。天道至明,司杀有常。犹春生夏长,秋收

冬藏,斗杓运移,以节度行之。人君欲代杀之,是犹拙夫代大匠斫木,劳而无功也。"

[4]河上公:"人君行刑罚,犹拙人代大匠斫,则方圆不得其理,还自伤。代天杀者失纪纲,不得其纪纲,还受其殃也。"

【原文】

(七十五)民之饥,以其上[1]食税之多,是以饥。民之难治,以其上之有为[2],是以难治。民之轻死,以其上求生之厚,[3]是以轻死。夫唯无以生为[4]者,是贤于贵生。[5]

【注释】

[1]其上:指统治者。

[2]有为:指"妄为"。

[3]轻死:不怕死。求生之厚:生存意念强烈。

[4]无以生为:不刻意为养生保命而有所作为。

[5]贵生:过分在意自身生命。河上公:"夫唯独无以生为务者,爵禄不干于意,财利不入于身,天子不得臣,诸侯不得使,则贤于贵生也。"王弼:"言民之所以僻,治之所以乱,皆由上不由其下也,民从上也。"

【原文】

(七十六)人之生也柔弱[1],其死也坚强[2]。草木之生也柔脆,[3]其死也枯槁。[4]故坚强者死之徒,柔弱者生之徒。[5]是以兵强则灭,木强则折。[6]强大处下,柔弱处上。[7]

【注释】

[1]生也柔弱:活着身体柔软。河上公:"人生含和气,抱精神,故柔弱也。"

[2]死也坚强:死后身体僵硬。河上公:"人死和气竭,精神亡,故坚强也。"

[3]河上公:"和气存也。"

[4]河上公:"和气去也。"

[5]河上公:"以其上二事观知之,知坚强者死,柔弱者生也。"

[6]兵强则灭:军队逞强就要灭亡。木强则折:树木长大则被砍伐。

[7]河上公:"兴物造功,大木处下,小物处上。天道抑强扶弱,自然之效。"王弼:"木之本也。"又曰:"枝条是也。"

【原文】

（七十七）天之道，其犹张弓[1]与？高者抑之，下者举之；有余者损之，不足者补之。天之道，损有余而补不足。[2]人之道，则不然，损不足以奉有余。[3]孰能有余以奉天下，唯有道者。[4]是以圣人为而不恃，功成而不处，其不欲见贤。[5]

【注释】

[1]张弓：拉开弓欲射，喻自然之张力。

[2]天之道：自然法则。河上公："天道损有余而益谦，常以中和为上。"

[3]人之道：人世间法则，世道。奉：增添、补充。河上公："人道则与天道反也。世俗之人损贫以奉富，夺弱以益强也。"

[4]谁能为天下不足者做出奉献？唯有持守道义之人。河上公："言谁能居有余之位，自省爵禄以奉天下不足者乎？唯有道之君能行也。"

[5]河上公："圣人为德施，不恃其报也。功成事就，不处其位。不欲使人知己之贤，匿功不居荣，畏天损有余也。"王弼："言唯能处盈而全虚，损有以补无，和光同尘，荡而均者，唯其道也，是以圣人不欲示其贤以均天下。"

【原文】

（七十八）天下莫柔弱于水，而攻坚强者莫之能胜，以其无以易之。[1]弱之胜强，柔之胜刚，天下莫不知，莫能行。是以圣人云："受国之垢，是谓社稷主；[2]受国不祥，是为天下王。[3]"正言若反[4]。

【注释】

[1]易：取代，便宜。河上公："圆中则圆，方中则方，擁之则止，决之则行。""水能怀山襄陵，磨铁消铜，莫能胜水而成功也。""夫攻坚强者，无以易于水。"王弼："言用水之柔弱，无物可以易之也。"

[2]受国之垢：承受国家的耻辱。垢：耻辱。河上公："君能爱（疑为"受"之误）国垢浊者，若江海不逆小流，则能长保其社稷，为一国君主也。"

[3]受国不祥：承受国家的灾难。河上公："君能引过自与，代民受不祥之殃，则可以王有天下。"

[4]正言若反：正面的语言却像反话。河上公："此乃正直之言，世人不知，以为反言。"

第二编 道法自然的不言之教（《道德经》）

【原文】

(七十九)和大怨[1]，必有余怨；报怨以德，[2]安可以为善？是以圣人执左契[3]，而不责[4]于人。有德司契[5]，无德司彻[6]。天道无亲[7]，常与善人。[8]

【注释】

[1]和大怨：调和巨大的怨恨。

[2]饶尚宽注该句本为六十三章错简，当移于此。

[3]左契：古代借贷金钱、米粮等财物的债券明证。先秦时期，人们订立契约后都将契约内容记载在木片或竹简上，然后分作两半，左边的一半由债权人保留，因此执左契者为债权人。

[4]责：求、讨债。

[5]司契：主管券契。河上公："有德之君，司察契信而已。"

[6]司彻：主管税收，往往苛刻刁诈。河上公："无德之君，背其契言，司人所失。"王弼："彻，司人之过也。"

[7]无亲：没有偏私。

[8]与：给予、帮助。河上公："天道无有亲疏，唯与善人，则与司契也。"

【原文】

(八十)小国寡民[1]。使有什伯之器[2]而不用；使民重死而不远徙。[3]虽有舟舆，无所乘之[4]；虽有甲兵，无所陈之[5]。使民复结绳[6]而用之。甘其食，美其服，安其居，乐其俗。[7]邻国相望，鸡犬之声相闻，民至老死，不相往来。[8]

【注释】

[1]小国寡民：国家小，百姓少。

[2]什伯之器：十倍百倍于人工之器具。什伯，即"什佰"。严遵本、河上公本作"什伯人之器"，帛书甲、乙本同。胡适云："'什'是十倍，'伯'是百倍。"

[3]重死：与"轻死"相反，以死为重，怕死。河上公："君能为民兴利除害，各得其所，则民重死而贪生也。政令不烦，则安其业，故不远迁徙，离其常处。"

[4]无所乘之：没有必要乘坐它（船和车子）。

[5]甲兵：军队。陈之：陈列以威慑或征战。

[6]复结绳：恢复以往时代的结绳记事。

[7]为自己的饮食、服饰、居所、风俗感到快乐。与"知足者富""知足不辱""知足之

足,常足矣"等,意义相通。

[8]河上公:"相去近也。其无情欲。"王弼:"无所欲求。"

【原文】

(八十一)信言不美,美言不信。[1]善言不辩,辩言不善。[2]知者不博,博者不知。[3]圣人不积,[4]既以为人己愈有,既以与人己愈多。[5]天之道,利而不害;圣人之道,为而不争。[6]

【注释】

[1]美言:华丽的言词。河上公:"信者,如其实。不美者,朴且质也。滋美之言者,孳孳华词。不信者,饰伪多空虚也。"王弼:"实在质也""本在朴也"。

[2]善言:真诚的话语。辩言:诡辩之辞。河上公:"善者以道修身,不采文也。辩者,谓巧言也。不善者,舌致患也。山有玉,掘其山;水有珠,浊其渊;辩口多言,亡其身。"

[3]河上公:"知者,谓知道之士。不博者,守一元也。博者,多见闻。不知者,失要真也"。

[4]不积:不积累财物。河上公:"圣人积德不积财,有德以教愚,有财以与贫也。"

[5]河上公:"既以为人施设德化,己愈有德。既以财贿布施与人,而财益多。如日月之光,无有尽时也。"

[6]河上公:"天生万物,爱育之,令长大,无所伤害也。圣人法天所施为,化成事就,不与下争功名,故能全其圣功也。"

第三编

人文渊薮（儒家经典）

"观乎天文,以察时变,观乎人文,以化成天下。"(《易经·彖上传》)中华民族人文演进的路径,遵循着一个前后相连的脉络,其源头可追溯至传说中的先王时代。文明伊始,"黄帝、尧、舜垂衣裳而天下治",大道行于天下,人民以德相合。孔子承袭上古文明,首创道统意识,编订"六经",教化万民。后世诸儒,"沿圣以垂文","因文以明道",以"四书五经"等儒家经典,阐发天理,提升精神,熔铸民族之魂。当今时代,蕴含于中华民族文明成果之中的文化基因,与时代精神融合,凝聚成为中华民族所认同的核心价值观。诸如"文明""和谐""平等""诚信""友善"等核心概念,都可以在儒家经典中找到历史久远的文化之根。因此可以说,两千多年来中华民族文化依循的根本是儒家学说。儒家经典可谓中华民族之人文渊薮、精神家园。

儒家思想的主要内容汇集于"四书五经"。将"四书"(《论语》《孟子》《大学》《中庸》)作为儒家经典,始于北宋二程(程颢、程颐),但真正把《大学》与《中庸》从《礼记》中抽引出来,独立成篇,并使"四书"具有经典或经学意义的,则是朱熹。"四书"可谓直接的孔孟之道,着重阐发理学思想。而"五经"则是孔孟以前的"先王之教",是儒家思想的源头,因此具有"元典"意义。

"四书五经"产生于中华民族思想文化发展史上最活跃的时期,这一时期是中国社会在政治、军事、外交、文化、教育等各方面全面展开和蓬勃发展的时期,其所达到的思想文化高度,一直处在中国历史文化的制高点。其在中国社会建构、政治治理方面,更具有深远的意义。推翻一个没落的王朝,要从颠覆它的思想基础开始;建立一个政权,也要从思想基础开始。一个稳固的社会,必是基于底层的建构。底层百姓就是构成社会的基本成员。儒家进行社会建构的基本路径,是层次分明的:格物、致知、正心、诚意、修身、齐家、治国、平天下。(《大学》)按照这样的秩序结构建构的社会和政权,具有超稳定的结构,能够达到"长治久安",这已经为历史所证明。

儒家经典内涵丰富,博大精深。我们要做的,是站在当代文化的制高点回观起始点,在"六经注我""我注六经"的循环互动中,去发现那些跨越时空而具有现代价值和意义的经典中的经典。

第九章 "四书"开篇要义

"四书"①开篇看似平淡无奇,实质上都是重要命题,语涉道之发端,是起始点,是安身立命的根本所在,也是逻辑起点和登堂入室的门户,正如乾、坤是《易》之门户一般。循此门径可探赜索隐,深入玄幽之境,也可据此旁征博引,通达广阔之域。

先贤读"四书"有个次序。"河南程夫子之教人,必先使之用力乎《大学》《论语》《中庸》《孟子》之书,然后及乎六经。盖其难易、远近、大小之序,固如此而不可乱也。"这个说法对朱熹有很大影响,他不仅主张"四书"是学习"六经"之阶梯,而且主张读"四书"要有次序,但他提出的次序与二程略有差别:"某要人先读《大学》,以定其规模。次读《论语》,以立其根本。次读《孟子》,以观其发越。次读《中庸》,以求古人之微妙处。"《大学》既有"规模之大",又有"节目之详"之意,其中的三纲目、八条目,是讲学习目的、学习内容、学习步骤和最终的功效的,是为学的"间架"和"修身治人底规模"。《论语》讲日常修德从政,《孟子》谈心论性,内容浩瀚广博,情理兼茂,正可以尽其蕴奥,充实《大学》的"间架"。《中庸》是谈玄说妙之书,讲"上达处多",是形而上的学问,最后会归于此,可以"求古人之微妙处",进入理论探讨的层面。"尺度权衡之既当,由是以穷诸经、订群史,以及百氏之书,则将无理之不可精,无事之不可处矣。"②以下内容按照朱熹排列的顺序,既考虑到难易程度,也考虑到"四书"之间的意义联系。

一、《大学》讲修身

《大学》开篇曰:

大学之道,在明明德,在亲民,在止于至善。

知止而后有定,定而后能静,静而后能安,安而后能虑,虑而后能得。物有本末,事有终始,知所先后,则近道矣。

古之欲明明德于天下者,先治其国;欲治其国者,先齐其家;欲齐其家者,先修其身;欲修其身者,先正其心;欲正其心者,先诚其意;欲诚其意者,先致其知;致知在格物。物格而后知至,知至而后意诚,意诚而后心正,心正而后身修,身修而后家齐,家齐而后国

---

① 本章引用"四书"原文及朱熹解释皆参考朱熹:《四书章句集注》,中华书局,2011年。后文只列篇章名,不再重复作注。

② 朱熹注,王浩整理:《四书集注》,凤凰出版社,2008年,第6、7页。

治,国治而后天下平。自天子以至于庶人,壹是皆以修身为本。

其本乱而末治者否矣,其所厚者薄,而其所薄者厚,未之有也!

"大学"一词在古代,有"博学"之意,也指相对于洒扫庭除、礼貌应对之蒙学的"大人之学"。如果理解为使人成为"大人""君子"之学问,也无不通。朱熹《大学章句·序》说:"《大学》之书,古之大学所以教人之法也。""人生八岁,则自王公以下,至于庶人之子弟,皆入小学,而教之以洒扫、应对、进退之节,礼乐、射御、书数之文;及其十有五年,则自天子之元子、众子,以至公、卿、大夫、元士之適子,与凡民之俊秀,皆入大学,而教之以穷理、正心、修己、治人之道。此又学校之教、大小之节所以分也。"

开篇所说的"道"可以理解为宗旨。"明明德"即弘扬光明正大的品德。"亲民"一词,按先贤的解释,理解为"新民",有使人"弃旧图新、去恶从善"之意。朱熹《大学章句》解释说:"程子曰:'亲,当作新。'大学者,大人之学也。明,明之也。明德者,人之所得乎天,而虚灵不昧,以具众理而应万事者也。但为气禀所拘,人欲所蔽,则有时而昏;然其本体之明,则有未尝息者。故学者当因其所发而遂明之,以复其初也。新者,革其旧之谓也,言既自明其明德,又当推以及人,使之亦有以去其旧染之污也。止者,必至于是而不迁之意。至善,则事理当然之极也。言明明德、新民,皆当至于至善之地而不迁。盖必其有以尽夫天理之极,而无一毫人欲之私也。此三者,大学之纲领也。"用今天的话来说,知识与学问,总是指向对世界之意义关联的认识和发现,"为学日益"就内在地含有"新质"的增长。《大学章句》提到三个有关"新民"的经典名句,一是成汤之《盘铭》曰:"苟日新,日日新,又日新。"说的是成汤将"人之洗濯其心以去恶"比作"沐浴其身以去垢"之事。将此语铭刻于盘上,言诚能一日有以涤其旧染之污而自新,则当因其已新者,而日日新之,又日新之,不可略有间断也;二是《尚书·康诰》曰:"作新民。"鼓之舞之称为"作",言激发民之自新与振作;三是《诗经·大雅·文王》曰:"周虽旧邦,其命惟新。""言周国虽旧,至于文王,能新其德以及于民,而始受天命也。是故君子无所不用其极。自新新民,皆欲止于至善也。"

《大学》的宗旨,最终目标是使人达到最完善的境界。知道目标才能意志坚定,继而才能达到宁静而专一,静而专,才能安身立命,进而有所思、有所虑,然后才有所得。这是一个逻辑理路,进一步的、层次递进的修身路径被总结为:格物、致知、正心、诚意、修身、齐家、治国、平天下。上自天子,下至庶民,都要以修身养性为立身之本。本末倒置、厚薄不分,不可能有可持续的有序化发展。孟子这个思想,用老子的话来评说,叫"善建者不拔,善抱者不脱",是"深根固柢、长生久视之道"。用今天的话语来说,就是"基于底层的建构"。构成社会的基本要素是个体,个体身、心、知的和谐发展,是和谐社会宏伟大厦的稳固基石。

《大学》讲"止于至善",何为至善?当然指至高境界。孰能达到至善?这几乎是一个无止境的追求目标。"止"的意义深远、重大。言行举止,须得有所行,有所止。当行则行,当止则止,举而不止,必致混乱。《诗经·小雅·车辖》曰:"高山仰止,景行行止。"《易经·贲卦·象》曰:"文明以止,人文也。"天地之文彰显于天下,从而使人的行为有所依循,人文得以成化。老子说:"知止可以不殆,譬道之在天下,犹川谷之于江海。"可见,"止"的含义大矣哉!故而《大学》第四章曰:

诗云:"邦畿千里,惟民所止。"诗云:"缗蛮黄鸟,止于丘隅。"子曰:"于止,知其所止,可以人而不如鸟乎!"

诗云:"穆穆文王,於缉熙敬止!"为人君,止于仁;为人臣,止于敬;为人子,止于孝;为人父,止于慈;与国人交,止于信。

生命所"止"之处是栖息的家园,是不断回归的地方。王土千里是生民的住所,山冈的角落是黄鸟栖息的地方。天下生灵都有自己的生境。失去家园就会无所归依。孔子说:连黄鸟都知道它该栖息在什么地方,难道人竟不如一只鸟吗?人的精神家园"止于至善",即"德合无疆",犹如今人所说的"大爱无疆"。文王形象,高雅端庄,睿智神明,那是由于袭迹古人开创的文明路径的结果。"敬止",即对前人开创的文明无所不敬且安其所止之意。这里之所以引用《诗经》里赞颂文王之句,意在说明,圣人之"止",无非至"善"。

《大学》开篇展示了儒学"三纲八目"的追求。所谓三纲,是指明德、亲民、止于至善。它既是《大学》的纲领,也是儒学"垂世立教"的目标所在。所谓八目,是指格物、致知、正心、诚意、修身、齐家、治国、平天下。儒家学说实际上是依循这"三纲八目"而展开的。这是一个阶梯状层次递进的修身途径,沿着它可以登堂入室,领略儒家经典的奥义。这个层次递进的秩序结构又可分为"内修"和"外治"两个阶段,前面四级"格物、致知、正心、诚意"讲"内修";后面三项"齐家、治国、平天下"讲"外治"。而其中间的"修身"一环,则是联结"内修"和"外治"两个阶段的枢纽,它与前面的"内修"条目连在一起,是"独善其身";与后面的"外治"条目连在一起,是"兼善天下"。所以两千多年来,一代又一代的读书人,"穷则独善其身,达则兼善天下"(《孟子·尽心章句下》),把安身立命之本,建立在这个层次递进的阶梯之上。直到今天,中国知识分子还内在地蕴含着这些品质。从一定程度上可以说,中国知识分子的人格、心理、情感、价值观,就是依此原理被形塑的。

二、《论语》谈为学

《论语·学而第一》：

> 子曰："学而时习之，不亦说（同"悦"）乎？有朋自远方来，不亦乐乎？人不知而不愠，不亦君子乎？"

朱熹对之评价为："入道之门，积德之基础。"他对"学而时习之，不亦说乎"的解释是："学之为言效也。人性皆善，而觉有先后，后觉者必效先觉之所为，乃可以明善而复其初也。习，鸟数飞也。学之不已，如鸟数飞也。"对"有朋自远方来，不亦乐乎"的解释是："朋，同类也。自远方来，则近者可知。程子曰：'以善及人，而信从者众，故可乐。'又曰：'说在心，乐主发散在外。'"对"人不知而不愠，不亦君子乎"的解释是："愠，含怒意。君子，成德之名。尹氏曰：'学在己，知不知在人，何愠之有。'程子曰：'虽乐于及人，不见是而无闷，乃所谓君子。'愚谓及人而乐者顺而易，不知而不愠者逆而难，故惟成德者能之。然德之所以成，亦曰学之正、习之熟、说之深，而不已焉耳。程子曰：'乐由说而后得，非乐不足以语君子。'"

杨树达《论语疏证》中解释"学而"一句，说："学而时习，即温故也；温故能知新，故说也。"[①]解释"有朋自远方来"，引用了《易传·象传》里的话："丽泽兑，君子以朋友讲习。"又引用《礼记·学记》："独学而无友，则孤陋而寡闻。"再以《孟子·万章下》孟子话语引申其义："一乡之善士，斯友一乡之善士；一国之善士，斯友一国之善士；天下之善士，斯友天下之善士。"杨树达按曰："人友天下之善士，故有朋自远方来。同道之朋不远千里而来，可以证学业，析疑义，虽欲不乐，得乎？"解释"人不知而不愠"一句，引用了许多经典名句，如《论语》中有：

> 子曰："君子病无能焉，不病人之不己知也。"（《卫灵公》）
> 子曰："不患人之不己知，患其不能也。"（《宪问》）
> 子曰："不患莫己知，求为可知也。"（《里仁》）
> 子曰："不患人之不己知，患不知人也。"（《学而》）

其他经典名句：
《礼记·中庸》曰：

---
① 杨树达：《论语疏证》，上海古籍出版社，2006年，第1页。

君子依乎中庸,遁世不见知而不悔,唯圣者能之。

《大戴礼记·曾子立事》曰:

人知之,则愿也,人不知,苟吾自知也,君子终身守此勿勿也。①

《孟子·尽心上》曰:

孟子谓宋勾践曰:"子好游乎?吾语子游。人知之,亦嚣嚣,人不知,亦嚣嚣。"曰:"何如斯可以嚣嚣矣?"曰:"尊德乐义,则可以嚣嚣矣。"

《荀子·非十二子》曰:

君子能为可贵,不能使人必贵己;能为可信,不能使人必信己;能为可用,不能使人必用己。故君子耻不修,不耻见污;耻不信,不耻不见信;耻不能,不耻不见用。是以不诱于誉,不恐于诽,率道而行,端然正己,不为物倾侧,夫是之谓诚君子。②

《淮南子·缪称训》曰:

伋(同急)于不己知者,不自知也。诚中之人,乐而不伋,如鹍好声,熊之好经,夫有谁为矜?③

当然,除了这些之外,还有很多的经典话语有与之相连的意义,如《易经·文言传》曰:

"潜龙勿用。"何谓也?子曰:"龙德而隐者也,不易乎世,不成乎名,遁世无闷,不见是而无闷,乐则行之,忧则违之,确乎其不可拔,潜龙也。"

由之可见,学而臻入化境者,乐与朋友讲习,不求虚名,只求内心世界的丰富和精神的自由。此乃为学之道的根本。杨树达按:"中有自得,故人不知而不愠,自足乎内者固

---

① 黄怀信、孔德立、周海生主撰:《大戴礼记汇校集注》上,三秦出版社,2005年,第454页。
② 杨倞注:《荀子·非十二子》,上海古籍出版社,2014年,第57页。
③ 刘安:《淮南子》,(汉)许慎注,陈光忠校点,上海古籍出版社,2016年,第243页。

无待于外也。然非德行坚定之人不能及此也。孟子谓尊德乐义,人不知而亦嚣嚣,正此人之谓也。"又按:"时习而说,学者自修之事也;朋来而乐,以文会友之事也;不知而不愠,则为德行坚定之人矣。孔子之言次第极分明也。"[1]

钱穆说此开篇一段话,叙述了一理想学者之毕生经历,实际上也是孔子毕生为学的自述。"学而时习之"是说孔子十五志学后的事。"有朋自远方来",则说的是孔子三十而立之后,中年成学之事。五十知天命后,学邃行尊,达于最高境界,不轻言人不我知。"学者惟当牢守学而时习之一境,斯可有远方朋来之乐。最后一境,本非学者所望。学求深造日进,至于人不能知,乃属无可奈何。"[2]孔子一生重在教,孔子之教人以学,重在学为人之道。所以《论语》编者将此篇列在全书之首,实有深意。学者循此为学,时时反验之于己心,可以自考其学之虚实深浅,而其进不能自已矣。"孔门论学,范围虽广,然必兼心地修养与人格完成之两义。学者诚能如此章所言,自始即可有逢源之妙,而终身率循,亦不能尽所蕴之深。""孔子距今已逾二千五百年,今之为学,自不能尽同于孔子之时。然即在今日,仍有时习。仍有朋来,仍有人不能知之一境。学者内心,仍亦有悦、有乐、有愠、不愠之辨。即再逾两千五百年,亦当如是。故知孔子之所启示,乃属一种通义,不受时限,通于古今,而义无不然,故为可贵。读者不可不知。"[3]

"学习"是人生的第一要义,婴儿自第一个学习的声音发出,就开始了文化生命的历程。人活到老学到老,终身学习已经成为人人皆知的道理。当然,今天人们所说的学习,与"学而时习之"的原生语境已经相去很远,但元典的意义仍令人回味无穷。回归经典,当能悟出更多的人生道理。

三、《孟子》论仁义

《孟子》以孟子见梁惠王对话开篇:

孟子见梁惠王。王曰:"叟不远千里而来,亦将有以利吾国乎?"

孟子对曰:"王何必曰利?亦有仁义而已矣。王曰:'何以利吾国?'大夫曰:'何以利吾家?'士庶人曰:'何以利吾身?'上下交征利而国危矣。万乘之国弑其君者,必千乘之家;千乘之国弑其君者,必百乘之家。万取千焉,千取百焉,不为不多矣。苟为后义而先利,不夺不餍。未有仁而遗其亲者也,未有义而后其君者也。王亦曰仁义而已矣,何必曰利?"(《孟子·梁惠王章句上》)

---

[1] 杨树达:《论语疏证》,上海古籍出版社,2006年,第2页。
[2] 钱穆:《论语新解》,生活·读书·新知三联书店,2002年,第4页。
[3] 钱穆:《论语新解》,生活·读书·新知三联书店,2002年,第5页。

孟子拜见梁惠王,作为战国七雄之一的魏国国君,梁惠王关心的是富国强兵以有利于他的国家。所以他开口就问孟子,您老先生来,是否将有利于我国?孟子则回答说不必言利,只要行仁义就行。如果自上而下都为利益而互相争夺,国家就危险了。要杀害拥有万辆兵车之国君的,必是拥有千辆兵车的大夫;要杀害拥有千辆兵车之国君的,必是拥有百辆兵车的大夫。这些大夫拥有的不算不多,但如果把义放在后而把利放在前,其不夺国君的地位是永远不会满足的。反之,讲"仁"之人不会抛弃父母,讲"义"之人会把国君放在一切利益之上。朱熹释曰:"仁者必爱其亲,义者必急其君。故人君躬行仁义而无求利之心,则其下化之,自亲戴于己也。"所以大王只需讲"仁义"即可,不必言利。

义利关系问题,是儒家提出的一个重大命题,其核心是价值观问题。大至君王定国安邦,小至个体修心养命,义利关系的处理是决定命运的根本和关键所在。战国时代,七雄争霸,"天下熙熙,皆为利来;天下攘攘,皆为利往"。中华文化所特有的价值标准系统,在空前热烈的思想争鸣和剧烈动荡的世事沉浮中渐显轮廓,并日趋定型。孔子创立的儒家学派,在这一问题上有鲜明的主张,对中华文化影响深远。孔子提倡以礼为行为规范,以义为价值准绳,因而他很少言利。他的一生,从不问某事有利无利,而只问合义不合义。经典名句"君子喻于义,小人喻于利""君子义以为上""子罕言利"等脍炙人口。"德之不修,学之不讲,闻义不能徙,不善不能改,是吾忧也。"合于义,即是真、是善、是美;反之,则是伪、是恶、是丑。重义而轻利是孔子价值观的鲜明特点。孔子所提倡的"义",即在人与人之间的相互关系中寻求最佳的行为方式。这个最佳的行为方式就是既利己也利他人的方式。孟子继承并发展了孔子的义利观,在贵义贱利的程度上,则有过之而无不及。他的名言是:"生,亦我所欲也;义,亦我所欲也。二者不可得兼,舍生而取义者也。"(《孟子·告子上》)

关于行仁政,孟子认为古代圣人"行一不义、杀一不辜而得天下,皆不为也"(《孟子·公孙丑章句上》第二章)。所以他说:"民为贵,社稷次之,君为轻。"(《孟子·尽心章句下》第十四章)梁襄王曾问孟子:"天下恶乎定?"孟子答:"定于一。"又问:"孰能一之?"孟子答:"不嗜杀人者能一之。"在回答梁惠王关于如何强国的问题时孟子说:"王如施仁政于民,省刑罚,薄税敛,深耕易耨,壮者以暇日修其孝悌忠信,入以事其父兄,出以事其长上。"便可以重振颓败之势,强国安民。孟子告诫梁惠王:"仁者无敌,王请勿疑!"(《孟子·梁惠王章句上》)孟子的"仁政论"一方面是对孔子"仁"学的创造性发展,另一方面又是对中国自晚周以来渐次勃兴的民本主义思潮的集大成式的总结,对中国古代政治传统及其近代转型均产生了重要影响。

《孟子》开篇的话,除了涉及"义利论"和"仁政论",还涉及"心性论"。"心"的内涵为仁、义、礼、智"四端",从中又引申出"性"的概念,性在于心:"君子所性,仁义礼智根于心。"(《孟子·尽心章句上》)"心"是"天之所与我者",因而"性"也就是人所固有的本质,即"人性"。"恻隐之心,仁之端也;羞恶之心,义之端也;辞让之心,礼之端也;是非之心,智之端也。"(《孟子·公孙丑章句上》)人性中虽有"善端",但不注意修身养性,也会丢失。"尽其心者,知其性也。知其性,则知天矣。存其心,养其性,所以事天也。殀寿不贰,修身以俟之,所以立命也。"(《孟子·尽心章句上》)孟子认为,仁义之善端,有如山上的树木,必须精心呵护、培育,如果不管不问,听任斧斤砍伐、牛羊践踏,势必衰败凋敝。失去了仁义之心,人的行为就会变得如同禽兽,人性也就混同于犬性、牛性。他总结出一条规律:"苟得其养,无物不长;苟失其养,无物不消。"(《孟子·告子章句上》)仁义之善端也如此,得不到滋养,就会消亡。修身养性之道,是儒家学说的核心内容。老子说:"修之于身,其德乃真;修之于家,其德乃余;修之于乡,其德乃长;修之于邦,其德乃丰;修之于天下,其德乃普。"(《道德经》第五十四章)孟子深知仁义对国家治理和民力可持续发展的重要意义,故而将那番告诫君王的话置于篇首。

《孟子》开篇体现的民本主义思想,在今天依然具有重要的现实意义。民本即"以民为本"。"本"原指树根,引申为事物在空间上的基础或时间上的开端,可以派生和维系他物,是他物存在不可缺少的条件。"民为邦本,本固邦宁"思想出自《尚书·五子之歌》,说的是人民是国家的根本,只有维护好这个根本,国家才会安宁。历史展示了一个真理:"君者,舟也;庶人者,水也。水则载舟,水则覆舟。"[1]这一思想经过士阶层的阐释、宣扬,成为春秋时期一股强大的社会思潮,许多思想家、政治家,都围绕这一主题发表过独到的见解。孟子提出了"亲亲而仁民""制民之产"等实行仁政的重要措施。他说:"老吾老,以及人之老;幼吾幼,以及人之幼。""明君制民之产,必使仰足以事父母,俯足以畜妻子,乐岁终身饱,凶年免于死亡。然后驱而之善,故民之从之也轻。""无恒产而有恒心者,惟士为能。若民,则无恒产,因无恒心。"(《孟子·梁惠王章句上》),老百姓丧失了基本的生活资料、生存条件,又没有保证生活来源的职业,衣食无着,当然不可能有安分守己、安居乐业的"恒心",只能铤而走险,"放辟邪侈",或偷盗,或抢劫,成为社会动乱的因素。这是历史经验的总结。

《孟子》开篇在接下来与梁惠王的对话中,孟子所表达的思想,在今天看来特别值得回味:

不违农时,谷不可胜食也;数罟不入洿池,鱼鳖不可胜食也;斧斤以时入山林,材木不可胜用也。谷与鱼鳖不可胜食,材木不可胜用,是使民养生丧死无憾也。养生丧死无憾,王道之始也。五亩之宅,树之以桑,五十者可以衣帛矣;鸡豚狗彘之畜,无失其时,七十者

---

[1] 荀子:《译注荀子》,人民日报出版社,1998年,第130页。

可以食肉矣;百亩之田,勿夺其时,数口之家可以无饥矣;谨庠序之教,申之以孝悌之养,颁白者不负戴于道路矣。七十者衣帛食肉,黎民不饥不寒,然而不王者,未之有也。《孟子·梁惠王章句上》

这是说,只要不违背农时,那粮食就吃不完;不在水塘里下密网,那鱼、鳖就吃不完;砍伐林木有定时,那木材便用不尽。粮食和鱼鳖吃不完、木材用不尽,这样便使老百姓能够养活家小、葬送死者而无遗憾了。老百姓养生送死没有缺憾,这正是王道的开始。在五亩大的住宅旁种上桑树,上了五十岁的人就可以穿着丝绸了;鸡鸭猪狗不失时节地繁殖饲养,上了七十岁的人就可以吃到肉食了。耕种上百亩田地,不误农时,数口之家就不会挨饿。注重乡校的教育,强调孝敬长辈的道理,须发花白的老人就不再负载重物奔走于道路上。七十岁的老人有衣穿、有肉吃,老百姓不忍饥受寒,做到了这些而不称王于天下的是决不会有的。

这段话语所表达的思想,与当今时代倡导的生态文明、共同富裕理念本质上是一致的。正是基于对义利关系的思考,孔孟主张仁政,以及和谐处理人与自然关系。"仁"与"和"的理念皆出自"生生之德"。"天地之大德曰生",明天地之大德并普施于苍生,乃尧舜之功德。孔子说:"舜之为君也,其政好生而恶杀,其任授贤而替不肖。德若天地而静虚,化若四时而变物。是以四海承风,畅于异类,凤翔麟至,鸟兽驯德。无他,好生故也。"(《孔子家语·好生》)由此可感悟到,时代精神中"人与人、人与自然和谐相处"的文化基因,从远古时代传承下来,已有数千年历史了,是中华民族从起点到归宿的终极关怀所在。

四、《中庸》释性命之理

《中庸》开篇曰:

天命之谓性,率性之谓道,修道之谓教。
道也者,不可须臾离也,可离非道也。是故君子戒慎乎其所不睹,恐惧乎其所不闻。
莫见乎隐,莫显乎微,故君子慎其独也。
喜怒哀乐之未发,谓之中;发而皆中节,谓之和。中也者,天下之大本也;和也者,天下之达道也。
致中和,天地位焉,万物育焉。

何谓"中庸"？程子曰："不偏之谓中，不易之谓庸。中者，天下之正道；庸者，天下之定理。"朱熹曰："中者，不偏不倚、无过不及之名。庸，平常也。"此篇是孔门传授心法，开篇讲性命之理，何谓"命"与"性"？按照朱熹的解释，"命"即是"令"，"性"即是"理"。"天以阴阳五行化生万物，气以成形，而理亦赋焉，犹命令也。于是人物之生，因各得其所赋之理，以为健顺五常之德，所谓性也。""率"即"循"，"道"犹"路"，"人物各循其性之自然，则其日用事物之间，莫不各有当行之路，是则所谓道也。修，品节之也。性道虽同，而气禀或异，故不能无过不及之差，圣人因人物之所当行者而品节之，以为法于天下，则谓之教，若礼、乐、刑、政之属是也。盖人之所以为人，道之所以为道，圣人之所以为教，原其所自，无一不本于天而备于我。学者知之，则其于学知所用力而自不能已矣。故子思于此首发明之，读者所宜深体而默识也"。《易经·说卦》有"昔者圣人之作《易》也，将以顺性命之理"，又有"穷理尽性以至于命"，顺从性命之理，实质是顺从自然，亦即遵道而行，这是圣人之教的要义。

"道"的本质意义就在于连续性，它是绵延的和没有断点的，是正直的而不是偏斜的。稍有偏离和间断，就可能失道。所以遵道而行不可须臾离去，如果可以离去，定是为外物所吸引而偏离道。朱熹说："是以君子之心常存敬畏，虽不见闻，亦不敢忽，所以存天理之本然，而不使离于须臾之顷也。"细微幽暗之处，人所不闻之情，幽居独处之时，尤显君子本色。所谓"幽居而不淫"（《礼记·儒行》）是也。朱熹说："是以君子既常戒惧，而于此尤加谨焉，所以遏人欲于将萌，而不使其滋长于隐微之中，以至离道之远也。"喜怒哀乐为人之常情，常随外物而发动。其未发之时，处于天性之自然状态，无所偏倚，故谓之中。"情"之萌发合乎时宜，即为"中节"，犹如舞蹈踏在节拍之上，无所乖戾，才能达到和谐。"致中和，天地位焉，万物育焉"是此篇的总结性话语，"中、和、位、育"四个字凝聚了儒家的核心理念。朱熹解释如下："致，推而极之也。位者，安其所也。育者，遂其生也。自戒惧而约之，以至于至静之中，无少偏倚，而其守不失，则极其中而天地位矣。自谨独而精之，以至于应物之处，无少差谬，而无适不然，则极其和而万物育矣。盖天地万物本吾一体，吾之心正，则天地之心亦正矣，吾之气顺，则天地之气亦顺矣。"

《中庸》开篇话语道出儒家思想的精华，也是几千年来影响中国文化的根本精神。尽管"中庸之道"这个概念常遭人曲解和攻击，然而，"极高明而道中庸"仍为更多的人所认可，尤其是对中国传统人文精神和文化源流有深刻理解的人们。中国传统文化的根本精神是人与人和，人与天地合。中庸之道在人与人、人与自然两个关系上均追求适度与均衡，使人性的发挥顺应天道自然，从而使两者达到高度的和谐与统一。"中和位育"的理念对当今和谐社会建设具有十分重要的现实意义。

第十章 "六经"之教

"六经"是儒家学说出现以前关于圣人教化天下的记载。《史记·太史公自序》曰："《易》著天地阴阳四时五行，故长于变；《礼》经纪人伦，故长于行；《书》记先王之事，故长于政；《诗》记山川溪谷禽兽草木牝牡雌雄，故长于风；《乐》乐所以立，故长于和；《春秋》辩是非，故长于治人。是故《礼》以节人，《乐》以发和，《书》以道事，《诗》以达意，《易》以道化，《春秋》以道义。"[1]

《庄子·天运》有一段孔子与老子关于"六经"的对话：

> 孔子谓老聃曰："丘治《诗》、《书》、《礼》、《乐》、《易》、《春秋》六经，自以为久矣，孰知其故矣，以奸者七十二君，论先王之道而明周、召之迹，一君无所钩用。甚矣夫！人之难说也，道之难明邪！"老子曰："幸矣，子之不遇治世之君也！夫《六经》，先王之陈迹也，岂其所以迹哉！今子之所言，犹迹也。夫迹，履之所出，而迹岂履哉！夫白鶂之相视，眸子不运而风化；虫，雄鸣于上风，雌应于下风而风化。类自为雌雄，故风化。性不可易，命不可变，时不可止，道不可壅。苟得其道，无自而不可；失焉者，无自而可。"孔子不出三月，复见，曰："丘得之矣。乌鹊孺，鱼傅沫，细要者化，有弟而兄啼。久矣夫，丘不与化为人！不与化为人，安能化人！"老子曰："可。丘得之矣。"[2]

这段话是说孔子自以为研究"六经"很久了，熟悉了旧时的各种典章制度，用违反先王之制的七十二个国君为例，论述先王(治世)的方略并彰明周公、召公的政绩，可是没有一个国君取用其主张。先王之制如此难行，是人难以规劝，还是大道难以彰明呢？老子告诉孔子，幸亏他没遇到治世的明君，否则他将更为难堪。因为他所见的所谓"六经"，不过是后人所记述的先王陈迹，人只知其然而不知所以然。世间万物众生，各有各的生存之道，而大道隐匿其中，需要用心参悟。天性不可改易，本命不可变更，时光不可能停滞，大道不可能闭塞。得道者怎样都行得通，失道者如何都行不通。孔子闭门不出，三个月后再去见老子，说是参悟了万物化生的道理，众生之化皆依其生存之时空条件，没有一成不变之理。人文之成化，亦须依循天地化生之道理，否则无以化人。老子这才给予了肯定。庄子这段话描述了孔子由"不化"到"化"的转变，是受了老子的启发。庄子不像后来的儒家弟子那样忌讳谈孔子之不足，甚至对孔子有激烈的批评。然而孔子师从老聃也是

---

[1] 司马迁：《史记》，线装书局，2006年，第546页。
[2] 王先谦：《庄子集解》，陈凡整理，三秦出版社，2005年，第204—205页。

不争的史实。圣贤之所以为圣贤,就在于对"天地之道"有共识。

孔子后期思想发生了很大的转变。他彻底参悟了先王治世之精髓。"天地变化,草木蕃。""先王以茂对时育万物。""夫'大人'者,与天地合其德,与日月合其明,与四时合其序,与鬼神合其吉凶。""圣人南面而听天下,向明而治。"这些来自《易经》里《文言》《象传》《说卦》的经典话语都是孔子用来阐释《易经》之根本要义的,它们所体现的是一种后来发展为中国传统文化之核心理念的天人观。《礼记·孔子闲居》记载子夏与孔子讨论"三王之德参于天地"时,孔子说三王之德像天那样无私地覆盖万物,像地那样无私地承载万物,像日月那样无私地照耀万物。"天有四时,春秋冬夏,风雨霜露,无非教也。地载神气,神气风霆,风霆流形,庶物露生,无非教也。"孔子心目中的"三代圣王"皆以天地之道教化万民。"教"即是"效天地之道"。孔子向老子问道,老子有两个最重要的命题:一是"无为之益",二是"不言之教",天下人鲜有明白其中道理的。前者在《道德经》篇已有较多认识。何谓"不言之教"?现代人往往将其理解为老师不是用言谈说教,而是以自身行为来教育人,这不过是一种通俗的理解。此意固然没错,但老子另有深意。孔子晚年深有感触地说:"天何言哉!四时行焉,百物生焉,天何言哉。"(《论语·阳货》)"天不言,以行与事示之而已矣。"(《孟子·万章章句上》第五章)天地不言,"显诸仁,藏诸用,鼓万物而不与圣人同忧"(《易经·系辞上传》)。效天地之道,即是我们今天说的向自然学习。"天地之教",就是"不言之教"。"教"是对天地之道的"觉悟"。从"天"那里学习什么?"天行健,君子以自强不息。"从"地"那里学习什么?"地势坤,君子以厚德载物。""仁者乐山,智者乐水",从山水草木都能悟出天地之道。孔子晚年思想深沉而全面,他关于人道与天道之看法,在帛书《要》篇中有非常明确的表达:

故明君不时不宿,不日不月,不卜不筮,而知吉与凶,顺于天地之心,此谓《易》道。故《易》又天道焉,而不可以日月星辰尽称也,故为之以阴阳。又地道焉,不可以水火金土木尽称也,故律之以柔刚。又人道焉,不可以父子君臣夫妇先后尽称也,故要之以上下。又四时之变焉,不可以万物尽称也,故为之以八卦。[1]

在这里,孔子明确提出了"天道""地道""人道"的概念,"天道"和"地道"总称"天地之道",亦简称为"天道",与"人道"对偶。两者之间的关系就是"天人关系"。这在一定意义上可以说是老子以"道"为本的思想通过孔子在易学之中的展开。"天人合一"其后成为儒家学说的核心支柱。

只有灵透的心才能感知天地之心,而只有使内心世界丰富起来,才有聪明睿智以洞

---

[1] 刘彬:《帛书〈要〉篇校译》,光明日报出版社,2009年,第16页。

察世界,才能"观天文以极变,察人文以成化"。"六经"之教即以提升人的本质的丰富性为圭臬。孔子将这些重要思想融入了"六经"之中,尤其在《易经》中,通过《易传》尽申其义。孔子奔波一生,自觉得道有点晚。他说:"加我数年,五十以学《易》,可以无大过矣。"(《论语·述而》)然而,他也对弟子说:"朝闻道,夕死可矣。"孔子晚年不再热衷于四处奔走而是安顿下来致力于"六经"的重新编订。依循天地之道而化成人文世界的理念,是贯穿"六经"的天经地义,后来成为孔子及其弟子实行教化的根本宗旨。

"六经"之教出自孔子之口,最早见于《礼记·经解》。

孔子曰:"入其国,其教可知也。其为人也,温柔、敦厚,《诗》教也;疏通、知远,《书》教也;广博、易良,《乐》教也;絜静、精微,《易》教也;恭俭、庄敬,《礼》教也;属辞、比事,《春秋》教也。故《诗》之失,愚;《书》之失,诬;《乐》之失,奢;《易》之失,贼;《礼》之失,烦;《春秋》之失,乱。其为人也,温柔、敦厚而不愚,则深于《诗》者也;疏通、知远而不诬,则深于《书》者也;广博、易良而不奢,则深于《乐》者也;絜静、精微而不贼,则深于《易》者也;恭俭、庄敬而不烦,则深于《礼》者也;属辞、比事而不乱,则深于《春秋》者也。"[1]

孔子一生遍历各国,掌握了各地人文风貌的大量真实可靠的一手资料。他的学问不是仅仅在书斋里读别人的书得来的,何况实质上,那时也并无太多的文本供他钻研。孔子周游列国,相当于今天的人类学研究的田野考察。根据《礼记·礼运》记载,为研究夏商时代"道"的运作,孔子曾到杞国和宋国考察并搜集文献资料,它得到了夏代记载时令的《夏时》和殷商的《坤乾》(有说是《归藏易》),还搜集了大量关于礼的起源的证据。从而将其理论学说建立在实证研究的基础上(见后文"礼之教")。《孔子家语·观周》记述了孔子到当时的文化中心东周洛邑考察的情况。他的人类学研究,早于西方两千年。他说进入一个国家,便能立即感知其教化,被《风》《雅》《颂》熏陶的民风,体现于民众的为人与性情的温和、柔顺、淳朴、忠厚。这一逻辑也适合其他方面:博古通今、明理视远,体现了《书》的教化作用;胸襟宽广、性格开朗、灵活变通而又善良和气,可见《乐》教之功;纯洁诚信、见微知著,可见《易》教之功;恭顺、节俭、端庄、谦敬是《礼》教之功;善于修辞饰文、排比事实,是《春秋》之教的作用。人之所以为人所需要的基本素养和丰富的品质,基本被"六经"之教全部涵盖。孔子也指出其偏颇所在:《诗》教走偏会导致愚钝,不知变通;《书》之偏失导致虚假知识和伪诈欺骗;《乐》教之不当导致侈靡放纵;《易》之偏失在于投机取巧;《礼》教偏失导致烦琐;《春秋》之教的偏失导致惑乱。在他看来,《诗》教的深远文化意义在于使人温柔、敦厚而不愚,《书》教的深意在于使人通古博今而不有伪作,深通《乐》教则

---

[1] 胡平生、张萌译注:《礼记》(下),中华书局,2017年,第951—952页。

使人开朗、变通、善良而不奢侈放纵,《易》教之深意在于使人纯正诚信、知几知微,《礼》教之深意在于使人恭顺、谦敬而不烦乱失序,《春秋》之教深意在于连缀文辞、排比史实而不致惑乱。

今人已无从得见孔子所见的那个被老子称为先王"陈迹"的《六经》原貌,孔子按照自己的理念重新编订了"六经"。脍炙人口的经典名句"诗三百,一言以蔽之曰:思无邪",体现了孔子的旨意。事实上"六经"中从头至尾都贯穿和渗透着孔子主张的价值观。漫长历史时期凝结的文明成果,经历了文化巨人孔子之手的筛选和修订,去除糟粕,提炼精华,熔铸为后世绝学。《文心雕龙·原道》说:"至夫子继圣,独秀前哲;熔钧六经,必金声而玉振。"何为"金声玉振"?《孟子·万章章句下》曰:"孔子之谓集大成。集大成也者,金声而玉振之也。金声也者,始条理也;玉振之也者,终条理也。始条理者,智之事也;终条理者,圣之事也。"中国古代音乐演奏,以金钟发声为起始,以玉磬振响来结束。"金声"有极强的穿透力,有疏通条理、引发共振之功。玉声"清越以长,其终诎然"(《礼记·聘义》),有戛然而止感。这就是说,条理贯穿始终。孔子编订"六经",将体现着华夏文明知识、智慧、经验之结晶和道德精神之精华的六种不同的历史文本,依循天经地义贯穿起来,融为一个统一的整体,从而成了不朽的文化经典,引领了两千多年的中华文化,这是不可磨灭的历史功绩。经孔子修订的"六经"中的《乐经》,据传焚书坑儒时亡于秦火,传世的文本只有"五经",然而《乐经》的基本思想及其教化作用,在《礼记·乐记》中也有丰富的记载和表述。本书节选部分经典章句以认识"六经"之教的意义。

一、温柔、敦厚而不愚——《诗》之教

孔子说:"温柔、敦厚而不愚,则深于《诗》者也。"

《诗经》共收集西周初年至春秋中叶(前11世纪—前6世纪)周代诗歌305篇,另有6篇被称为"笙诗",只有标题没有内容。《诗经》从内容上分为《风》《雅》《颂》三个部分。《风》是周代各地的歌谣;《雅》是周人的正声雅乐,又分《小雅》和《大雅》;《颂》是周王庭和贵族宗庙祭祀的乐歌,又分为《周颂》《鲁颂》《商颂》。《诗经》所选诗篇的作者大部分已无从考证,其源头的草根性及其与先民生存现实和生活世界的联系,成为思考其文化意义的基本线索。据传有名的采集者为西周宣王时代重臣尹吉甫(前852—前775年),他也是远比屈原更近于诗歌源头的西周大诗人,《诗经》收录他的多篇诗作。《诗经》的最后文本由孔子编订,先秦时期被称为《诗》,西汉时被尊为儒家经典,始称《诗经》。孔子曾概括

《诗经》宗旨为"无邪",提出《诗》之教旨在使人"温柔、敦厚而不愚",教育弟子读《诗经》以作为立言、立行的标准。先秦诸子中,引用《诗经》者颇多,如孟子、荀子、墨子、庄子、韩非子等在说理论证时,多引述《诗经》中的句子以增强说服力。

《诗》之教,何以使人"温柔、敦厚而不愚"?我们可以此为视角重读下列名篇。

1.《国风·周南·关雎》①

"周南"约指今陕西、河南之间。此篇通常被视为一首情歌,描写一个男子思念心仪的姑娘,表达追求美满婚姻的愿望。朱熹云:"孔子曰:'《关雎》,乐而不淫,哀而不伤。'愚谓此言为此诗者得其性情之正,声气之和也。盖德如雎鸠,挚而有别,则后妃性情之正固可以见其一端矣。至于寤寐反侧,琴瑟钟鼓,极其哀乐,而皆不过其则焉。则诗人性情之正,又可以见其全体也。"

【原文】

关关雎鸠[1],在河之洲[2];窈窕淑女[3],君子好逑[4]。
参差[5]荇菜[6],左右流之[7];窈窕淑女,寤寐[8]求之。
求之不得,寤寐思服[9];悠哉悠哉[10],辗转反侧[11]。
参差荇菜,左右采之;窈窕淑女,琴瑟友之[12]。
参差荇菜,左右芼之[13];窈窕淑女,钟鼓乐之[14]。

【注释】

[1]关关:象声词,雌雄二鸟相互应和的叫声。雎鸠(jū jiū):一种水鸟,即王鴡。

[2]洲:水中的陆地。

[3]窈窕(yǎo tiǎo)淑女:贤良美好的女子。窈窕:身材体态美好的样子。

[4]好逑(hǎo qiú):好的配偶。逑:"仇"的假借字,匹配。

[5]参差:长短不齐的样子。

[6]荇(xìng)菜:水草类植物,圆叶细茎,根生水底,叶浮在水面,可供食用。

[7]左右流之:时而向左、时而向右地择取荇菜。这里以勉力求取荇菜隐喻"君子"努力追求"淑女"。流:义同"求",这里指摘取。之:指荇菜。

[8]寤寐(wù mèi):醒和睡,指日夜。寤:醒觉。寐:入睡。又,马瑞辰《毛诗传笺通释》说:"寤寐,犹梦寐。"也可通。

[9]思服:思念。服:想。《毛传》:"服,思之也。"

---

① 朱熹集传,方玉润评,朱杰人导读:《诗经》,上海古籍出版社,2009年,第4页。本章《诗经》各篇原文选自此版本,不再作注。

[10]悠哉(yōu zāi)悠哉：意为"悠悠"，就是长。这句是说思念绵绵不断。悠：感思，见《尔雅·释诂》郭璞注。哉：语气助词。悠哉悠哉：犹言"想念呀，想念呀"。

[11]辗转反侧：翻覆不能入眠。辗：古字作展，展转，即反侧。反侧：犹翻覆。

[12]琴瑟友之：弹琴鼓瑟来亲近她。琴、瑟，皆弦乐器。琴，五或七弦；瑟，二十五或五十弦。友：用作动词，此处有亲近之意。这句是说，用琴瑟来亲近"淑女"。

[13]芼(mào)：择取、挑选。

[14]钟鼓乐之：用钟奏乐来使她快乐。乐：使动用法，使人快乐。

2.《国风·邶风·静女》

邶，国名，周武王封殷纣子武庚于此，后并入卫国，在今河南淇县以北至汤阴县一带。这首诗写一个男子赴情人的密约，描绘了他见到那可爱的姑娘前后的不同心情。

【原文】

静女其姝[1]，俟我于城隅[2]。爱[3]而不见，搔首踟蹰[4]。

静女其娈[5]，贻我彤管[6]。彤管有炜[7]，说怿女美[8]。

自牧归荑[9]，洵美且异[10]。匪[11]女之为美，美人之贻[12]。

【注释】

[1]静女：贞静娴雅之女。马瑞辰《毛诗传笺通释》："静当读靖，谓善女，犹云淑女、硕女也。"姝(shū)：美好。

[2]俟(sì)：等待，此处指约好地方等待。城隅：城角隐蔽处，一说城上角楼。

[3]爱："薆"的假借字，意为隐蔽、躲藏。

[4]踟蹰(chí chú)：徘徊不定。

[5]娈(luán)：面目姣好。

[6]贻(yí)：赠。彤管：染成红色的竹管。

[7]有：形容词词头。炜(wěi)：盛明貌。

[8]说怿(yuè yì)：喜悦。女(rǔ)：汝，你，指彤管。

[9]牧：野外。归：借作"馈"，赠。荑(tí)：白茅，茅之始生也，象征婚媾。

[10]洵美且异：确实美得特别。洵：实在，诚然。异：特殊。

[11]匪：非。

[12]贻：赠予。

《朱熹集传》曰："言静女又赠我以荑，而其荑亦美且异，然非此荑之为美也，特以美人之所赠，故其物亦美耳。"

3.《国风·豳风·七月》

这是《国风》中最长的一篇,反映了周代早期的农业生产情况和农民的日常生活情况,涉及自然、人文的各个方面,政治、经济、社会、文化、艺术都有所体现,是百科全书式的知识汇总,也是周代早期历史文化的真实写照。不同视角的思考与探索可以从中挖掘出不同的价值和意义,见仁见智,各有所取。我们这里是从《诗》的教化作用来认识其价值和意义的。全诗分八章,描写了岁寒、春耕、蚕桑、布帛、田猎、收获、修缮、采集、酿造、宴庆、酬宾等各种活动,体现了人们依时序而作的生存状况,反映出勤劳、善良、温顺、淳朴的民风。读来颇有"德音秩秩"之感。

朱熹云:"豳,国名,在《禹贡》雍州岐山之北,原隰(xí,低湿的地方)之野。虞、夏之际,弃为后稷,而封于邰。及夏之衰,弃稷不务,弃子不窋失其官守,而自窜于戎狄之间。不窋生鞠陶,鞠陶生公刘,能复修后稷之业,民以富实,乃相土地之宜,而立国于豳之谷焉。十世而大王徙居岐山之阳。十二世而文王始受天命。十三世而武王遂为天子。武王崩,成王立,年幼不能莅阼,周公旦以冢宰摄政,乃述后稷、公刘之化,作诗一篇以戒成王,谓之豳风。"(周公作《七月》,展示从后稷至公刘由邰而豳创业时期的日常生活。)

又云:"《周礼·籥章》:'中春,昼击土鼓,龡《豳》诗以逆暑。中秋,夜迎寒,亦如之。'即谓此诗也。王氏曰:仰观星日霜露之变,俯察昆虫草木之化,以知天时,以授民事。女服事乎内,男服事乎外。上以诚爱下,下以忠利上。父父子子,夫夫妇妇,养老而慈幼,食力而助弱。其祭祀也时,其燕飨也节,此《七月》之义也。"

【原文】

七月流火,九月授衣[1]。一之日觱发,二之日栗烈[2]。无衣无褐,何以卒岁[3]?三之日于耜,四之日举趾[4]。同我妇子,馌彼南亩[5];田畯至喜[6]。

【注释】

[1]七月:指夏历七月,以下同此。流:向下运行。火:或称大火,星名,即心宿。每年夏历六月黄昏时候,心宿二在中天,方向最正,位置最高,到了七月就偏西向下了,这时暑热开始减退。授衣:到了九月天气转凉,而此时蚕桑和纺绩之功亦成,开始给人做冬衣御寒。

[2]一之日:一月的日子,即周历正月,夏历十一月。下面"二之日"指周历二月,夏历十二月,余类推。觱(bì)发:大风触物声。栗烈:或作"凛冽",形容天气寒冷。

[3]褐:粗布衣。卒:终了。

[4]于:犹"为",为耜是说修理耒耜(耕田起土之具)。趾:足。举趾:去耕田。古时耒

耜尖端处有一短横木,翻地时脚踩它使入地,所以说"举趾"。

[5]同:偕同。我:农家家长自称。妇子:妇女和孩子。馌(yè):送饭。亩:指农田。田耕成若干垄,高处为亩,低处为畎。田垄东西向的叫作"东亩",南北向的叫作"南亩"。

[6]田畯(jùn):农官名,又称农正或田大夫。至:来到田间。

《朱熹集传》曰:"周公以成王未知稼穑之艰难,故陈后稷公刘风化之所由,使瞽矇朝夕讽诵以教之。此章首言七月暑退将寒,故九月而授衣以御之。盖十一月以后风气日寒,不如是则无以卒岁也。正月则往修田器,二月则举趾而耕。少者既皆出而在田,故老者率妇子而饷之。治田早而用力齐,是以田畯至而喜之也。此章前段言衣之始,后段言食之始。二章至五章终前段之意,六章至八章终后段之意。"

【原文】

七月流火,九月授衣。春日载阳,有鸣仓庚[1]。女执懿筐,遵彼微行,爰求柔桑[2]。春日迟迟,采蘩祁祁[3]。女心伤悲,殆及公子同归[4]。

【注释】

[1]春:指夏历三月。载:始。阳:温暖。仓庚:鸟名,即黄莺。

[2]懿(yì)筐:深筐。微行(háng):小径(桑间道)。爰(yuán):动词词头,犹"曰"。柔桑:初生的桑叶。

[3]迟迟:天长的意思。蘩(fán):菊科植物,即白蒿,古人用于祭祀,女子在嫁前有"教成之祭"。一说用蘩"沃"蚕子,则蚕易出,所以养蚕者需要它。祁祁:众多(指采蘩者)。

[4]殆:也许,只怕。及:与。公子:指国君之子。殆及公子同归:是说怕被公子强迫带回家去,一说指怕被公子带去陪嫁。

《朱熹集传》曰:"此治蚕之女,感时而伤悲。盖是时公子犹娶于国中,而贵家大族连姻公室者,亦无不力于蚕桑之务。故其许嫁之女,预以将及公子同归,而远其父母为悲也。其风俗之厚,而上下之情,交相忠爱如此。后章凡言'公子'者放此。"

【原文】

七月流火,八月萑苇[1]。蚕月条桑[2],取彼斧斨,以伐远扬[3],猗彼女桑[4]。七月鸣鵙,八月载绩。[5]载玄载黄,我朱孔阳,为公子裳[6]。

【注释】

[1]萑(huán)苇:芦苇。八月萑苇长成,收割下来,可以作箔。

[2]蚕月：开始养蚕的月份,指夏历三月。条桑：采取桑树枝条。

[3]斧斨(qiāng)：方孔的斧头。远扬：指长得长而高扬的枝条。

[4]猗(yǐ)：《说文》《广雅》作"掎",牵引。"掎桑"是用手拉着桑枝来采叶。南朝乐府诗《采桑度》云："系条采春桑,采叶何纷纷。"似先用绳系桑然后拉着绳子采。女桑：柔桑。

[5]鵙(jú)：鸟名,又叫"伯劳"。载绩：开始绩麻。

[6]玄：是黑而赤的颜色。玄、黄指丝织品与麻织品的染色。载：副词,又。朱：赤色。孔：副词,很。阳：鲜明。以上二句言染色有玄有黄有朱,而朱色尤为鲜明。

《朱熹集传》曰："凡此蚕绩之所成者,皆染之,或玄或黄,而其朱者犹为鲜明,皆以供上,而为公子之裳。言劳于其事而不自爱,以奉其上。盖至诚恻怛之意,上以是施之,下以是报之也。"

【原文】

四月秀葽,五月鸣蜩[1]。八月其获,十月陨萚[2]。一之日于貉,取彼狐狸,为公子裘[3]。二之日其同,载缵武功[4]。言私其豵,献豜于公[5]。

【注释】

[1]秀：植物盛茂。葽(yāo)：植物名,即师姑草,又名远志。蜩(tiáo)：蝉。

[2]其获：收获。陨萚(tuò)：落叶。

[3]于貉：猎取貉。《郑笺》："于貉,往搏貉以自为裘也。"

[4]其同：聚合,言狩猎之前聚合众人。缵(zuǎn)：继续。武功：指田猎。

[5]豵(zòng)：一岁的小猪,这里用来代表比较小的兽。私其豵：言小兽归猎者私有。豜(jiān)：三岁的猪,代表大兽。大兽献给统治者。

《朱熹集传》曰："虽蚕桑之功无所不备,犹恐其不足以御寒,故于貉而取狐狸之皮,以为公子之裘也。兽之小者,私之以为己有,而大者献之于上,亦爱其上之无已也。"

【原文】

五月斯螽动股,六月莎鸡振羽[1],七月在野,八月在宇,九月在户,十月蟋蟀入我床下[2]。穹窒熏鼠,塞向墐户[3]。嗟我妇子,曰为改岁,入此室处。[4]

【注释】

[1]斯螽(zhōng)：虫名,蝈蝈、蟋蟀。旧说斯螽以两股相切发声,"动股"言其发出鸣声。莎鸡：虫名,今名纺织娘。振羽：言鼓翅发声。

[2]这个复句的主语都是蟋蟀,七、八、九、十月份都是时间名词作状语。宇:指房檐下。

[3]穹:穷尽、清除。窒:堵塞。穹窒:言将室内满塞的角落搬空,搬空了才便于熏鼠。熏:用烟熏。塞:堵塞。向:朝北的窗户。墐:用泥涂抹。贫家门扇用柴竹编成,涂泥使它不通风。

[4]曰:句首语气词。改岁:除岁。是说旧年将尽,新年快到。处:居住。

《朱熹集传》曰:"言睹蟋蟀之依人,则知寒之将至矣。于是室中空隙者塞之,熏鼠使不得穴于其中,塞向以当北风,墐户以御寒气。而语其妇子曰:'岁将改矣,天既寒而事亦已,可以入此室处矣。'此见老者之爱也。"

【原文】

六月食郁及薁,七月亨葵及菽[1],八月剥枣,十月获稻[2]。为此春酒,以介眉寿[3]。七月食瓜,八月断壶,九月叔苴[4]。采荼薪樗,食我农夫[5]。

【注释】

[1]郁:植物名,棣属。树高五六尺,果实像李子,赤色。薁(yù):植物名,果实大如桂圆。一说为野葡萄。葵:冬葵。菽(shū):豆的总名。

[2]剥(pū):击,打。

[3]春酒:冬天酿酒经春始成,叫作"春酒"。枣和稻都是酿酒的原料。介(gài):祈求。眉寿:长寿,人老眉间有豪毛,叫秀眉,所以长寿称眉寿。

[4]断:摘下。壶:葫芦。叔:拾取。苴(jū):秋麻之籽,可以吃。

[5]荼(tú):苦菜。樗(chū):木名,臭椿。薪樗:言采樗木为薪。食(sì):养活之意。

《朱熹集传》曰:"自此至卒章,皆言农圃、饮食、祭祀、燕乐,以终首章后段之意。而此章果酒嘉蔬,以供老疾、奉宾祭。瓜瓠苴荼,以为常食。少长之义,丰俭之节然也。"

【原文】

九月筑场圃,十月纳禾稼[1],黍稷重穋,禾麻菽麦[2]。嗟我农夫!我稼既同,上入执宫功[3];昼尔于茅,宵尔索绹,亟其乘屋,其始播百谷[4]

【注释】

[1]场:是打谷的场地。圃:是菜园。春夏作菜园的地方秋冬就作成场地,所以场圃连成一词。纳:收进谷仓。禾稼:谷类的通称。

[2]重:即"种",是先种后熟的谷。穋(lù):即"稑"(lù),稑是后种先熟的谷。禾麻菽麦:这句的"禾"是专指一种谷,即今之小米。菽:豆。

[3]同:集中,指农人把打下的谷物集中起来。上入:上缴。执:指服役。宫:室。功:事,工作。宫功:指建筑宫室,或指室内的事。此句意为:农人将打下的粮食上交,还要到宫室去服劳役。

[4]索:动词,指制绳。绹(táo):绳。索绹:是说打绳子。言白天取茅草,夜晚打绳子。亟:急。乘屋:登上屋顶(修房屋)。其始:指岁始,即初春。茅和绳都是盖屋需用的东西。这是说宫室劳役完毕后,急忙修理自己的屋子。因为播谷的工作又要开始了,不得不急。

《朱熹集传》曰:"言纳于场者无所不备,则我稼同矣,可以上入都邑,而执治宫室之事矣。故昼往取茅,夜而绞索,亟升其屋而治之。盖以来岁将复始播百谷,而不暇于此故也。不待督责而自相警戒,不敢休息如此。吕氏曰:'此章终始农事,以极忧勤艰难之意。'"

【原文】

二之日凿冰冲冲,三之日纳于凌阴[1],四之日其蚤,献羔祭韭[2]。九月肃霜,十月涤场[3]。朋酒斯飨,曰杀羔羊[4],跻彼公堂,称彼兕觥,万寿无疆[5]!

【注释】

[1]冲冲:古读如"沉",凿冰之声。凌:是聚集的水。阴:指藏冰之处。

[2]其蚤:指早朝,是一种祭祀仪式(依朱熹说)。蚤:通"早"。献羔祭韭(jiǔ):献上羔羊,祭以韭菜。这是对司寒之神的祭祀。上古取冰、藏冰都要举行这种祭祀。《礼记·月令》说仲春献羔开冰,四之日正是仲春。

[3]肃霜:犹"肃爽",双声连语。这句是说九月天高气爽。涤场:清扫场地。这是说十月农事完全结束,将场地打扫干净。一说"涤场"即"涤荡","十月涤荡"是说到了十月草木摇落无余。

[4]朋酒:两樽酒。这句连下句是说年终燕乐。飨:用酒食款待人。

[5]跻(jī):登。公堂:或指公共场所,不一定是国君的朝堂。称:举。兕觥(sì gōng):角爵,古代用兽角做的酒器。万:大。无疆:无穷。以上三句言升堂举觥,祝君长寿。

《朱熹集传》曰:"张子曰:'此章见民忠爱其君之甚。既劝趋其藏冰之役,又相戒速毕场功,杀羊以献于公,举酒而祝其寿也。'"

二、疏通知远而不诬——《书》之教

孔子说："疏通知远而不诬,则深于《书》者也。"

儒家学说的传承遵循着一以贯之的脉络,这就是道统。这个道统可追溯至遥远的时代。《左传》曾提到"三坟""五典""八索""九丘",孔安国在其所作《尚书·序》对其有简单解释："伏牺、神农、黄帝之书,谓之《三坟》,言大道也。少昊、颛顼、高辛、唐、虞之书,谓之《五典》,言常道也。""八卦之说,谓之《八索》,求其义也。九州之志,谓之《九丘》。丘,聚也。言九州所有、土地所生、风气所宜,皆聚此书也。"[1]三皇之书称"坟",五帝之书称"典"。关于"坟""典"只有上述笼统和模糊的说法,历史越往前追溯越模糊,从尧舜的时代以来,理路才越来越清晰,内容也越来越丰富。《论语》和《孟子》对尧舜之道极尽赞美之辞。《论语·尧曰》对尧舜禅让有详尽的语言描述,其中一句"咨!尔舜!天之历数在尔躬,允执其中。四海困穷,天禄永终",表达了具有终极价值意义的正义理念。根据《尚书》所记,尧把帝位传给舜,以及舜把帝位传给禹,都是心系苍生以天下相托,传递的是华夏文明的火种。薪火相传、谆谆嘱咐的核心理念,即"允执其中",其意义被拓展为中华文化传统著名的"十六字心传"："人心惟危,道心惟微;惟精惟一,允执厥中。"《孟子》在终篇结束时,也论述了从尧、舜、禹、汤、文王,一直到孔子所沿袭的道统。在孔孟道统观念的基础上,刘勰《文心雕龙·原道》,以富有文采的语言描述了一个自尧、舜、禹、汤、文、武、周公至孔子、孟子一脉相承的理论系统,揭示了"道沿圣以垂文,圣因文而明道"的儒学传统。这个道统可以疏通思维所遵循的理路,可以追溯至渺远的华夏文明起始点,通达真知而不致诬言惑众。须知孔子所处的时代,礼崩乐坏,道术分裂,"心逆而险""行僻而坚""言伪而辩""记丑而博""顺非而泽"[2]者大有人在。历史是人表述的,已经发生的事情,什么应当被记住,关乎未来发展。儒家讲"继往开来",正本清源至关重要。

《尚书》原称《书经》,儒家经典多有引用,以"《书》曰"标示。先王时代的史迹因为没有文字记载靠口头语言代代相传,很多流传的故事具有半神话的性质。孔子及其后人所做的重要贡献之一,就是对具有神话色彩的故事传说进行了系统的梳理,实现了由巫性文化向理性文化的转型。自殷周时代开始,《尚书》所记载的大量史迹有了可考的历史文件和原始材料。若按"人更三圣,世历三古"的说法,《尚书》所记载的历史基本上涵盖了上古和中古时期,分为《虞书》《夏书》《商书》《周书》四书。

《虞书》四篇记载上古唐尧、虞舜时代的历史传说,包括唐尧禅位给虞舜,以及虞舜和他的大臣禹、皋陶等有关政治的谈话等情节。因这四篇都以虞舜为中心,故称《虞书》。

---
[1] 黄怀信:《尚书注训》,齐鲁书社,2009年,第1、2页。
[2] 这是孔子杀少正卯的理由。对此人们有很多评说。此处不作是非评价,只是借用这一表述。参见杨朝明、宋立林主编:《孔子家语通解》,齐鲁书社,2009年,第11页。

《夏书》二篇中的《禹贡》记载了禹治水以后全国的地理面貌,另一篇《甘誓》记载禹的儿子启征讨有扈氏的誓师辞,都是夏朝初期的事情。据传说,夏朝经历了400多年,这两篇所涉及的只是夏朝历史的点滴而已。

《商书》七篇,除第一篇《汤誓》记载商汤伐桀的事情以外,其余六篇都是商朝后半期的史料。其中《盘庚》三篇记载盘庚迁都于殷的时候告谕臣民的讲话。其余三篇记载的是商朝末年的事,有两篇与商纣王有关,和《周书》中前一部的内容是直接相连的。这七篇中,只有《汤誓》被人们认为是后来追叙的历史传说,其余六篇都是比较直接的档案。

《周书》二十篇可以分为两部分。前一部分包括从《牧誓》到《立政》为止的十四篇,这十四篇内容丰富,是《尚书》的精华所在。它们集中地记载了周朝灭殷(商朝)以及周人如何巩固对殷人的统治等情况,主要内容以当时最重要的政治家周公旦为中心人物。后一部分包括《顾命》以下的六篇,其中《顾命》和《康王之诰》从性质和内容、文字来看,本是一篇,所以,也可以说是五篇。这五篇中,时代早的属于西周前期,时代晚的属于春秋中叶。前三篇是周朝中央王室的档案,后两篇则分属于鲁国和秦国。一般认为,《周书》二十篇大体都是可靠的真实档案文献,是研究周代历史的重要原始资料。其中只有《洪范》一篇是记载箕子对答武王的谈话,内容全系五行学说,似乎应是战国时期五行学家兴起以后的作品。但也有人认为五行学说起源很早,《洪范》即其渊源。总体来说,《尚书》是最权威也是最可靠的中华远古史,是成文的经典所能通达的最遥远的文化存在。

《尚书·尧典》[①]

【原文】

昔在帝尧,聪明文思,光宅天下,将逊于位,让于虞舜——作《尧典》。

【注释】

古时尧帝在位,耳聪目明,光辉普照天下。后来他欲将王位禅让给虞舜,因而作了《尧典》。《尚书正义》[②]曰:"言昔日在于帝号尧之时也。此尧身智无不知聪也,神无不见明也。以此聪明之神智,足可以经纬天地,即文也。又神智之运,深敏于机谋,即思也。聪明文思,即其圣性。行之于外,无不备知,故此德充满居止,于天下而远著。德既如此,政化有成,天道冲盈,功成者退。以此,故将逊遁避于帝位,以禅其有圣德之虞舜。史序其事,而作《尧典》之篇。""称'典'者,以道可百代常行。"

[①] 原文参照版本:黄怀信:《尚书注训》,齐鲁书社,2009年,第8—14页。
[②] 《尚书正义》后文简称"《正义》",引用释文参考版本:孔安国传,孔颖达正义,黄怀信整理:《尚书正义》,上海古籍出版社,2007年。

【原文】

曰若稽古：帝尧曰放勋。钦明文思安安，允恭克让。光被四表，格于上下。[1]克明俊德，以亲九族；九族既睦，平章百姓；百姓昭明，协和万邦。黎民于变时雍。[2]

【注释】

[1]曰若：发语词。稽，考也。能顺考古道而行之者帝尧。勋，功。钦，敬也。言尧放上世之功，化而以敬明文思之四德，安天下之当安者。"钦明文思"，马云："威仪表备谓之钦，照临四方谓之明，经纬天地谓之文，道德纯备谓之思。"允，信。克，能。光，充。格，至也。既有四德，又信恭能让，故其名闻充溢四外，至于天地。《正义》："能顺考校古道而行之者，是帝尧也。又申其顺考古道之事曰：此帝尧能放效上世之功，而施其教化，心意恒敬，智慧甚明，发举则有文谋，思虑则能通敏，以此四德安天下之当安者。在于己身则有此四德，其于外接物，又能信实恭勤，善能谦让。恭则人不敢侮，让则人莫与争。由此为下所服，名誉著闻，圣德美名充满被溢于四方之外，又至于上天下地。言其日月所照，霜露所坠，莫不闻其声名，被其恩泽。此即稽古之事也。"

[2]克：能够。明：彰显。俊：大，出众。九族：泛指父族、母族、妻族。睦：和睦。平：分辨；章：明，著明。百姓：指所有姓氏组织。万邦：指所有城邑国家。邦，城邑国家。黎民：百姓。于：于是，因此。时：善。雍：和。《正义》："言尧能名闻广远，由其委任贤哲，故复陈之。言尧之为君也，能尊明俊德之士，使之助己施化。以此，贤臣之化，先令亲其九族之亲。九族蒙化已亲睦矣，又使之和协、显明于百官之族姓。百姓蒙化，皆有礼仪，昭然而明显矣，又使之合会、调和天下之万国，其万国之众人于是变化从上，是以风俗大和。能使九族敦睦，百姓显明，万邦和睦，是安天下之当安者也。"

【原文】

乃命羲、和钦若昊天，历象日月星辰，敬授人时。[1]分命羲仲宅嵎夷，曰旸谷，寅宾出日，平秩东作。[2]日中、星鸟，以殷仲春。[3]厥民析，鸟兽孳尾。[4]申命羲叔宅南交，平秩南讹，敬致。[5]日永、星火，以正仲夏。[6]厥民因，鸟兽希革。[7]分命和仲宅西，曰昧谷。[8]寅饯纳日，平秩西成。[9]宵中、星虚，以殷仲秋。[10]厥民夷，鸟兽毛毨。[11]申命和叔，宅朔方，曰幽都，平在朔易。[12]日短、星昴，以正仲冬。[13]厥民隩，鸟兽氄毛。[14]

帝曰："咨！汝羲暨和：期三百有六旬有六日，以闰月定四时成岁。[15]允厘百工，庶绩咸熙。"[16]

【注释】

[1]《正义》:"重、黎之后羲氏、和氏,世掌天地四时之官,故尧命之,使敬顺昊天。昊天,言元气广大。星,四方中星;辰,日月所会。历象其分节,敬记天时,以授人也。此举其目,下别序之。"

[2]羲仲:羲氏之弟。嵎(yú)夷:东海之滨。旸(yáng)谷是传说中日出的地方,古人有"日出旸谷天下明"之说。寅宾:为恭敬地迎候之意。平秩:辨别测定,秩察谊同。东作:指太阳从正东方升起,即春分日之日出。《正义》:"宅,居也。东表之地称嵎夷。旸,明也。日出于谷而天下明,故称旸谷。旸谷、嵎夷,一也。羲仲,居治东方之官。""寅,敬;宾,导;秩,序也。岁起于东而始就耕,谓之东作。东方之官敬导出日,平均次序东作之事,以务农也。"

[3]日中:昼夜长短相等,指春分这一天。星鸟:星名,南方朱雀七宿在天呈鸟形,因此称星鸟。殷:正,定准。仲:一年四季,一季三个月,每季中间的那一个月称仲。《正义》:"日中,谓春分之日。鸟,南方朱鸟七宿。殷,正也。春分之昏鸟星毕见,以正仲春之气节。转以推季、孟,则可知。"

[4]厥:其。析:分开。孳尾:生育繁衍。《正义》:"冬寒无事,并入室处。春事既起,丁壮就功。厥,其也。言其民老壮分析。乳化曰孳,交接曰尾。"《说文》:"人及鸟生子曰乳,兽曰产。"

[5]申:重。羲叔:羲氏(长兄)的小弟。交:交汇。讹:"伪"字之误,"伪"同"为"(借为"回")。南为(回):指太阳从南方回转,即"南回归"。致:送。《正义》:"申,重也。南交,言夏与春交。举一隅以见之。此居治南方之官。""讹,化也。掌夏之官平序南方化育之事,敬行其教,以致其功。四时同之,亦举一隅。"

[6]永:长,夏至这一天白昼最长。火:大火(心宿),东方青龙七宿之一,夏至这一天的黄昏出现在南方。《正义》:"永,长也,谓夏至之日。火,苍龙之中星。举中,则七星见可知。以正仲夏之气节,季、孟亦可知。"

[7]因:就也。希革:希,通"稀";革,通"革羽"。郑玄说:"夏时鸟兽毛疏皮见。"《正义》:"因,谓老弱因就在田之丁壮,以助农也。夏时鸟兽毛羽希少改易。革,改。"

[8]和仲:和氏(长兄)的弟弟。昧谷:传说中的日落之处。《正义》:"昧,冥也。日入于谷而天下冥,故曰昧谷。昧谷曰西,则嵎夷东可知。此居治西方之官,掌秋天之政。"

[9]饯:饯行、送行。纳日:入日、落日。西成:太阳西落的时刻。《正义》:"饯,送也。日出言导,日入言送,因事之宜。秋,西方,万物成,平序其政,助成物也。"

[10]宵中:昼夜长短相等,指秋分这一天。星虚:星名,北方玄武七宿之一。《正义》:"宵,夜也。春言日,秋言夜,互相备。虚,玄武之中星,亦言七星皆以秋分日见,以正三秋。"

[11]夷：平，这里指回到平地居住。毨(xiǎn)：鸟兽羽毛更生。《正义》："夷，平也。老壮在田，与夏平也。毨，理也。毛更生整理。"《说文》："仲秋鸟兽毛盛，可选取以为器用也。"

[12]和叔：和氏小弟。朔：北方。在：察。朔易：向北回归，指太阳开始向北回转。《正义》："北称朔，亦称方，言一方则三方见矣。北称幽都，南称明从可知也。都，谓所聚也。易，谓岁改易于北方。平均在察其政，以顺天常。上总言羲、和敬顺昊天，此分别仲、叔各有所掌。"

[13]日短：白昼时间短。星昴：昴，星名，西方白虎七宿之一。《正义》："日短，冬至之日。昴，白虎之中星，亦以七星并见，以正冬之三节。"

[14]隩(yù)：通"奥"，《说文》："奥，室也。"氄(rǒng)：绒毛。《正义》："隩，室也。民改岁入此室处，以辟风寒；鸟兽皆生氄毳(cuì)细毛以自温。"

[15]咨：嗟叹声。暨：及。期(jī)：一周年。《正义》："咨，嗟；暨，与也。匝四时日期。一岁十二月，月三十日，正三百六十日。除小月六为六日，是为一岁有余十二日。未盈三岁，足得一月，则置闰焉，以定四时之气节，成一岁之历象。"

[16]《正义》："允，信；厘，治；工，官；绩，功；咸，皆；熙，广也。言定四时成岁历，以告时授事，则能信治百官，众功皆广，叹其善。"

《正义》："上言能明俊德，又述能明之事。尧之圣德美政，如上所陈。但圣不必独理，必须贤辅。尧以须臣之故，乃命有俊明之人羲氏、和氏敬顺昊天之命，历此法象。其日之甲乙、月之大小、昏明递中之星、日月所会之辰，定其所行之数，以为一岁之历。乃依此历，敬授下人。以天时之早晚，其总为一岁之历，其分有四时之异。既举总目，更别序之。尧于羲、和之内，乃分别命其羲氏而字仲者，令居治东方嵎夷之地也。日所出处名曰旸明之谷，于此处所主之职，使羲仲主治。既主东方之事，而日出于东方，令此羲仲恭敬导引将出之日，平均次序东方耕作之事，使彼下民务勤种植。于日昼夜中分，刻漏正等，天星朱鸟南方七宿合昏毕见，以此天之时候，调正仲春之气节。此时农事已起，不居室内，其时之民宜分析适野，老弱居室，丁壮就功。于时鸟兽皆孕胎卵，挚尾匹合。又就所分羲氏之内，重命其羲氏而字叔者，使之居治南方之职。又于天分南方与东交，立夏以至立秋时之事皆主之。均平次序南方化育之事，敬行其教，以致其功。于日正长、昼漏最多，天星大火、东方七宿合昏毕见，以此天时之候，调正仲夏之气节。于时苗稼以殖，农事尤烦。其时之民，老弱因共丁壮就在田野。于时鸟兽羽毛希少，变改寒时。又分命和氏而字仲者，居治西方日所入处，名曰昧冥之谷。于此处所主之职，使和仲主治之。既主西方之事，而日入在于西方，令此和仲恭敬从送既入之日，平均次序西方成物之事，使彼下民务勤收敛。于昼夜中分，漏刻正等，天星之虚、北方七宿合昏毕见，以此天时之候，调正仲秋之气节。于时禾苗秀实,农事未闲,其时之民,与夏齐平,尽在田野。于时鸟兽毛羽更生,已稍整治。又重命和氏而字叔者,令居治北方名曰幽都之地。于此处所主之职,使和叔主治之,平均视察北方岁改之事。于日正短、昼漏最少,天星之昴、西方七宿合昏毕见,以此天时之候,调正仲冬之气节。于时禾稼已入,农事闲暇。其时之人,皆处深隩之室;鸟兽皆生氄毳细毛,以自温暖。此是羲、和敬天授人之实事也。羲、和所掌如是,故帝尧乃述而叹之曰:'咨嗟!汝羲仲、羲叔与和仲、和叔:一期之间三百有六旬有六日,分为十二月,则余日不尽,令气朔参差,若以闰月补阙,令气朔得正,定四时之气节,成一岁之历象,是汝之美可叹也。又以此岁历告时授事,信能和治百官,使之众功皆广也。'叹美羲、和能敬天之节,众功皆广,则是风俗天和。"

【原文】

帝曰:"畴咨?若时登庸。"[1]

放齐曰:"胤子朱启明。"[2]

帝曰:"吁!嚚讼,可乎?"[3]

帝曰:"畴咨?若予采"。[4]

驩兜曰:"都!共工方鸠僝功。"[5]

帝曰:"吁!静言,庸违。象恭滔天。"[6]

帝曰:"咨!四岳:汤汤洪水方割,荡荡怀山襄陵,浩浩滔天,下民其咨,有能俾乂?"[7]

佥曰:"於!鲧哉!"[8]

帝曰:"吁,咈哉!方命圯族。"[9]

岳曰:"异哉!试可乃已。"[10]

帝曰:"往,钦哉!"九载,绩用弗成。[11]

【注释】

[1]咨:语气词。若:顺。时:时令。登:升。《正义》:"畴,谁;庸,用也。谁能咸熙庶绩,顺是事者,将登用之。"

[2]朱:尧子名。《正义》:"放齐,臣名。胤,国;子,爵;朱,名;启,开也。"

[3]吁:叹声。《正义》:"吁,疑怪之辞。言不忠信为嚚(yín),又好争讼。可乎,言不可。"

[4]若:顺。《正义》:"采,事也。复求谁能顺我事者。"

[5]共工:臣名。《正义》:"驩兜,臣名。都,於,叹美之辞。共工,官称。鸠,聚;僝(chán),见也。叹共工能方方聚见其功。"

[6]静：图谋。庸：同"用"。违：违命。象：似。《正义》："静，谋；滔，漫也。言共工自为谋言，起用行事而背违之，貌象恭敬而心傲很，若漫天。言不可用。"

[7]汤汤(shāng)：大水急流的样子。《正义》："四岳，即上羲、和之四子。分掌四岳之诸侯，故称焉。汤汤，流貌。洪，大；割，害也。言大水方方为害。荡荡，言水奔突有所涤除。怀，包；襄，上也。包山上陵，浩浩盛大若漫天。俾，使；乂(yì)，治也。言民咨嗟忧愁，病水困苦，故问四岳有能治者，将使之。"

[8]鲧(gǔn)：传说中的禹父。《正义》："佥，皆也。鲧，崇伯之名。朝臣举之。"

[9]方：同"放"。《正义》："凡言吁者，皆非帝意。咈，戾；圮，毁；族，类也。言鲧性很戾，好比方名，命而行事，辄毁败善类。"

[10]《正义》："异，已；已，退也。言余人尽已，唯鲧可试，无成乃退。"

[11]《正义》："敕鲧往治水，命使敬其事。尧知其性很戾圮族，未明其所能，而据众言可试，故遂用之。载，年也。三考九年，功用不成，则放退之。"

《正义》："史又序尧事。尧任羲、和，众功已广，及其末年，群官有阙，复求贤人，欲任用之。帝曰：'谁乎？咨嗟！'嗟人之难得也。有人能顺此咸熙庶绩之事者，我将登而用之。有臣放齐者对帝曰：有胤国子爵之君，其名曰朱，其人心志开达，性识明悟。言此人可登用也。帝疑怪叹之，曰：吁！此人既顽且嚚，又好争讼，岂可用乎？'言不可也。史又记尧复求人。帝曰：谁乎？咨嗟！嗟人之难得也。今有人能顺我事者否乎？言有，即欲用之也。有臣驩兜者对帝曰：呜呼！叹有人之大贤也。帝臣共工之官者，此人于所在之方，能立事业，聚见其功。言此人可用也。帝亦疑怪之，曰：吁！此人自作谋计之言，及起用行事，而背违之；貌象恭敬，而心傲很若漫天。言此人不可用也。频频求人，无当帝意。于是洪水为灾，求人治之，帝曰：咨嗟！嗟水灾之大也。呼掌岳之官，而告以须人之意。汝四岳等，今汤汤流行之水，所在方方为害。又其势奔突，荡荡然涤除在地之物，包裹高山，乘上丘陵，浩浩盛大，势若漫天。在下之人，其皆咨嗟，困病其水矣。有能治者，将使治之。群臣皆曰：呜呼！叹其有人之能。惟鲧堪能治之。帝又疑怪之，曰：吁！其人心很戾哉！好比方直之名。命而行事，辄毁败善类。言不可使也。朝臣已共荐举，四岳又复然之。岳曰：帝若谓鲧为不可，余人悉皆已哉！言不及鲧也。惟鲧一人，试之可也，试若无功，乃黜退之。言洪水必须速治，余人不复及鲧，故劝帝用之。帝以群臣固请，不得已而用之，乃告敕鲧曰：汝往治水，当敬其事哉。鲧治水九载，已经三考，而功用不成。言帝实知人，而朝无贤臣，致使水害未除，待舜乃治。此经三言求人，未必一时之事，但历言朝臣不贤，为求舜张本故也。"

【原文】

帝曰："咨！四岳：朕在位七十载，汝能庸命，巽朕位。"[1]

岳曰："否德，忝帝位。"[2]

曰："明明扬侧陋。"[3]

师锡帝曰："有鳏在下，曰虞舜。"[4]

帝曰："俞！予闻。如何？"[5]

岳曰："瞽子。父顽、母嚚、象傲，克谐以孝，烝烝乂，不格奸。"[6]

帝曰："我其试哉！女于时，观厥刑于二女。"厘降二女于妫汭，嫔于虞。[7]

帝曰："钦哉！"[8]

【注释】

[1]庸命：同"用命"，竭尽全力。《正义》："尧年十六以唐侯升为天子，在位七十年，则时年八十六，老将求代。""巽，顺也。言四岳能用帝命，故欲使顺行帝位之事。"

[2]《正义》："否，不；忝，辱也。辞不堪。"

[3]明明：彰明者，与侧陋相对，指身边的人。扬：上举，推荐。侧陋：僻远之地。《正义》："尧知子不肖，有禅位之志，故明举明人在侧陋者，广求贤也。"

[4]《正义》："师，众；锡，与也。无妻曰鳏。虞，氏；舜，名。在下民之中。众臣知舜圣贤，耻己不若，故不举。乃不获已而言之。"

[5]《正义》："俞，然也。然其所举，言我亦闻之，其德行如何？"

[6]《正义》："无目曰瞽。舜父有目，不能分别好恶，故时人谓之瞽，配字曰瞍。瞍，无目之称。心不则德义之经为顽。象，舜弟之字。傲慢不友，言并恶。""谐，和；烝，进也。言能以至孝和谐顽嚚昏傲，使进进以善自治，不至于奸恶。"

[7]女：谓以女嫁人。时：同"是"，指舜。刑：同"型"，典型、法范。二女：分别名娥皇、女英。厘：赐。降：下。妫（guī）：河名。汭（ruì）：江河北边。《正义》："言欲试舜，观其行迹。女，妻；刑，法也。尧于是以二女妻舜，观其法度，接二女，以治家观治国。""降，下；嫔，妇也。舜为匹夫，能以义理下帝女之心于所居妫水之汭，使行妇道于虞氏。"

[8]《正义》："叹舜能修己，行敬以安人，则其所能者大矣。"

《正义》："帝以鲧功不成，又已年老，求得授位明圣代御，天灾，故咨嗟汝四岳等：我在天子之位七十载矣。言己年老，不堪在位。汝等四岳之内有能用我之命，使之顺我帝位之事。言欲让位与之也。四岳对帝曰：我等四岳皆不有用命之德，若使顺行帝事，即辱于帝位。言己不堪也。帝又言曰：汝当明白举其明德之人于僻隐鄙陋之处，何必在位之臣乃举之也？于是朝廷众臣乃与帝之明人曰：有无妻之鳏夫在下民之内，其名曰虞舜。'言侧陋之处有此贤人。帝曰:然,我亦闻之,其德行如何?'四岳又对帝曰:其人愚瞽之子。其父顽、母嚚,其弟字象,性又傲慢。家有三恶,其人能谐和以至孝之行,使此顽嚚傲慢者皆进进于善以自治,不至于奸恶。言能调和恶人,是为贤也。帝曰:其行如此,当可任用,我其召而试之哉。欲配女与试之也,即以女妻舜。于是,欲观其居家治否也。舜能以义理下二女之心于妫水之汭,使行妇道于虞氏。帝叹曰:此舜能敬其事哉。叹其善治家,知其可以治国,故下篇言其授以官位,而历试诸难。"

三、广博易良而不奢——《乐》之教

孔子说:"广博易良而不奢,则深于《乐》者也。"

音乐之教可使人广博易良,然而,音乐使用不当也有负面作用。《墨子·非乐上》有言"《武观》曰:'启乃淫溢康乐,野于饮食'";屈原《离骚》曰"启《九辩》与《九歌》兮,夏康娱以自纵";《管子·轻重甲》提到夏桀之纵乐"女乐三万人,晨噪于端门,乐闻于三衢";《帝王世纪》亦称夏桀"大进侏儒倡优,为烂漫之乐,设奇伟之戏,纵靡靡之声"。史称夏代音乐为"侈乐"。商末之纣王在享"乐"上则极为荒淫,有过之而无不及。《史记·殷本纪》载其:"使师涓作新淫声,北里之舞,靡靡之乐……大聚乐戏于沙丘,以酒为池,悬肉为林,使男女倮相逐其间,为长夜之饮。"[1]老子说:"五音使人耳聋。"孔子说:"《乐》之失,奢。"纵乐总是与奢侈无度的腐败和糜烂联系在一起,积累日久,必导致王朝倾覆。基于历史的教训,周朝伊始,为配合政治上维护宗周统治的分封制,周公旦在意识形态领域进行了全面革新,将上古至殷商的礼乐进行大规模的整理、改造,创建了一整套具体可操作的礼乐制度,包括饮食、起居、祭祀、丧葬等社会生活的方方面面,都纳入"礼"的范畴,使其成为系统化的社会典章制度和行为规范,从而形成孔子所景仰的"郁郁乎文哉"的礼乐文化,即礼乐成为一套遍及政治、教育、信仰等各领域的重要文化结构,并在其统辖范围内全面推行礼乐之治。

关于礼乐的教化作用,自然不是从周公才开始的。史书记载的礼乐文化可追溯至先王时代。《尚书·舜典》记载,舜指派夔掌管音乐:"夔!命汝典乐,教胄子,直而温,宽而栗,刚而无虐,简而无傲。诗言志,歌永言,声依永,律和声。八音克谐,无相夺伦,神人以和。"这是有积极意义的、正向的教化,当然也须认识到,文明伊始,混沌初开,秩序未定,正邪交错,乐之滥用,也属必然。到了西周,礼乐文化才真正完善起来。《周礼·春官·大司乐》集中地反映了西周的礼乐文化,而这也正是孔子所认为的理想的《乐》之教。

何谓"广博易良",孔颖达疏云:"《乐》以和通为体,无所不用,是广博;简易良善,使人从化,是易良。"清人包世臣《艺舟双楫》云:"乐之为教也,广博易良,广博则取类也远,易

---

[1] 司马迁:《史记》,线装书局,2006年,第11页。

良则起兴也切。"①这些说法不无道理,然而也远远未尽"广博易良"的内涵意义。《荀子·乐论》曰:"故听其雅颂之声,而志意得广焉。"可见,"广"也有"广其志"之意。"广博"则"通达",胸怀宽广则性情开朗。而"易"除了简易之义外,还有变易的意义。变易就是变化,变化是音乐的本质特点之一。《礼记·乐记》说:"声相应,故生变,变成方,谓之音。比音而乐之,及干戚、羽旄,谓之乐。"《礼记正义》解释说:"变,谓不恒一声,变动清浊也。'变成方,谓之音'者,方,谓文章。声既变转,和合次序,成就文章,谓之音也。"由此可见,音乐是动态的艺术,是时间的艺术,是变化的艺术。音声、节奏与旋律的组合随时间流动而不断地变换,音乐欣赏需要捕捉依律跳动的音符和流动的旋律,心灵的波动也要符合节奏的变化,而这些无疑能增益于心智的灵活与变通。因此,"易"也指"善变"。至于"良",则可以理解为"变善"。音乐的本质特性在于和谐,只有参与音乐表现的各种要素有机和谐地振动,即达到"共振",才会发出有韵律的乐音。而和谐与善良,正是内在关联密不可分的一体之两面。只有善良的人才能和谐相处,不善之人则是对抗与冲突的根源。这是一个生活常识。

《礼记·乐记》对音乐功能的阐释极富人文意味,是国学经典中最宝贵的精神文化财富,其对今天的艺术教育具有极其重要的现实意义。《乐记》内容,按郑玄《目录》云:"名曰《乐记》者,以其记乐之义。此于《别录》属《乐记》。"盖十一篇合为一篇,谓有《乐本》、有《乐论》、有《乐施》、有《乐言》、有《乐礼》、有《乐情》、有《乐化》、有《乐象》、有《宾牟贾》、有《师乙》、有《魏文侯》。②此处选编取自《乐本》《乐论》《乐象》篇部分内容。

《礼记·乐记》节选

【原文】③(乐本)

凡音之起,由人心生也。人心之动,物使之然也。感于物而动,故形于声。[1]声相应,故生变,变成方,谓之音。[2]比音而乐之,及干戚、羽旄,谓之乐。[3]

乐者,音之所由生也,其本在人心之感于物也。[4]是故其哀心感者,其声噍以杀;[5]其乐心感者,其声啴以缓;[6]其喜心感者,其声发以散;[7]其怒心感者,其声粗以厉;[8]其敬心感者,其声直以廉;[9]其爱心感者,其声和以柔。[10]六者,非性也,感于物而后动。[11]是故先王慎所以感之者。故礼以道其志,乐以和其声,政以一其行,刑以防其奸。礼、乐、刑、政,其极一也,所以同民心而出治道也。[12]

凡音者,生人心者也。[13]情动于中,故形于声,声成文,谓之音。[14]是故治世之音安以

---

① 包世臣:《艺舟双楫》,商务印务馆,1935年,第39页。
② 郑玄注,孔颖达疏,喻遂生等整理:《四库家藏·礼记正义》(四),山东画报出版社,2004年,第1153页。本章《礼记·乐记》引用《礼记正义》的注释文字皆参考此版本,后文皆简称《正义》,释文以帮助理解原文为主,"注""疏"不再作细分。
③ 《礼记·乐记》原文参考版本:胡平生、张萌译注:《礼记》(下),中华书局,2017年,第711—760页。

乐,其政和;[15]乱世之音怨以怒,其政乖;[16]亡国之音哀以思,其民困。[17]声音之道,与政通矣。[18]

【注释】

[1]音、形、声:《正义》:"宫、商、角、徵、羽杂比曰音,单出曰声。形,犹见也。""言凡乐之音曲所起,本由人心而生也。""言音之所以起于人心者,由人心动则音起,人心所以动者,外物使之然也。""人心既感外物而动,口以宣心,其心形见于声。心若感死丧之物而兴动,于口则形见于悲戚之声。心若感福庆而兴动,于口则形见于欢乐之声也。"

[2]应:应和,应对。变:指音律变化。方:指韵律,理路。《正义》:"既有哀乐之声,自然一高一下,或清或浊,而相应不同,故云生变。变,谓不恒一声,变动清浊也。""方,谓文章。声既变转,和合次序,成就文章,谓之音也。音则今之歌曲也。"

[3]比:编排。乐:用乐器演奏。干戚:跳武舞时所执道具。羽:雉羽。旄:旄牛尾。《正义》:"干,盾也,戚,斧也,武舞所执也。羽,翟羽也,旄(máo),旄牛尾也,文舞所执《周礼》舞师、乐师掌教舞,有兵舞,有干舞,有羽舞,有旄舞。《诗》曰:'左手执籥,右手秉翟。'""言以乐器次比音之歌曲,而乐器播之,并及干戚、羽旄,鼓而舞之,乃'谓之乐'也。"

[4]乐由音构成,本源于人心对外部事物的感受。《正义》:"合音乃成乐,是乐由比音而生,故云'音之所由生也'。""本,犹初也。物,外境也。言乐初所起,在于人心之感外境也。"

[5]噍(jiāo):急促。杀(shài):衰退,消减。《正义》:"噍,踧急也。若外境痛苦,则其心哀。哀感在心,故其声必踧急而速杀也。"

[6]啴(chǎn):喜乐貌。《正义》:"啴,宽也。若外境所善,心必欢乐,欢乐在心,故声必随而宽缓也。"

[7]发:扬。散:畅达。《正义》:"若外境会合其心,心必喜悦,喜悦在心,故声必随而发扬放散无辄碍。但乐是长久之欢,喜是一时之悦,遇有善事而心喜也。昭二十五年《左传》云'喜生于好',是喜与乐别也。"

[8]粗:粗犷,壮猛。厉:高急,凌厉。《正义》:"怒谓忽遇恶事,而心恚(huì)怒。恚怒在心,则其声粗以凌厉也。"

[9]廉:棱角。《正义》:"直,谓不邪也。廉,廉隅也。若外境见其尊高,心中严敬,严敬在心,则其声正直而有廉隅,不邪曲也。"

[10]《正义》:"和,调也。柔,软也。若外境亲属死亡,心起爱情,爱情在心,则声和柔也。"

[11]六者:上述六种。性:本性。《正义》:"结外感物也。人生而静,天之性也。性本

静寂,无此六事。六事之生,由应感外物而动,故云非性也。"

[12]道:引导。《正义》:"既六事随见而动,非关其本性,故先代圣人在上,制于正礼正乐以防之,不欲以外境恶事感之,故云'先王慎所以感之'者也。""政,法律也。既防慎其感,故用其正礼教道其志,用正乐谐和其声,用法律齐一其行,用刑辟防其凶奸,则民不复流僻也。'礼、乐、刑、政,其极一也'者,极,至也。用其四事齐之,使同其一致,不为非也。贺云:'虽有礼、乐、刑、政之殊,及其检情归正,同至理极,其道一也。'""结四事之功也,言民心所触,有前六事不同,故圣人用后四者制之,使俱得其所也。"

[13]《正义》:"言君上乐音生于下民心者也。"

[14]《正义》:"言在下人心情感君政教善恶,动于心中,则上文'感于物而后动'是也。既感物动,故形见于口,口出其声,则上文云'故形于声'者是也。""谓声之清浊杂比成文谓之音,则上文云'变成方,谓之音'是也。上云'比音而乐之,及干戚、羽旄谓之乐',此云音,不云乐者,以下云'治世之音'、'乱世之音',故云音而不言乐也。必言音者,乐以音为本,变动由于音也,所以特言音也。"

[15]《正义》:"是故,谓情动于中,而有音声之异,故言治平之世,其乐音安静而欢乐也。治世之音,民既安静以乐而感其心,故乐音亦安以乐,由其政和美故也。君政和美,使人心安乐,人心安乐,故乐声亦安以乐也。"

[16]《正义》:"乱世,谓祸乱之世,乐音怨恨而恚怒。乱世之时,其民怨怒,故乐声亦怨怒流亡,由其政乖僻故也。"

[17]《正义》:"亡国,谓将欲灭亡之国,乐音悲哀而愁思。言亡国之时,民心哀思,故乐音亦哀思,由其人困苦故也。"

[18]《正义》:"若政和则声音安乐,若政乖则声音怨怒,是'声音之道,与政通矣'。"

【原文】

乐者为同,礼者为异。同则相亲,异则相敬。[1]乐胜则流,礼胜则离。[2]合情饰貌者,礼、乐之事也。[3]礼义立则贵贱等矣;[4]乐文同,则上下和矣;[5]好恶著,则贤不肖别矣;[6]刑禁暴,爵举贤,则政均矣;[7]仁以爱之,义以正之,如此则民治行矣。[8]

乐由中出,礼自外作。乐由中出,故静;礼自外作,故文。[9]大乐必易,大礼必简。[10]乐至则无怨,礼至则不争。[11]揖让而治天下者,礼乐之谓也。[12]暴民不作,诸侯宾服,兵革不试,五刑不用,百姓无患,天子不怒,如此则乐达矣。[13]合父子之亲,明长幼之序,以敬四海之内,天子如此,则礼行矣。[14]

大乐与天地同和,大礼与天地同节。和,故百物不失;节,故祀天祭地。[15]明则有礼乐,幽则有鬼神,如此,则四海之内合敬同爱矣。[16]礼者,殊事合敬者也;乐者,异文合爱者也。礼、乐之情同,故明王以相沿也。[17]故事与时并,名与功偕。[18]故钟、鼓、管、磬,羽、籥、干、戚,乐之器也。屈伸俯仰,缀、兆、舒疾,乐之文也。簠、簋、俎、豆,制度、文章,礼之器也。[19]升降上下,周还、裼袭,礼之文也。[20]故知礼乐之情者能作,识礼乐之文者能述。作者之谓圣,述者之谓明。明圣者,述作之谓也。[21]

【注释】

[1]《正义》:"同,谓协好恶也。异,谓别贵贱也。""无所间别,故相亲也。有所殊别,故相敬也。"

[2]《正义》:"流,谓合行不敬也。离,谓析居不和也。""此明虽有同异,而又有相须也。胜,犹过也。若乐过和同而无礼,则流慢,无复尊卑之敬。若礼过殊隔而无乐,则亲属离析,无复骨肉之爱。唯须礼乐兼有,所以为美。故《论语》云'礼之用,和为贵',是也。"

[3]《正义》:"合情,谓乐也。乐和其内,是合情也。饰貌,谓礼也,礼以检迹于外,是饰貌也。貌与心半,二者无偏,则是礼乐之事也。"

[4]《正义》:"义,宜也。等,阶级也。若行礼得其宜,则贵贱各有阶级矣。"

[5]《正义》:"文,谓声成文也。若行乐文采谐同,则上下各自和好也。"

[6]《正义》:"谓所好得其善,所恶得其恶,是好恶著,则贤与不肖自然分别矣。"

[7]《正义》:"谓用刑罚禁止暴慢也。""谓用爵以举贤良也。""刑爵得所,政教均平矣。刑者则慎罚,爵者则明德。"

[8]《正义》:"谓王者用仁以爱民也。""谓王者用义以正恶矣。""言用仁用义,则民行治也。"

[9]《正义》:"谓乐从心起也。""谓礼敬在外貌也。""行之在心,故静也。""礼肃人貌,貌在外,故云'动也'。庾云:'乐成在中,是和合反自然之静。礼节在貌之前,动合文理,文犹动也。'"

[10]大乐必是平易的,大礼必是简约的。

[11]《正义》:"至,谓达也,行也。乐行于人,由于和,故无怨矣。""礼行于民,由于谦敬,谦敬则不争也。"

[12]《正义》:"民无怨争,则君上无为,但揖让垂拱,而天下自治。其功由于礼乐,故云'礼乐之谓也'。"

[13]《正义》:"暴民,谓凶暴之民。不作,谓不动作也。""由乐和,故至天子不怒,以致前事,是乐道达矣。"

[14]《正义》:"天子若能使海内如此,则是礼道兴行矣。"

[15]《正义》:"天地气和,而生万物。大乐之体,顺阴阳律吕,生养万物,是'大乐与天地同和'也。""天地之形,各有高下大小为限节。大礼辨尊卑贵贱,与天地相似,是'大礼与天地同节'也。""以大乐与天地同和,能生成百物,故不失其性也。""以大礼与天地同节,有尊卑上下,报生成之功,故'祀天祭地'。"

[16]《正义》:"圣王既能使礼乐与天地同和节,又于显明之处,尊崇礼乐以教人。""幽冥之处,尊敬鬼神以成物也。""圣人若能如此上事行礼乐得所,以治天下,故四海之内合其敬爱;以行礼得所,故四海会合其敬;行乐得所,故四海之内齐同其爱矣。"

[17]《正义》:"尊卑有别,是殊事;俱行于礼,是合敬也。""宫商别调,是异文;无不欢爱,是合爱也。""礼乐之状,质文虽异,乐情主和,礼情主敬,致治是同。以其致治情同,故明王所以相因述也。"

[18]《正义》:"事,谓圣人所为之事,与所当时而并行,若尧、舜揖让之事,与淳和之时而并行;汤、武干戈之事,与浇薄之时而并行。此一句明礼也。""名,谓乐名。偕,俱也。言圣王制乐之名,与所建之功而俱作也。若尧之《大章》,舜之《大韶》。尧章明之功,舜绍尧之德,及禹、汤等乐名,皆与功俱立也。此一句明乐,圣王虽同礼乐之情,因而修述,但时与功不等,故礼与乐亦殊。"

[19]《正义》:"缀,谓鄹,舞者之位也。兆,其外营域也。"钟、鼓、管、磬、羽、籥、干、戚,都是乐舞器具,屈伸、伸展、下俯、上仰,舞队定位、舞蹈范围,动作节奏的舒缓,都是表现乐的形式。簠(fǔ)、簋(guǐ)、俎、豆,衣食住行的仪礼制度、图案文饰,都是表现礼的器具。

[20]周还(xuán):环绕转体。裼袭(tì xí):古代礼服之制,袒外衣而露裼衣,且不尽覆其裘,谓之裼;不裼,谓之袭。盛礼以袭为敬,非盛礼以裼为敬。《正义》:"周,谓行礼周曲回旋也。裼,谓袒上衣而露裼也。袭,谓掩上衣也。礼盛者尚质,故袭。不盛者尚文,故裼。"

[21]《正义》:"若能穷极其本,识其变通,是知乐之情也。""若能显著诚信,弃去浮伪,是知礼之情也。凡制作者,量事制宜,既能穷本知变,又能著诚去伪,所以能制作者。""文,谓上经云'屈伸俯仰'、'升降上下'是也。述,谓训说义理。既知文章升降,辨定是非,故能训说礼乐义理,不能制作礼乐也。""圣者通达物理,故'作者之谓圣',则尧、舜、禹、汤是也。""明者辨说是非,故修述者之谓明,则子游、子夏之属是也。"

【原文】

凡奸声感人而逆气应之,逆气成象而淫乐兴焉。[1]正声感人而顺气应之,顺气成象而和乐兴焉。[2]倡和有应,回邪曲直各归其分,而万物之理各以类相动也。[3]是故君子反情以和其志,比类以成其行。[4]奸声、乱色不留聪明,淫乐、慝礼不接心术,惰慢、邪辟之气不设于身体,使耳、目、鼻、口、心知、百体皆由顺正,以行其义。[5]

然后发以声音,而文以琴瑟,动以干戚,饰以羽旄,从以箫管。[6]奋至德之光,动四气之和,以著万物之理。[7]是故清明象天,广大象地,终始象四时,周还象风雨。[8]五色成文而不乱,八风从律而不奸,百度得数而有常。[9]小大相成,终始相生。[10]倡和清浊,迭相为经。[11]故乐行而伦清,耳目聪明,血气和平,移风易俗,天下皆宁。[12]故曰:"乐(yuè)者,乐(lè)也。"君子乐得其道,小人乐得其欲。以道制欲,则乐而不乱;以欲忘道,则惑而不乐。[13]是故君子反情以和其志,广乐以成其教。乐行而民乡方,可以观德矣。[14]

德者,性之端也;乐者,德之华也;金石丝竹,乐之器也。[15]诗,言其志也;歌,咏其声也;舞,动其容也。三者本于心,然后乐器从之。[16]是故情深而文明,气盛而化神,和顺积中而英华发外,唯乐不可以为伪。[17]

乐者,心之动也;声者,乐之象也;文采节奏,声之饰也。[18]君子动其本,乐其象,然后治其饰。[19]是故先鼓以警戒,三步以见方;再始以著往,复乱以饬归。[20]奋疾而不拔,极幽而不隐。[21]独乐其志,不厌其道,备举其道,不私其欲。[22]是故情见而义立,乐终而德尊。[23]君子以好善,小人以听过。[24]故曰:"生民之道,乐为大焉。"[25]

【注释】

[1]《正义》:"奸声,谓奸邪之声感动于人。逆气,谓违逆之气,即奸邪之气也。人既感奸邪之声,则有奸邪之气来应也。""既感奸邪之声,心又感奸邪之气,二者相合而成象,淫乐遂兴。若人耳初听奸邪之声,其奸邪未甚,心又感奸邪之气,其乱乃成,不可救止,纣作靡靡之乐是也。"

[2]《正义》:"正声感动于人,而顺气来应。既闻顺声,又感顺气,二者相合而成象,则和乐兴。若周室太平颂声作也。"

[3]《正义》:"初有奸声、正声感人,是'倡'也。后有逆气、顺气,是'和'也。善倡则善和,恶倡则恶和,是'倡和有应'。""回,谓乖违。邪,谓邪辟。言乖违邪辟,及曲之与直,各归其善恶之分限也。言善归善分,恶归恶分。""既善恶各归其分,是万物之情理,各以类自相感动也。"

[4]《正义》:"反情,谓反去淫弱之情理,以调和其善志也。""比,谓比拟善类,以成己身之美行。"

[5]《正义》:"谓不使奸声乱色留停于耳目,令耳目不聪明也。""谓不使淫乐慝礼而连接于心术,谓心不存念也。""以耳目心术所为皆善,则怠惰邪辟之气无由来入也,故邪辟之气不施设于身体。""既邪辟不在于身,耳目口鼻心想知虑百事之体,皆由顺正。由,从也。皆从和顺,以行其正直义理也。"

[6]《正义》:"谓其动发心志以声音也。""谓文饰声音以琴瑟也。""谓其振动形体以干戚。""其装饰乐具以羽旄也。""谓其随从诸乐以箫管。"

[7]《正义》:"奋,犹动也。动至德之光,谓降天神,出地祇,假祖考。著,犹成也。""谓用上诸乐,奋动天地至极之德。光明,谓神明来降也。""谓感动四时之气序之和平,使阴阳顺序也。""乐既和平,故能著成万物之道理,谓风雨顺,寒暑时,鬼神降其福,万物得其所也。"

[8]《正义》:"清明,谓人声也。广大,谓钟鼓也。周还,谓舞者。""由乐体如此,故人之歌曲清洁显明,以象于天也。""谓钟鼓铿锵,宽广壮大,以象于地也。""终于羽,始于宫,象四时之变化,终而复始也。""言舞者周匝回还,象风雨之回复也。"

[9]《正义》:"五色,五行也。八风从律,应节至也。百度,百刻也,言日月昼夜,不失正也。""五色,五行之色也。既有所象,故应达天地五行之色,各依其行色成就文章,而不错乱。""八风,八方之风也。律,谓十二月之律也。乐音象八风,其乐得其度,故八风十二月律应八节而至,不为奸慝(tè,邪恶)也。八风者,《白虎通》云:'距冬至四十五日,条风至。条者,生也。四十五日,明庶风至。明庶者,迎众也。四十五日,清明风至。清明者,清芒也。四十五日,景风至。景者,大也,言阳气长养也。四十五日,凉风至。凉,寒也,阴气行也。四十五日,阊阖(chāng hé)风至。阊阖者,咸收藏也。四十五日,不周风至。不周者,不交也,言阴阳未合化矣。四十五日,广莫风至。广莫者,大莫也,开阳气也。'八节者,立春、春分、立夏、夏至、立秋、秋分、立冬、冬至。""百度,谓昼夜百刻。昏明昼夜不失其正,故度数有常也。"

[10]《正义》:"贺玚云:'十二月律,互为宫羽而相成也。''五行宫商,迭相用为终始。'"

[11]《正义》:"谓十二月律,先发声者为倡,后应声者为和。黄钟至仲吕为浊,长者浊也。蕤宾至应钟为清,短者清也。""十二月之律,更相为常,即还相为宫,是乐之常也。"

[12]《正义》:"伦,类也。以其正乐,如上所为,故其乐施行而伦类清美矣。人听之则耳目清明,血气和平也。乐法既善,变移敝恶讙(huān)风,改革昏乱之俗,人无恶事,故天下皆宁矣。"

[13]《正义》:"谓所名乐者,是人之所欢乐也。""道,谓仁义。欲,谓邪淫。君子所欢乐,在于得仁义之道,得其道则欢乐也。小人所欢乐,在于邪淫,得邪淫则欢乐也。若君子在上,以仁义之道,制邪淫之欲,则意得欢乐而不有昏乱也。若小人在上,以邪淫之欲。忘仁义之道,则志意迷惑而不得欢乐也。"

[14]《正义》:"反己淫欲之情,以谐和德义之志也。""谓宽广乐之义理,以成就其政教之事也。""君既如此正乐兴行,方犹道也,而民归乡仁义之道也。""人君既如此,是乐可以观其德行矣。"

[15]《正义》:"言德行者,是性之端正也。""德在于内,乐在于外,乐所以发扬其德,故乐为德之光华也。""乐为德华,非器无以成乐,故金石丝竹为乐之器也。"

[16]《正义》:"欲见乐之为体,有此三事。诗,谓言词也。志在内,以言词言说其志也。""歌谓音曲,所以歌咏其言词之声也。""哀乐在内,必形见于外,故以其舞振动其容也。""三者,谓志也、声也、容也。容从声生,声从志起,志从心发,三者相因,原本从心而来,故云'本于心'。先心而后志,先志而后声,先声而后舞。声须合于宫商,舞须应于节奏,乃成于乐,是故'然后乐气从之'也。"

[17]《正义》:"志起于内,思虑深远,是'情深'也。言之于外,情由言显,是'文明'也。""志意蕴积于中,故气盛。内志既盛,则外感动于物,故变化神通也。气盛,谓'不知手之舞之,足之蹈之'是也。而化神者,谓'动天地,感鬼神,经夫妇,成孝敬'是也。""谓思念善事日久,是和顺积于心中,言词声音发见于外,是英华发于身外。此据正乐也,若其奸声,则悖逆积中,淫声发外也。""伪,谓虚伪。若善事积于中,则善声见于外。若恶事积于中,则恶声见于外。若心恶而望声之善,不可得也,故云'唯乐不可以为伪也'。"

[18]《正义》:"心动而见声,声成而为乐,乐由心动而成,故云'乐者,心之动也'。""乐本无体,由声而见,是声为乐之形象也。""声无曲折,则太质素,故以文采节奏而饰之使美,故云'文采节奏,声之饰也'。"

[19]《正义》:"则亦心之动也。则亦乐之象也。则亦声之饰也。以此三者结上三事。"

[20]《正义》:"谓作武王伐纣《大武》之乐,欲奏之时,先击打其鼓声,以警戒于众也。""谓欲舞之时,必先行三步以见方,谓方将欲舞,积渐之意也。""谓作《大武》之乐,每曲一终,而更发始为之,几再更发始,以著明往伐纣之时。初发始为曲,象十一年往观兵于盟津也,再度发始为曲,象十三年往伐纣也。""乱,治也。复谓舞曲终,舞者复其行位而整治,象武王伐纣既毕,整饬师旅而还归也。"

[21]《正义》:"拔,疾也,谓舞者奋迅疾速,而不至大疾也。故庾云:'舞者虽贵于疾,亦不失节,谓不大疾也。'""谓歌者坐歌不动,是极幽静而声发起,是'不隐'也。"

[22]《正义》:"乐其志者,多违道理。言武王今独能乐其志意,不违厌其仁义之道理也,恒以道自将。""武王既不违厌其道理,能备具举行仁义之道,以利天下,不私自恣己之情欲也。"

[23]《正义》:"情见,谓武王伐纣之情见于乐也。义立,谓伐纣之义而兴立。""谓观武王伐纣乐终,而知武王道德尊盛也。"

[24]《正义》:"谓在位尊者,既观武王之乐德类如此,故庶几好行善道也。""小人,谓士庶之等。既观武王乐音,以听伏己之愆过也。"

[25]《正义》:"生养民人之道,乐最为大。"

四、洁净精微而不贼——《易》之教

孔子说:"洁净精微而不贼,则深于《易》者也。"

"洁净"指的是心灵的洁净、贞正、诚信、至纯、守一,没有丝毫贪欲和杂念,一尘不染。这与儒家一贯主张的"慎独""幽居而不淫"是一致的。孔颖达《礼记正义》说:"《易》之于人,正则获吉,邪则获凶,不为淫滥,是洁静。穷理尽性,言入秋毫,是精微。"① "精微",指精深微妙。言《周易》阐明宇宙万物变易之理,"探赜索隐,钩深致远",精当深奥,广大悉备,无微不尽。故精于《易》者,"知周乎万物而道济天下"。"贼",指投机取巧,是小人机变之术。《易》讲变化之道,"大人虎变""君子豹变",是说大人、君子之变如虎豹之随天时而变,顺天应人,与时俱变。"圣人洗心""小人革面"②,是说圣人之心与天地为一,纯洁贞正,始终不渝。小人则诡诈多变,不断变换面具。张载云:"《易》为君子谋,不为小人谋。故撰德于卦,虽爻有小大,及系辞其爻,必渝之以君子之义。"又云:"洁静精微,不累其迹,知足而不贼,则于《易》深矣!"③

以现代眼光来看,说"洁净"有哲学意义,"精微"有科学意义④,不无道理。经孔子阐释的《易经》集中体现了他的道德哲学思想。《易》之"洁净",在哲学上意味着"无思",即不以纯属个人的思想介入对世界意义关联的认知,即今天所讲的要客观地认识世界而不是以主观做判断。如《易经·系辞上传》所说:"《易》,无思也,无为也,寂然不动,感而遂通天下之故。"这与老子说的"圣人常无心"也是一致的,排除私心的干扰,才能悟出真谛。道德讲求内在的纯正,道德的养成靠持之以恒,"成性存存,道义之门","德"就是沿着"道"行走的积蓄。"精微"之所以有科学意义,是因为其知几而作,以小见大,发微阐幽,见微知著。如《易经·系辞上传》所言:"夫《易》,圣人之所以极深而研几也。"《易经》之教何以致人"洁净精微",可由以下经典名句来体悟。

(一)洁净

"洁净"讲的是纯洁、贞正、诚信、持恒、忠心、守一等。

---

① 胡平生、张萌译注:《礼记》(下),中华书局,2017年,第952页。
② 《易·系辞上》曰:"圣人以此洗心,退藏于密,吉凶与民同患。"《周易·革卦》九五:大人虎变;上六:"君子豹变,小人革面。"
③ 张载:《张载集》,章锡琛点校,中华书局,1978年,第48、50页。
④ 南怀瑾:《易经杂说》,复旦大学出版社,2002年,第2页。

《易经·文言传》：

庸言之信，庸行之谨，闲邪存其诚。

"庸言"为平常言语，"庸行"为寻常行为。一言一行，一举一动，皆诚心而守信用，谨慎而持重。只有盛德、厚德之人才能达到如此境界。"闲邪"即让邪念闲置，亦即抛弃邪念，持守并常存诚意。程传曰："庸信庸谨，造次必于是也。既处无过之地，则唯在闲邪。邪既闲，则诚存矣。""造次"来自《论语·里仁》：

君子无终食之间违仁，造次必于是，颠沛必于是。

这是说，君子不可须臾离开仁，急忙中也不得忘怀，颠仆倒地也不能丢掉仁。

《易经·文言传》：

君子终日乾乾，夕惕若厉，无咎。何谓也？子曰：君子进德修业。忠信，所以进德也。修辞立其诚，所以居业也。知至至之，可与几也。知终终之，可与存义也。是故居上位而不骄，在下位而不忧。故乾乾因其时而惕，虽危无咎矣。

君子整日努力进取，夜晚戒惧反省如临困境，终究没有灾难。君子致力于培育品德，增进学业。以忠信来培养品德，以修饰言辞来建立诚信，这是操持自己事业的立足点。知道能达到的就全力去做，以便抓住时机；当行则行，当止则止，从而使道义得以保存。处于尊贵的地位而不骄傲，处于卑微的地位而不忧愁。所以君子勤奋努力，随时提高警惕，虽然处境危险但没有灾害。程传曰："而君德已著，将何为哉？唯进德修业而已。内积忠信，所以进德也。择言笃志，所以居业也。知至至之，致知也。求知所至而后至之，知之在先，故可与几，所谓始条理者，知之事也。知终终之，力行也。既知所终，则力进而终之，守之在后，故可与存义，所谓终条理者，圣之事也。此学之始终也。君子之学如是，故知处上下之道而无骄忧，不懈而知惧，虽在危地而无咎也。"[①]

《易经·文言传》：

夫"大人"者，与天地合其德，与日月合其明，与四时合其序，与鬼神合其吉凶。先天而天弗违，后天而奉天时。天且弗违，而况于人乎！况于鬼神乎！

---

① 程颐：《周易程氏传》，王鹤鸣、殷子和整理，九州出版社，2010年，第5页。

《乾卦》九五爻所谓"大人",指的是有德而当其位者,如"先王"(参见前文《易传·文言》释文)。"大人"德行与天地、日月、四时、鬼神相合,也就是与自然造化相一致。其言行举止自然不会有违天道。

《易经·文言传》:

"直"其正也,"方"其义也。君子敬以直内,义以方外,敬义立而德不孤。"直方大,不习无不利。"则不疑其所行也。

君子举止端正方直,里外一致,因此能增益于德行;德行盛大,自然一切具备,无往而不利。

《易经·系辞下传》子曰:

颜氏之子,其殆庶几乎?有不善未尝不知,知之未尝复行也。《易》曰:"不远复,无祗悔,元吉。"

孔子很赞赏他的弟子颜回,说他算是一个知几知微、好善修德的君子,稍有不善立即能觉察,知道有了不善的地方,决不再重复。这是对《易经·复卦》初九爻辞道德意义所作的延伸和解释。

《易经·益卦》上九:

莫益之,或击之,立心勿恒,凶。

这是说,得不到人的助益,可能还会遭人攻击。立心不能恒久的人,有凶。

(二)精微

"精微"指精细入微,穷究事理,以小见大,由已知断未知,由过去知未来。

《易经·系辞上传》:

神以知来,知以藏往,其孰能与于此哉?古之聪明睿知,神武而不杀者夫!

《易经》之神妙,就在能知未来。凭什么知道未来神鬼莫测之事?依据科学的逻辑,是由已知事物的必然联系,推断其后续的发展。而其前提,则是知道什么是有价值的、值得保存的知识和经验。这正是"神以知来,知以藏往"的意义。

《易经·系辞上传》:

> 夫《易》,圣人之所以极深而研几也。唯深也,故能通天下之志;惟几也,故能成天下之务,惟神也,故不疾而速,不行而至。

"研"就是研究和考问,"几"则指吉兆和端倪,它是微小的,却能预知未来。所以极深者,至精也。所以研几者,至变也。《易经》是圣人极尽幽深,研究神妙莫测的、未来之事的一门大学问。正由于其幽深,故能通达天下人的心志;正因其神机莫测,故能成就天下的一切事务;正因为其神妙,所以无意加速、不见其行却能快速抵达。

《易经·系辞下传》:

> 夫《易》,彰往而察来,而微显阐幽。开而当名辨物,正言断辞则备矣。

《易经》是彰明以往的事迹,以体察未来事态的演变,显现细微的道理,阐释潜隐的意义。使细微的道理显现出来,使隐秘的意义得以阐释,理则显著,以阐发宇宙的奥秘。我们一打开《易经》,就可以看到每个卦爻有适当的名称,能明辨天下事物的形态,不至于混淆不清,如"乾马""坤牛",正确地指陈吉凶变化的道理,推断文辞是吉,则明确地指出是吉象;反之,凶,则指出凶象,毫无偏差,可以说是完备无缺的了。

《易经·坤卦》

> 初六:"履霜,坚冰至。"
> 六三:"含章可贞。或从王事,无成有终。"

踩到地上的霜,就可以预料接踵而来的寒冰,这是顺理成章的事情。"含章"即含有章法和理路,也就是说有规律。"可贞"就是可以占断、预料。掌握规律和必然性,就可判断事物的发展,这正是科学的逻辑。

关于《易经》之"洁净精微",更多的经典名句可参见前文的《易传》部分。《易经》之教使人"洁净精微而不贼",用今天我们所倡导的价值理念来说,就是讲科学与道德。当今时代工具理性与价值理性的分裂体现在很多方面,而为达到某种目的不惜一切手段,则是最为突出的现实。重温经典,从《易经》之教获得启示,对构建新的精神文明具有重要的现实意义。

五、恭俭庄敬而不烦——《礼》之教

孔子说:"恭俭庄敬而不烦,则深于《礼》者也。"

孔子思想体系中的"礼",实质就是天地系统的理路延展至人文社会而形成的秩序结构,从一定意义上说,"礼"就是"理",它是天理的体现。《论语·学而》曰:

> 礼之用,和为贵。先王之道,斯为美。小大由之,有所不行,知和而和,不以礼节之,亦不可行也。

和谐是天理运行的基本法则,先王之道所遵循的正是这个法则。然而,"和"也会被庸俗化地滥用或不合时宜地误用。小事大事无不由之,看上去随和,但这是不行的。为和而和也是不行的,须得以礼来节制。这里的核心在"节制"。繁文缛节,通常被视为礼貌过度而令人不快。礼之失,就在于烦乱,烦乱实质上是失去了义理,亦即失去了与天地关联的内在结构与秩序。《中庸》曰:

> 喜、怒、哀、乐之未发,谓之中。发而皆中节,谓之和。中也者,天下之大本也。和也者,天下之达道也。致中和,天地位焉,万物育焉。

尊"礼"的关键在于"中节",中节意味着相互作用的时空要素之间的协调与应和。在人与人的关系上,体现为情感、态度、价值观的和谐与融洽。

在一个政治多极化、文化多元化、生活多样化的世界里,人与人之间、人与社会之间、人与自然之间的关系日趋紧张。当代中国基于全球共同利益倡导的人类命运共同体,主张基于不同历史文化背景的人们之间,加强交流与互动,相互理解并彼此容纳,达到和谐共生的目标。考察当代世界各种矛盾与冲突的根源,皆与人性深处的劣根性密切关联。解决世界危机的中国智慧,来自终极的价值关怀,植根于古老的中华文化。关于构建"大同世界"的思想诞生于先王的时代,它能够进入历史,并在当今时代重新焕发出强大的生命力,甚至成为照亮人类未来进程的光明火种,这得益于孔子的贡献。伟大的思想必须得有一定的符号化形式来记载和传播,在没有文字的时代,文明的成果靠口头语言来记忆和传递。孔子编订"六经",就是让那些伟大思想进入了历史,从而使诞生于遥远的、漆黑夜晚的理性之光获得了永恒的价值与意义。"大道之行,天下为公"这一思想的真理意义及其深远的历史意义,当从源头去体味。

这里选取的是《礼记·礼运》部分内容。"礼运"按郑玄《礼记目录》曰:"名曰'礼运'者,以其记五帝、三王相变易,阴阳转旋之道。"孔子在此论述五帝、三王的"大同""小康"之治,以及礼的起源、发展、演变直至完善的过程,揭示人与天地、阴阳、鬼神、五行的密切关系。

《礼记·礼运》①

【原文】(大同)

(一)昔者仲尼与于蜡宾[1],事毕,出游于观[2]之上,喟然而叹。仲尼之叹,盖叹鲁也。言偃[3]在侧,曰:"君子何叹?"孔子曰:"大道之行也,与三代之英,丘未之逮也,而有志焉。"[4]

大道之行也,天下为公。[5]选贤与能,[6]讲信修睦,故人不独亲其亲,不独子其子,使老有所终,壮有所用,幼有所长,矜寡孤独废疾者皆有所养。[7]男有分,女有归。[8]货恶其弃于地也,不必藏于己;力恶其不出于身也,不必为己。[9]是故谋闭而不兴,盗窃乱贼而不作,故外户而不闭。是谓大同。[10]

今大道既隐,天下为家,[11]各亲其亲,各子其子,货力为己,大人世及以为礼。[12]城郭沟池以为固,礼义以为纪;[13]以正君臣,以笃父子,以睦兄弟,以和夫妇,[14]以设制度,以立田里,以贤勇知,[15]以功为己,故谋用是作,而兵由此起。[16]禹、汤、文、武、成王、周公,由此其选也。[17]此六君子者,未有不谨于礼者也。以著其义,以考其信,著有过,刑仁讲让,示民有常。[18]如有不由此者,在执者去,众以为殃。是谓小康。[19]

【注释】

[1]与:参加。蜡(zhà):古代国君年终祭祀叫蜡。宾:陪祭者。参加到蜡祭陪祭者的行列里。

[2]观:宫廷门前两侧的楼台式建筑,又名阙。

[3]言偃:孔子的弟子,姓言名偃,字子游。

[4]逮(dài):赶上。志:记载。《正义》:"大道,谓五帝时也。英,俊选之尤者。逮,及也,言不及见。志,谓识古文。""言生于周衰,身不及见上代,不能备知。虽然不见大道三代之事,而有志记之书焉,披览此书,尚可知于前代也。"《正义》又曰:"云'英,俊选之尤'者,案《辨名记》云:'倍人曰茂,十人曰选,倍选曰俊,千人曰英,倍英曰贤,万人曰杰,倍杰曰圣。'"

---

① 《礼记·礼运》选编原文参考版本:胡平生、张萌译注:《礼记》,中华书局,2017年,第419—441页。注释参考文本:郑玄注,孔颖达疏,喻遂生等整理:《四库家藏·礼记正义》(三),山东画报出版社,2004年。引用释文皆标注《正义》,以有助于理解原文为宗旨,"注""疏"不作细分。"大同""礼之形成""人情礼义"三个小标题原文没有,用以提示三段原文意义。

[5]《正义》:"既云见其遗记,此以下说记中之事,故此先明五帝时也。""'天下为公',谓天子位也。为公,谓揖让而授圣德,不私传子孙,即废朱均而用舜禹是也。"

[6]《正义》:"向明不私传天位,此明不世诸侯也,国不传世,唯选贤与能也,黜四凶,举十六相之类是也。郑注《乡大夫》云:'贤者,有德行者;能者,有道艺者。'四凶:共工、驩兜、鲧、三苗。十六相八元谓伯奋、仲堪、叔献、季仲、伯虎、仲熊、叔豹、季狸。八恺谓苍舒、隤敳、梼戭、大临、尨降、庭坚、仲容、叔达也。"

[7]《正义》:"讲,谈说也。信,不欺也。修,习。睦,亲也。世淳无欺,谈说辄有信也。""君既无私,言信行睦,故人法之,而不独亲己亲,不独子己子,使老有所终者。既四海如一,无所独亲,故天下之老者,皆得赡养,终其余年也。""壮,谓年齿盛壮者也。所用,谓不爱其力以奉老幼也。亦重任分轻任并,班白者不提挈是也。""无所独子,故天下之幼,皆获养长以成人也。""壮不爱力,故四者无告,及有疾者,皆获恤养也。"

[8]《正义》:"分,职也。无才者耕,有能者仕,各当其职,无失分也。""女谓嫁为归。君上有道,不为失时,故有归也。"

[9]《正义》:"货,谓财货也。既天下共之,不独藏府库,但若人不收录,弃掷山林,则物坏世穷,无所资用,故各收宝而藏之。是恶弃地耳,非是藏之为己,有乏者便与也。""力,谓为事用力。言凡所事,不惮劬(qú)劳,而各竭筋力者,正是恶于相欺,惜力不出于身耳。非是欲自营赡。故云'不必为己'也。"

[10]《正义》:"兴,起也。夫谋之所起,本为鄙诈。今既天下一心,如亲如子,故图谋之事,闭塞而不起也。""有乏辄与,则盗窃焉施?有能必位,则乱贼何起作也?""扉从外阖也。不闭者,不用关闭之也。重门击柝,本御暴客。既无盗窃乱贼,则户无俟于闭也,但为风尘入寝,故设扉耳。无所捍拒,故从外而掩也。""率土皆然,故曰'大同'。"

[11]《正义》:"前明五帝已竟,此明三代俊英之事。孔子生及三代之末,故称今也。隐,去也。干戈攻伐,各私其亲,是大道去也。""父传天位与子,是用天下为家也,禹为其始也。"

[12]《正义》:"君以天位为家,故四海各亲亲而子子也。""藏货为身,出力赡己。""大人,谓诸侯也。世及,诸侯传位自与家也。父子曰世,兄弟曰及,谓父传与子,无子则兄传与弟也,以此为礼也。然五帝犹行德不以为礼,三王行为礼之礼,故五帝不言礼,而三王云'以为礼'也。"

[13]《正义》:"城,内城。郭,外城也。沟池,城之堑。既私位独传,则更相争夺,所以为此城郭沟池,以自卫固也。""纪,纲纪也。五帝以大道为纪,而三王则用礼义为纪也。"

[14]《正义》:"缘此诸事有失,故并用礼义,为此以下诸事之纪也。君臣义合,故曰'正'。父子天然,故云'笃'。笃,厚也。兄弟同气,故言'睦'。夫妇异姓,故言和,谓亲迎合卺(jǐn)之事。"

[15]《正义》:"又用礼义设为宫室、衣服、车旗、饮食、上下、贵贱,各有多少之制度也。""田,种谷稼之所。里,居宅之地,贵贱异品。""贤,犹崇重也。既盗贼并作,故须勇也。更相欺妄,故须知也。所以勇知之士,皆被崇重也。"

[16]《正义》:"立功起事,不为他人也。""故奸诈之谋,用是货力为己而兴作,而战争之兵,由此货力为己而发起。"

[17]《正义》:"以其时谋作兵起,递相争战,禹汤等能以礼义成治,故云'由此其选'。由,用也。此,谓礼义也。用此礼义教化,其为三王中之英选也。"

[18]《正义》:"言此圣贤六人,皆谨慎于礼,以行下五事也。""此以下皆谨礼之事也。著,明也。义,宜也。民有失所,则用礼明裁断之,使得其宜也。""考,成也。民有相欺,则用礼成之使信也。""著,亦明也。过,罪也。民有罪则用礼以照明之也。""刑,则也。民有仁者,用礼赏之,以为则也。民有争夺者,用礼与民讲说之,使推让也。""以礼行上五德,是示见民下为常法也。然此五德,即仁、义、礼、知、信也。能明有罪是知也,能讲推让即是礼也。"

[19]《正义》:"由,用也。去,罪退之。殃,祸恶也。若为君而不用上谨于礼以下五事者,虽在富贵执位,而众人必以为祸恶,共以罪黜退之。""康,安也。行礼自卫,乃得不去执位,及不为众所殃,而比大道为劣,故曰'小安'也。"

【原文】(礼之形成)

(二)言偃复问曰:"如此乎礼之急也?"孔子曰:"夫礼,先王以承天之道,以治人之情,故失之者死,得之者生。[1]《诗》曰:'相鼠有体,人而无礼。人而无礼,胡不遄死?'[2]是故夫礼必本于天,殽于地,[3]列于鬼神,达于丧、祭、射、御、冠、昏、朝、聘。[4]故圣人以礼示之,故天下国家可得而正也。"[5]

言偃复问曰:"夫子之极言礼也,可得而闻与?"[6]孔子曰:"我欲观夏道,是故之杞,而不足征也。吾得《夏时》焉。我欲观殷道,是故之宋,而不足征也,吾得《坤乾》焉。《坤乾》之义,《夏时》之等,吾以是观之。[7]

"夫礼之初,始诸饮食,其燔黍捭豚,污尊而抔饮,蒉桴而土鼓,犹若可以致其敬于鬼神。[8]及其死也,升屋而号,告曰:'皋某复。'[9]然后饭腥而苴孰,故天望而地藏也。[10]体魄则降,知气在上,[11]故死者北首,生者南乡,皆从其初。[12]

"昔者先王未有宫室,冬则居营窟,夏则居橧巢。[13]未有火化,食草木之实,鸟兽之肉,饮其血,茹其毛;未有麻丝,衣其羽皮。[14]后圣有作,然后修火之利,范金,合土,以为台榭、宫室、牖户;[15]以炮以燔,以亨以炙,以为醴酪;治其麻丝,以为布帛。以养生送死,以事鬼神上帝,皆从其朔。[16]

"故玄酒在室,醴、盏在户,粢醍在堂,澄酒在下。[17]陈其牺牲,备其鼎、俎,列其琴、瑟、管、磬、钟、鼓,修其祝、嘏,以降上神与其先祖,[18]以正君臣,以笃父子,以睦兄弟,以齐上下,夫妇有所。是谓承天之祜。[19]

"作其祝号,玄酒以祭,荐其血、毛,腥其俎,孰其殽。与其越席,疏布以幂,衣其浣帛;醴、盏以献,荐其燔、炙。君与夫人交献,以嘉魂魄。是谓合莫。[20]然后退而合亨,体其犬豕牛羊,实其簠、簋、笾、豆、铏羹,祝以孝告,嘏以慈告。是谓大祥。此礼之大成也。[21]"

【注释】

[1]《正义》:"言偃既见夫子所云,三王得礼则兴,失礼则亡,故云'礼之急'也。故孔子乃答以礼所用,既上以承天之道,下以治民之情,不云'承地'者,承天则承地可知。""言失礼则死,若桀纣也。""'得之者生'者,若禹汤也。"

[2]《正义》:"引《诗·鄘风》者,证人若无礼,不如速死。此《诗》卫文公以礼化其臣子,臣子无礼之人。相,视也。视鼠有其形体,人亦有其形体,鼠无礼故贱,人有礼故贵。若人而无礼,何异于鼠?鼠之无礼,不能损害。人之无礼,伤害更多,故云'胡不遄死'。胡,何也。遄(chuán),疾也。何不疾死,无所侵害。"

[3]《正义》:"言圣人制礼,必则于天。礼从天出,故云'必本于天'。非但本于天,又殽于地。殽,效也。言圣人制礼,又效于地,天远故言本,地近故言效。"

[4]《正义》:"鬼者,精魂所归,神者,引物而出,谓祖庙山川五祀之属也。""言圣人制礼,布列效法于鬼神,谓法于鬼神以制礼。圣人既法天地鬼神以制礼,本谓制礼以教民,故祀天禋(yīn)地,享宗庙,祭山川,一则报其礼之所来之功,二则教民严上之义。""民既知严上之义,晓达丧礼,丧有君亲,知严上则哀其君亲,是晓达丧礼也。祭是享祀君亲,既知严上则达于祭也。射、御是防御供御尊者,人知严上,则达于射御,冠有著代之义,昏有代亲之感,人知严上,则达冠昏矣。朝是君之敬上,聘是臣之事君。民知严上则达于朝聘,在下既晓于此八者之礼,无教不从。"

[5]《正义》:"天下,谓天子。国,谓诸侯。家,谓卿大夫。下既从教,不复为邪,故得而正也。"

[6]《正义》:"言偃既见孔子极言礼,故问其礼之终始,可得闻不?"

[7]《正义》:"我欲行夏礼,故观其夏道可成与不,是故之适于杞,欲观夏礼而与之成。""征,成也。谓杞君暗弱,不堪足与成其夏礼。然因往适杞,而得夏家四时之书焉。夏礼既不可成,我又欲观殷道可成与不,是故适宋,亦以宋君暗弱,不堪足与成其礼。吾得殷之《坤乾》之书,谓得殷家阴阳之书也。其殷之《坤乾》之书,并夏四时之书,吾以二书观之,知上代以来,至于今世,时代运转,礼之变通,即下云'夫礼之初'以下是也。"

[8]礼:吉礼。《正义》:"'燔(fán)黍'者,以水洮(táo)释黍米,加于烧石之上以燔之,故云'燔黍'。或捭(bǎi)析豚肉,加于烧石之上而孰之,故云'捭豚'。""谓凿地污下而盛酒,故云'污尊'(凿地为尊),以手掬之而饮,故云'抔(póu)饮'。""'蒉桴'(kuì fú)者,又抟土块为桴。皇氏云'桴谓击鼓之物',故云蒉桴。""筑土为鼓。故云'土鼓'。""言上来之物,非但可以事生,若,如也,言犹如此,亦可以致其恭敬于鬼神,以鬼神享德,不享味也。"

[9]《正义》:"及其身之死也,升上屋而号呼""'告曰皋某复'者,谓北面告天曰皋。皋,引声之言。某,谓死者名。令其反复魄,复魄不复,然后浴尸而行含礼。"

[10]《正义》:"于含之时,饭用生稻之米,故云'饭腥',用上古未有火化之法。'苴(jū)孰'者,至欲葬设遣奠之时,而用苞裹孰肉,以遣送尸,法中古修火化之利也。""天望,谓始死望天而招魂。地藏,谓葬地以藏尸也。"

[11]《正义》:"覆释所以天望地藏之意。所以地藏者,由体魄则降故也,故以天望招之于天,由知气在上故也。"

[12]《正义》:"体魄降入于地为阴,故死者北首,归阴之义。死者既归阴,则生者南乡归阳也。""谓今世饭腥苴孰,与死者北首生者南乡之等,非是今时始为此事,皆取法于上古中古而来,故云'皆从其初'。"

[13]《正义》:"'未有宫室'",则总是五帝之前。""营累其土而为窟,地高则穴于地,地下则窟于地上,谓于地上累土而为窟。""谓橧(zēng)聚其薪以为巢。"

[14]《正义》:"云'未有火化'之事,则唯为伏牺之前,以上文中古神农有火故也。""虽食鸟兽之肉,若不能饱者,则茹食其毛以助饱也。"

[15]《正义》:"谓上古之后,圣人作起。""'然后修火之利'者,谓神农也。火利言修者,火利,先有用之,简少,至神农更修益使多,故云'修'。""'范金'者,谓为形范以铸金器。'合土'者,谓和合其土,烧之以作器物。""'以为台榭宫室牖户'者,谓五帝时也。"

[16]以炮:裹烧之也;以燔:加于火上。以亨:煮之镬(huò)也。以炙:贯之火上。以为醴酪(lǐ lào):烝酿之也。《正义》:"谓今世所为范金合土烧炙醴酪之属,非始造之,皆仿法中古以来,故云'皆从其朔'。"

[17]《正义》:"此一节明祭祀因于古昔所供之物,并酒之所陈之处。""玄酒,谓水也。以其色黑谓之玄。而大古无酒,此水当酒所用,故谓之玄酒。以今虽有五齐三酒,贵重古物,故陈设之时,在于室内而近北。""醴,谓醴齐(lǐ qí,甜酒)。盏,谓盎齐(àng qí,一种白色的酒)。以其后世所为,贱之,陈列虽在室内,稍南近户,故云'醴醆在户'。""'粢醍(zī tí,浅红色清酒)在堂'者,以卑之,故陈列又南近户而在堂。'澄酒在下'者,澄,谓沈齐也。酒,谓三酒:事酒,昔酒,清酒之等,稍卑之,故陈在堂下也。"沈齐:五齐之一,指糟滓下沉的清酒。五齐亦作"五齑(jī)"。古代按酒的清浊,分为五等,合称"五齐"。后亦泛指酒。

《周礼·天官·酒正》:"辨五齐之名:一曰泛齐,二曰醴齐,三曰盎齐,四曰缇(醍)齐,五曰沉齐。"郑玄注:"自醴以上,尤浊缩酌者,盎以下差清。"

[18]陈列牺牲,备齐鼎、俎,排列琴、瑟、管、磬、钟、鼓等乐器,精心修制飨神、及神佑之辞,以迎接天神和祖宗的降临。《正义》:"祝,谓以主人之辞飨神。嘏(gǔ),谓祝以尸之辞致福而嘏主人也。""上神,谓在上精魂之神,即先祖也。指其精气,谓之上神。指其亡亲,谓之先祖,协句而言之,分而为二耳。皇氏、熊氏等云:'上神,谓天神也。'"

[19]通过这些礼仪端正君臣关系,加深父子感情,使兄弟和睦,平衡上下秩序,夫妇各守本分,这就叫承受上天的赐福和保佑。《正义》:"'是谓承天之祜(hù)'者,言行上事得所,则承受天之祜福也。"

[20]祝号:向鬼神报告祭祀所用牺牲玉帛,号,用以尊神显物。越(huó)席:用蒲草编织的席。幂:覆盖酒樽。浣帛:祭服,练染而成。交献:君与夫人交错而献也。《正义》:"莫,谓虚无寂寞,言死者精神虚无寂寞,得生者嘉善,而神来歆(xīn)飨,是生者和合于寂寞。""此谓荐上古中古之食也。《周礼》祝号有六:'一曰神号,二曰鬼号,三曰祇号,四曰牲号,五曰齍号,六曰币号。'号者,所以尊神显物也。腥其俎,谓豚解而腥之,及血毛,皆所以法于大古也。孰其殽,谓体解而爓(xún)之。此以下,皆所法于中古也。越席,翦蒲席也。幂,覆尊也。浣帛,练染以为祭服。嘉,乐也。莫,虚无也。《孝经说》曰:'上通元莫。'"

[21]合亨:上文言"孰其殽",牲肉并未完全煮熟,所以再合牲体烹熟。亨同烹。簠、簋、笾、豆、铏(xíng)羹:都是盛放食品的器具。铏,形制如鼎而小,盛装菜汤和肉汤。《正义》:"此谓荐今世之食也。体其犬豕牛羊,谓分别骨肉之贵贱,以为众俎也。祝以孝告,嘏以慈告,各首其义也。祥,善也,今世之食,于人道为善也。"如此祭礼就完成了。

【原文】(人情礼义)

(三)"何谓人情?喜、怒、哀、惧、爱、恶、欲,七者弗学而能。[1]何谓人义?父慈、子孝、兄良、弟弟、夫义、妇听、长惠、幼顺、君仁、臣忠,十者谓之人义。[2]讲信修睦,谓之人利;争夺相杀,谓之人患。故圣人所以治人七情,修十义,讲信修睦,尚辞让,去争夺,舍礼何以治之?[3]饮食男女,人之大欲存焉;死亡贫苦,人之大恶存焉。故欲恶者,心之大端也。人藏其心,不可测度也。美恶皆在其心,不见其色也,欲一以穷之,舍礼何以哉?[4]

"故人者,其天地之德,阴阳之交,鬼神之会,五行之秀气也。[5]故天秉阳,垂日星;地秉阴,窍于山川。播五行于四时,和而后月生也。是以三五而盈,三五而阙。[6]五行之动,迭相竭也。五行、四时、十二月,还相为本也。五声、六律、十二管,还相为宫也。五味、六和、十二食,还相为质也。五色、六章、十二衣,还相为质也。[7]故人者,天地之心也,五行之端也,食味、别声、被色而生者也。[8]

"故圣人作则,必以天地为本,以阴阳为端,以四时为柄,以日星为纪,月以为量,鬼神以为徒,五行以为质,礼义以为器,人情以为田,四灵以为畜。[9]以天地为本,故物可举也;以阴阳为端,故情可睹也;以四时为柄,故事可劝也;以日星为纪,故事可列也。月以为量,故功有艺也;鬼神以为徒,故事有守也;五行以为质,故事可复也;礼义以为器,故事行有考也;人情以为田,故人以为奥也;四灵以为畜,故饮食有由也。[10]

"何谓四灵?麟、凤、龟、龙,谓之四灵。故龙以为畜,故鱼鲔不淰;凤以为畜,故鸟不獝;麟以为畜,故兽不狘;龟以为畜,故人情不失。[11]故先王秉蓍龟,列祭祀,瘗缯,宣祝嘏辞说,设制度。故国有礼,官有御,事有职,礼有序。[12]

"故先王患礼之不达于下也,故祭帝于郊,所以定天位也;祀社于国,所以列地利也;祖庙,所以本仁也;山川,所以傧鬼神也;五祀,所以本事也。[13]故宗祝在庙,三公在朝,三老在学,王前巫而后史,卜筮瞽侑皆在左右。王中心无为也,以守至正。[14]故礼行于郊而百神受职焉,礼行于社而百货可极焉,礼行于祖庙而孝慈服焉,礼行于五祀而正法则焉。故自郊、社、祖庙、山川、五祀,义之修而礼之藏也。[15]

"是故夫礼,必本于大一,分而为天地,转而为阴阳,变而为四时,列而为鬼神。其降曰'命',其官于天也。[16]夫礼必本于天,动而之地,列而之事,变而从时,协于分艺。其居人也曰'养',[17]其行之以货、力、辞让、饮食、冠、昏、丧、祭、射、御、朝、聘。[18]

"故礼义也者,人之大端也。所以讲信修睦,而固人肌肤之会,筋骸之束也;所以养生送死,事鬼神之大端也;所以达天道,顺人情之大窦也。故唯圣人为知礼之不可以已也。故坏国、丧家、亡人,必先去其礼。[19]

【注释】

[1]《正义》:"案昭二十五年《左传》云:'天有六气,在人为六情,谓喜怒哀乐好恶。'此之喜怒及哀恶与彼同也。此云'欲'则彼云'乐'也,此云'爱'则'好'也,谓六情之外,增一'惧'而为七。熊氏云:'惧则怒中之小别,以见怒而怖惧耳。'六气,谓阴阳风雨晦明也。按彼传云:'喜生于风,怒生于雨,哀生于晦,乐生于明,好生于阳,恶生于阴。'其义可知也。"

[2]《正义》:"此文先从亲者为始,以渐至疏,故长幼在后,君臣处末。按昭二十六年《左传》云:'君令臣共,父慈子孝,兄爱弟敬,夫和妻柔,姑慈妇听。'与此大同。"

[3]《正义》:"七情好恶不定,故云'治'。十义俱是义事,故云'修'。信是深隐,故须'讲'。睦恐乖离,故云'修'。各随事立文也。"

[4]《正义》:"端,谓头绪。饮食男女,是人心所欲之大端绪也。死亡贫苦,是人心所恶之大端绪也。""言人深心厚貌,内外乖违,包藏欲恶之心,既无形体,不可测度而知,故

美恶皆在其心,外边不见其色。""一,谓专一。穷,谓穷尽,言人君欲诚悫(què,诚实)专一,穷尽人美恶之情,若舍去其礼,更将何事以知之哉! 礼所以知人心者,有事于中心,貌必见于外。若七情美善,十义流行,则举动无不合礼。若七情违辟,十义亏损,则动作皆失其法,故云:'舍礼何以哉!'"这是说,情义利患必须用礼仪来治理,人之欲恶隐藏深心难以知晓,舍弃礼治,无由可化。

[5]《正义》:"天以覆为德,地以载为德,人感覆载而生,是天地之德也。""阴阳,则天地也。据其气谓之阴阳,据其形谓之天地。独阳不生,独阴不成,二气相交乃生,故云'阴阳之交'也。""鬼谓形体,神谓精灵。《祭义》云:'气也者,神之盛也。魄也者,鬼之盛也。'必形体精灵相会,然后物生,故云'鬼神之会'。""秀,谓秀异。言人感五行秀异之气,故有仁义礼知信,是五行之秀气也。故人者天地之德,阴阳之交,是其气也,鬼神之会,五行之秀,是其性也,故注云'兼此气性纯也'。"

[6]秉:犹持也。播:分散。播五行于四时:把五行与四季相配。《正义》:"言天秉持阳气,垂悬日星,以施生照临于下也。""窍,孔也,为孔于山川,以出纳其气也。""播,谓播散五行金木水火土之气,于春夏秋冬之四时也。""若四时不和,日月乖度,寒燠(yù,热)失所,则月不得依时而生。若五行四时调和,道度不失,而后月依时而生也。""以其依时得节,是以三五十五日而得盈满,又三五十五日而亏阙也。日无亏阙之理,故前经天德直言'垂日星'。地既播五行之气,月有亏盈之理,故须备言之,故略于天德而详于地德也。"

[7]动:运转。迭相竭:指五行交替衰竭。如春为木,夏为火,火旺则木竭。十二管:即十二律。还(xuán)象为宫:意谓十二管依次更迭充当宫声。《正义》:"犹若孟春则建寅之月,为诸月之本,仲春则以建卯之月,为诸月之本,是还回迭相为本也。""五声,谓宫、商、角、徵、羽。六律,谓阳律也。举阳律则阴吕从之可知,故十二管也。十一月黄钟为宫,十二月大吕为宫,是还回迭相为宫也。""五味为酸、苦、辛、咸,加之以滑与甘,为六和也。(注曰:和之者,春多酸,夏多苦,秋多辛,冬多咸,皆有滑甘,是谓六和。五色六章,画缋事也。)每月之首,各以其物为质,是十二月之食,还相为质也。""五色,谓青、赤、黄、白、黑,据五方也。六章者,兼天玄也。以玄黑为同色,则五中通玄,缋(huì,绘画)以对五方,则为六色为六章也。为十二月之衣,各以色为质,故云'还相为质也'。"

[8]《正义》:"此一节以前文论人禀天地五行气性而生,此以下论禀气性之有效验,各依文解之。""天地高远在上,临下四方,人居其中央,动静应天地,天地有人,如人腹内有心,动静应人也,故云'天地之心也'。""端,犹首也。万物悉由五行而生,而人最得其妙气,明仁义礼智信为五行之首也。""人既是天地之心,五行之端,故有此下之事也。五行各有味,人则并食之。""五行各有声,人则含之,皆有分别也。""五行各有色,人则被之以生也。被色,谓人含带五色而生者也。五行有此三种,最为彰著,而人皆禀之以生,故为

五行之端者也。然味言'食',声言'别',色言'被',各别,随义为言也。"

[9]则:法也。本:根本。端:始。柄:把手。纪:纲纪。量:犹分也。鬼神:谓山川也。《正义》:"用天地为根本,又自阴阳为端首也。犹如剑戟以近柄处为根本,以锋杪(miǎo,末端)为端首也。圣人制法,左右法阴阳,及赏以春夏,刑以秋冬,是法阴阳为端首也。""春生夏长,秋敛冬藏,是法四时为柄也。剑戟须柄而用之,圣人为教象,须法四时而通也。""日行有次度,星有四方,列宿分部昏明,敬授民时,是法日星为纲纪也。""量,犹分限也。天之运行,每三十日为一月,而圣人制教,亦随人之才分,是法月为教之限量也。""鬼神,谓山川鬼神,助地以通气,是以为地之徒属,圣王象之,树立群臣,助己以施教,为己徒属也。""质,体也。五行循回不停,周而复始,圣人为教,亦循还复始,是法五行为体也。""上既有法象为先,故可执礼义为器用,如农夫之执耒耜也。""礼义以为器,可耕于人情。人情得礼义之耕,如田得耒耜之耕也。""圣人既法象天地,用礼义耕人情,故获天地应以徵报也。四灵并至,圣人畜之,如人养牛马为畜。"

[10]《正义》:"以天地为本,故万物可举也。天地生养万物,今本天地而为政教,故万物可举而兴也。""人情与阴阳相通,今法阴阳为教,故人情无隐所以可睹见也。""生长收藏,随时无失,故民不假督励,而事自劝成也。""列,犹次第也。日中星鸟,敬授民时,无失早晚,故民事有次第也。""艺,犹才也。十二月限分,犹人才各有所长,圣人随人才而教之,则人竭其才之所长而为功,故云'功有艺'也。""山川鬼神,各有分职不移,今为教引鬼神为徒属,则事无失业,故云'事有守也'。""五行周而复始,运回无穷,为教法则此,则事必不绝,故云'可复',复,反也。""考,成也。工欲善其事,必先利其器,若治国用礼义为器,是器之利者,故所治之事,行必有成也。""'人情以为田,故人以为奥也',上'人'是人民,下'人'是圣人。奥,主也。田无主则荒废,故用人为主。今以人情为田,用圣人以为田主,则人情不荒废也。""由,用也。灵是众物之长,长既至为圣人所畜,则其属并随其长而至,得以充庖厨,是'饮食有用也'。"

[11]《正义》:"谓之'灵'者,谓神灵。以此四兽皆有神灵,异于他物,故谓之灵。""渗(shěn),水中惊走也。鱼鲔(wěi,鲟鱼),从龙者,龙既来为人之畜,故其属见人不渗然惊走也。""獝(xù),惊飞也。鸟从凤来,凤既来为人之畜,故其属见人不獝然惊飞也。""狘(xuè),惊走也。兽,从麟者,麟既来,为人之畜,故其属见人不狘然惊走也。""以龟知人情,龟既来应人,知人情善恶,故人各守其行,其情不失也。"意为:以龙为家畜鱼类就不会惊逃;以凤凰为家畜鸟类就不会惊逃;以麒麟为家畜百兽就不会惊逃;以龟为家畜就可以占卜以预知人情。

[12]《正义》:"龟既知人情,因美龟德也。先王圣人,将有大事,必秉执蓍龟而问吉凶。言蓍者,凡卜皆先筮,故兼言之也。""陈列祭祀,谓郊庙以下,皆用卜筮也。""瘱(yì),

埋也,谓祀地埋牲也。《祭法》云:'瘗埋于泰折(tài shé,祭地神处)祭地也。'币帛曰缯(zēng),缯之言赠也,谓埋告又赠神也。""宣,扬也。祝嘏有旧辞,更宣扬告神也。""'设制度'者,谓造宫室城隍车旗之属也。""上诸事既并用卜筮,故国家必有其礼也。""国既有礼,故百官各御其事也。""官既有御,故百事各有职主也。""凡所行礼,皆有次序也。"

[13]《正义》:"虽并用卜筮,而民下犹未见信,先王患之,更为下诸事,使达下也。""天子至尊,而犹祭于郊,以行臣礼而事天也,是欲使严上之礼达于下。天高在上,故云'定天位也',亦即是必本于天也。""天子至尊,而犹自祭社,欲使报恩之礼达于下也。地出财,故云'列地利也',亦即是命降于社之谓殽地也。""王在宗庙,以子礼事尸,是欲使仁义之教达于下也,亦即降于祖庙之谓仁义。""王自祭山川,是欲使傧敬鬼神之教达于下也。傧,敬也,亦即是降于山川之谓兴作也。""王自祭五祀,是欲使本事之教达于下也。五祀是制度,故云'本事也',亦即是降于五祀之谓制度也。"

[14]《正义》:"前明因事鬼神,使礼达于下,此明因委于人,使礼达于下也。宗,宗伯也。祝,大祝也。王在宗庙,则委于宗祝,示不自专以达下也。""在朝职事,则委任三公也。""乞言则受之三老。""若王吊临,则前委于巫也。""动则左史书之,言则右史书之,不敢为非也。既言'前巫',故云'后史'也。""卜筮主决疑。瞽是乐人,主和也。侑(yòu,助)是四辅,典于规谏者也。示不自专,故并置左右也。""既祭祀尊神及委任得人,故中心无为,以守至正之道也。"

[15]《正义》:"此一节论上文礼既达于下,有功而见徵应。""百神,天之群神也。王郊天备礼,则星辰不忒,故云'受职'。""王祀社尽礼,则五谷丰稔(rěn,庄稼成熟),金玉露形,尽为国家之用,故云'可极焉'。""王祭庙尽礼,而天下皆服行孝慈也。《诗》云'无思不服'是也。王云:'孝慈之道,为远近所服也。'""王祭五祀以礼而天下法则,各得其正也。然前有山川兴作,此不言者,法则之事包之也。""祭在上诸神,是义之修饰,礼之府藏也。"

[16]大一:即太一。《正义》:"礼既藏于郊社天地之中,是故制礼必本于天以为教也。""谓天地未分,混沌之元气。极大曰大,未分曰一,其气既极大而未分,故曰大一也。礼理既与大一而齐,故制礼者用至善之大理,以为教本,是本于大一也。""混沌元气既分,轻清为天在上,重浊为地在下,而制礼者法之,以立尊卑之位也。""天地二形既分,而天之气运转为阳,地之气运转为阴。而制礼者,贵左以象阳,贵右以法阴。又因阳时而行赏,因阴时而行罚也。""阳气则变为春夏,阴气则变为秋冬,而制礼者,吉礼则有四面之坐,凶礼有恩理节权,是法四时也。""鬼神,谓生成万物鬼神也。四时变化,生成万物,皆是鬼神之功。圣人制礼,则陈列鬼神之功以为教也。""降,下也。言圣人制礼,皆仰法'大一'以下之事,而下之以为教命也。""官,犹法也。言圣人所以下为教命者,皆是取法于天也。"

[17]《正义》:"谓本于大一与上天也。谓行至诚大道,是本大一,效天降命,是本于天

也。""祀社于国是也。""谓五祀,即五祀,所以本事是也。""时,四时也。则四时以为柄是也。""协,合也。分,是日月之量也。艺,人之才。言制礼以月为量,合人才之长短也。""养,宜也。言制度以上诸事之礼,居人中身,则人得其宜也。"

[18]《正义》:"此皆居人身曰义之礼也,谓诸礼皆须义行,故云'行'也。货,庭实也。力,筋力,拜伏也。辞让,宾主三辞三让。饮食,飨食之属也。冠,二十成人而冠。昏,三十而取。射,五射。御,五驭。朝,五年朝及诸侯自相朝相见之礼。聘,谓比年一小聘,三年一大聘。言人若有义在身,则能行此诸礼也。"

[19]窦:孔穴。《正义》:"孔穴开,通人之出入。礼义者,亦是人之所出入,故云'达天道顺人情之大窦也'。"此段意为:所以礼仪是人的头等大事,以之讲求诚信维持和睦,如同人之肌肤会合、筋骨相连;是用以养生、送死、侍奉鬼神的头等大事;是用以通达天道、和顺人情的最大渠道。所以只有圣人才知道礼义是不可以废止的。凡有亡国、败家、死人之事发生,都必是因为先失去了礼义。

六、属辞比事而不乱——《春秋》之教

孔子说:"属辞比事而不乱,则深于《春秋》者也。"

《春秋》记述的历史,起自鲁隐公元年(前722年),至鲁哀公十四年(前481年)。这是中国历史上的一个混乱时期,也可视为中华文明由之而诞生出新的有序结构的混沌期。周王朝中央集权的衰败和诸侯国的兴起,使争夺权力的斗争达到白热化,人性中的一切方面展露无遗,善恶的较量遍及宫廷的每个角落。《史记·太史公自序》曰:"《春秋》之中,弑君三十六,亡国五十二,诸侯奔走不得保其社稷者不可胜数。察其所以,皆失其本已。"[1]《孟子·滕文公章句下》:"世衰道微,邪说暴行有作,臣弑其君者有之,子弑其父者有之。孔子惧,作《春秋》。《春秋》,天子之事也。是故孔子曰:'知我者,其惟《春秋》乎!罪我者,其惟《春秋》乎!'……昔者禹抑洪水而天下平,周公兼夷狄、驱猛兽而百姓宁,孔子成《春秋》而乱臣贼子惧。"[2]由"孔子惧,作《春秋》",到"《春秋》成,乱臣惧"。足见"属辞比事"以拨乱反正之意义,其对文明社会的秩序建构所做的贡献丝毫不亚于大禹和周公。

《春秋》用于记事的语言极为简练,看上去是一部大事年表性质的历史书。然而几乎每个句子都暗含褒贬之意,被后人称为"春秋笔法""微言大义"。言微是说其简略,大义指其内藏褒贬。司马迁对《春秋》极为推崇,他说:"夫《春秋》,上明三王之道,下辨人事之

---

[1] 司马迁:《史记》,太白文艺出版社,2006年,第622页。
[2] 朱熹注,王浩整理:《四书集注》,凤凰出版社,2008年,第259、260页。

纪,别嫌疑,明是非,定犹豫,善善恶恶,贤贤贱不肖,存亡国,继绝世,补敝起废,王道之大者也。"[1]《春秋》因言简意赅,为帮助理解,后人有许多诠释之作,对书中的记载进行解释和说明,称之为"传"。一般认为《左传》是春秋时期鲁国史官左丘明所作的一部独立的历史著作,它与《春秋》所记载的历史年代大致相当,但讫年比《春秋》晚28年,即止于公元前453年。但也有认为它是为《春秋》所作的《传》。左丘明《春秋左氏传》、公羊高《春秋公羊传》、穀梁赤《春秋穀梁传》合称"春秋三传",被列入儒家经典。现《春秋》原文一般合编入《左传》作为"经",《左传》新增内容作为"传"。"春秋三传"各有侧重。《春秋穀梁传》《春秋公羊传》两传侧重阐发《春秋》中的"微言大义",《左传》则侧重历史细节的补充。以下内容选自《左传》[2]。

(一)《郑伯克段于鄢》(隐公元年)

背景:郑国是除鲁国之外最早载入《春秋》和《左传》的诸侯国。此段文字记载郑庄公击败弟弟共叔段的来龙去脉及"黄泉相见"典故来历。篇目为后来所加,《左传》本无。郑,国名,姬姓,其位置在今河南省新郑市。郑伯即郑庄公。春秋时有五等爵:公、侯、伯、子、男。郑属伯爵。段,庄公之弟。鄢,郑地名,在今河南鄢陵县境。隐公,鲁隐公。《春秋》是以鲁国的纪元编年的。隐公元年即公元前722年。

【原文】

初,郑武公娶于申,曰武姜。[1]生庄公及共叔段。庄公寤生,惊姜氏,故名曰"寤生",遂恶之。[2]爱共叔段,欲立之。亟请于武公,公弗许。[3]及庄公即位,为之请制。[4]公曰:"制,岩邑也,虢叔死焉,佗邑唯命。"请京,使居之,谓之京城大叔。[5]

【注释】

[1]初:当初。郑武公:名掘突,郑桓公的儿子,郑国第二代君主。娶于申:娶申国国君女为妻。申,春秋时国名,姜姓,在今河南省南阳市北。曰武姜:叫武姜。武姜,郑武公之妻,"姜"是娘家姓,"武"表示丈夫为武公。

[2]共(gōng)叔段:郑庄公的弟弟,名段。他在兄弟之中年岁小,因此称"叔段"。寤(wù)生:难产的一种,胎儿的脚先生出来。寤,通"牾",逆,倒着。惊:使动用法,使姜氏惊。遂恶(wù)之:因此厌恶他。

[3]爱:喜欢,喜爱。亟(qì)请于武公:屡次向武公请求。亟,屡次。公弗许:武公不答应她。

---

① 郭预衡:《中国散文史长编》上,山西教育出版社,2008年,第144页。
② 引用原文参考版本:翁其斌:《〈左传〉精读》,上海古籍出版社,2012年。

[4]及庄公即位:到了庄公做国君的时候。制:地名,即虎牢,在今河南省荥(xíng)阳市西北。

[5]岩邑:险要的城镇。虢(guó)叔死焉:东虢国的国君死在那里。佗邑唯命:别的地方,听从您的吩咐。京:郑邑名,在今河南省荥阳市东南。庄氏请求京地,使共叔段住在那里,称其为京城大(tài)叔。("大"同"太")

【原文】

祭仲曰:"都城过百雉,国之害也。"[1]先王之制:大都,不过参国之一;中,五之一;小,九之一。今京不度,非制也,君将不堪。"[2]公曰:"姜氏欲之,焉辟害?"对曰:"姜氏何厌之有?不如早为之所,无使滋蔓。蔓,难图也。蔓草犹不可除,况君之宠弟乎?"[3]公曰:"多行不义,必自毙,子姑待之。"[4]

既而大叔命西鄙、北鄙贰于己。[5]公子吕曰:"国不堪贰,君将若之何?欲与大叔,臣请事之;若弗与,则请除之。无生民心。"[6]公曰:"无庸,将自及。"[7]大叔又收贰以为己邑,至于廪延。[8]子封曰:"可矣,厚将得众。"[9]公曰:"不义不暱,厚将崩。"[10]

【注释】

[1]祭(zhài)仲:郑国大夫。都:次于国都而高于一般都邑。雉:量词,长三丈,高一丈。国之害也:国家的祸害。

[2]先王:前代君王。参:同"三"。参国之一,国都的三分之一。古制,侯伯之国,城墙为三百雉。三分之一就是百雉。不度:不合法度。非制也:不是先王定下的制度。不堪:受不了,控制不住。

[3]焉辟害:哪里能逃避祸害。何厌之有:有何厌。为之所:给他安排个地方。无使滋蔓(zī màn):不要使其滋长蔓延。图:除掉。犹:尚且。况:何况。

[4]多行不义,必自毙:多做不义的事,必定自己垮台。姑:姑且,暂且。

[5]既而:不久。鄙:边邑。贰:两属,属二主。贰于己:一方面属于庄公,一方面属于自己。

[6]公子吕:字子封,郑国大夫。堪:承受。若之何:对它怎么办?如果想把郑国交给共叔段,请允许我去侍奉他;若不给,就除去他,不要使民生二心。

[7]无庸:不用。将自及:将自己赶上灾难。

[8]收贰以为己:把两属的地方收为自己的领邑。廪(lǐn)延:地名,今河南省延津县北。

[9]厚将得众:势力雄厚,就能得到更多的百姓。众,指百姓。

[10]暱(nì)：同"黏"，亲近。崩：垮塌。

【原文】

　　大叔完聚，缮甲兵，具卒乘，将袭郑。[1]夫人将启之。公闻其期，曰："可矣！"命子封帅车二百乘以伐京。[2]京叛大叔段，段入于鄢，公伐诸鄢。五月辛丑，大叔出奔共。[3]

　　《书》曰："郑伯克段于鄢。"段不弟，故不言弟；如二君，故曰克；称郑伯，讥失教也，谓之郑志。不言出奔，难之也。[4]

　　遂寘姜氏于城颍，而誓之曰："不及黄泉，无相见也。"既而悔之。[5]

【注释】

　　[1]完：修葺，指修城。聚：指聚集百姓。缮：修理，制造。甲兵：铠甲武器。具：准备。卒：步兵。乘(shèng)：兵车。

　　[2]夫人：指武姜。启之，给段开城门，即作内应。期：段袭郑的日期。帅：通"率"。春秋时都是车战，每辆战车配备甲士三人，步卒七十二人。二百乘，共甲士六百人，步卒一万四千四百人。

　　[3]叛：背叛。入：逃入。公伐诸鄢：庄公攻打共叔段在鄢邑。辛丑：干支纪日。出奔共：出逃到共国(避难)。奔，逃亡。

　　[4]书：指《春秋》。不弟：不守为弟之道。克：战胜。兄弟俩如同两个国君一样争斗，所以用"克"字。称庄公为"郑伯"，是讥讽他对弟弟失教。谓之郑志：赶走共叔段是出于郑庄公的本意。不写共叔段自动出奔，是史官下笔有为难之处。

　　[5]寘：同置，放置，放逐。城颍：郑邑名，在今河南临颍县西北。誓之：向她发誓。黄泉：地下的泉水，黄色，这里指墓穴。喻"此生不见面"。悔之：对这事后悔。

【原文】

　　颍考叔为颍谷封人，闻之，有献于公。[1]公赐之食，食舍肉。公问之，对曰："小人有母，皆尝小人之食矣，未尝君之羹，请以遗之。"[2]公曰："尔有母遗，繄我独无！"颍考叔曰："敢问何谓也？"公语之故，且告之悔。[3]对曰："君何患焉？若阙地及泉，隧而相见，其谁曰不然？"公从之。[4]公入而赋："大隧之中，其乐也融融！"姜出而赋："大隧之外，其乐也洩洩！"遂为母子如初。[5]

　　君子曰："颍考叔，纯孝也，爱其母，施及庄公。《诗》曰：'孝子不匮，永锡尔类。'其是之谓乎！"[6]

【注释】

[1]颖考叔:郑国大夫,执掌颖谷(今河南登封西南)。封:疆界,以封树为标志。封人:管理边界的长官。有献:有所进献。

[2]赐之食:赏给他吃的。食舍肉:吃的时候把肉放置一边不吃。尝:吃过。羹:带汁的肉。遗(wèi)之:赠送给她。

[3]繄(yī,语气词)我独无:我却单单没有啊!敢:冒昧。何谓:什么意思。语之故:把缘故告诉他。告之悔:把心里后悔的事告诉他。

[4]何患焉:您在这件事上忧虑什么呢?阙:通"掘",挖。隧而相见:挖个地道,在那里见面。其谁曰不然:那谁能说不是这样(不是跟誓词相合)呢?

[5]赋:赋诗,孔颖达疏:"谓自作诗也。""入"与下文"出"互文见义,即笼统表示庄公和姜氏进出隧道。"洩洩(yì)""融融"近义,皆为快乐貌。从此母子象当初一样。

[6]施(yì),延及。匮:尽。锡:通赐。《诗经·大雅·既醉》:"孝子的孝没有穷尽,永久把它给与你(指孝子)的同类。"大概是说这种情况吧。

(二)《晋灵公不君》(宣公二年)

背景:文公六年(前621)八月,晋襄公卒,襄公夫人执意要立尚在怀抱中的太子夷皋,即晋灵公。灵公即位不到十五年,即于宣公二年(前607)被弑。

【原文】

晋灵公不君[1]:厚敛以雕墙;从台上弹人,而观其辟丸也;宰夫胹熊蹯不熟,杀之,寘诸畚,使妇人载以过朝。[2]赵盾、士季见其手,问其故,而患之。[3]将谏,士季曰:"谏而不入,则莫之继也。会请先,不入则子继之。"[4]三进,及溜,而后视之。曰:"吾知所过矣,将改之。"[5]稽首而对曰:"人谁无过?过而能改,善莫大焉。[6]《诗》曰:'靡不有初,鲜克有终。'夫如是,则能补过者鲜矣。君能有终,则社稷之固也,岂唯群臣赖之。[7]又曰:'衮职有阙,惟仲山甫补之。'能补过也。[8]君能补过,衮不废矣。"[9]犹不改。宣子骤谏。公患之,使鉏麑贼之。[10]晨往,寝门辟矣,盛服将朝。尚早,坐而假寐。麑退,叹而言曰:"不忘恭敬,民之主也。贼民之主,不忠;弃君之命,不信。有一于此,不如死也。"触槐而死。[11]

【注释】

[1]晋灵公:晋国国君,名夷皋,文公之孙,襄公之子,晋国第二十六君,是中国历史上有名的暴君。不君:不行君道。

[2]厚敛:加重征收赋税。雕,同雕,画。雕墙:这里指修筑豪华宫室,过着奢侈的生

活。弹(tán)人:用弹弓射人。辟:躲避。丸:弹子。宰夫:厨子。胹(ér):煮,炖。熊蹯(fán):熊掌。寘(zhì):通"置"。畚(běn):筐篓一类盛物的器具。载:装车。过朝:经过朝廷。晋灵公是以杀人为儿戏,并想借此让众人怕自己。

[3]赵盾:赵衰之子,晋国正卿(相当于首相),谥号宣子。士季:晋国大夫,名会。见其手;看见厨子的手。问厨子被杀的原因,并为这件事忧虑。

[4]不入:不纳谏。莫之继:没有谁能继续。请先:请让士会先谏。

[5]三进:往前走了三次。及:到。溜:通"霤",屋檐下滴水处,指屋檐下。士会往前走一段路,就伏地行礼,灵公知道他要进谏,所以假装没看见,士会只好又往前走,再行礼,这样往前走了三次已到檐下,灵公无可回避,才正视他。说"我知道我所犯的错误了,将会改正。"

[6]稽(qǐ)首:古人最恭敬的礼节,动作近似磕头。善莫大焉:没有比这更大的善了。

[7]这两句诗出自《诗·大雅·荡》。靡:没有什么。初:开端。鲜:少。克:能够。终:结束。大意为:事情不难有个好开始,很少能有个好终了。

[8]这两句诗出自《诗·大雅·烝民》。衮(gǔn):天子的礼服,借指天子,这里指周宣王。阙:同"缺",过失。仲山甫:周宣王的大臣。大意为:周宣王有没尽职的地方,只有仲山甫来弥补。

[9]此句有双关意:能补救您的过失,您的衮袍就可以不被废掉了。意思是您的君位就丢不了了。

[10]犹:还。骤:多次。患:厌恶。鉏麑(chú ní):晋国力士。贼:刺杀。上"之"指骤谏,下"之"字指赵盾。

[11]寝门:卧室门。辟:开着。盛服:穿戴好上朝的礼服。假寐:闭目养神,打盹儿。主:春秋战国时期称卿大夫为主。有一于此:在"不忠""不信"两者中有一样。大意:鉏麑清早赶去,看到卧室的门已打开,赵盾已穿戴整齐准备上朝,由于时间还早,端坐在那里打盹。鉏麑退出来,叹气说:"不忘记恭敬,真是百姓的主人。刺杀百姓的主人,就是不忠;放弃国君的使命,就是不信。两件事情有了一件,不如死了好。"遂撞槐树而死。

【原文】

　　秋九月,晋侯饮赵盾酒,伏甲,将攻之。其右提弥明知之,趋登,曰:"臣侍君宴,过三爵,非礼也。"遂扶以下。[1]公嗾夫獒焉,明搏而杀之。盾曰:"弃人用犬,虽猛何为?"斗且出,提弥明死之。[2]初,宣子田于首山,舍于翳桑,见灵辄饿,问其病。曰:"不食三日矣。"食之,舍其半。[3]问之,曰:"宦三年矣,未知母之存否,今近焉,请以遗之。"使尽之,而为之箪食与肉,寘诸橐以与之。[4]既而与为公介,倒戟以御公徒,而免之。问何故。对曰:"翳桑之饿人也。"问其名居。不告而退,遂自亡也。[5]

【注释】

[1]饮:给人喝。晋侯赐给赵盾酒。伏:埋伏。甲:披甲的士兵。右:车右。又称骖乘。(古制:一车乘三人,尊者在左,御者在中,骖乘居右;但君王或战争时的主帅居中,御者在左。车右都是有勇力之士。)提弥明:晋国勇士,赵盾的车右。趋登:快步上殿堂。爵:古代饮酒器。三爵:三巡。

[2]嗾(sǒu):唤狗的声音。獒(áo):猛犬。搏:徒手搏斗。何为:做什么,即顶的了什么。斗且出:边打边往外走。死之:为他(赵盾)死了。之:指赵盾。

[3]田:通"畋"打猎。首山:首阳山,在今 山西永济东南。舍,住一晚。翳(yì)桑:首山附近的地名。灵辄:人名,晋国人。饿:因饥饿而病。不食:无食。食(sì)之:给他东西吃。留下一半未吃。

[4]宦(huàn):当贵族仆隶,习为宦之事。遗(wèi):送给。使尽之:让他吃完。为之:预备下。箪(dān):盛饭的圆筐。食:饭。橐(tuó):两头有口的口袋,用时以绳扎紧。

[5]既而:不久。与:参加,介,甲,指甲士。倒戟以御公徒:把兵器倒过头来挡住灵公手下的人。免之:使赵盾免于难。亡,逃走。此句大意为:后来灵辄做了晋灵公的卫兵,在这次事件中,他倒戟过来抵御晋灵公的其他卫兵,使赵盾免于祸难。赵盾问他为什么这样做,他回答说:"我就是翳桑那个饿倒的人。"问他的姓名住处,他不回答而退了出去,自己逃亡了(也有说是赵盾逃亡了,依下文"亡不越竟"之意,也可说得通)。

【原文】

乙丑,赵穿攻灵公于桃园。宣子未出山而复。[1]大史书曰:"赵盾弑其君。"以示于朝。[2]宣子曰:"不然。"对曰:"子为正卿,亡不越竟,反不讨贼,非子而谁?"[3]宣子曰:"呜呼!'我之怀矣,自诒伊戚',其我之谓矣。"[4]孔子曰:"董狐,古之良史也,书法不隐。赵宣子,古之良大夫也,为法受恶。惜也,越竟乃免。"[5]

【注释】

[1]赵穿:晋国大夫,赵盾的堂兄弟。攻:当为"杀"字之误(依王引之说,见《经义述闻》)。桃园:灵公的园囿。山:晋国国界处的山。复:回来。这是说赵穿在桃园杀死了晋灵公。赵盾没有走出晋国国境就回来再度做卿。

[2]大史:太史,这里指晋国史官董狐。书:写。弑:古代下杀上叫弑。(国君无道,可谏,不可杀,弑君是大逆不道。史官记事以此为准则。)以示于朝:在朝廷里公布。

[3]竟:同"境"。贼:弑君的人,指赵穿。

[4]怀:眷恋。诒:同"贻",给。伊,那个。慼(qī):忧患。这是引自《诗经·邶风·雄雉》,今本《诗经》"伊慼"作"伊阻"("我之怀矣,自诒伊阻。")。赵盾引这两句的意思是:由于我怀念祖国,反而自己招来忧患。这诗句恐怕说的就是我了。

[5]良史:好史官。书法:记事的法则。 隐:隐讳,不直写。恶:指弑君的恶名。照孔子看来,董狐是好史官,赵盾也是好大夫,只是由于史官的记事原则而受委屈。"越竟"则可避免。"越竟则君臣之义绝,可以不讨贼"(见杜注)。

(三)《子产不毁乡校》(襄公三十一年)

背景:子产,郑穆公的孙子,郑大夫,名公孙侨,子产是字,春秋时有名的政治家。执政二十余年,使处在晋楚双重压迫之下的弱小郑国获得安定,并受到各国尊重。乡校,乡间的公共场所。既是学校,又是乡人聚会议事的地方。

【原文】

郑人游于乡校,以论执政。[1]然明谓子产曰:"毁乡校,何如?"子产曰:"何为?夫人朝夕退而游焉,以议执政之善否。其所善者,吾则行之;其所恶者,吾则改之。是吾师也,若之何毁之?我闻忠善以损怨,不闻作威以防怨。[2]岂不遽止,然犹防川,大决所犯,伤人必多,吾不克救也。不如小决使道,不如吾闻而药之也。"[3]然明曰:"蔑也今而后知吾子之信可事也。小人实不才,若果行此,其郑国实赖之,岂唯二三臣?"[4]

仲尼闻是语也,曰:"以是观之,人谓子产不仁,吾不信也。"[5]

【注释】

[1]执政:指掌握政权的人。郑国人到乡校休闲聚会,议论执政者施政措施的好坏。

[2]然明:郑国大夫,姓鬷(zōng),名蔑,字然明。毁:废除。何如:如何,等于说怎么样。何为:干什么。退:忙活完事后回来。游:闲逛。善否(pǐ):好和不好。忠善:尽力做善事。损怨:减少怨恨。作威:摆出威风。防:堵住。

[3]遽(jù):立即,马上。防川:堵住河流。决:堤防溃决。道:同"导",疏通,引导。药之:以之为药,用它做治病的药。之:指郑人的议论。

[4]蔑:指郑大夫,然明,姓鬷(zōng),名蔑,字然明。今而后:从今以后。信:确实,实在。可事:可以成事。小人:自己的谦称。不才:没有才能。二三:泛指,这些,这几位。

[5]仲尼:孔子的字。是:这。孔子听到了这番话后说:"照这些话看来,人们说子产不行仁政,我是不相信的。"

第十一章　儒家道德精神

儒家道德精神本质上具有"浩然之气",如孟子所说:"富贵不能淫,贫贱不能移,威武不能屈。"这是人之所以为人的一种正气,具有超越时空的震撼力。再如,"天将降大任于是人也,必先苦其心志,劳其筋骨,饿其体肤,空乏其身,行拂乱其所为,所以动心忍性,曾益其所不能",忍辱负重正是成就大业的必要前提。"浩然之气"何来? 自然是基于道义。老子说:"道生之,德畜之。"正由于符合道义,德才会畜养并凝聚成为崇高的精神,从而具有无限的正能量。当然,儒家道德精神所追求的理想人格,也必然是完美的。既有阳刚之气,又有阴柔品质;既有英雄气概,又有君子风度;既能开物创业,又能兼善天下。儒家道德精神中蕴含着不朽的文化基因,它以符号化的形式存在,获得了生命的意义。每当我们反复念诵那些脍炙人口的经典名句时,浩然之气便在心胸间回旋荡漾,使我们获得超越的力量,从物欲横流的泥淖中振拔出来,从现实利益的羁绊中解放出来,使精神升华到崇高的境界。要让儒家道德精神在新时代焕发出震撼人心的力量,我们需要重温经典。

一、君子之道

中华民族与世界各古老民族一样,经历了由野蛮向文明演进的过程。摆脱弱肉强食的丛林法则,以"文"的方式处理人与人的一切关系,而不是靠武力和霸权进行掠夺和征服,这就是"文""化"的意义。文明的发端意味着人类将远离野蛮与霸道,一步步走向和谐共生。在老子看来,柔弱胜刚强,而"强梁者不得其死";儒家推崇"德昭天下""协和万邦"的圣王,视"聪明、睿智、神武而不杀者"有神明之德,这也是儒家所说的君子之德,它代表了那个时代文化演进的方向。人心的归顺不是靠武力而是靠文化,得人心者得天下。和谐共生是处理人与人、人与自然关系的根本法则。这个道理在各种矛盾日益激化、冲突对抗不断升级的当今世界,具有重要的文明启示意义。关于君子之德的经典名句很多,择列如下。

(一)君子比德于玉

【原文】

子贡问于孔子曰:"敢问君子贵玉而贱碈者何也? 为玉之寡而碈之多与?"孔子曰:

"非为碈之多故贱之也,玉之寡故贵之也。夫昔者君子比德于玉焉:温润而泽,仁也;缜密以栗,知也;廉而不刿,义也;垂之如队,礼也;叩之,其声清越以长,其终诎然,乐也;瑕不揜瑜,瑜不揜瑕,忠也;孚尹旁达,信也;气如白虹,天也;精神见于山川,地也。珪、璋特达,德也;天下莫不贵者,道也。《诗》云:'言念君子,温其如玉。'故君子贵之也。"(《礼记·聘义》[1])

【释义】

子贡问孔子,为什么君子都看重玉而轻视碈(同"珉",似玉的石头)呢? 是因为玉的数量少而碈的数量多吗? 孔子回答说,不是因为碈的数量多,就轻视它;也不是因为玉的数量少,就看重它。从前的君子,都是拿玉来和人的美德相比:玉的温厚而又润泽,就好比仁;缜密而又坚实,就好比智;有棱角而不伤人,就好比义;玉佩垂而下坠,就好比礼;轻轻一敲,玉声清脆悠扬,响到最后,又戛然而止,就好比动听的音乐;既不因其优点而掩盖其缺点,也不因其缺点而掩盖其优点,就好比人的忠诚;光彩晶莹,表里如一,就好比人的言而有信;宝玉所在,其上有气如白虹,就好比与天息息相通;产玉之所,山川草木津润丰美,又好比与地息息相通。珪、璋作为朝聘时的礼物可以单独使用,不像其他礼物还需要加上别的什么东西才能算数,这是玉的美德在起作用。普天之下没有一个人不看重玉的美德,这就好像普天之下没有一个人不看重道那样。《诗经》上说:"提到君子就令人思念,他就像玉那样温厚而润泽。"所以君子才看重玉。

(二)温、良、恭、俭、让

【原文】

子禽问于子贡曰:"夫子至于是邦也,必闻其政,求之与? 抑与之与?"子贡曰:"夫子温、良、恭、俭、让以得之。夫子之求之也,其诸异乎人之求之与?"(《论语·学而》[2])

【释义】

这是孔子弟子之间的对话。子禽问子贡,说先生每到一国,一定参闻政治,这是他自己主动求之,还是国君要他过问的呢? 子贡回答说,先生是以他的温和、善良、恭敬、俭朴、谦让五种美德获得君主的尊重与信任的,因此他们会主动把一切政事告诉他,向他请

---

[1] 胡平生、张萌译注:《礼记》(下),中华书局,2017年,第1224—1225页。
[2] 李泽厚:《论语今读》,生活·读书·新知三联书店,2004年,第37页。本章《论语》中的选文皆出自此版本,后文只列篇名,不再重复作注。

教。先生要求什么,和别人的方式一样吗?当然是不同的,孔子用的是"圣功",即圣人之功,是老子所说的那种"不为而成,不行而至"之功。《易经·系辞上传》曰"默而成之,不言而信,存乎德行",如此而已。这里只用"温、良、恭、俭、让"五个字,将孔子的形象描绘得活灵活现。《论语注疏》解释这五个字:敦柔润泽谓之温,行不犯物谓之良,和从不逆谓之恭,去奢从约谓之俭,先人后己谓之让。细细玩味,余韵无穷。不德之人欲求一种东西,会采取各种手段,"巧言令色"者有之,"心逆而险,言伪而辨"者有之,暴戾骄横、危言耸听者有之,然而,那往往事与愿违。不求自得之道,而秉持"知进退存亡而不失其正"理念者,"其惟圣人乎"!

(三)君子小人

君子人格集中地体现了儒家道德精神,君子之道可说是《论语》论说的核心内容之一。后人使用"谨小慎微的君子""伪君子"等,批判那些过度小心谨慎或言行不一的人,并不是根本要否定君子人格和君子之道。批判话语的重要功能之一,在于保持纯洁与正宗。君子人格的本质有着极大的丰富性,涉及为人处世的方方面面。《论语》论述君子品质的经典话语,有单说君子的,也有将君子与小人对比着言说的。以下经典名句选自《论语》。

(1)单说君子的

【原文】

子曰:"君子食无求饱,居无求安,敏于事而慎于言,就有道而正焉,可谓好学也已。"(《学而》)

【释义】

君子,饮食不求饱足,居住不要求舒适,做事勤勉,说话却小心谨慎,接近有道的人来匡正自己,这样可以说是好学了。

【原文】

子曰:"君子之于天下也,无适也,无莫也,义之与比。"(《里仁》)

【释义】

"适"为亲近,"莫"为疏远、淡漠,"义"为适宜,"比"为亲近。君子对于天下的人和事,没有固定的厚薄亲疏,只是按照义去做。君子人格的高尚首先在于持守正义。

【原文】

子曰:"质胜文则野,文胜质则史。文质彬彬,然后君子。"(《雍也》)

【释义】

孔子说:"质朴多于文采,就像个乡下人,流于粗俗;文采多于质朴,就流于虚伪、浮夸。只有质朴和文采配合恰当,才是个君子。"

【原文】

子曰:"饭疏食饮水,曲肱而枕之,乐亦在其中矣。不义而富且贵,于我如浮云。"(《述而》)

【释义】

孔子说:"吃粗粮,喝白水,弯着胳膊当枕头,乐趣也就在这中间了。用不正当的手段得来的富贵,对于我来讲就像是天上的浮云一样。"

【原文】

司马牛问君子。子曰:"君子不忧不惧。"曰:"不忧不惧,斯谓之君子已乎?"子曰:"内省不疚,夫何忧何惧?"(《颜渊》)

【释义】

司马牛问怎样做一个君子。孔子说:"君子不忧愁,不恐惧。"司马牛说:"不忧愁,不恐惧,这样就可以叫作君子了吗?"孔子说:"自己问心无愧,那还有什么忧愁和恐惧呢?"

【原文】

子曰:"君子道者三,我无能焉:仁者不忧,知者不惑,勇者不惧。"子贡曰:"夫子自道也。"(《宪问》)

【释义】

孔子说:"君子之道有三个方面,我都未能做到:仁德的人不忧愁,聪明的人不迷惑,勇敢的人不畏惧。"子贡说:"这正是老师的自我表述啊!"

【原文】

子路问君子。子曰:"修己以敬。"曰:"如斯而已乎?"曰:"修己以安人。"曰:"如斯而已乎?"曰:"修己以安百姓。修己以安百姓,尧舜其犹病诸?"(《宪问》)

【释义】

子路问什么叫君子。孔子说:"修养自己,保持严肃恭敬的态度。"子路说:"这样就够了吗?"孔子说:"修养自己,使周围的人们安乐。"子路说:"这样就够了吗?"孔子说:"修养自己,使所有百姓都安乐。修养自己使所有百姓都安乐,尧舜还怕难于做到呢?"

【原文】

子曰:"君子义以为质,礼以行之,孙以出之,信以成之。君子哉!"(《卫灵公》)

【释义】

孔子说:"君子以义作为根本,用礼加以推行,用谦逊的语言来表达,用忠诚的态度来完成,这就是君子了。"

【原文】

子曰:"君子矜而不争,群而不党。"(《卫灵公》)

【释义】

孔子说:"君子庄重而不与别人争执,合群而不结党营私。"

【原文】

子曰:"君子不以言举人,不以人废言。"(《卫灵公》)

【释义】

孔子说:"君子不凭一个人说的话来举荐他,也不因为一个人不好而不采纳他的好话。"

【原文】

子曰:"君子谋道不谋食。耕也,馁在其中矣;学也,禄在其中矣。君子忧道不忧贫。"(《卫灵公》)

【释义】

孔子说:"君子只谋求行道,不谋求衣食。耕田,也常要饿肚子;学习,可以得到俸禄。君子只担心道不能行,不担心贫穷。"

【原文】

孔子曰:"侍于君子有三愆:言未及之而言谓之躁,言及之而不言谓之隐,未见颜色而言谓之瞽。"(《季氏》)

【释义】

孔子说:"侍奉君子,要注意避免犯三种过失:还没有问到你的时候就说话,这是急躁;已经问到你的时候你却不说,这是隐瞒;不看君子的脸色而贸然说话,这是盲目。"

【原文】

孔子曰:"君子有三畏:畏天命,畏大人,畏圣人之言。小人不知天命而不畏也,狎大人,侮圣人之言。"(《季氏》)

【释义】

孔子说:"君子有三件敬畏的事情:敬畏天命,敬畏地位高贵的人,敬畏圣人的话。小人不懂得天命,因而也不敬畏,不尊重地位高贵的人,轻侮圣人之言。"

【原文】

子贡曰:"君子亦有恶乎?"子曰:"有恶:恶称人之恶者,恶居下流而讪上者,恶勇而无礼者,恶果敢而窒者。"曰:"赐也亦有恶乎?""恶徼以为知者,恶不孙以为勇者,恶讦以为直者。"(《阳货》)

【释义】

子贡说:"君子也有厌恶的事吗?"孔子说:"有厌恶的事。厌恶宣扬别人坏处的人,厌恶身居下位而诽谤在上者的人,厌恶勇敢而不懂礼节的人,厌恶固执而又不通事理的人。"孔子又说:"子贡,你也有厌恶的事吗?"子贡说:"厌恶抄袭别人以充有知的人,厌恶把不谦虚当作勇敢的人,厌恶揭发别人的隐私而自以为直率的人。"

【原文】

子夏曰:"君子有三变:望之俨然,即之也温,听其言也厉。"(《子张》)

【释义】

子夏说:"君子有三种变化:远看他的样子庄严可怕,接近他又温和可亲,听他说话语言严厉不苟。"

【原文】

子张问于孔子曰:"何如斯可以从政矣?"子曰:"尊五美,屏四恶,斯可以从政矣。"子张曰:"何谓五美?"子曰:"君子惠而不费,劳而不怨,欲而不贪,泰而不骄,威而不猛。"子张曰:"何谓惠而不费?"子曰:"因民之所利而利之,斯不亦惠而不费乎?择可劳而劳之,又谁怨?欲仁而得仁,又焉贪?君子无众寡,无大小,无敢慢,斯不亦泰而不骄乎?君子正其衣冠,尊其瞻视,俨然人望而畏之,斯不亦威而不猛乎?"子张曰:"何谓四恶?"子曰:"不教而杀谓之虐;不戒视成谓之暴;慢令致期谓之贼;犹之与人也,出纳之吝谓之有司。"(《尧曰》)

【释义】

子张问孔子:"怎样才可以治理政事呢?"孔子说:"尊尚五种美德,摒弃四种恶行,这样就可以治理政事了。"子张问:"五种美德是什么?"孔子说:"君子施恩惠但不花费;役使人民但不被怨恨;有欲望但不贪婪;庄重但不傲慢;威严而不凶猛。"子张说:"什么叫施恩惠但不花费?"孔子说:"让百姓去做对他们有利的事,这不就是对百姓有利而不掏自己的腰包吗?选择合适的时间和事情让百姓去做,这样有谁会怨恨呢?自己要追求仁德便得到了仁,还有什么可贪的呢?君子对人,无论多少,势力大小,都不怠慢他们,这不就是庄重而不傲慢吗?君子衣冠整齐,目不斜视,使人见了就生敬畏之心,这不就是威严而不凶猛吗?"子张问:"什么叫四种恶行呢?"孔子说:"不经教化便加以杀戮叫作虐;不事先告诫便要求成功叫作暴;拖延误期而又突然限期要求叫作贼;在应有支付上吝啬,是有司作派。""有司"指发放财物的守库小隶,给人以"苛刻""抠门""吝啬"印象。

(2)君子与小人的对比

【原文】

子曰:"君子周而不比,小人比而不周。"(《为政》)

【释义】

一说:周,合群。比,勾结。君子合群而不与人勾结,小人与人勾结而不合群。就是说,小人结党营私,与人相勾结,不能与大多数人融洽相处;而君子则胸怀广阔,与众人和谐相处,从不与人勾结。另一说:周,完善。比,攀比、依附。君子完善自我,小人攀比依附。

【原文】

子曰:"君子怀德,小人怀土;君子怀刑,小人怀惠。"(《里仁》)

【释义】

这是说,君子胸怀关注道德是进德修业,小人关心的则是田土之利;君子安分守规矩,警惕不良行为的后果,小人则唯利是图,不惧刑法,不畏不义。

【原文】

子曰:"君子喻于义,小人喻于利。"(《里仁》)

【释义】

君子重义轻利,小人重利轻义。

【原文】

子曰:"君子坦荡荡,小人长戚戚。"(《述而》)

【释义】

长戚戚:经常忧愁、烦恼的样子。君子心胸宽广,通达事理,心胸坦荡;小人心胸狭窄,闭塞阻滞,困顿忧愁。

【原文】

子曰:"君子成人之美,不成人之恶。小人反是。"(《颜渊》)

【释义】

君子成全别人的好事,而不助长别人的恶处。小人则与此相反。

【原文】

季康子问政于孔子曰:"如杀无道,以就有道,何如?"孔子对曰:"子为政,焉用杀?子欲善而民善矣。君子之德风,小人之德草。草上之风,必偃。"(《颜渊》)

【释义】

偃:仆、倒。季康子问孔子如何治理政事,说:"如果杀掉无道的人来成全有道的人,怎么样?"孔子说:"您治理政事,哪里用得着杀戮的手段呢? 您只要想行善,老百姓也会跟着行善。君子德性好比风,在下的人的品德好比草,风吹到草上,草就必定跟着倒。"

【原文】

子曰:"君子和而不同,小人同而不和。"(《子路》)

【释义】

君子保持独特性以求和谐,小人则追求相同性而不求和谐。"和而不同"是中华传统文化中最为核心的理念之一。何为"和"?《国语·郑语》曰:"夫和实生物,同则不继。以他平他谓之和,故能丰长而物归之,若以同裨同,尽乃弃矣。故先王以土与金木水火杂,以成百物。"这是说,物之实质相合能创生新事物,同质的东西叠加则没有可持续的实质性发展。"和"是将不同的东西进行协调和平衡,各不相同的特长得以互补从而丰富和完善起来,如果全是相同的东西,就不能彼此有所补益,尽可视为无用的东西而丢弃。故而,先王以不同质的土和金、木、水、火相互结合来造作万物。

【原文】

子曰:"君子泰而不骄,小人骄而不泰。"(《子路》)

【释义】

君子安静坦然而不傲慢无礼,小人傲慢无礼而不安静坦然。

【原文】

子曰:"君子上达,小人下达。"(《宪问》)

【释义】

"形而上者谓之道,形而下者谓之器",上达通"道",下达为器用。向上为升华,向下为沉沦。也可理解为君子向上通达仁义,小人向下通达财利。

【原文】

子曰:"君子求诸己,小人求诸人。"(《卫灵公》)

【释义】

君子求之于自己,小人求之于别人。

二、儒行解

孔子曾对子夏说:"女为君子儒,无为小人儒。"(《论语·雍也》)儒也有"君子""小人"之分,这在孔子的时代不足为怪。钱穆说:"儒在孔子时,本属一种行业,后逐渐成为学派之称。孔门称儒家,孔子乃创此学派者。本章儒字尚是行业义(指孔子此处所说)。同一行业,亦有人品高下志趣大小之分,故每一行业,各有君子小人。孔门设教,必为君子儒,无为小人儒,乃有此一派学术。后世惟辨儒之真伪,更无君子儒小人儒之分。因凡为儒者,则必然为君子。此已只指学派言,不指行业言。"[1]以儒为业,是先于孔子的存在。孔子说:"今众人之命儒也妄,常以儒相诟病。"足见当时儒在人们心目中的地位。自孔子之后,儒业开始发生变化。"士"阶层的兴起,使儒者形象得以升华。朱熹说"儒"是"学者之称",也是一种学派意义的说法。孔子未说何为"君子儒",何为"小人儒",然君子小人之分,核心在于"义""利"关系的把握。儒家作为一个教派,自然崇尚君子儒形象,其精神境界、生存习惯、言行举止、为人处世等方面,究竟如何与众不同?孔子通过叙说儒者的自立、容貌、备预、近人、特立、刚毅、进仕、忧思、宽裕、交友、尊让等,把自己所认同的特立独行、卓尔不群、宽厚仁义、恭敬谦让、严于律己的儒者形象栩栩如生地刻画出来。

《礼记·儒行》[2]

【原文】

鲁哀公问于孔子曰:"夫子之服,其儒服与?"孔子对曰:"丘少居鲁,衣逢掖之衣;长居宋,冠章甫之冠。丘闻之也:君子之学也博,其服也乡,丘不知儒服。"

---

[1] 钱穆:《论语新解》,生活·读书·新知三联书店,2002年,第151页。
[2] 胡平生、张萌译注:《礼记》(下),中华书局,2017年,第1147—1160页。

【释义】

鲁哀公问孔子:"先生穿的衣服,是儒者的服装吗?"孔子回答:"我年少时住在鲁国,穿的是宽袖的衣服;长大后住在宋国,戴的是殷人流行的章甫帽。我听说,君子学问要广博,穿衣服要随其乡俗。我不知道这是不是儒者的服装。"

【原文】

哀公曰:"敢问儒行。"孔子对曰:"遽数之不能终其物,悉数之乃留,更仆,未可终也。"

【释义】

鲁哀公问:"请问儒者的行为是什么样的呢?"孔子回答:"仓促数说不能穷尽,详细数说直到侍御人换班也难以讲完。"

【原文】

哀公命席,孔子侍,曰:"儒有席上之珍以待聘,夙夜强学以待问,怀忠信以待举,力行以待取。其自立有如此者。

【释义】

鲁哀公让人设席,孔子陪坐在旁边,说:"儒者能'铺陈上古尧、舜美善之道,以待君上聘召'(《礼记正义》)[①],昼夜不停地学习等待别人来请教,心怀忠信以待人举荐,身体力行以待人取用。儒者自修立身就是这样的。

【原文】

"儒有衣冠中,动作慎;其大让如慢,小让如伪;大则如威,小则如愧;其难进而易退也,粥粥若无能也。其容貌有如此者。

【释义】

"儒者的衣冠周正,行为谨慎,对大事推让好像很傲慢,对小事推让好像很虚伪。做大事时神态慎重像心怀畏惧,做小事时小心谨慎像不敢去做。难于进取而易于退让,柔弱谦恭像是很无能的样子。儒者的容貌就是这样的。

---

① 后文引自《礼记正义·儒行》释文以《正义》标注。

【原文】

"儒有居处齐(zhāi)难,其坐起恭敬;言必先信,行必中正;道涂不争险易之利,冬夏不争阴阳之和;爱其死以有待也,养其身以有为也。其备豫有如此者。

【释义】

"儒者的起居庄重谨慎,坐立行走恭敬,出言首重诚信,行为必定中正。在路途不与人争好走的路,冬夏之季不与人争冬暖夏凉的地方。不轻易赴死以等待值得牺牲生命的事情,保养身体以期待有所作为。儒者预先准备就是这样的。

【原文】

"儒有不宝金玉,而忠信以为宝;不祈土地,立义以为土地;不祈多积,多文以为富;难得而易禄也,易禄而难畜也。非时不见,不亦难得乎!非义不合,不亦难畜乎!先劳而后禄,不亦易禄乎!其近人有如此者。

【释义】

"儒者宝贵的不是金玉而是忠信,不谋求占有土地而把仁义当作土地,不求积蓄很多财富而把学问广博作为财富。儒者难以得到却容易供养,容易供养却难以留住。不合时宜不出现,不是很难得吗?不符合道义就不合作,不是很难留住他们吗?先效力而后才要俸禄,不是很容易供养吗?儒者近乎人情就是这样的。

【原文】

"儒有委之以货财,淹之以乐好,见利不亏其义;劫之以众,沮之以兵,见死不更其守;鸷虫攫搏,不程勇者;引重鼎,不程其力;往者不悔,来者不豫;过言不再,流言不极;不断其威,不习其谋。其特立有如此者。

【释义】

"儒者不贪图别人送的财货,不沉溺于玩乐,见利不会忘义;以众人威逼,以武力恐吓,'儒者虽见劫、见沮,以致于死,终不更改其所守之志,而苟从之免死也(《正义》)'。遇到猛禽猛兽不避艰险而勇搏,推举重鼎不称量己力而尽所能。对过往的事情不追悔,对未来的事情不疑虑。错话不说两次,流言不去追究。时常保持威严,不学习什么权谋。儒者的特立独行就是这样的。

【原文】

"儒有可亲而不可劫也,可近而不可迫也,可杀而不可辱也。其居处不淫,其饮食不溽,其过失可微辨而不可面数也。其刚毅有如此者。

【释义】

"儒者可以亲近而不可以威逼,可以接近而不可以胁迫,可以杀头而不可侮辱。其居处不奢侈邪僻,饮食不丰厚隆盛,他们的过错可委婉指出但不可以当面数落。儒者的刚强坚毅就是这样的。

【原文】

"儒有忠信以为甲胄,礼义以为干橹;戴仁而行,抱义而处;虽有暴政,不更其所。其自立有如此者。

【释义】

"儒者以忠信作为铠甲,以礼仪作为盾牌;尊奉着仁行事,怀抱着义处人,即使遇到暴政,也不改变操守。儒者的自立就是这样的。

【原文】

"儒有一亩之宫,环堵之室;筚门圭窬,蓬户瓮牖;易衣而出,并日而食;上答之不敢以疑,上不答不敢以谄。其仕有如此者。

【释义】

"儒者有一亩大小的宅院,居住着一丈见方的房间,荆竹编的院门狭小如洞,用蓬草编作房门,用破瓮口作为窗框。家人换穿着像样的衣服出门,两天的饭并为一日。君上采纳他的建议,不敢产生怀疑;君上不采纳他的建议,也不敢谄媚求进。儒者做官的原则就是这样的。

【原文】

"儒有今人与居,古人与稽;今世行之,后世以为楷;适弗逢世,上弗援,下弗推。谗谄之民,有比党而危之者,身可危也,而志不可夺也;虽危,起居竟信其志,犹将不忘百姓之病也。其忧思有如此者。

【释义】

"儒者与今人一起居住,而以古人的道德标准要求自己;儒者今世的行为,可以作为后世的楷模。生不逢时,上面没人援引,下面没人推荐。进谗谄媚的人又合伙来陷害他,只可危害他的身体,而不可剥夺他的志向;虽然处境危险,行止举动仍坚信其志向,仍将不忘百姓的痛苦。儒者的忧思就是这样的。

【原文】

"儒有博学而不穷,笃行而不倦;幽居而不淫,上通而不困。礼之以和为贵,忠信之美,优游之法,举贤而容众,毁方而瓦合。其宽裕有如此者。

【释义】

"儒者广博地学习而无止境,踏实行动而不倦怠;独处而不邪僻放纵,通达于上而不困顿穷迫。遵循礼仪以和为贵,以忠信为美德,以柔和圆融为法则,推举贤者又容纳众人,削减棱角而和合各方。儒者的宽容大度就是这样的。

【原文】

"儒有内称不辟亲,外举不辟怨,程功积事,推贤而进达之,不望其报,君得其志。苟利国家,不求富贵。其举贤援能有如此者。

【释义】

"儒者举荐人才,对内不避亲属,对外不避有仇怨的人。考量功效和劳绩,推荐贤能而进达于上,不祈望报答,国君满足了用贤的愿望就行。只要对国家有利,不求富贵。儒者就是这样举贤荐能的。

【原文】

"儒有闻善以相告也,见善以相示也;爵位相先也,患难相死也;久相待也,远相致也。其任举有如此者。

【释义】

"儒者之间,听到善事就互相告知,见到善行就互相传示。爵位有了空缺,就互相推让,有患难就效死担当。友谊长久相守,关怀达至远方。儒者是这样对待朋友的。

【原文】

"儒有澡身而浴德,陈言而伏,静而正之,上弗知也,粗而翘之,又不急为也;不临深而为高,不加少而为多;世治不轻,世乱不沮;同弗与,异弗非也。其特立独行有如此者。

【释义】

"儒者沐身心于道德之中,陈述自己的意见而伏听君命,平静地纠正国君的过失,'君王不知己有善言正行,则观色缘事而微翘发其意使知之(《正义》)',并不急于作为。不在地位低下的人面前显示自己高大,不把少的功劳夸大而让人以为多。国家大治的时候,群贤并处而不自轻;国家混乱的时候,坚守正道而不沮丧。虽处同位,'行不是善,则不与之相亲合也。''彼人与己之疏异,所为是善,则不非毁之也。'(《正义》)儒者的特立独行就是这样的。

【原文】

"儒有上不臣天子,下不事诸侯;慎静而尚宽,强毅以与人,博学以知服;近文章,砥厉廉隅;虽分国,如锱铢,不臣不仕。其规为有如此者。

【释义】

"有这样的儒者,对上不做天子之臣,对下不侍奉诸侯;谨慎安静而崇尚宽厚,待人接物刚强坚毅,学问渊博而知道敬服先代贤人。习好文章,磨炼端方正直的品格。即使以分国做俸禄,也视之轻如锱铢,不臣服不入仕。儒者规范自己的行为就是这样的。

【原文】

"儒有合志同方,营道同术;并立则乐,相下不厌;久不相见,闻流言不信。其行本方立义,同而进,不同而退。其交友有如此者。

【释义】

"有这样的儒者,交朋友求志同道合,路数一致。'与知友并齐而立,俱同仕官,则欢乐也。'地位互有上下彼此也不厌弃。'虽有朋友久不相见,闻流谤之言欲潜毁朋友,则己不信其言也。''其行所本必方正,所立必存义也。''朋友所为,与己同则进而从之,若不与己同则退而避之。'(《正义》)儒者交朋友的态度就是这样的。

【原文】

"温良者,仁之本也。敬慎者,仁之地也。宽裕者,仁之作也。孙接者,仁之能也。礼节者,仁之貌也。言谈者,仁之文也。歌乐者,仁之和也。分散者,仁之施也。儒者皆兼此而有之,犹且不敢言'仁'也。其尊让有如此者。

【释义】

"温和善良是仁的根本,恭敬谨慎是仁的基础,宽容大度是仁的作派,谦逊待人是仁的功能,礼节是仁的外表,言谈是仁的文采,歌舞音乐是仁的和谐,分散财物是仁的施与。儒者兼有这几种美德,还不敢说已经做到仁了。儒者的恭敬谦让就是这样的。

【原文】

"儒有不陨获于贫贱,不充诎于富贵,不慁(hùn)君王,不累长上,不闵有司,故曰'儒'。今众人之命儒也妄,常以儒相诟病。"

【释义】

儒者不因贫贱而灰心丧气,不因得富贵而欢喜失节。不玷辱君王,不拖累长上,不给有关官吏带来困扰,因此叫作儒。现今人们对儒这个名称的理解是虚妄不实的,经常拿儒来相互讥讽。

【原文】

孔子至舍,哀公馆之,闻此言也,言加信,行加义,"终没吾世,不敢以儒为戏。"

【释义】

《正义》曰:"此经明孔子自卫反鲁归至其家,哀公就而馆之,闻孔子之言,遂敬于儒也。"鲁哀公听了这些话后,自己说话更加守信,行为更符合道义,说道:"直到我死,再不敢拿儒者开玩笑了。"

三、仁、义、礼、智、信

儒家道德精神的核心价值体系通常被概括为:仁、义、礼、智、信。它的完善是一个历史文化过程,最先由孔子提出了"智、仁、勇",被称为"三达德",又将"仁、义、礼"整合到一个系统之中,提出:"仁者,人也,亲亲为大;义者,宜也,尊贤为大。亲亲之杀,尊贤之等,礼所生也。"①仁以爱人为核心,义以尊贤为核心,礼就是对仁和义的具体规定。孔子之后,孟子在仁义礼之外又加入了"智",构成四德或四端。孟子说:"仁之实,事亲是也;义之实,从兄是也;智之实,知斯二者弗去是也;礼之实,节文斯二者是也。"(《孟子·离娄上》)又说:"恻隐之心,人皆有之;羞恶之心,人皆有之;恭敬之心,人皆有之;是非之心,人皆有之。恻隐之心,仁也;羞恶之心,义也;恭敬之心,礼也;是非之心,智也。仁义礼智,非由外铄我也,我固有之也,弗思耳矣。"(《孟子·告子上》)再后来,董仲舒又加入了"信",并将仁、义、礼、智、信说成是与天地一样长久的经常法则,谓"常道",提出"仁、义、礼、智、信五常之道"。当今中国社会倡导的核心价值观,在其内核之中深深地蕴含着中华民族古老的文化基因,反复念诵那些具有永恒价值意义的经典名句,对深刻认识并自觉践行社会主义核心价值观具有重要的现实意义。以下经典名句节选自《论语》。

(一)论"仁"

何谓仁? 孔子说:"仁者,人也,亲亲为大。"人与人关系的紧密性、连续性、互助性、合作性是维持社会良性秩序结构的根本基础。一个四分五裂的社会,必是从人与人之间最贴近的关系的分裂与崩溃开始的。而和谐关系的建立,正是从最亲近的人开始的。儒家所倡导的"仁爱"精神,是基于底层的社会建构,是和谐社会得以实现的根本途径。这是《论语》中讨论最多也是最深刻的话题。

【原文】

有子曰:"其为人也孝弟,而好犯上者,鲜矣;不好犯上,而好作乱者,未之有也。君子务本,本立而道生。孝弟也者,其为仁之本与!"(《学而》)

【释义】

从为人来看,孝顺父母、尊重兄长的人是很少犯上的。不犯上而好作乱的则根本没有。君子致力于根本的建构,根本的品质建立起来就有了道。孝顺父母、顺从兄长,这就是仁的根本啊!

【原文】

子曰:"巧言令色,鲜矣仁!"(《学而》)

---

① 朱熹注、王浩整理:《四书集注》,凤凰出版社,2008年,第27页。后文选自"四书"的经典名句皆出自此版本,行文列出篇章名,不再重复作注。

【释义】

花言巧语,极少有"仁"。

【原文】

子曰:"弟子,入则孝,出则弟,谨而信,泛爱众,而亲仁。行有余力,则以学文。"(《学而》)

【释义】

为人弟子,在家孝顺父母,出门尊敬师长,言行谨慎而守信用,爱所有的人,亲近仁德。如此躬行实践之后,还有余力的话,就再去学习理论。

【原文】

子曰:"里仁为美。择不处仁,焉得知?"(《里仁》)

【释义】

跟有仁德者相处才是好的,不择仁德者相处,怎能说是明智的?

【原文】

子曰:"不仁者不可以久处约,不可以长处乐。仁者安仁,知者利仁。"(《里仁》)

【释义】

没有仁德的人不能长久地处在贫困中,也不能长久地处在安乐中。仁人安于仁道,明智者以仁为利。

【原文】

子曰:"苟志于仁矣,无恶也。"(《里仁》)

【释义】

如果立志于仁,就不会为恶。

【原文】

子曰:"富与贵,是人之所欲也;不以其道得之,不处也。贫与贱,是人之所恶也;不以

其道得之,不去也。君子去仁,恶乎成名?君子无终食之间违仁,造次必于是,颠沛必于是。"(《里仁》)

【释义】

富裕和显贵是人人都想得到的,但不用不正当的方式去获取;贫穷与低贱是人人都厌恶的,但不用非正当的方法去摆脱它。离开了仁德,又怎么能叫君子呢?君子不可须臾离开仁,匆促急遽之时不舍弃仁,穷困倾倒之时也不丢掉仁。朱熹注:"'不以其道得之',谓不当得而得之。然于富贵则不处,于贫贱则不去,君子之审富贵而安贫贱也如此。……若贪富贵而厌贫贱,则是自离其仁,而无君子之实矣,何所成其名乎?"

【原文】

子曰:"我未见好仁者、恶不仁者。好仁者,无以尚之;恶不仁者,其为仁矣,不使不仁者加乎其身。有能一日用其力于仁矣乎?我未见力不足者。盖有之矣,我未之见也。"(《里仁》)

【释义】

朱熹《论语集注》曰:"夫子自言未见好仁者、恶不仁者。盖好仁者真知仁之可好,故天下之物无以加之;恶不仁者真知不仁之可恶,故其所以为仁者,必能绝去不仁之事,而不使少有及于其身。此皆成德之事,故难得而见之也。""言好仁、恶不仁者,虽不可见,然或有人果能一旦奋然用力于仁,则我又未见其力有不足者。盖为仁在己,欲之则是,而志之所至,气必至焉。故仁虽难能,而至之亦易也。""盖,疑辞。有之,谓有用力而力不足者。盖人之气质不同,故疑亦容或有此昏弱之甚、欲进而不能者,但我偶未之见耳。盖不敢终以为易,而又叹人之莫肯用力于仁也。此章言仁之成德,虽难其人,然学者苟能实用其力,则亦无不可至之理。但用力而不至者,今亦未见其人焉。此夫子所以反复而叹息之也。"

【原文】

子曰:"人之过也,各于其党。观过,斯知仁矣。"(《里仁》)

【释义】

人所犯的过错总有其特征,不同的人犯不同的错误。考察其所犯过错,可知其仁与不仁。如程子所说:"人之过也,各于其类。君子常失于厚,小人常失于薄;君子过于爱,小人过于忍。"

【原文】

子曰:"回也,其心三月不违仁。其余则日月至焉而已矣。"(《雍也》)

【释义】

颜回这个人可以在长时间内不违背仁德,其余的学生则只能在短时间内做到仁而已。

【原文】

子曰:"知者乐水,仁者乐山。知者动,仁者静。知者乐,仁者寿。"(《雍也》)

【释义】

朱熹《论语集注》:"知者达于事理而周流无滞,有似于水,故乐水;仁者安于义理而厚重不迁,有似于山,故乐山。动静以体言,乐寿以效言也。动而不括故乐,静而有常故寿。程子曰:'非体仁知之深者,不能如此形容之。'"

【原文】

子贡曰:"如有博施于民而能济众,何如?可谓仁乎?"子曰:"何事于仁,必也圣乎!尧、舜其犹病诸!夫仁者,己欲立而立人,己欲达而达人。能近取譬,可谓仁之方也已。"(《雍也》)

【释义】

子贡说:假若有一个人,他能给老百姓很多好处又能周济大众,怎么样?可以算是仁人了吗?孔子说:岂止是仁人,简直是圣人了!就连尧、舜尚且难以做到呢。至于仁人,就是要想自己站得住,就要使别人站得住,要自己发达,就要使别人发达。凡事能就近以自己作比,而推己及人,可以说就是实行仁的方法了。

【原文】

子曰:"仁远乎哉?我欲仁,斯仁至矣。"(《述而》)

【释义】

孔子说:"仁难道离我们很远吗?只要我想达到仁,仁就来了。"程子曰:"为仁由己,欲之则至,何远之有?"

【原文】

子曰:"恭而无礼则劳,慎而无礼则葸,勇而无礼则乱,直而无礼则绞。君子笃于亲,则民兴于仁;故旧不遗,则民不偷。"(《泰伯》)

【释义】

孔子说:"只是恭敬而不以礼来指导,就会徒劳无功;只是谨慎而不以礼来指导,就会畏缩拘谨;只是勇猛而不以礼来指导,就会鲁莽;只是直率而不以礼来指导,就会说话急切刺人。在上位的人如果厚待自己的亲属,老百姓当中就会兴起仁的风气;君子如果不遗弃老朋友,老百姓就不会对人冷漠无情了。"

【原文】

曾子曰:"士不可以不弘毅,任重而道远。仁以为己任,不亦重乎?死而后已,不亦远乎?"(《泰伯》)

【释义】

曾子说:"士不可以不弘大而刚毅,他责任重大,道路遥远。把实现仁作为自己的责任,难道还不重大吗?奋斗终身,至死方休,难道路程还不遥远吗?"

【原文】

子曰:"知者不惑,仁者不忧,勇者不惧。"(《子罕》)

【释义】

明智者不会迷惑,有仁德的人不会忧愁,勇敢的人不会畏惧。

【原文】

颜渊问仁。子曰:"克己复礼为仁。一日克己复礼,天下归仁焉。为仁由己,而由人乎哉?"颜渊曰:"请问其目。"子曰:"非礼勿视,非礼勿听,非礼勿言,非礼勿动。"颜渊曰:"回虽不敏,请事斯语矣。"(《颜渊》)

【释义】

颜渊问怎样做才是仁。孔子说:"克制自己,一切都照着礼的要求去做,这就是仁。一旦这样做了,天下的一切就都归于仁了。实行仁德,完全在于自己,难道还在于别人吗?"颜渊说:"请问实行仁的具体途径。"孔子说:"不合于礼的不要看,不合于礼的不要听,不合于礼的不要说,不合于礼的不要做。"颜渊说:"我虽然不聪敏,也要照您的这些话去做。"

【原文】

仲弓问仁。子曰:"出门如见大宾,使民如承大祭。己所不欲,勿施于人。在邦无怨,在家无怨。"仲弓曰:"雍虽不敏,请事斯语矣。"(《颜渊》)

【释义】

仲弓问怎样做才是仁。孔子说:"出门办事如同去接待贵宾,使唤百姓如同去进行重大的祭祀(都要认真严肃),自己不愿意做的,不要强加于别人。在邦国中,在家族中,皆无所怨。"仲弓说:"我虽然不聪敏,也要照您的话去做。"

【原文】

司马牛问仁。子曰:"仁者其言也讱。"曰:"其言也讱,斯谓之仁已乎?"子曰:"为之难,言之得无讱乎?"(《颜渊》)

【释义】

司马牛问怎样做才是仁。孔子说:"仁人说话是慎重的。"司马牛说:"说话慎重,这就叫作仁了吗?"孔子说:"做起来很困难,说起来能不慎重吗?"朱熹注曰:"夫子以牛多言而躁,故告之以此。……牛之为人如此,若不告之以其病之所切,而泛以为仁之大概语之,则以彼之躁,必不能深思以去其病,而终无自以入德矣。故其告之如此。盖圣人之言,虽有高下大小之不同,然其切于学者之身,而皆为入德之要,则又初不异也。读者其致思焉。"

【原文】

樊迟问仁。子曰:"爱人。"(《颜渊》)

【释义】

樊迟问什么是仁。孔子说:"爱人。"

【原文】

曾子曰:"君子以文会友,以友辅仁。"(《颜渊》)

【释义】

曾子说:"君子以文章学问来结交朋友,依靠朋友帮助自己培养仁德。"

【原文】

子曰:"刚、毅、木、讷,近仁。"(《子路》)

【释义】

孔子说:"刚强、果敢、朴实、谨慎,这四种品德接近于仁。"

【原文】

子曰:"有德者必有言,有言者不必有德;仁者必有勇,勇者不必有仁。"(《宪问》)

【释义】

孔子说:"有道德的人,一定有好言语,有好言语的人不一定有道德。有仁德的人一定勇敢,勇敢的人不一定有仁德。"

【原文】

子路曰:"桓公杀公子纠,召忽死之,管仲不死。"曰:"未仁乎?"子曰:"桓公九合诸侯,不以兵车,管仲之力也。如其仁!如其仁!"(《宪问》)

【释义】

子路说:"齐桓公杀了公子纠,召忽自杀以殉,但管仲却没有自杀。管仲不能算是仁人吧?"孔子说:"桓公多次联合、统一了诸侯们,并不借助武力,这是管仲的力量啊,这就是管仲的仁德。"

【原文】

子曰:"志士仁人,无求生以害仁,有杀身以成仁。"(《卫灵公》)

【释义】

孔子说:"志士仁人,没有贪生怕死而损害仁的,只有牺牲自己的性命来成全仁的。"

【原文】

子曰:"当仁,不让于师。"(《卫灵公》)

【释义】

孔子说:"面对着仁德,就是老师,也不同他谦让。"

【原文】

子张问仁于孔子。孔子曰:"能行五者于天下,为仁矣。"请问之。曰:"恭,宽,信,敏,惠。恭则不侮,宽则得众,信则人任焉,敏则有功,惠则足以使人。"(《阳货》)

【释义】

子张向孔子问仁。孔子说:"能够处处实行五种品德,就是仁人了。"子张说:"请问哪五种。"孔子说:"庄重,宽厚,诚实,勤敏,慈惠。庄重就不致遭受侮辱,宽厚就会得到众人的拥护,诚信就能得到别人的任用,勤敏就会提高工作效率,慈惠就能够使唤人。"

【原文】

子夏曰:"博学而笃志,切问而近思,仁在其中矣。"(《子张》)

【释义】

子夏说:"博览群书广泛学习,坚守自己的志向,切中要害提问题并多加深入思考,仁就在其中了。"

(二)论"义"

何谓义? 孔子说:"义者,宜也,尊贤为大。"何谓"贤"? 识天道、有德行、多才能,可谓贤者。《易经·文言传》曰:"天地闭,贤人隐。"《说文》:贤,多才也。"贤"的字源还与"财"有关。庄子说:"以财分人谓贤。"(《庄子·徐无鬼》)熟语有"仗义疏财",可见"贤"涉及了对义利关系的处理和把握。现代语境中的"正义"概念,核心也在利益与公平。绝对的公平是没有的,中国古代的贤者追求的是"适宜"。如何做到"适宜",这就要看具体情境了。

【原文】

子曰:"君子之于天下也,无適也,无莫也,义之与比。"(《里仁》)

【释义】

君子对于天下的人和事,没有固定的处理方式,于无可无不可之间,只求合乎于义。

【原文】

子曰:"君子喻于义,小人喻于利。"(《里仁》)

【释义】

君子明白大义,小人只知道小利。

【原文】

子谓子产,"有君子之道四焉:其行己也恭,其事上也敬,其养民也惠,其使民也义。"(《公冶长》)

【释义】

孔子说子产有君子的四种道德:他行为庄重,侍奉君主恭敬,养护百姓有恩惠,役使百姓有法度。

【原文】

子曰:"德之不修,学之不讲,闻义不能徙,不善不能改,是吾忧也。"(《述而》)

【释义】

不注意品德修养,不讲求学问,听到义不能去做,有了不善不能改正,这些都是孔子所忧虑的事情。

【原文】

子张问崇德、辨惑。子曰:"主忠信,徙义,崇德也。爱之欲其生,恶之欲其死。既欲其生,又欲其死,是惑也。'诚不以富,亦祇以异。'"(《颜渊》)

【释义】

子张向孔子求教崇尚道德和辨别是非问题。孔子说:以忠信为主,使自己的思想合于义,这就是崇尚道德。爱一个人就希望他活下去,厌恶起来就恨不得他立刻死去;既要他活,又要他死,这就是迷惑。《诗》曰:"即使不是嫌贫爱富,也是喜新厌旧。"

【原文】

子路问成人。子曰:"若臧武仲之知,公绰之不欲,卞庄子之勇,冉求之艺,文之以礼乐,亦可以为成人矣。"曰:"今之成人者何必然?见利思义,见危授命,久要不忘平生之言,亦可以为成人矣。"(《宪问》)

【释义】

子路问怎样做才是一个完美的人。孔子说:"如果具有臧武仲的智慧,孟公绰的克制,卞庄子的勇敢,冉求的多才多艺,再用礼乐加以修饰,也就可以算是一个完人了。"孔子又说:"现在的完人何必一定要这样呢?见到财利想到义的要求,遇到危险能献出生命,长久不忘平日的诺言,这样也可以成为一位完美的人。"

【原文】

子问公叔文子于公明贾,曰:"信乎,夫子不言、不笑、不取乎?"公明贾对曰:"以告者过也。夫子时然后言,人不厌其言;乐然后笑,人不厌其笑;义然后取,人不厌其取。"子曰:"其然?岂其然乎?"(《宪问》)

【释义】

孔子向公明贾问到公叔文子,说:"先生他不说、不笑、不取钱财,是真的吗?"公明贾回答道:"这是告诉你这些话的那个人的过错。先生他到该说时才说,因此别人不厌恶他说话;快乐时才笑,因此别人不厌恶他笑;合于礼要求的财利他才取,因此别人不厌恶他取。"孔子说:"是这样吗?真是这样吗?"

【原文】

子曰:"群居终日,言不及义,好行小慧,难矣哉!"(《卫灵公》)

【释义】

整天聚在一块,说的都达不到义的标准,专好卖弄小聪明,这种人难以为人处世。朱熹注曰：言不及义，则放辟邪侈之心滋；好行小慧，则行险侥幸之机熟。"难矣哉"者，言其无以入德，而将有患害也。

【原文】

子曰："君子义以为质，礼以行之，孙以出之，信以成之。君子哉！"（《卫灵公》）

【释义】

君子以义作为根本，用礼加以推行，用谦逊的语言来表达，用忠诚的态度来完成，这就是君子了。

【原文】

子路曰："君子尚勇乎？"子曰："君子义以为上。君子有勇而无义为乱，小人有勇而无义为盗。"（《阳货》）

【释义】

子路说："君子崇尚勇敢吗？"孔子答道："君子以义作为最高尚的品德，君子有勇无义就会作乱，小人有勇无义就会偷盗。"

【原文】

子张曰："士见危致命，见得思义，祭思敬，丧思哀，其可已矣。"（《子张》）

【释义】

子张说："士遇见危险时能献出自己的生命，看见有利可得时能考虑是否符合义的要求，祭祀时想着恭敬，居丧时想着哀伤，这样就可以了。"

（三）论"礼"

孔子说："礼者何也？即事之治也。君子有其事必有其治。治国而无礼，譬犹瞽之无相与，伥伥其何之？譬如终夜有求于幽室之中，非烛何见？若无礼，则手足无所措，耳目无所加，进退、揖让无所制。是故以之居处，长幼失其别，闺门、三族失其和，朝廷、官爵失其序，田猎、戎事失其策，军旅、武功失其制，宫室失其度，量、鼎失其象，味失其时，乐失其节，车失其式，鬼神失其飨，丧纪失其哀，辨说失其党，官失其体，政事失其施。加于身而错于前,凡众之动失其宜,如此,则无以祖洽于众也。"(《礼记·仲尼燕居》)[1]在孔子看来,处理一切事务,无论国事、家事、政事、军事等,都需要一定的套路,套路就是结构与秩序。而"礼"就是治理一切事物的秩序结构。失去"礼"就会手足无措,一切都会乱套。最为重要的一点,如前所述,儒家主张的礼,并非基于管理者主观的、狭隘的治理与控制理念,其根本依据是天地之道,是天经地义。如《左传·昭公二十五年》曰:"夫礼,天之经也,地之义也,民之行也。"

【原文】

子曰:"道之以政,齐之以刑,民免而无耻;道之以德,齐之以礼,有耻且格。"(《为政》)

【释义】

用法制禁令去引导百姓,使用刑法来约束他们,老百姓只是求得免于犯罪受惩,却失去了廉耻之心;用道德教化引导百姓,使用礼制去规范百姓的言行,百姓不仅会有羞耻之心,而且也就守规矩了。

【原文】

子曰:"上好礼,则民易使也。"(《宪问》)

【释义】

在上位的人喜好礼,那么百姓就容易使唤了。

【原文】

林放问礼之本。子曰:"大哉问! 礼,与其奢也,宁俭;丧,与其易也,宁戚。"(《八佾》)

【释义】

林放问什么是礼的根本。孔子回答说:"你问的问题意义重大,就礼节仪式的一般情况而言,与其奢侈,不如节俭;就丧事而言,与其仪式上治办周备,不如内心真正哀伤。"

【原文】

定公问:"君使臣,臣事君,如之何?"孔子对曰:"君使臣以礼,臣事君以忠。"(《八佾》)

---

[1] 胡平生、张萌译注:《礼记》(下),中华书局,2017年,第970页。

【释义】

鲁定公问孔子:"君主怎样使唤臣下,臣子怎样侍奉君主呢?"孔子回答说:"君主应该按照礼的要求去使唤臣子,臣子应该以忠来侍奉君主。"

【原文】

子曰:"能以礼让为国乎?何有?不能以礼让为国,如礼何?"(《里仁》)

【释义】

能够用礼让原则来治理国家,那还有什么困难呢?不能用礼让原则来治理国家,怎么能实行礼呢?

【原文】

子曰:"君子博学于文,约之以礼,亦可以弗畔矣夫!"(《雍也》)

【释义】

君子广泛地学习文史典章,又以礼来约束自己,也就可以不离经叛道了。

【原文】

子曰:"兴于诗,立于礼,成于乐。"(《泰伯》)

【释义】

(人的修养)开始于学诗,自立于学礼,完成于学乐。

【原文】

子曰:"麻冕,礼也;今也纯,俭。吾从众。拜下,礼也;今拜乎上,泰也。虽违众,吾从下。"(《子罕》)

【释义】

用麻布制成的礼帽,符合礼的规定。现在大家都用黑丝绸制作,这样比过去节省了,我赞成大家的做法。(臣见国君)首先要在堂下跪拜,这也是符合礼的。现在大家都到堂上跪拜,这是骄纵的表现。虽然与大家的做法不一样,我还是主张先在堂下拜。程子曰:"君子处世,事之无害于义者,从俗可也;害于义,则不可从也。"

【原文】

颜渊喟然叹曰:"仰之弥高,钻之弥坚。瞻之在前,忽焉在后。夫子循循然善诱人,博我以文,约我以礼,欲罢不能。既竭吾才,如有所立卓尔。虽欲从之,末由也已。"(《子罕》)

【释义】

颜渊感叹地说:"(对于老师的学问与道德)我抬头仰望,越望越觉得高;我努力钻研,越钻研越觉得不可穷尽。看着它好像在前面,忽然又像在后面。老师善于一步一步地引导我,用各种典籍来丰富我的知识,又用各种礼节来约束我的言行,使我想停止学习都不可能。直到我用尽了全力,好像有一个十分高大的东西立在我前面,虽然我想要追随上去,却没有前进的路径了。"

【原文】

子曰:"先进于礼乐,野人也;后进于礼乐,君子也。如用之,则吾从先进。"(《先进》)

【释义】

孔子说:"先进一辈,从礼乐方面讲,像是质朴的郊外之民。后进一辈,从礼乐方面讲,像是君子。但若要用礼乐,我还是愿从先进的一辈。"按朱熹解释,先进、后进,犹言前辈、后辈。野人,谓郊外之民。君子,谓贤士大夫也。"用之",谓用礼乐。程子曰:"先进于礼乐,文质得宜,今反谓之质朴,而以为野人。后进之于礼乐,文过其质,今反谓之彬彬,而以为君子。盖周末文胜,故时人之言如此,不知其过于文也。"

【原文】

孔子曰:"益者三乐,损者三乐。乐节礼乐,乐道人之善,乐多贤友,益矣。乐骄乐,乐佚游,乐宴乐,损矣。"(《季氏》)

【释义】

有益的喜好有三种,有害的喜好有三种。以礼乐调节自己为喜好,以称道别人的好处为喜好,以有许多贤德之友为喜好,这是有益的。以无节制骄纵为乐,以惰佚游荡为乐,宴安沉溺为乐,这就是有害的。

【原文】

陈亢问于伯鱼曰："子亦有异闻乎？"对曰："未也。尝独立，鲤趋而过庭。曰：'学诗乎？'对曰：'未也。''不学诗，无以言。'鲤退而学诗。他日又独立，鲤趋而过庭。曰：'学礼乎？'对曰：'未也。''不学礼，无以立。'鲤退而学礼。闻斯二者。"陈亢退而喜曰："问一得三：闻诗，闻礼，又闻君子之远其子也。"（《季氏》）

【释义】

陈亢问伯鱼："你在老师那里听到过什么特别的教诲吗？"伯鱼回答说："没有呀。有一次他独自站在堂上，我快步从庭里走过，他说：'学《诗》了吗？'我回答说：'没有。'他说：'不学诗，就不懂得怎么说话。'我回去就学诗。又有一天，他又独自站在堂上，我快步从庭里走过，他说：'学礼了吗？'我回答说：'没有。'他说：'不学礼就不懂得怎样立身。'我回去就学礼。我就听到过这两件事。"陈亢回去高兴地说："我提一个问题，得到三方面的收获，听了关于诗的道理，听了关于礼的道理，又听了君子不偏爱自己儿子的道理。"

【原文】

子曰："礼云礼云，玉帛云乎哉？乐云乐云，钟鼓云乎哉？"（《阳货》）

【释义】

礼呀礼呀，只是说的玉帛之类的礼器吗？乐呀乐呀，只是说的钟鼓之类的乐器吗？言外之意是说，玉帛、钟鼓并非礼乐的本质，而是外在事物，礼的本质在"敬"，乐的本质在"和"。朱熹注曰：敬而将之以玉帛，则为礼；和而发之以钟鼓，则为乐。遗其本而专事其末，则岂礼乐之谓哉？

【原文】

子曰："不知命，无以为君子也。不知礼，无以立也。不知言，无以知人也。"（《尧曰》）

【释义】

不懂得天命，就不能做君子。不知道礼仪，就不能立身处世。不善于分辨别人的话语，就不能真正了解他。

（四）论"智"（知）

孔子说："缜密以栗，智也。"智者深思熟虑，三思而后行。儒家所说的"智"与思维能力和认识深度相关。"智"与"知"是相通的。知性、悟性、敏思、好学、灵活、谨慎、细心、缜密都属于"智"的范畴,是君子所必须具备的品质。

【原文】

子曰:"温故而知新,可以为师矣。"(《为政》)

【释义】

温习旧知识而获得新认识、新发现,就可以当老师了。

【原文】

子曰:"学而不思则罔,思而不学则殆。"(《为政》)

【释义】

只学而不思考,就会惘然无知而没有收获;只思考不学习,就会停滞不前。

【原文】

子曰:"由,诲女知之乎!知之为知之,不知为不知,是知也。"(《为政》)

【释义】

孔子说:"子路,我教给你求知之道吧:知道的就是知道,不知道就是不知道,这就是真正的'知道'啊!"

【原文】

季文子三思而后行。子闻之,曰:"再,斯可矣。"(《公冶长》)

【释义】

季文子每做一件事都要考虑多次。孔子听到了,说:"考虑两次也就行了。"君子处世,务穷其理,然而,贵于刚决、果断,不以多思为尚。

【原文】

子曰:"敏而好学,不耻下问。"(《公冶长》)

【释义】

聪敏勤勉而好学,不以向他地位卑下的人请教为耻。

【原文】

子曰:"宁武子邦有道则知,邦无道则愚。其知可及也,其愚不可及也。"(《公冶长》)

【释义】

宁武子这个人,当国家有道时,他就显得聪明;当国家无道时,他就装傻。他的那种聪明别人可以做得到,他的那种装傻别人就做不到了。

【原文】

樊迟问知。子曰:"务民之义,敬鬼神而远之,可谓知矣。"(《雍也》)

【释义】

樊迟问孔子怎样才算是智。孔子说:"专心致力于老百姓应该遵从的道德,尊敬鬼神但不依赖它,就可以说是智了。"程子曰:"人多信鬼神,惑也。而不信者又不能敬。能敬能远,可谓知矣。"

【原文】

子曰:"默而识之,学而不厌,诲人不倦,何有于我哉?"(《述而》)

【释义】

默默地记住(所学的知识),学习不觉得厌烦,教人不知道疲倦,这对我能有什么困难呢?

【原文】

子曰:"不愤不启,不悱不发,举一隅不以三隅反,则不复也。"(《述而》)

【释义】

教导学生,不到他想弄明白而不得的时候,不去开导他;不到他想出来却说不出来的时候,不去启发他;不能做到举一反三,那就不再教他了。按朱熹注,所谓"愤",是心求通而未得之意,"启",谓开其意;所谓"悱",是口欲言而未能之貌,"发",谓达其辞。物之有四隅者,举一可知其三。反者,还以相证之义。复,再告也。

【原文】

子曰:"我非生而知之者,好古,敏以求之者也。"(《述而》)

【释义】

孔子说自己不是生来就有知识的人,而是爱好古代的东西,勤奋敏捷地去求得知识的人。

【原文】

子曰:"三人行,必有我师焉:择其善者而从之,其不善者而改之。"(《述而》)

【释义】

孔子说三个人一起走路,其中必定有人可以作他的老师。选择善者向他学习,不善者作为借鉴以改正自己的毛病。朱熹注曰:"三人同行,其一我也。彼二人者,一善一恶,则我从其善而改其恶焉。是二人者,皆我师也。"这也就是说:见贤思齐,见不贤而内自省,则善恶皆为我之师。

【原文】

子曰:"盖有不知而作之者,我无是也。多闻择其善者而从之,多见而识之。知之次也。"(《述而》)

【释义】

有这样一种人,可能他什么都不懂却在那里凭空创造,我却没有这样做过。多听,选择其中好的来学习;多看,然后记在心里,这是次一等的智慧。

【原文】

子曰:"吾有知乎哉?无知也。有鄙夫问于我,空空如也,我叩其两端而竭焉。"(《子罕》)

【释义】

孔子说:"我有知识吗?其实没有知识。有一个乡下人问我,我对他谈的问题本来一点也不知道。我只是从问题的两端去问,这样对此问题就可以全部搞清楚了。"

【原文】

子绝四:毋意,毋必,毋固,毋我。(《子罕》)

【释义】

孔子杜绝四种毛病:不凭空臆测,不绝对肯定,不固执己见,不自以为是。

【原文】

孔子曰:"生而知之者,上也;学而知之者,次也;困而学之,又其次也;困而不学,民斯为下矣。"(《季氏》)

【释义】

生来就知道为上等智力,经过学习才知道次一等;遇到困难再去学习,又次一等;遇到困难还不学习的人,这就是最下等的了。

【原文】

孔子曰:"君子有九思:视思明,听思聪,色思温,貌思恭,言思忠,事思敬,疑思问,忿思难,见得思义。"(《季氏》)

【释义】

君子有九种思考取向:看的时候,要思考看清与否;听的时候,要思考是否听清楚;要思考自己的脸色是否温和,容貌是否谦恭;言谈的时候,要思考是否忠诚;办事时,要思考是否谨慎严肃;遇到疑问时,要思考是否应该向别人询问;愤怒时,要思考是否有后患;获取财利时,要思考是否合乎义的准则。

【原文】

子曰:"好仁不好学,其蔽也愚;好知不好学,其蔽也荡;好信不好学,其蔽也贼;好直不好学,其蔽也绞;好勇不好学,其蔽也乱;好刚不好学,其蔽也狂。"(《阳货》)

【释义】

喜欢仁爱而不喜欢学习,那毛病是愚蠢。喜欢聪明而不喜欢学习,那毛病是放纵。

喜欢信实而不喜欢学习,那毛病是狭隘。喜欢直爽而不喜欢学习,那毛病是急躁。喜欢勇敢而不喜欢学习,那毛病是闯祸。喜欢刚强而不喜欢学习,那毛病是狂妄。

【原文】

子曰:"性相近也,习相远也。"(《阳货》)

【释义】

人的本性是相近的,由于习染不同才相互有了差别。

(五)论"信"

《易经·系辞上传》引孔子话说:"天之所助者,顺也;人之所助者,信也。履信思乎顺,又以尚贤也。是以'自天佑之,吉无不利'也。"守信用才可交往,得此道者多助,失信者无助。所以诚信是永恒的价值原则。

【原文】

有子曰:"信近于义,言可复也;恭近于礼,远耻辱也;因不失其亲,亦可宗也。"(《学而》)

【释义】

朱熹《论语集注》:"信,约信也。义者,事之宜也。复,践言也。恭,致敬也。礼,节文也。因,犹依也。宗,犹主也。言约信而合其宜,则言必可践矣。致恭而中其节,则能远耻辱矣。所依者不失其可亲之人,则亦可以宗而主之矣。此言人之言行交际,皆当谨之于始而虑其所终,不然,则因仍苟且之间,将有不胜其自失之悔者矣。"

【原文】

子曰:"君子不重则不威,学则不固。主忠信。无友不如己者。过则勿惮改。"(《学而》)

【释义】

君子不庄重就没有威严,学问就不牢靠。以忠信为本,没有不如自己的朋友,有了过错,就毫不犹豫地改正。

【原文】

子夏曰:"与朋友交,言而有信。"(《学而》)

【释义】

子夏说:"同朋友交往,说话诚实恪守信用。"

【原文】

曾子曰:"吾日三省吾身:为人谋而不忠乎?与朋友交而不信乎?传不习乎?"(《学而》)

【释义】

曾子说:"我每天多次反省自己,为别人办事是不是尽心竭力了呢?同朋友交往是不是做到诚实可信了呢?老师传授给我的学业是不是复习了呢?

【原文】

子曰:"人而无信,不知其可也。大车无輗,小车无軏,其何以行之哉?"(《为政》)

【释义】

一个人不讲信用,是根本靠不住的。就好像大车没有輗、小车没有軏一样,它靠什么行走呢?

【原文】

颜渊、季路侍。子曰:"盍各言尔志?"子路曰:"愿车马衣轻裘,与朋友共,敝之而无憾。"颜渊曰:"愿无伐善,无施劳。"子路曰:"愿闻子之志。"子曰:"老者安之,朋友信之,少者怀之。"(《公冶长》)

【释义】

颜渊、子路两人侍立在孔子身边。孔子说:"你们何不各自说说自己的志向?"子路说:"愿意拿出自己的车马、衣服、皮袍,同我的朋友共同使用,用坏了也不抱怨。"颜渊说:"我愿意不夸耀自己的长处,不表白自己的功劳。"子路对孔子说:"愿意听听您的志向。"孔子说:"(我的志向是)让年老的安心,让朋友们信任我,让年少者得到关怀。"

【原文】

宰予昼寝。子曰:"朽木不可雕也,粪土之墙不可杇也,于予与何诛!"子曰:"始吾于人也,听其言而信其行;今吾于人也,听其言而观其行。于予与改是。"(《公冶长》)

【释义】

宰予白天睡觉。孔子说:"腐朽的木头无法雕刻,粪土垒的墙壁无法粉刷。对于宰予这个人,责备还有什么用呢?"孔子说:"起初我对于人,是听了他说的话便相信了他的行为;现在我对于人,听了他讲的话还要观察他的行为。宰予改变了我观察人的方法。"

【原文】

子曰:"十室之邑,必有忠信如丘者焉,不如丘之好学也。"(《公冶长》)

【释义】

孔子说:"即使只有十户人家的小村子,也一定有像我这样忠信的人,只是不如我那样好学罢了。"

【原文】

子以四教:文、行、忠、信。(《述而》)

【释义】

孔子以文、行、忠、信四项内容教授学生。

【原文】

子曰:"笃信好学,守死善道。危邦不入,乱邦不居。天下有道则见,无道则隐。邦有道,贫且贱焉,耻也;邦无道,富且贵焉,耻也。"(《泰伯》)

【释义】

坚定信念并努力学习,誓死守卫并完善治国与为人的大道。不进入政局不稳的国家,不居住在动乱的国家。天下有道就出来做官,天下无道就隐居不出。国家有道而自己贫贱,是耻辱;国家无道而自己富贵,也是耻辱。

【原文】

子贡问政。子曰："足食,足兵,民信之矣。"子贡曰："必不得已而去,于斯三者何先?"曰："去兵。"子贡曰："必不得已而去,于期二者何先?"曰："去食。自古皆有死,民无信不立。"(《颜渊》)

【释义】

子贡问怎样治理国家。孔子说："粮食充足,军备充足,老百姓信任统治者。"子贡说:"如果不得不去掉一项,那么在三项中先去掉哪一项呢?"孔子说:"去掉军备。"子贡说:"如果不得不再去掉一项,那么这两项中去掉哪一项呢?"孔子说:"去掉粮食。自古以来人总是要死的,如果老百姓对统治者不信任,那么国家就不能存在了。"

【原文】

子张问行。子曰："言忠信,行笃敬,虽蛮貊之邦行矣;言不忠信,行不笃敬,虽州里行乎哉?立,则见其参于前也;在舆,则见其倚于衡也。夫然后行。"子张书诸绅。(《卫灵公》)

【释义】

子张问如何才能使自己到处都能行得通。孔子说："说话要忠信,行事要笃敬,即使到了蛮貊地区,也行得通。说话不忠信,行事不笃敬,就是在本乡本土,能行得通吗?站着,就仿佛看到忠信笃敬这几个字显现在面前,坐车,就好像看到这几个字刻在车辕前的横木上,这样才能使自己到处行得通。"子张把这些话写在腰间的大带上。

【原文】

子夏曰："君子信而后劳其民,未信则以为厉已也;信而后谏,未信则以为谤已也。"(《子张》)

【释义】

子夏说:"君子必须取得信任之后才去役使百姓,否则百姓就会以为是在虐待他们。要先取得信任,然后才去规劝;否则,(君主)就会以为你在诽谤他。"

【原文】

孔子曰:"不知命,无以为君子也。不知礼,无以立也。不知言,无以知人也。"(《尧曰》)

【释义】

不懂得天命,就不能做君子;不知道礼仪,就不能立身处世;听不懂言语,就不能理解人。朱熹注:言之得失,可以知人之邪正。